中国社会科学院创新工程学术出版资助项目

归善斋《尚书》八誓章句集解

下卷

尤韶华 ◎ 纂

SENTENTIAL VARIORUM ON EIGHT VOWS OF WAR IN SHANGSHU

中国社会科学出版社

目 录

下 篇

周书 泰誓上第一 ································· 425
 惟十有一年，武王伐殷 ························· 425
 一月戊午，师渡孟津 ··························· 439
 作《泰誓》三篇 ······························· 445
 《泰誓上》 ··································· 449
 惟十有三年春，大会于孟津 ····················· 460
 王曰，嗟！我友邦冢君，越我御事庶士，明听誓 ··· 484
 惟天地，万物父母，惟人，万物之灵 ············· 489
 亶聪明，作元后，元后作民父母 ················· 498
 今商王受，弗敬上天，降灾下民，沈湎冒色，敢行暴虐 ··· 503
 罪人以族，官人以世 ··························· 519
 惟宫室、台榭、陂池、侈服，以残害于尔万姓 ····· 523
 焚炙忠良，刳剔孕妇 ··························· 527
 皇天震怒，命我文考，肃将天威，大勋未集 ······· 531
 肆予小子发，以尔友邦冢君，观政于商 ··········· 536
 惟受罔有悛心，乃夷居，弗事上帝神祇，遗厥先宗庙弗祀 ··· 545
 牺牲粢盛，既于凶盗 ··························· 549
 乃曰，吾有民有命！罔惩其侮 ··················· 552

天佑下民，作之君，作之师 555
惟其克相上帝，宠绥四方 564
有罪无罪，予曷敢有越厥志 567
同力，度德；同德，度义 570
受有臣亿万，惟亿万心 582
予有臣三千，惟一心 585
商罪贯盈，天命诛之，予弗顺天，厥罪惟钧 588
予小子夙夜祗惧，受命文考，类于上帝，宜于冢土，以尔有众，
　　底天之罚 593
天矜于民，民之所欲，天必从之 601
尔尚弼予一人，永清四海 607
时哉弗可失 609

周书　泰誓中第二 613
惟戊午，王次于河朔 613
群后以师毕会 625
王乃徇师而誓曰，呜呼！西土有众，咸听朕言 628
我闻吉人为善，惟日不足；凶人为不善，亦惟日不足 631
今商王受，力行无度 638
播弃黎老，昵比罪人 642
淫酗肆虐，臣下化之 646
朋家作仇，胁权相灭。无辜吁天，秽德彰闻 649
惟天惠民，惟辟奉天 652
有夏桀弗克若天，流毒下国 662
天乃佑命成汤，降黜夏命 664
惟受罪浮于桀 667
剥丧元良，贼虐谏辅 671
谓己有天命，谓敬不足行，谓祭无益，谓暴无伤 676
厥监惟不远，在彼夏王 678

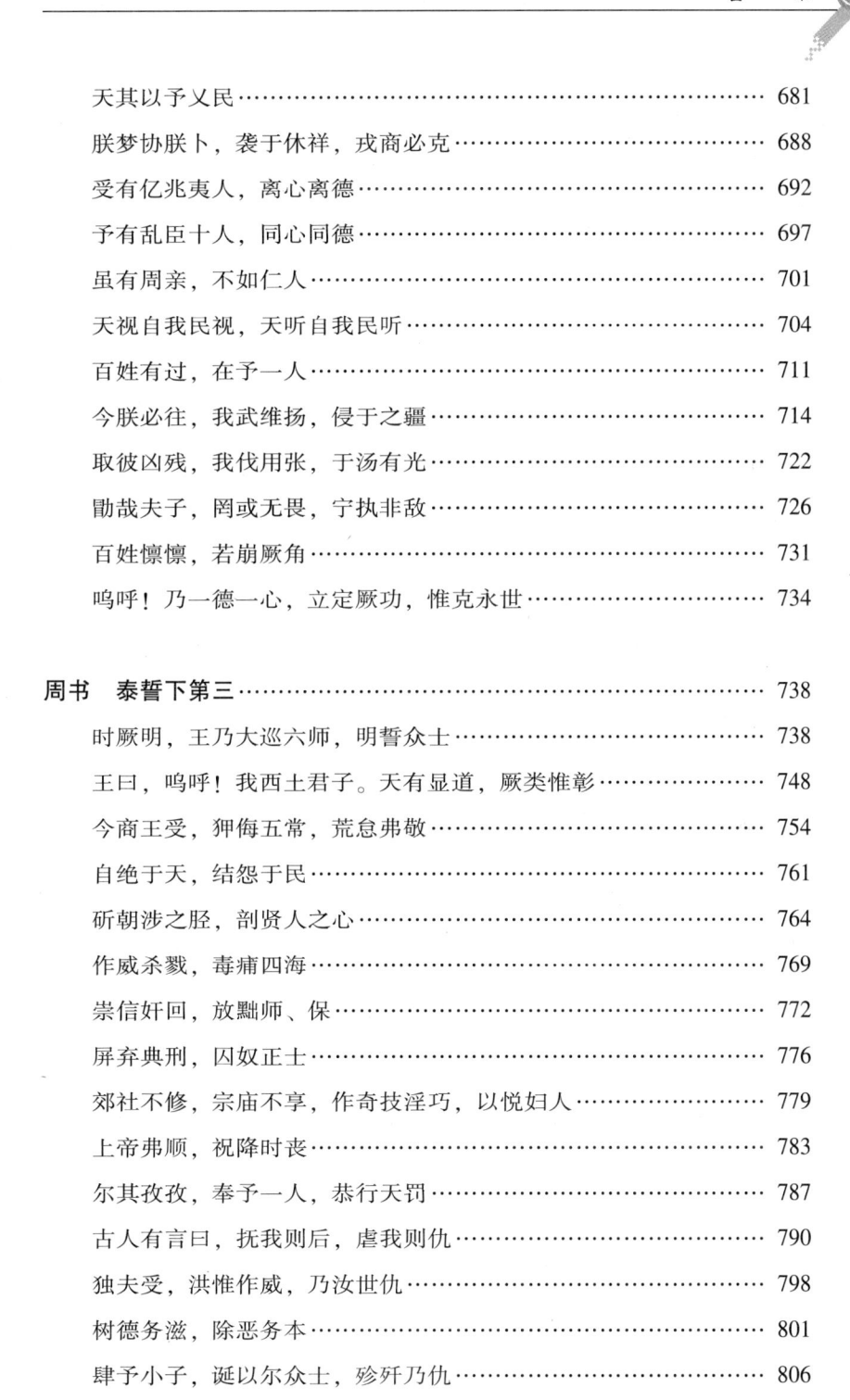

天其以予乂民 ·· 681
朕梦协朕卜，袭于休祥，戎商必克 ······················ 688
受有亿兆夷人，离心离德 ···································· 692
予有乱臣十人，同心同德 ···································· 697
虽有周亲，不如仁人 ·· 701
天视自我民视，天听自我民听 ····························· 704
百姓有过，在予一人 ·· 711
今朕必往，我武维扬，侵于之疆 ························· 714
取彼凶残，我伐用张，于汤有光 ························· 722
勖哉夫子，罔或无畏，宁执非敌 ························· 726
百姓懔懔，若崩厥角 ·· 731
呜呼！乃一德一心，立定厥功，惟克永世 ·········· 734

周书　泰誓下第三 ·· 738
时厥明，王乃大巡六师，明誓众士 ····················· 738
王曰，呜呼！我西土君子。天有显道，厥类惟彰 ······ 748
今商王受，狎侮五常，荒怠弗敬 ························· 754
自绝于天，结怨于民 ·· 761
斫朝涉之胫，剖贤人之心 ···································· 764
作威杀戮，毒痡四海 ·· 769
崇信奸回，放黜师、保 ·· 772
屏弃典刑，囚奴正士 ·· 776
郊社不修，宗庙不享，作奇技淫巧，以悦妇人 ······ 779
上帝弗顺，祝降时丧 ·· 783
尔其孜孜，奉予一人，恭行天罚 ························· 787
古人有言曰，抚我则后，虐我则仇 ····················· 790
独夫受，洪惟作威，乃汝世仇 ····························· 798
树德务滋，除恶务本 ·· 801
肆予小子，诞以尔众士，殄歼乃仇 ····················· 806

尔众士，其尚迪果毅，以登乃辟 ············· 809

功多有厚赏，不迪有显戮 ················ 812

呜呼！惟我文考，若日月之照临，光于四方，显于西土 ···· 815

惟我有周，诞受多方 ·················· 824

予克受，非予武，惟朕文考无罪 ············· 827

受克予，非朕文考有罪，惟予小子无良 ·········· 831

周书　牧誓第四 ···················· 835

武王戎车三百两 ··················· 835

虎贲三百人 ····················· 843

与受战于牧野，作《牧誓》 ·············· 847

《牧誓》 ······················ 850

时甲子昧爽 ····················· 853

王朝至于商郊牧野，乃誓 ··············· 863

王左杖黄钺，右秉白旄以麾，曰，逖矣，西土之人 ···· 867

王曰，嗟！我友邦冢君 ················ 871

御事，司徒、司马、司空 ··············· 879

亚旅、师氏 ····················· 883

千夫长、百夫长 ··················· 887

及庸，蜀、羌、髳、微、卢、彭、濮人 ········· 890

称尔戈，比尔干，立尔矛，予其誓 ··········· 897

王曰，古人有言曰，牝鸡无晨 ············· 901

牝鸡之晨，惟家之索 ················· 908

今商王受，惟妇言是用 ················ 911

昏弃厥肆祀弗答 ··················· 916

昏弃厥遗王父母弟不迪 ················ 919

乃惟四方之多罪逋逃，是崇是长 ············ 922

是信是使，是以为大夫、卿士 ············· 926

俾暴虐于百姓，以奸宄于商邑 ············· 928

今予发惟恭行天之罚，今日之事，不愆于六步、七步，乃止
　　齐焉……………………………………………………………… 931
夫子勖哉！不愆于四伐、五伐、六伐、七伐，乃止齐焉………… 941
勖哉夫子！尚桓桓……………………………………………… 945
如虎、如貔、如熊、如罴于商郊……………………………… 950
弗迓克奔，以役西土…………………………………………… 953
勖哉夫子！尔所弗勖，其于尔躬有戮………………………… 957

下 篇

周书　泰誓上第一

惟十有一年，武王伐殷

1.（汉）孔氏传、（唐）陆德明音义、孔颖达疏《尚书注疏》卷十《周书·泰誓上》

序，惟十有一年，武王伐殷。

传，周自"虞芮质厥成"，诸侯并附，以为受命之年，至九年而文王卒，武王三年服毕，观兵孟津，以卜诸侯伐纣之心，诸侯佥同，乃退以示弱。

音义：

芮，如锐反。虞、芮，二国名。佥，七廉反。

疏：

正义曰，惟文王受命十有一年，武王服丧既毕，举兵伐殷以卜诸侯伐纣之心，虽诸侯佥同，乃退以示弱。至十三年，纣恶既盈，乃复往伐之。

疏：

正义曰，其年一月戊午之日，师渡孟津，王誓以戒众，史叙其事，作《泰誓》三篇。

传正义曰，《武成》篇云"我文考文王，诞膺天命，以抚方夏，惟九年大统未集"，则文王以九年而卒也。《无逸》称"文王享国五十年"。自嗣位至卒，非徒九年而已。知此十一年者，文王改称元年，至九年而卒，至此年为十一年也。《诗》云"虞、芮质厥成"，毛传称，天下闻虞、芮之讼息，归周者四十余国，故知周自"虞、芮质厥成"，诸侯并附，以为受命之年。至九年而文王卒，至此十一年，武王居父之丧三年，服毕也。案，《周书》云"文王受命九年，惟暮春在镐，召太子发，作《文传》"。其时犹在，但未知崩月，就如暮春即崩，武王服丧，至十一年三月大祥，至四月观兵，故今文《泰誓》亦云四月观兵也，知此十一年非武王即位之年者。《大戴礼》云，文王十五而生武王，则武王少文王十四岁也。《礼记·文王世子》云，文王九十七而终，武王九十三而终。计其终年，文王崩时武王已八十三矣，八十四即位，至九十三而崩，适满十年，不得以十三年伐纣，知此十一年者，据文王受命而数之，必继文王年者为其卒父业故也。纬候之书言，"受命"者，谓有黄龙、玄龟、白鱼、赤雀负图衔书，以命人主。其言起于汉哀平之世，经典无文焉，孔时未有此说。《咸有一德》传云，所征无敌，谓之受天命。此传云，诸侯并附，以为受命之年，是孔解"受命"，皆以人事为言，无瑞应也。《史记》亦以断虞、芮之讼为受命元年，但彼以文王受命七年而崩，不得与孔同耳。三年之丧，二十五月而毕，故九年文王卒。至此三年服毕。此经武王追陈前事，云"肆予小子发，以尔友邦冢君，观政于商"。是十一年伐殷者，止为观兵孟津，以卜诸侯伐纣之心。言"于商"，知亦至孟津也。

《尚书注疏》卷十《考证》

《泰誓》序"惟十有一年武王伐殷"传"周自虞芮质厥成，诸侯并附，以为受命之年。至九年而文王卒，武王三年服毕，观兵孟津以卜诸侯伐纣之心。诸侯佥同，乃退以示弱"。

欧阳修曰，此妄说也。西伯中间不宜改元，而反改元。至武王即位，宜改元反不改元，皆妄说也。学者知西伯生不称王，而中间不再改元，则《诗》《书》所载文武之说，粲然明白矣。或曰，序曷称十一年，曰，六经无明文也。十一年者，武王即位之十一年耳。程子曰，序称十一年，经称十三年，必有一误。又曰，观政之说，必无此理。朱子曰，旧有人引《洪范》十有三祀，王访于箕子，则十一年之误可知。臣召南按，汉儒因

《武成》有"文考诞膺天命，惟九年，大统未集"，与《泰誓》"肃将天威，大勋未集"之文相合，则遂谓文王改元称王者九年。又因《泰誓》首言"十有三年春大会孟津"，而小序乃先言"十一年伐殷"，誓中则又有"观政于商"，数语可以附会，则遂谓"十一年观兵，退以示弱"也。文王一生并未称王。即武王十三年以前。亦未尝称王也。故《戡黎》之篇载在《商书》，而称曰"西伯"。武王十三年克商。始追王三后。若十一年先有观兵之役，《武成》何得言"一戎衣天下大定哉"。此则以经证经，可以信其必无者也。孔子称文王服事殷为至德，中庸言武王一戎衣而有天下，岂有异论哉？

2. （宋）苏轼撰《书传》卷九《周书·泰誓上第一》

惟十有一年，武王伐殷。一月戊午，师渡孟津，作《泰誓》三篇。

文王受命九年而崩，武王以大统未集，故即位而不改元。十一年丧毕，观兵于商而归，至十三年，乃复伐商。叙所谓十一年武王伐殷者，观兵之事也。所谓"一月戊午，师渡孟津，作《泰誓》"，者十三年之事也。而并为一年言之，疑叙文有阙误。

3. （宋）林之奇《尚书全解》卷二十二《周书·泰誓上》

惟十有一年，武王伐殷。

先儒传此篇之序有二可疑者，而学者信之。其一说曰，自虞芮质厥成，诸侯并附，以为受命之年。至九年而文王卒，武王三年服毕，始伐殷。学者信此言，遂有受命称王之说。其一说曰，武王伐纣，观兵孟津，以卜诸侯之心。诸侯佥同，乃退而示弱，至十有三年更与诸侯期，而共伐纣。学者信此言，遂有观兵示弱之说。据诸儒所以有文王受命而称王之说者，徒以《武成》之篇曰"惟九年，大统未集"，而此序云"十有一年"，遂谓居丧三年，然后足以成其数，以伐纣之年，为文王受命十有一年也。其所以有观兵孟津之说者，盖以此序言"十有一年"，而篇首言"十有三年"，遂以十有一年为观兵之举。此二说。虽依仿经文。疑若可行。然而揆之以理。诚有所不可通者。案《无逸》之书曰"文王受命惟中身，厥享国五十年"，先儒遂谓文王在位四十二年，适有"虞芮质厥成"之事，遂改元正始而更称元年。夫改元正始之说，一君而有两元年，或三，或四，或至十余，此盖出于汉文帝之称后元，景帝之称中元，而武帝更年号耳。自此以前，未尝有改元之事。惟始即位者，则称其即位之年为元年。自元年以后，皆积累而数之，徒欲以见其在位之久近耳，非如后世以改元为国家之大事也。岂有文王在位四十二年矣，更称元年，武王继文王之世，不以其即位之年为元年，而上冒先君之年者哉？汉儒徒以其所见汉时有改元正始之事，遂以文王质虞、芮之讼为改称元年。夫"虞、芮质厥成"，诚出于文王德化之所感，然苟使以此表见于世，曰此吾受命之年，其无乃待文王之浅也。案《史记》，武王伐纣，实以其即位之十一年，非文王之年也。此说与经文合。据此序曰"惟十有一年，武王伐殷，一月戊午，师渡孟津"，则是伐殷在于武王之十一年也，明矣。《史记》之书又以为据。然而《史记》既以伐殷为武王之十一年也，而至于伯夷列传，又载其父死不葬，爰及干戈之语，此则自相违戾，岂有即位十有一年，而文王犹未葬也哉。至观兵之说，先儒之论，尤为乖戾。案此序言"惟十有一年，武王伐殷"，继之曰"一月戊午，师渡孟津"。"一月戊午，师渡孟津"。其文，前后相属，则是"一月戊午"者，十有一年之一月戊午也。而先儒以十一年为观兵之年，至十三年一月戊午始渡孟津以伐纣，其于序文既已破碎，而不相连属矣。况此《泰誓》三篇所载，皆其渡孟津之时誓师之言，初无观兵誓师之语，则序何以忽生此文。据先儒之所以必为此观兵誓师者，徒以上篇曰"肆予小子发，以尔友邦冢君，观政于商"，遂以是为观兵之举。某窃以为误矣。武王之意盖谓，当文王之世，纣之罪已为上天之所断弃矣。至我小子嗣位，与尔友邦冢君，观纣之政，冀其有迁善改过，而纣殊无悛革之心，其所谓观者，正如子贡曰，以予观于夫子。盖自此观彼之辞也。经文以为观政，而先儒以为观兵，必不可之说也。然序云"惟十有一年"，而篇首曰"十有三年"者，何也。案《洪范》篇，首曰"惟十有三祀王访于箕子"，而《史记》又谓，武王克商二年，问箕子以天道，则是《洪范》之作，盖克商二年之后。洪范既为"十有三祀"而作，则伐商为"十有一年"也，审矣。世儒徒以此篇首"十有一年"为《洪范》"十有三年"所汩，故传者亦误作"十有三年"矣。其实"一"字误作"三"字也。《史记》虽以武王"十有一年"伐

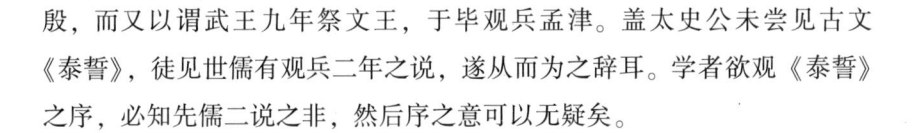

殷，而又以谓武王九年祭文王，于毕观兵孟津。盖太史公未尝见古文《泰誓》，徒见世儒有观兵二年之说，遂从而为之辞耳。学者欲观《泰誓》之序，必知先儒二说之非，然后序之意可以无疑矣。

4.（宋）史浩《尚书讲义》卷十一《周书·泰誓》

惟十有一年，武王伐殷。一月戊午，师渡孟津，作《泰誓》三篇。

"泰"字，当作"太"意，必太公所为也。《孟子》引此篇，亦用"太"字是矣。《左氏传》昭元年引《太誓》曰"民之所欲天必从之"，亦书"太"字，可无疑也。说者乃曰，纣之时，天地之不交而否，至是当"泰"矣，故曰"泰誓"，又曰，泰者，大之极也，犹天子之子曰"太子"，天子之卿曰"太宰"，皆非是也。夫《书》有《汤誓》《秦誓》以人名也。《甘誓》《费誓》以地名也，未有以义名者。今武王之战，曰"太誓"，太公所为，岂非以人名乎？曰"牧誓"，战于牧野，岂非以地名乎？苟或知此，不必凿其说也。昔汤为顺天应人之举，以得伊尹，故《汤誓》之序曰"伊尹相汤伐桀"，明非汤之本心也。今武王《太誓》，岂非以为吾不得太公，事不克济，故以此名之乎？矧当时，太公之归，若天下之父归之，民心之趋向，可知矣。若是三篇，果出于其手，武王尤当名之也。《大明》之诗曰"殷商之旅，其会如林"，其卒曰"维师尚父，时维鹰扬，凉彼武王，肆伐大商，会朝清明"，乃知武王，非太公未必成事，则《太誓》之名，亦与书序"伊尹相汤伐桀"之意同也，学者又何疑焉。

5.（宋）夏僎《尚书详解》卷十六《周书·泰誓上》

《泰誓》三篇，盖是武王伐纣誓师之辞，史官随其先后而记之。据中篇言"惟戊午王次于河朔"，则上篇乃未渡孟津时所言。既誓遂渡河次于河北，故作中篇，是上、中二篇同日而作，一作于河南，一作于河北。故上篇序既言"一月戊午"，中篇又言"戊午王次于河朔"，所以见二篇同日而作也。至于下篇，则作于戊午之明日，故篇首所言以"时厥明"以别之。先儒乃以三篇皆渡河后所作。若果如此说，则不应于中篇言"次于河朔"也。此篇独名篇以"泰誓"者，汉孔氏谓"大会誓众"，顾氏谓"此会中之最大者"，故曰"泰誓"，二说虽不同，皆以"泰"为"大"。

惟王氏好立新说，乃以"泰"乃"否泰"之"泰"，谓纣时上下不交，天下无王，武王大会诸侯往伐，以倾纣之否。岂经本意哉。要之，此名"泰誓"者，盖出于史官一时之意，以篇内有"大会孟津"之言，遂以"泰"字为简编之别，以见其为"大会众"之辞，非有深意于某间。况"否泰"之"泰"，与"太甚"之"太"，"大学"之"大"，此三字皆通用。如《孟子》《左氏》《国语》，举此名篇，或作"否泰"字，或作"太甚"字，或作"大学"字，以其通用也，岂可以妄生意义，以为"否泰"之"泰"哉。说者，既曲推其义，又以上篇受罪犹略，中篇又甚，下篇则纣罪尤甚，此武王所以必伐无赦。夫未济而誓，既次又誓，明日又誓，三篇之作，仅两日耳，岂有罪恶之积，仅越夕而三变者哉？其说尤为无据，有误后学，故并论之。

惟十有一年，武王伐殷，一月戊午，师渡孟津，作《泰誓》三篇。

先儒释此篇之序有二可疑者，其一说曰，文王自虞、芮质成，诸侯并附，以为受命之年，至九年而卒，武王服三年丧毕，始伐殷。学者信此言，遂有受命称王之说。其一说曰，武王十一年伐纣，观兵孟津，以卜诸侯之心。诸侯佥同，遂退而示弱，至十有三年更与诸侯伐纣。学者信此言，遂有观兵示弱之说。据诸儒所以有受命称王之说者，徒以《武成》篇言"惟九年大统未集"，而此序云"十有一年"，遂取居丧三年以足其数，故以伐纣之年，为武王受命之十一年。所以有观兵示弱之说者，盖以此序言"十有一年"，而篇首言"十有三年"，遂以此序言"十一年，武王伐殷"者，乃观兵之年。"一月戊午，师渡孟津"者，乃"十三年戊午伐殷"之事。二说虽依仿经文。疑若可行、然揆之以理，或有不通者。按《无逸》言"文王受命，惟终身，厥享国五十年"，先儒遂谓文王即位四十二年，适有虞、芮质成之事，遂改元正始，而更称元年。夫改元之事，乃汉世事，古者但以即位年为元年，积累数之以见在位之久近，非如后世之屡更。岂有文王在位四十二年，更称元年。而武王即位，乃不以即位之年为元年，而上冒先君之年哉？此受命称王之说，所以不可用也。据此序言"惟十有一年武王伐殷"，即继曰"一月戊午师渡孟津"，其文前后相属，则是"一月戊午"，即"十有一年"一月之戊午也。而先儒疑篇首有"十三年"，乃谓十一年为观兵之年；"一月戊午"，乃十三年一月戊午，破碎序文不相接续。此观兵示弱之说所以不可用也。然则，必言"惟十有一年武王伐殷，一月戊午，师渡孟津，作《泰誓》三篇"者，叙书者盖谓，《泰誓》三篇乃武王即位十一年定伐殷之谋，遂以其年一月戊午，渡河于孟津。将渡既誓众，已渡又誓之，渡之明日又誓之，故《泰誓》三篇所由以作。按《史记》，文王崩，武王即位，九月上祭于毕，十一年遂往伐纣，是此所谓十一年，乃武王之十一年，非文王之十一年也明矣。又《洪范》言"惟十有三祀王访于箕子"，《史记》谓，武王克商二年，问箕子以天道，是《洪范》之作，盖在克商二年。以克商二年，足伐商十一年为十三年，是《洪范》之作，诚在武王即位之十三载。《洪范》之作既在十三载，则此篇言"十有三年"者，必是十一年。经文久远传写，误以"一"为"三"，非十三年始伐纣也。伐纣既非十三年，则此序所谓"一月戊午"，实是十一年之戊午，非十三年之一月戊午也。唐孔氏谓，武王以纣之十二月发行，正月四日杀纣，是此所谓"一月戊午"者，乃商之建丑十二月，周建子之正月也。一月既为正月，不云正月，而云一月者，武王以纣正月四日灭纣，纣之正月，乃周之二月，武王既入商郊，始改正朔，以纣之正月为周之二月。其初发时，犹是纣之十二月，未为周之正月。改正在后，不可追名为正月，以其实周之一月，故史以一月名之。此说是也。

林少颖谓，晁错从伏生受《书》二十八篇，其时未有《泰誓》。至孔安国定壁中《书》，增多二十五篇，而《泰誓》始出。然遭巫蛊事，未列学官，遂有张霸伪书《太誓》三篇，与伏生《书》并传，故篇内所载"观兵孟津"，"白鱼入舟"，"有火复王屋流为乌"等语，汉儒董仲舒犹用之，而太史公《周本纪》亦载之而不疑。至后汉马融始疑《太誓》后得，按其文若浅露，谓吾见书传多矣，所引《泰誓》，而不在《泰誓》者甚多，盖霸等虽知剽窃经传所举《太誓》文以成伪书，然诸儒所引，霸亦有不能尽见者，故余得以疑之。然融虽疑之，而古文《泰誓》犹未出，至晋世古文书始出，诸儒以《泰誓》正经，比较《国语》《左传》《荀》《孟》诸书皆合，由是伪《泰誓》始废。由是观之，则先儒所谓觐政于商之说，遂谓武王十一年率兵观政，冀纣畏而改过，故退师。既退，而纣犹长恶不悛，故十三年武王伐商，此皆弗考之过。

此篇所谓"观政"者，正如子贡所谓"以予观于夫子，贤于尧舜远矣"，盖自此观彼之辞，乃武王观纣之政，有可伐之理，遂往伐之，非观兵也，此皆蔽于伪书之过也。

6. （宋）时澜《增修东莱书说》卷十四《周书·泰誓上第一》

惟十有一年武王伐殷，一月戊午，师渡孟津，作《泰誓》三篇。惟十有三年春。

序言，武王"十有一年"伐殷，经文乃言"十有三年"，先儒谓武王观兵三年，非也。使纣天命未绝，人心未离，武王观兵，乃与后世僭乱之人同；即天命已绝，人心已离，纣自不可一朝居于位，岂待三年而后伐哉？以"一月戊午"与中篇言"惟戊午，王次于河朔"观之，可见其同一年之事，非序之误，即经文之误耳。一月者，孔子序书，深寓春秋之法也。春秋十二公，惟定公无正，盖以昭公之丧未归，定公未立，旧君之天命已终，新君之正朔未告，故不书。此书"一月"者，亦谓当时殷之正朔已绝，周之正朔未颁，故只云"一月"，又以见孔子于君臣之分，毫厘有所必计，以正天地之大义也。

7. （宋）黄度《尚书说》卷四《周书·泰誓上》

惟十有一年，武王伐殷，一月戊午，师渡孟津，作《泰誓》三篇。

周自后稷封邰，至子不窋失职，奔于戎狄之间。又二世，至公刘，修后稷之业，国于豳，今邠州三水县。又九世，至亶父，避狄，迁岐，国号周，今凤翔岐山县，是为大王。子，历，是为王季。子，昌，是为文王，都丰，今永兴长安县西北灵台乡，丰水上游是也。子，发，是为武王，都镐，今昆明池北镐陂是也。序为十一年，书为十三年，《史记》作十一年，与序同。案《书》序，《伊训》《泰誓》书年皆有义，《伊训》防疑，《泰誓》阙疑。《书》十三年，当是传写至夫子时已误。夫子以周史考，实为一年，承《书》之误不改，而自于序正之，盖阙疑之类也。一月，夏正月，周为三月，称一月，存夏正也。一月戊午，蒙上"十一年"，十一年一月也。孔氏以为十三年正月，欲就《书》十三

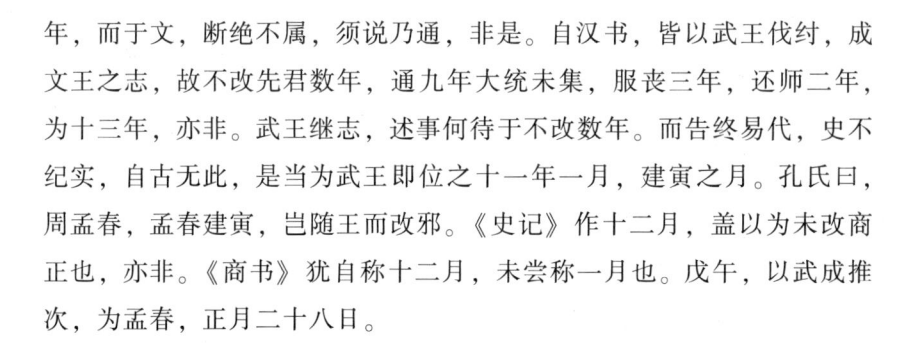

年，而于文，断绝不属，须说乃通，非是。自汉书，皆以武王伐纣，成文王之志，故不改先君数年，通九年大统未集，服丧三年，还师二年，为十三年，亦非。武王继志，述事何待于不改数年。而告终易代，史不纪实，自古无此，是当为武王即位之十一年一月，建寅之月。孔氏曰，周孟春，孟春建寅，岂随王而改邪。《史记》作十二月，盖以为未改商正也，亦非。《商书》犹自称十二月，未尝称一月也。戊午，以武成推次，为孟春，正月二十八日。

8. （宋）袁燮《絜斋家塾书钞》卷五《周书·泰誓上》

惟十有一年，武王伐殷，一月戊午，师渡孟津，作《泰誓》三篇。

序称十一年，书称十三年，前后之说者多矣，或以为两处，必有一误；或以为观兵于十一年。要之，观兵者，为是。"以尔友邦冢君，观政于商"，书中所言如此，岂非观兵之事。武王犹庶几纣知悔也，而纣略无悛改之心，方且安然而居，所谓"惟纣罔有悛心乃夷居"是也。此武王所以有孟津之誓也。伐纣虽在十三年。然当其观兵之时，伐商之心盖始于此。所以孔子定为十一年，《春秋》之法也。一月戊午，此即十三年之一月。孔子书法甚严。观书一月，便可见。不曰正月，而曰一月，正者，正也。是时，无王不得为正，故不称"正"，而称"一"。其严如此，则十有一年，岂得不严乎？十一年者，武王之十一年也。古者国君即位，则称元年，虽禀天子正朔，而其国自有元年矣。如春秋，隐公自有隐公之元，桓公自有桓公之元。若使诸侯不得称元年，则《春秋》之作，孔子自当以周之正朔为本矣，何以书鲁之年。如注家之说，以为周自"虞、芮质厥成"，诸侯并附以为受命之年，至九年而文王卒，武王三年服毕，谓之十一年，此却不然。纣在上，文王岂有自称王之理。此特武王即位之十一年尔。如退以示弱之语，亦不然，是以后世之心，量度古圣人之心也。其解一月戊午，谓十三年正月，更与诸侯期而共讨纣，此却是。

9. （宋）蔡沈《书经集传》卷四《周书·泰誓上》

（归善斋按，未解）

10.（宋）黄伦《尚书精义》卷二十四《周书·泰誓上》

惟十有一年，武王伐殷，一月戊午，师渡孟津，作《泰誓》三篇。

无垢曰，武王待纣二年而不悛，亦终焉为恶而已矣。故十三年正月，决意渡孟津而伐之也。

东坡曰，谓文王受命九年而崩，武王以大统未集，故即位而不改元，十一年丧毕，观兵于商而归。

伊川曰，一月者，商历已绝，周历未建，故用天正，今月之正也。不书商历，以见纣自绝于天矣。圣人一言一动，无不合乎天理如此。

吴氏曰，传言卜诸侯伐纣之心，非也。且纣之恶天下，共弃之。武王观兵不期而会者，十三国，伐纣之心，固可知也，岂待卜诸侯之心哉。若是，则乃是武王急欲取天下也。观兵孟津者，所以警纣，欲其悛心已，而无自惧之意。故伐之也，若汤放桀之时，汤贡伊尹而桀不用，亦此之义也。

李定曰，孔氏曰退以示弱，或曰武王之退非示弱，而袭之明矣，观兵孟津者，冀纣能知惧而反善也。以予考之，亦犹舜、禹之征苗，而班师振旅也。始之往也，顺天应人而已矣。及其至也，犹冀其警悟而还之。此篇云"观政于商"，则或人心之有所未绝，天命之有所未终者，于是退归以俟之。然舜禹之归也，苗民乃格，此篇云"惟纣罔有悛心"。

又曰，"时哉不可失"，然后知人心已绝，而天命已去，于是诛其独夫，而拯其民于涂炭也。《易》曰"先天而天弗违；后天而奉天时"，武王之谓也。

李石曰，周文王没后九年丁丑，武王观兵于孟津，又二年也，己卯伐商，《编年历》丁卯，文王断虞、芮之讼，乃受天命。后九年乙亥，文王没，又二年丁丑，武王伐商。其历年甲子，至此不同矣。按，《泰誓》惟十有一年武王伐商，《皇极经世》，盖本乎此。《编年历》断以丁卯为文王受命，至乙亥文王没，凡九年，又二年丁丑，武王伐商，是用《尚书》着《泰誓》"惟十有一年"者，通文王受命、武王即位而言也。

杨氏曰，或曰，周文既未尝改元革命，而《周书》首曰"惟十有一年春"，复何谓而云乎？答曰，盖追而书之尔。仲尼已于《商书》伐君之始也，贬伊尹以诛乱臣贼子焉。洎《周书》，则原周之所以得天下，商之所以失天下，为人君戒也。纣之失天下也，非败于牧野之日，而骤失之也。周之得天下也，非克于牧野之日，而骤得之也。夫得天下有道，得其民，斯得天下矣。得其民有道，得其心，斯得其民矣。故原纣之失天下心，周之得天下心，自"虞、芮质厥成"始焉。武王曰"我文考文王，大邦畏其力；小邦怀其德，诞膺天命，以抚方夏，惟九年大统未集"，仲尼由是断为受命之年焉。若曰周之有天下也，已十年矣。纣之所存者，唯位与号而已。以十年有天下之周，而伐已失天下之商，则又岂一朝一夕之故哉。《孟子》曰"闻诛一夫纣矣，未闻弑君也"，是故，惟十有一年春云者，仲尼讨纣，而与周之笔也，不亦为君人者之戒乎？

顾氏曰，十有一年者，抑商之正朔邪，抑周之正朔邪？曰周之正朔也。将周之文王邪，武王邪，曰周之文王也。然则文王之生，既为天子矣，曰固也。《棫朴》之诗曰"周王于迈六师"，及之夫六师者，天子之事也，文王之征诸侯也，固已为天子之军讨之矣。此曰"惟戊午王次于河朔"，当是时也，商存焉，而武王既嗣而为王矣。此所以见文王之为天子也。夫纣虽不道而犹存也，文王乌得为天子哉？曰文王之为天子，以天而大义故也。纣虽不道而犹存者，圣人之仁心也。夫文王之于纣也，亦尽矣。炮烙之刑，天下无有敢言者，而文王特言其不可。黎侯之征，不在乎成周之义，而在乎惧纣之心，言之而不用，惧之而不悛，可伐也。

林氏曰，夫纣，君也；武王，臣也，以臣伐君，天下之至逆，武王岂好逆天下之大顺，而乐为此惭德之举哉。盖有不得已于其间也。齐宣王问于孟子曰，臣弑其君可乎？曰贼仁者谓之贼；贼义者谓之残。残贼之人，谓之一夫。闻诛一夫纣矣，未闻弑君也。纣之为君，既失夫为君之道，神怒之，民怨之，则武王不得不应天顺人，以伐纣，非敢加无礼于其君也。盖以纣失为君之道，而天下之人，既不以之为君矣。则我虽欲不兴师以伐之，不可得也。

张氏曰，穷则变，往则返，天地阴阳之常理也。当纣之时，天下之否极矣，武王之伐纣，将以倾否而为泰，故其誓谓之"泰誓"。"惟十有一年武王伐殷"者，文王九年，大勋未集，而武王终文王之丧三年，然后广文王之声，而卒其伐功，故称"十有一年"。"一月戊午师渡孟津"者，一月，即十三年正月也。盖武王之伐纣，至于孟津而反，所以观政于商，盖亦冀其改悔而后已。故服丧三年，观政三年，继文王之九年，所谓"十有三年"者此也。

吕氏曰，君臣之分，天尊地卑不相犯。当纣人心未离，天命未绝，武王事纣之心未尝不至。及纣人心已离，天命已绝，不可一时令他据天位，武王亦不得不伐，岂待三年而后致伐哉？称一月戊午，不言正者，纣之正朔已亡，周之正朔未建，此圣人作春秋之意。《春秋》十二公，惟定公无正，不言正月，盖以昭公丧在外，定公未立。旧君之天命已终，新君之正朔未颁。一月之辞，圣人于毫厘之际，谨严如此，盖所以正天地之大义也。

11.（宋）陈经《尚书详解》卷二十一《周书·泰誓上》

惟十有一年，武王伐殷，一月戊午，师渡孟津，作《泰誓》三篇。

此十一年，乃武王即位之十一年也。古者，诸侯即位，皆称元年，如《春秋》所书是也。若以为文王，则岂有文王即位之初，既改元，至中间又改元乎？决无此理。司马迁作《本纪》，谓武王即位九年，祭于文王之墓，然后治兵于孟津。其说是也。意者，当九年祭文王，治兵孟津之时，乃观政于商。至十一年而纣不改过，然后大举以伐纣也。乃若戡黎之时，窃意正当治兵孟津之时，亦未尝审乎是否也。一月戊午者，即十二年之正月戊午日也。不言正月者，商之正朔已终，周之正朔未立，故不言正。师渡孟津，此岂武王之得已哉。三篇之书，上篇者谓于孟津而誓，中篇次于河朔而誓，下篇将战而誓。操凶器而临危事，不敢轻举，故必誓众，重其事也。泰者，先儒以为大会以誓众。

12.（宋）钱时《融堂书解》卷九《周书·泰誓上》

惟十有一年，武王伐殷，一月戊午，师渡孟津，作《泰誓》三篇。

序云十有一年，经云十有三年，当是序误。一月，即十三年正月，商之正朔已绝，而周之正朔未颁，故但云一月也。

13.（宋）魏了翁《尚书要义》卷十《泰誓》至《武成》

孔谓，十有一年，通数文王受命之年。

惟十有一年，武王伐殷，周自"虞、芮质厥成"，诸侯并附，以为受命之年，至九年而文王卒，武王三年服毕，观兵孟津，以卜诸侯伐纣之心。诸侯佥同，乃退以示弱。一月戊午，师渡孟津。十三年正月二十八日，便与诸侯期，而共伐纣，作《泰誓》三篇，渡津乃作。

正义曰，惟文王受命，十有一年，武王服丧既毕，举兵伐殷，以卜诸侯伐纣之心，虽诸侯佥同，乃退以示弱。至十三年，纣恶既盈，乃复往伐之。其年一月戊午之日，师渡孟津，王誓以戒众，史叙其事，作《泰誓》三篇。

二、文王享国五十年，传以诸侯并附改元。

《武成》篇云"我文考文王，诞膺天命，以抚方夏，惟九年，大统未集"，则文王九年而卒也。《无逸》称"文王享国五十年"，则嗣位至卒，非徒九年而已，知此十一年者，文王改称元年，至九年而卒，至此年为十一年也。《诗》云"虞、芮质厥成"，毛传称，天下闻虞、芮之讼息，归周者，四十余国，故知周自"虞、芮质厥成"，诸侯并附，以为受命之年。至九年而文王卒，至此十一年，武王居父之丧三年，服毕也。按《周书》云"文王受命九年，惟暮春在镐，召太子发，作《文传》"。其时犹在，但未知崩月，就如暮春即崩，武王服丧至十一年三月大祥，至四月观兵，故今文《泰誓》亦云，四月观兵也，知此十一年非武王即位之年者。《大戴礼》云，文王十五而生武王，则武王少文王十四岁也。《礼记·文王世子》云，文王九十七而终，武王九十三而终，计其终年，文王崩时，武王已八十三矣，八十四即位，至九十三而崩，适满十年，不得以十三年伐纣。知此十一年者，据文王受命而数之，必继文王年者，为其卒父业故也。纬候之书言，受命者，谓有黄龙、玄龟、白鱼、赤雀负图衔书以命人主。其言起于汉哀平之世，经典无文焉。孔时未有此说。《咸有一德》传云，所征无敌，谓之受天命。此传云，诸侯并附，以为受命之年，是孔解受命，皆以人事为言，无瑞应也。《史记》亦以断虞、芮之讼为受命元年，但彼以文王受命七年而崩，不得与孔同耳。三年之丧，二十五月而毕，故九年文王卒至此三年服毕。此经武王追陈前事云，肆予小子发，以尔友邦冢君，观政于商，是十一年伐殷者，止为观兵孟津，以卜诸侯伐纣之心言于商，知亦至孟津也。

14.（宋）陈大猷《书集传或问》卷上《泰誓》

（归善斋按，未解）

15.（宋）胡士行《尚书详解》卷六《周书·泰誓上第一》

惟十有一年，武王伐殷，一月戊午，师渡孟津，作《泰誓》三篇。

孔云，周自"虞、芮质成"，诸侯并附（详见《诗·大雅·绵》诗），以为受命之年，九年而文王卒。武王三年，观兵孟津，卜诸侯之心，退而示弱。十三年，更与诸侯期而伐纣。欧公辟之，以十一年，为武王即位十一年。序"戊午"，即中篇"惟戊午"，直系于十一年之下，与《书》十三年不同者，非序误字，则经误字也。一月者，仲尼序书，寓《春秋》之法也。《春秋》十二公，定无正月，盖以旧君已终，新君未立，故不书"正"而书"一"也。

16.（元）吴澄《书纂言》

（归善斋按，无此篇）

17.（元）陈栎《书集传纂疏》卷四上《朱子订定蔡氏集传周书·泰誓上》

（归善斋按，未解）

18.（元）许谦《读书丛说》卷六《周书·泰誓上》

（归善斋按，未解）

19.（元）董鼎《书传辑录纂注》卷三《周书·泰誓上》

（归善斋按，未解）

20.（元）朱祖义《尚书句解》卷六《周书·泰誓上第一》

惟十有一年（周自"虞、芮质成"，诸侯并附文王，遂受命称王，至九年大统未集而卒，武王三年服毕，乃于十有一年），武王伐殷（武王丧毕，始伐殷观兵孟津，以卜诸侯伐殷之心，诸侯佥同，乃退以示弱）。

21.（明）王樵《尚书日记》卷九《周书·泰誓上》

（归善斋按，未解）

22.（清）库勒纳等撰《日讲书经解义》卷六《周书·泰誓上》

（归善斋按，未解）

一月戊午，师渡孟津

1.（汉）孔氏传、（唐）陆德明音义、孔颖达疏《尚书注疏》卷十《周书·泰誓上》

一月戊午，师渡孟津。
传，十三年正月二十八日，更与诸侯期而共伐纣。
音义：
孟津，地名也。
疏：
正义曰，其年一月戊午之日，师渡孟津，王誓以戒众。
传正义曰，以一月戊午乃是作誓月日。经言"十三年春大会于孟津"，又云"戊午次于河朔"，知此一月戊午是十三年正月戊午日，非是十一年正月也。序不别言十三年，而以一月接十一年下者，序以观兵至而即还，略而不言月日誓，则经有年有春，故略。而不言年春，止言一月。使其互相足也。戊午，是二十八日，以历推而知之，据经亦有其验。《汉书·律历志》载旧说云，死魄，朔也。生魄，望也。《武成》篇说，此伐纣之事，云，惟一月壬辰旁死魄，则壬辰近朔，而非朔，是为月二日也。二日壬辰，则此月辛卯朔矣。以次数之，知戊午是二十八日也。不言正月，而言一月者，以《武成》经言一月，故此序同之。《武成》所以解一月者，《易·革卦》象曰，汤武革命，顺乎天而应乎人；象曰，君子以治历明时。然则，改正治历，必自武王始矣。武王以殷之十二月发行，正月四日杀纣，既入商郊，始改正朔，以殷之正月，为周之二月。其初发时，犹是殷之十二月，未为周之正月。改正在后，不可追名为正月，以其实是周之正月，故史以一月名之。顾氏以为，古史质，或云正月，或云一月，不与春秋正月同义，或然也。《易纬》称，文王受命改正朔，布王号于天下。郑玄依而用之，言文王生称王，已改正，然天无二日，民无二王，岂得殷纣尚在而称周王哉？若文王身自称王，已改正朔，则是功业成矣，武王何得云"大勋未集"，欲卒父业也。

《礼记·大传》云，牧之野，武王之大事也。既事而退，追王大王、亶父、王季历、文王昌，是追为王，何以得为文王身称王，已改正朔也。《春秋》王正月，谓周正月也。《公羊传》曰，王者，孰谓谓文王，其意以正为文王所改。《公羊传》，汉初俗儒之言，不足以取正也。《春秋》之王自是当时之王，非改正之王。晋世有"王愆期"者，知其不可注《公羊》，以为春秋制。文王，指孔子耳，非周昌也。《文王世子》称武王，对文王，云西方有九国焉，君王其终抚诸，呼文王为王，是后人追为之辞，其言未必可信，亦非实也。孟者，河北地名，《春秋》所谓"向盟"是也。

《尚书注疏》卷十《考证》

疏"岂得殷纣尚在而称周王哉"。

臣召南按，颖达此疏，一扫诸儒之谬。其引《礼记·大传》追王之文，尤为明确。乃《毛诗大雅》文王，郑笺谓，受命而王天下。颖达不昌言，以辟其诬。又复广引《谶纬》以曲证之何也。

2. （宋）苏轼撰《书传》卷九《周书·泰誓上第一》

（归善斋按，见"惟十有一年，武王伐殷"）

3.（宋）林之奇《尚书全解》卷二十二《周书·泰誓上》

一月戊午，师渡孟津，作《泰誓》三篇。

《泰誓》。

惟十有三年春，大会于孟津。

一月戊午者，十有一年之正月戊午也。不谓之"正月戊午"，而曰"一月"者，唐孔氏曰，武王以纣之十二月发行，正月四日杀纣。既入商郊，始改正朔，以殷之正月为周之二月。其初发时，犹是殷之十二月未，为周之正月。改正在后，不可追名为正月，以其实是周之一月，故史以"一月"名之。此说是也。顾氏以为，古文或云正月，或云一月，不与《春秋》正月同。此虽亦一说，然考之其它诸书，未尝有以"正月"为"一月"者，则顾氏之说未敢以为然也。纣都朝歌，在河之北。武王伐纣，必自孟津济河而北。《泰誓》三篇，皆其渡河之时誓师之辞也，故史官追录其事，故作《泰誓》三篇。先儒谓皆以渡河而作。上篇未次时作，中篇既次乃作，下篇明日乃作。其意盖以谓，三篇之作皆在渡河之后，然而据中篇曰"惟戊午，王次于河朔"，则是上篇之作当是未渡孟津时所誓，既誓而后渡河。已渡河矣至明日戊午，乃始作中篇之誓也。序云"惟十有一年，武王伐殷，一月戊午，师渡孟津"，而篇首言"惟十有三年春，大会于孟津"，是春者，即序所谓"一月戊午"也。故汉孔氏曰，此周之孟春。盖古者，改正朔，则必以其所用之正月，为四时之首。周以建子之月为正，故此以建子之月而为春。《春秋》书"春王正月"，即此月也。《泰誓》作时，周之正朔犹未改也，而得以用周之时数月者，此盖出于史记《泰誓》之时所追录之时月也。汉武帝太初元年夏五月，正历以正月为岁首。颜师古曰，此谓建寅之月。据未正历以前用建亥之月为岁首，而此之以正月为岁首，史官追正其月名，故今《汉书》，自高祖元年以下，如秦正，以建亥之月为正者，则皆改为冬十月，与此篇所载正同。大会于孟津，谓诸侯皆以其师来集于孟津，将共济师。

4.（宋）史浩《尚书讲义》卷十一《周书·泰誓》

（归善斋按，未解）

5.（宋）夏僎《尚书详解》卷十六《周书·泰誓上》

（归善斋按，见"惟十有一年，武王伐殷"）

6.（宋）时澜《增修东莱书说》卷十四《周书·泰誓上第一》

（归善斋按，见"惟十有一年，武王伐殷"）

7.（宋）黄度《尚书说》卷四《周书·泰誓上》

（归善斋按，见"惟十有一年，武王伐殷"）

8.（宋）袁燮《絜斋家塾书钞》卷五《周书·泰誓上》

（归善斋按，见"惟十有一年，武王伐殷"）

9.（宋）蔡沈《书经集传》卷四《周书·泰誓上》

（归善斋按，未解）

10.（宋）黄伦《尚书精义》卷二十四《周书·泰誓上》

（归善斋按，见"惟十有一年，武王伐殷"）

11.（宋）陈经《尚书详解》卷二十一《周书·泰誓上》

（归善斋按，见"惟十有一年，武王伐殷"）

12.（宋）钱时《融堂书解》卷九《周书·泰誓上》

（归善斋按，未解）

13.（宋）魏了翁《尚书要义》卷十《泰誓》至《武成》

（归善斋按，另见"惟十有一年，武王伐殷"）

三、一月，谓十三年正月，武王未改正。

以"一月戊午"乃是作誓月日。经言"十三年春，大会于孟津"，又云"戊午，次于河朔"，知此"一月戊午"，是十三年正月戊午日，非是十一年正月也。序不别言十三年，而以一月接十一年下者，序以观兵至而即还，略而不言月日；誓则经有年有春，故略而不言年春，止言一月，使其互相足也。戊午，是二十八日，以历推而知之，据经亦有其验。《汉书·律历志》载，旧说云，死魄，朔也；生魄，望也。《武成》篇说此伐纣之事云"惟一月壬辰，旁死魄"，则壬辰近朔，而非朔，是为月二日也。二日壬辰，则此月辛卯朔矣，以次数之知戊午是二十八日也。不言正月，而言一月者，以《武成》经言一月，故此序同之。《武成》所以称"一月"者，《易·革卦》象曰，汤武革命，顺乎天，而应乎人。象曰，君子以治历明时，然则，改正治历必自武王始矣。武王以殷之十二月发行，正月四日杀纣。既入商郊，始改正朔，以殷之正月为周之二月。其初发时，犹是殷之十二月，未为周之正月。改正在后，不可追名为正月，以其实是周之一月，故史以"一月"名之。顾氏以为古史质，或云正月，或云一月，不与春秋"正月"同义，或然也。《易纬》称，文王受命改正朔，布王号于天下。郑玄依而用之，言文王生称王，已改正。然天无二日，民无二王，岂得殷纣尚在，而称周王哉。若文王身自称王，已改正朔，则是功业成矣，武王何得云大勋未集，欲卒父业也。

《礼记·大传》云，牧之野，武王之大事也。既事而退，追王大王、亶父、王季历，文王昌，是追为王，何以得为文王身称王，已改正朔也。《春秋》"王正月"，谓周正月也。《公羊传》曰，王者孰谓，谓文王。其意以正为文王所改。《公羊传》汉初俗儒之言，不足以取正也。春秋之王，自是当时之王，非改正之王。晋世有"王愆期"者，知其不可注《公羊》。以为春秋制文王，指孔子耳，非周昌也。《文王世子》称武王，对文王，云，西方有九国焉。君王其终抚诸。呼文王为王，是后人追为之辞，其言未必可信，亦非实也。

14. （宋）陈大猷《书集传或问》卷上《泰誓》

（归善斋按，未解）

15.（宋）胡士行《尚书详解》卷六《周书·泰誓上第一》

（归善斋按，见"惟十有一年，武王伐殷"）

16.（元）吴澄《书纂言》

（归善斋按，无此篇）

17.（元）陈栎《书集传纂疏》卷四上《朱子订定蔡氏集传周书·泰誓上》

（归善斋按，未解）

18.（元）许谦《读书丛说》卷六《周书·泰誓上》

（归善斋按，未解）

19.（元）董鼎《书传辑录纂注》卷三《周书·泰誓上》

（归善斋按，未解）

20.（元）朱祖义《尚书句解》卷六《周书·泰誓上第一》

一月戊午（至十三年正月二十八日戊午），师渡孟津（更与诸侯期会，以师众渡孟津，而共伐纣）。

21.（明）王樵《尚书日记》卷九《周书·泰誓上》

（归善斋按，未解）

22.（清）库勒纳等撰《日讲书经解义》卷六《周书·泰誓上》

（归善斋按，未解）

作《泰誓》三篇

1.（汉）孔氏传、（唐）陆德明音义、孔颖达疏《尚书注疏》卷十《周书·泰誓上》

作《泰誓》三篇。

传，渡津乃作。

疏：

正义曰，史叙其事作《泰誓》三篇。

传正义曰，

于孟地置津，谓之孟津，言师渡孟津，乃作《泰誓》知三篇皆渡津乃作也。然则，中篇独言"戊午，次于河朔"者，三篇皆河北乃作，分为三篇耳。上篇未次时作，故言"十三年春"；中篇既次乃作；故言"戊午"之日，下篇则明日乃作，言"时厥明"，各为首引，故文不同耳。

《尚书》遭秦而亡，汉初不知篇数。武帝时，有大常蓼侯孔臧者，安国之从兄也，与安国书云。时人惟闻《尚书》二十八篇，取象二十八宿，谓为信然，不知其有百篇也。然则，汉初惟有二十八篇，无《泰誓》矣，后得伪《泰誓》三篇，诸儒多疑之。马融书序曰，《泰誓》后得。案其文，似若浅露。又云，八百诸侯不召自来，不期同时，不谋同辞，及火复于上，至于王屋流为乌，五至，以谷俱来，举火神怪，得无在子，所不语中乎。又《春秋》引《泰誓》曰"民之所欲，天必从之"；《国语》引《泰誓》曰"朕梦协朕卜，袭于休祥，戎商必克"；《孟子》引《泰誓》曰"我武惟扬，侵于之疆，取彼凶残，我伐用张，于汤有光"；孙卿引《泰誓》曰"独夫受"；《礼记》引《泰誓》曰"予克受，非予武，惟朕文考无罪。受克予，非朕文考有罪，惟予小子无良"，今文《泰誓》皆无此语。吾见书传多矣，所引《泰誓》而不在《泰誓》者甚多，弗复悉记，略举五事以明之，亦可知矣。王肃亦云，《泰誓》近得非其本经。马融惟言后得，不知何时得之。《汉书》娄敬说，高祖云，武王伐纣，不期而会盟津之上者八百诸侯。伪《泰誓》有此文，不知其本出何书也。武帝时，董仲舒《对策》云，"《书》曰，白鱼入于王舟，有火复于王屋，流为乌"，"周公曰，复哉，复哉"。今引其文，是武帝之时已得之矣。李颙集注《尚书》于伪《泰誓》篇每引孔安国曰，计安国必不为彼伪书作传，不知颙何由为此言？梁王兼而存之，言本有两《泰誓》，古文《泰誓》伐纣事，圣人取为《尚书》。今文《泰誓》观兵时事，别录之以为《周书》，此非辞也。彼伪书三篇，上篇观兵时事，中、下二篇亦伐纣时事，非尽观兵时事也。且观兵示弱即退，复何誓之有？设有其誓，不得同以《泰誓》为篇名也。

2.（宋）苏轼撰《书传》卷九《周书·泰誓上第一》

(归善斋按，见"惟十有一年，武王伐殷")

3.（宋）林之奇《尚书全解》卷二十二《周书·泰誓上》

(归善斋按，见"一月戊午，师渡孟津")

4.（宋）史浩《尚书讲义》卷十一《周书·泰誓》

(归善斋按，见"惟十有一年，武王伐殷")

5.（宋）夏僎《尚书详解》卷十六《周书·泰誓上》

(归善斋按，见"惟十有一年，武王伐殷")

6.（宋）时澜《增修东莱书说》卷十四《周书·泰誓上第一》

(归善斋按，见"惟十有一年，武王伐殷")

7.（宋）黄度《尚书说》卷四《周书·泰誓上》

(归善斋按，见"惟十有一年，武王伐殷")

8.（宋）袁燮《絜斋家塾书钞》卷五《周书·泰誓上》

(归善斋按，见"惟十有一年，武王伐殷")

9. （宋）蔡沈《书经集传》卷四《周书·泰誓上》

（归善斋按，未解）

10. （宋）黄伦《尚书精义》卷二十四《周书·泰誓上》

（归善斋按，见"惟十有一年，武王伐殷"）

11. （宋）陈经《尚书详解》卷二十一《周书·泰誓上》

（归善斋按，见"惟十有一年，武王伐殷"）

12. （宋）钱时《融堂书解》卷九《周书·泰誓上》

（归善斋按，未解）

13. （宋）魏了翁《尚书要义》卷十《泰誓》至《武成》

（归善斋按，另见"惟十有一年，武王伐殷"）

四、孟，在河北，渡津，乃作《泰誓》三篇。

孟者，河北地名。《春秋》所谓"向盟"是也。于是孟地置津，谓之孟津，言师渡孟津，乃作《泰誓》，知三篇皆渡津乃作也。然则中篇独言"戊午，次于河朔"者，三篇，皆河北乃作，分为三篇耳。上篇未次时作，故言"十三年春"；中篇既次乃作，故言"戊午"之日；下篇则明日乃作，言"时厥明"，各为首引，故文不同。

五、孔臧谓，唯闻《书》象二十八宿，不知有百篇。

《尚书》遭秦而亡，汉书不知篇数，武帝时，有太常蓼侯孔臧者，安国之从兄也，与安国书云，时人惟闻尚书二十八篇，取象二十八宿，谓为信然，不知其有百篇也。然则，汉初惟有二十八篇，无《泰誓》矣，后得伪《泰誓》三篇，诸儒多疑之。马融书序曰，《泰誓》后得，按其文，似若浅露。又云，八百诸侯不召自来，不期同时，不谋同辞，及火复于上，至于王屋，流为乌，五至，以谷俱来，举火神怪，得无在子，所不语中乎。又《春秋》引《泰誓》曰"民之所欲，天必从之"，《国语》引《泰誓》曰"朕梦协朕卜，袭于休祥，戎商必克"，《孟子》引《泰誓》

曰"我武惟扬，侵于之疆，取彼凶残，我伐用张，于汤有光"，孙卿引《泰誓》曰"独夫受"，《礼记》引《泰誓》曰"予克受，非予武，惟朕文考无罪；受克予，非朕文考有罪，惟予小子无良"，今文《泰誓》皆无此语，吾见书传多矣，所引《泰誓》而不在《泰誓》者甚多，弗复悉记，略举五事以明之，亦可知矣。王肃亦云，《泰誓》近得，非其本经。马融惟言后得，不知何时得之。

六、娄敬、董仲舒所引伪《泰誓》有其文。

《汉书》娄敬说，高祖云，武王伐纣，不期而会盟津之上者，八百诸侯。伪《泰誓》，有此文，不知其本出何书也。武帝时，董仲舒《对策》云，《书》曰，白鱼入于王舟，有火复于王屋，流为乌。周公曰，复哉复哉。今引其文，是武帝之时已得之矣。李颙集《尚书》，于伪《泰誓》篇，每引孔安国曰，计安国，必不为伪书作传，不知颙何由为此言。梁主兼而存之，言本有两《泰誓》，古文《泰誓》伐纣时事，圣人取为《尚书》。今文《泰誓》，观兵时事，别录之以为《周书》，此非辞也。彼伪书三篇上篇，观兵时事；中下二篇，亦伐纣时事，非尽观兵时事也。且观兵示弱即退，复何誓之有，设有其誓，不得同以"泰誓"为篇名也。

14.（宋）陈大猷《书集传或问》卷上《泰誓》

（归善斋按，未解）

15.（宋）胡士行《尚书详解》卷六《周书·泰誓上第一》

（归善斋按，见"惟十有一年，武王伐殷"）

16.（元）吴澄《书纂言》

（归善斋按，无此篇）

17.（元）陈栎《书集传纂疏》卷四上《朱子订定蔡氏集传周书·泰誓上》

（归善斋按，未解）

18. （元）许谦《读书丛说》卷六《周书·泰誓上》

（归善斋按，未解）

19. （元）董鼎《书传辑录纂注》卷三《周书·泰誓上》

（归善斋按，未解）

20. （元）朱祖义《尚书句解》卷六《周书·泰誓上第一》

作《泰誓》三篇（誓众将渡作上篇已渡作中篇，渡之明日作下篇）。

21. （明）王樵《尚书日记》卷九《周书·泰誓上》

（归善斋按，未解）

22. （清）库勒纳等撰《日讲书经解义》卷六《周书·泰誓上》

（归善斋按，未解）

《泰誓上》

（汉）孔氏传、（唐）陆德明音义、孔颖达疏《尚书注疏》卷十《周书·泰誓上》

《泰誓上》。

传，大会以誓众。

疏：

传正义曰，经云，大会于孟津，知名曰"泰誓"者，其大会以誓众也。王肃云，武王以大道誓众。肃解彼伪文，故说谬耳。《汤誓》指"汤"为名，此不言"武誓"，而别立名者，以"武誓"非一，故史推义作名"泰誓"，见大会也。《牧誓》举战地，时史意也。顾氏以为，泰者，大之极也，犹如天子、诸侯之子，曰太子；天子之卿，曰太宰。此会中之大，故称"泰誓"也。

《尚书注疏》卷十《考证》

《泰誓》。

王应麟曰，古文作《大誓》。开元间，卫包定今文，始作"泰"。其实《大誓》与《大诰》同。

（宋）林之奇《尚书全解》卷二十二《周书·泰誓上》

《泰誓》三篇，盖是武王伐纣誓师之辞，史官随其先后而记之。篇名以"泰誓"者，汉孔氏曰，大会以誓众。顾氏曰，此会中之最大者，故曰泰誓。此二说，一则以为大会以誓众，一则以为会中之最大者，其意虽异，然而以"泰"为"大"，则同。此盖武王誓师之言，为伐纣而作，犹《汤誓》之伐桀而作也。然而不谓之"武誓"而谓之"泰誓"者，盖出于史官一时之意。篇首有"大会于孟津"之言，遂以"泰誓"二字为其简编之别，非有深意于其间。故先儒之所解，亦惟如是而已。而王氏好为凿说，徒见今之书，不用"大"字而用"泰"字，则为之说曰，受之时，上下不交，而天下无邦，武王大会诸侯誓师，伐以倾否，故命之曰"泰誓"，甚矣王氏之喜凿也。夫"否泰"之"泰"，与"太甚"之"太"，与"大学"之"大"，此三字通用也。故泰坛、泰阶、泰伯，虽经传所载，或有用"否泰"之"泰"字，然其实与"太甚"之"太"，"大学"之"大"无以异。"泰誓"之为言，亦犹是也。是以《孟子》《左氏传》《国语》举此篇名，或作"泰否"字，或作"太甚"之"太"字，或作"大学"之"大"字，明此三字，音同义同，故得以通用也。王氏徒见作"否泰"字，遂以上下不交而天下无邦，武王大会诸侯誓师往伐以倾受之否为说，其说则新矣，然而非《书》之意也。《泰誓》则为誓师以倾受之否，使诰篇名偶用"泰否"字，则当倾否而作诰矣。盖王氏欲尽废先儒之诂训，悉断以己意，则其说必至于如此之陋也。

晁错从伏生受《书》二十八篇，其时未有《泰誓》也。至于孔安国定壁中书，增多五十五篇，而《泰誓》始出。然其书遭巫蛊事而不出也。遂有张霸之徒，伪书《泰誓》三篇，与伏生二十八篇并传。诸儒皆以为信，故其篇内所载观兵孟津、白鱼跃入王舟，有火复于王屋，流为乌等语，汉儒多用之。而太史公《史记·周本纪》亦载其伪书。盖莫以为疑也。至后汉马融始疑之，以为《泰誓》后得，案其文似若浅露，又吾见书传多矣，所引《泰誓》而不在《泰誓》者甚多。盖霸等虽知剽窃经传所举《泰誓》之文，以成此书。然诸儒所引，霸不能尽见也。故融得以疑之。虽实疑之，然而古文之书，犹未出也。至于晋世，古文书始出，诸儒以《泰誓》正经，比较《国语》《礼记》《左传》、荀、孟诸书，皆合，由是伪《泰誓》废矣。晋之所出，尚用古字。至明皇天宝中，始改用今字。又篇名用"泰否"之"泰"，未必是古文如此，或意其出于唐天宝中一时之所定也。

（宋）蔡沈《书经集传》卷四《周书·泰誓上》

《泰誓上》。

泰、大同，《国语》作"太"。武王伐殷，史录其誓师之言，以其大会孟津，编书者因以"泰誓"名之。上篇未渡河作，后二篇既渡河作。今文无，古文有。

按，伏生二十八篇，本无《泰誓》。武帝时。伪《泰誓》出，与伏生今文书合为二十九篇。孔壁书虽出，而未传于世，故汉儒所引，皆用伪《泰誓》，如曰白鱼入于王舟；有火复于王屋，流为乌。太史公《史记·周本纪》亦载其语。然伪《泰誓》虽知剽窃经传所引，而古书亦不能尽见，故后汉马融得疑其伪，谓《泰誓》按其文若浅露，吾又见书传多矣，所引《泰誓》而不在《泰誓》者甚多。至晋孔壁古文书行，而伪《泰誓》始废。

吴氏曰，汤、武皆以兵受命，然汤之辞裕，武王之辞迫；汤之数桀也恭，武之数纣也傲，学者不能无憾，疑其书之晚出，或非尽当时之本文也。

（宋）陈经《尚书详解》卷二十一《周书·泰誓上》

（阙）子以为至德，岂有纣在上，而文王自擅称王乎？纵文王自称王，岂有十余年之间，纣之君臣亦坐视其称王，而不诛其叛背之罪乎？如春秋时，周室尚存，而楚以王者，称亦罕有，盖亦万世之一二也，学者舍诸家之小说，而信经可也。孔子序《书》"惟十有一年武王伐商"，不言其为文王十一年，作《书》者于《泰誓》上篇，只言"文考肃将天威"，下篇又言"惟我文考若日月之照临"，未尝言文王也。至《武成》之书，武王既受命以朝诸侯，始追封为文王，故称曰我"文考文王"，自是而下，磊磊相联属，而文王之名不绝，其事迹甚明白。扬子云曰，万物纷错，垂诸天；众言淆乱，折诸圣。乌睹圣而折诸，曰，在则人亡则书其统一也。

（宋）陈大猷《书集传或问》卷上《泰誓》

《泰誓》。

吴氏曰，孔子论文王曰，有事，君之小心。又曰，三分天下有其二，以服事殷。周之德，其可谓至德矣。《诗》序曰，西有昆夷之患，北有猃狁之难，以天子之命，命将帅，遣戍役，以守卫中国。当纣为四夷交侵之时，文王犹禀命如此，观文王之心之德，与其禀命，恐所谓大勋者，初未尝有意也。至武王之时，则纣之恶极矣，武王虽欲为文王之顺而仁，有所不忍，故奉天命以征之。方欲誓诸侯，以必其征伐之功。其叙文王之辞，盖不得不然。后世读《书》至"惟九年大统未集，予小子其承厥志"，读《诗》至"武王广文王之声，卒其伐功"，与此之类皆，当三思《诗》序与孔子之言。此说善。

（宋）胡士行《尚书详解》卷六《周书·泰誓上第一》

晁错从伏生受书时，未有《泰誓》。壁《书》出以巫蛊未列学官。张霸伪《书》与伏生《书》并行，至晋世古《书》出，伪《泰誓》始废。

（元）陈栎《书集传纂疏》卷四上《朱子订定蔡氏集传周书·泰誓上》

《周书》。

周，文王国号，后武王因以为有天下之号。书凡三十二篇。

《泰誓上》。

"泰","太"同,《国语》作"大"。武王伐殷,史录其誓师之言,以其大会孟津,编书者因以"泰誓"名之。上篇未渡河作,后二篇既渡河作。今文无,古文有。

案,伏生二十八篇,本无《泰誓》。武帝时,伪《泰誓》出,与伏生今文《书》合为二十九篇。孔壁《书》虽出,而未传于世,故汉儒所引,皆用伪《泰誓》,如曰,白鱼入于王舟,有火复于王屋,流为乌。太史公《史记·周本纪》亦载其语。然伪《泰誓》虽知剽窃经传所引,而古书亦不能尽见,故后汉马融,得疑其伪,谓,《泰誓》案其文,若浅露。吾又见书传多矣,所引《泰誓》而不在《泰誓》者甚多。至晋,孔壁古文书行,而伪《泰誓》始废。

吴氏曰,汤武皆以兵受命,然汤之辞裕,武王之辞迫。汤之数桀也恭,武之数纣也傲。学者不能无憾疑其书之晚出,或非尽当时之本文也。

纂疏：

王氏炎曰,古文"太"字,只用"大"字。今文遂以"泰"易"大"。太者,大之至,故天子子曰太子,卿曰太宰。将渡河作第一誓；已渡而次,作第二誓；将行作第三誓。

吴氏曰,帝辛,《本纪》称"纣",《书》称"受",或二字通用。

(元)许谦《读书丛说》卷六《周书·泰誓上》

《泰誓上》。

读《泰誓》者,有三大条目当先辨。其一,旧说以"虞、芮质成"为文王受命之年,至九年文王卒,武王立,仍冒文王之年而不改元,至三年观兵孟津,盖因《书》"九年大统未集",及《史记·伯夷传》父死不葬,而附合书序"十有一年"之说。此不可信,蔡氏已辨之。其一,小序"十有一年,武王伐殷",经"十有三年春,大会于孟津",孔氏谓序十一年为观兵,经十三年伐纣。欧阳公从序以为经误。此说非当,从经。蔡氏亦已辨。其一,"王曰"蔡氏以为史臣追称,此说非也。汤武知天命已去,桀纣而归己,故正位,号以天子,而伐独夫。若犹用旧名,则是诸侯而伐天子,岂足号令天下哉。《泰誓》《牧誓》《武成》诸篇,证验明白,蔡氏皆曲为之说,故反有滞碍。"类上帝","告皇天",天子之礼也；

"予一人",天子之名也。六师,天子之六军也。岂特此哉,如曰"有道曾孙周王发",又曰"昭我周王",若当时未称王,史何故破碎本语,一一改之。

(元)董鼎《书传辑录纂注》卷三《周书·泰誓上》

《周书》。

周,文王国号,后武王因以为有天下之号,书凡三十二篇。

纂注:

《史记》,后稷封于邰,别姓姬氏,传十三世,至季历,季历生昌,为西伯。西伯崩,太子发立是为武王。

陈氏曰,文王二十四年生武王,四十八年即诸侯位,在位五十年,年九十七而终。武王年七十三而嗣位。嗣位十三年而伐纣,为天子七年而终,年九十三也。

《泰誓上》。

"泰"、"大"同,《国语》作"大"。武王伐殷。史录其誓师之言。以其大会孟津。编书者因以"泰誓"名之。上篇未渡河作,后二篇既渡河作。今文无,古文有。

案,伏生二十八篇,本无《泰誓》。武帝时,伪《泰誓》出,与伏生今文《书》合为二十九篇。孔壁《书》虽出,而未传于世,故汉儒所引,皆用伪《泰誓》,如曰,白鱼入于王舟,有火复于王屋,流为乌。太史公《史记·周本纪》亦载其语。然伪《泰誓》虽知剽窃经传所引,而古书亦不能尽见,故后汉马融,得疑其伪,谓《泰誓》,案其文若浅露。吾又见书传多矣,所引《泰誓》而不在《泰誓》者甚多。至晋,孔壁古文《书》行,而伪《泰誓》始废。

吴氏曰,汤、武皆以兵受命,然汤之辞裕,武王之辞迫。汤之数桀也恭,武之数纣也傲。学者不能无憾,疑其书之晚出,或非画当时之本文也。

辑录:

文王之事纣,惟知以臣事君而已,都不见其它。兹其所以为至德也。若谓三分天下,纣尚有其一,未忍轻去臣位,以商之先王德泽未亡,历数未终,纣恶未甚,圣人若之何而取之,则是文王之事纣,非其本心,盖有不得已焉耳。若是,则安得谓之至德哉?至于武王之伐纣,观政于商,亦岂有取之之心,而纣罔有悛心,武王灼见天命、人心之归己也,不得不顺而应之,故曰"予弗顺天,厥罪惟钧"。以此观之,足见武王之伐纣,顺乎天而应乎人,无可疑矣。此说与来书云云,固不多争,但此处不容有毫发之差。天理、人欲,王道、霸术之所以分其端,特在于此耳。《答范伯崇》。

纂注:

王氏炎曰,古文"太"字,只用"大"字,今文遂以"泰"易"大"。

顾氏曰,太者,大之至。

吴氏曰,案,帝辛,《本纪》称"纣",《书》称"受",或二字古通用。汤六数桀罪,未尝斥为"桀"。武十数纣罪,未尝不呼为"受",余见传。

(元) 朱祖义《尚书句解》卷六《周书·泰誓上第一》

《泰誓上第一》(《泰誓》三篇者,是武王伐纣大会誓众之辞,史官随其先后而记之。上篇序既言"一月戊午",中篇又言"戊午王次于河朔",则知上、中二篇同日而作,上篇作于河南,诸侯方大会孟津,将渡之时;中篇作于河朔,孟津已渡之后。至下篇作于戊午之明日,故篇首以"时厥明"别之)。

《泰誓》(旧简标题)。

(明) 王樵《尚书日记》卷九《周书·泰誓上》

《周书》。

周,在今凤翔府岐山县。岐山,一名箭括岭,山南有周原,周旧国也。后稷十三世孙,古公亶父,始居其地。传子季历,至孙文王昌,三分天下有其二。曾孙武王发,胜商诛纣,因以为有天下之号也。书凡三十二篇。其时列国,皆有书。《大学》引《楚书》曰,楚国无以为宝,惟善以为宝。《春秋传》郑子产曰,郑书有之曰,安国家,定社稷,必大焉。先此与今《周书·费誓》《秦誓》，固皆列国之书也。林氏谓，窃意，周太史所藏典、谟、训、诰、誓、命之文。才至吕刑而止，自时厥后，历幽厉之乱，简编不接。其间，如宣王中兴，会诸侯复境土，任贤使能，南征北伐，锡命韩侯、申伯，用张仲、仲山甫。其时大诰、命多矣，必失亡于东迁之后也。孔子既取周太史所藏。断自尧典。至于吕刑。而于列国。复得《文侯之命》《费誓》《秦誓》三篇，因取而附益其后焉。

《泰誓上》。

孔氏曰大会以示众。

正义曰，《汤誓》指汤为名，此不言武誓，而别立名者，以武誓非一，故史推义作名《泰誓》见大会也。《牧誓》举战地，时史意也。此会中之大，故称《泰誓》上篇未次河朔时作，故言十三年春。中篇既次乃作，故言"戊午"之日。下篇则明日乃作，言"时厥明"，各为首引，故文不同耳。

《尚书》遭秦而亡，汉初不知篇数，武帝时，太常孔臧者，安国之从兄，与安国书云，时人惟闻《尚书》二十八篇，不知其有百篇也。然则，汉初惟有二十八篇，无《泰誓》矣。后得伪《泰誓》二篇诸儒多疑之。马融曰，《春秋》引《泰誓》曰"民之所欲，天必从之"，《国语》引《泰誓》曰"朕梦协朕卜，袭于休祥戎商必克"，《孟子》引《泰誓》曰"我武惟扬，侵于之疆取，彼凶残，我伐用张，于汤有光"，孙卿引《泰誓》曰"独夫受"，《礼记》引《泰誓》曰"予克受。非予武。惟朕文考无罪；受克予，非朕文考有罪，惟予小子无良"，今文《泰誓》皆无此语，吾见书传多矣，所引《泰誓》而不在《泰誓》者甚多，弗复悉记，略举五事以明之，亦可知矣。王肃亦云，《泰誓》近得，非其本经。蔡氏曰，伏生二十八篇，本无《泰誓》，武帝时伪《泰誓》出（马融惟言"后得"，不知何时得之，知出于武帝时者，说见下），与伏生今文书合为二十九篇。孔壁书虽出，而未传于世，故汉人所引，皆用伪《泰誓》如曰，白鱼入于王舟，有火复于王屋，流为乌（董仲舒《对策》引之，疑出此时。又娄敬说，高祖云，武王伐纣，不期而会盟津之上者，八百诸侯）。太史公《周本纪》亦载其语。然伪《泰誓》虽知剽窃经传所有，而古书亦不能尽见，故马融得疑其伪，至晋孔壁古文书行，而伪《泰誓》始废。

（清）库勒纳等撰《日讲书经解义》卷六《周书·泰誓上》

《周书》。

周，文王国号，武王克商，因以为有天下之号。此书凡三十一篇，记周家一代之政事，故曰《周书》。

《泰誓上》。

武王伐纣，史录其誓师之言，以其大会孟津，因以"泰誓"名之。泰，大也。此是上篇，乃未渡河以前之文。

（元）陈师凯《书蔡氏传旁通》卷四上《周书·泰誓上》

《泰誓上》。

周，文王国号，后武王因以为有天下之号。

《史记》，后稷封于邰。公刘子庆节，国于豳。古公亶父，止于岐下。徐广曰，山在扶风美阳县西北，其南有周原。皇甫谧云，邑于周地，故始改国曰周。愚按，周室王业之兴，始于太王，大于文王，成于武王，故蔡氏截自文王言之耳。古公，即太王也。《诗》言"太王实始翦商"是也。邰，在今凤翔府扶风县。豳，在今邠州。岐山，在今凤翔府岐山县。《史记》云，故周城，一名美阳城，在雍州武功县西北，即太王城也。武功，今属干州。又按，文王作丰邑，自岐下，徙都丰。武王徙都镐，在今奉元路鄠县。奉元，古京兆也。

伏生二十八篇，本无《泰誓》。武帝时，伪《泰誓》出，与伏生今文书合为二十九篇。

《释文序录》云，汉宣帝本始中，河内女子得《泰誓》一篇献之。此云武帝时者。据注疏云，司马迁在武帝之世已见《泰誓》云。宣帝时女子所得，不可信，故蔡氏不从之。疏又云，宣帝泰和元年，河内有女子坏老子屋，得古《泰誓》三篇，然宣帝无"泰和"年号，恐本始之误。

（明）梅鷟《尚书考异》卷四《泰誓上》

《尚书注疏》，《尚书》遭秦而亡，汉初不知篇数。武帝时，有太常蓼侯孔臧者，安国之从兄也，与安国书云，时人惟闻《尚书》二十八篇，取象二十八宿，谓为信然，不知其有百篇也（云云），不得同以《泰誓》为篇名也。

（明）马明衡《尚书疑义》卷四《周书·泰誓上》

《泰誓》。

此篇书序以为十一年观兵，十三年会孟津，通以文王九年，数之为十一、十三。蔡传深辨其非，而以经文为主。经云"惟十有三年春"，即为武王即位之十三年也。夫"虞、芮质成"，西伯受命称王，此司马迁不达理道之舛。后儒因祖其说，孔传又证以"惟九年大统未集"之言，而亦以文王为改元也。欧阳修亦深辨其妄说。夫改元之事，设或有之，非因断虞、芮之讼。然至武王不改元，则惑矣。蔡氏以书序十一年，"一"字即十三年"三"字之误，谓无有观兵复退之理。犯于兵以胁君，而引张横渠之言，当日命绝，则为独夫。天命未绝，犹是君臣，岂可以兵胁之耶？此论极正。然戡黎，又为文王称兵畿内，至祖已奔告，又非胁之耶？即以西伯为武王。《通鉴系年》谓在于商纣三十一祀，丁丑之岁，而大会孟津，为己卯，则亦先二年不能无称兵震动之嫌。凡此皆可疑难晓者，岂当日命绝，已在于戡黎之时，而武王特未即大举，先剪其助纣为虐者，至十三年始会诸侯，以伐之耶？而武王当时服从者众，纣之离心离德，亦不畏其图己耶。朱子谓，《系年》至共和以后始可考，故若此者，亦但当观其大义，其实不可得而详也。大抵共和以前，系年亦只凭《皇极经世》溯而推之，以至于尧之甲辰，验之后世，人事与数相当。故今以为邵氏之历，然以前安有史籍可考。《经世》以己巳周文王没，武王即位。己卯，周武王伐商，是伐商乃正武王即位之十一年，是亦或即书序之文，而推系之耳，而亦未尝以文王九年，通武王而数之，为十一年也。然夷齐叩马而谏，谓父死不葬，爰及干戈，可谓孝乎？无有即位十三年，文王未葬之理。是又近于孔氏不改元之说，意史迁所撰夷齐之言，亦只得秦汉之传，闻而未足以为据耶。愚以为，凡此姑当缺之，而惟论其大义可也，论其大义者，必知文王至德，必不受命称王也，必知武王非富天下也，必知天命未绝决不以兵胁君。黎之可伐，必是天命已绝也。如是观之，则圣人千古之心可以近见于千载之下。而千载之下，可以仰合于千古之上。其于改元，不改元；十一与十三，何暇计哉？

（清）朱鹤龄《尚书埤传》卷九《周书·泰誓》

《泰誓》。

林之奇曰。孟子引《泰誓》与《康诰》，其字句多不同。盖《康诰》，伏生所传；《泰誓》孔壁续出，孔氏为隶古定，其间有不能晓，必以意为增损。

王应麟曰，《周本纪》武王上祭于毕（马融云，毕，文王墓地名。《索隐》以为毕星，非也），观兵孟津。《伯夷传》又云，父死不葬，爰及干戈。伊川曰，《史记》所载伯夷谏辞，皆非也。武王伐纣，即位已十一年矣（依《书》序）安得有父死不葬之语（《伯夷传》事，王直详辨其非实。胡氏《笔丛》云，庄周称夷齐见武王伐殷曰，天下乱，周德衰，不若避之，北至首阳山，遂饿而死，此太史之说所从出。愚按，《左传》臧僖伯曰，武王克商，迁九鼎于洛邑，义士犹或非之。义士非伯夷，而谁，特父死不葬，必无是事耳）。

吕祖谦曰，天下不可一日无君也。一日无君者，固武王之忧，亦伯夷之忧也。武王忧今日之无君，伯夷忧后世之无君也。忧不同，而君一也。吾读《泰誓》之书，未尝不悲武王有无君之心。然武王之无君，天下之有君也。武王蒙无君之非，而天下获有君之幸。今观其言曰"天视自我民视，天听自我民听。百姓有过。在予一人"，夫天下何与于武王，而武王为之若是力也，诚不忍坐视天下之病，而自居其身以无过也。是以放牛归马为天下也；散财发粟为天下也。武王何有焉。盖至是。而后见武王之心。

（清）张英《书经衷论》卷三《周书·泰誓》

汤数夏桀之罪无费辞，但曰"夏王率遏众力卒割夏邑"而已。至《泰誓》之数纣，何其辞之尽也，既曰"焚炙忠良"矣，又曰"播弃黎老"，又曰"剥丧元良贼虐谏辅"，殆亦近于复矣。《汤誓》犹有"非予小子敢行称乱"之言武王直曰"取彼凶残我伐用张"，牧野之师其与鸣条之役，气象盖大不侔矣。故汤、武同以诛伐得天下，而苏子独论武，而不及汤有以夫。

（清）孙之騄辑《尚书大传》卷二《周书·泰誓传》

《泰誓传》（《泰誓》本非伏生所传。今并归于伏生，故史迁，及《儒林传》云，伏生独得二十九篇，以教齐鲁）。

太子发，升舟中流（《白虎通》引《尚书》曰"太子发升于舟"）

白鱼入于王舟，王跪取出燎，群公咸曰，休哉（今文）。

惟丙午，王还（刘歆《三统历》引今文《泰誓》云"丙午逮师"），师乃鼓噪，师乃慆，前歌后舞，格于上天下地，咸曰，孜孜无怠（《大明》疏引《泰誓》）。

郑玄曰，慆，喜也。众，大喜，前歌后舞也。郑司农引《书传》曰前师乃鼓，□噪，亦谓喜也，

司马在前（《大明》疏引《泰誓》，《周礼》序引《夏传》）。

王肃曰，司马，太公也。

正稽古，立功，立事，可以永年，丕天之大律（《律郊祀志》引今文）。

郑玄曰，丕，大也；律，法也。

王升舟入水，鼓钟亚，观台亚，将舟亚，宗庙亚（《周礼》注）。

有火自上复于下，至于王屋，流为乌。其色赤，其声魄（今文《泰誓》）。

欧阳《尚书》，火流于王屋，化为鸦，其声魄。《索隐》云，按今文《泰誓》"流为雕"。

惟十有三年春，大会于孟津

1.（汉）孔氏传、（唐）陆德明音义、孔颖达疏《尚书注疏》卷十《周书·泰誓上》

惟十有三年春，大会于孟津。

传，三分二诸侯，及诸戎狄，此周之孟春。

音义：

"惟十有三年春"，或作"十有一年"，后人妄看序文，辄改之。

疏：

正义曰，此三篇俱是孟津之上，大告诸国之君，而发首异者，此见大会誓众，故言大会于孟津。中篇徇师而誓，故言以师毕会，下篇王更徇师，故言大巡六师，皆史官观事而为作端绪耳。

传正义曰，《论语》称"三分天下有其二"；中篇言"群后以师毕会"，则周之所有诸国皆集。《牧誓》所呼有庸、蜀、羌、髳、微、卢、彭、濮人，知此大会，谓三分有二之诸侯，及诸戎狄皆会也。序言"一月"，知此春是周之孟春，谓建子之月也。知者，按三统历，以殷之十二月，武王发师，至二月甲子咸刘商王纣，彼十二月，即周之正月，建子之月也。

《尚书注疏》卷十《考证》

"惟十有三年春"传"此周之孟春"疏"建子之月也"。

臣召南按，注疏甚确。蔡沈谓，是夏正建寅之月，非也。孔传《汉志》，即属后人推测，而《周语》伶州鸠谓，武王伐殷，岁在鹑火，月在天驷，日在析木之津，辰在斗前，星在天鼋，则其为周正建子之月明矣。

2. （宋）苏轼撰《书传》卷九《周书·泰誓上第一》

惟十有三年春，大会于孟津。王曰，嗟！我友邦冢君越，我御事庶士，明听誓。

天子有友诸侯之义。冢，大也。御，治也。

3. （宋）林之奇《尚书全解》卷二十二《周书·泰誓上》

（归善斋按，见"一月戊午，师渡孟津"）

4. （宋）史浩《尚书讲义》卷十一《周书·泰誓上》

惟十有三年春，大会于孟津。

文王三分天下有其二，非文王取而有之，民自从化然，犹不肯有贰于纣,故曰有君人之大德,有事君之小心。《诗》亦曰"维此文王,小心翼翼,厥德不回,以受方国"。文王未尝受命,亦未尝有伐纣之心,后世惑于《太誓》之辞,乃取诸侯归西伯之时为受命,又有修德以倾商政之说。汉儒传疑和为一谈。唯唐韩愈作文王操叙羑里之厄,曰,呜呼!臣罪当诛兮,天王圣明,此足以白文王之志矣。然武王于此书曰"皇天震怒,命我文考,肃将天威,大勋未集",《武成》又曰"诞膺天命,惟九年,大统未集"。若以九年逆数,至三年丧毕,观兵孟津,已而复至,诚已十有三年矣。是文王果于九年之前受天命也。或者求其说而不得,乃曰文王实受命,见纣之不道,不忍伐之,待其自毙,抑又厚诬文王者。殊不知武王为此说,盖有意驱西土之人以赴敌也,且文王之德,岂惟西土之人服,天下之人亦服。八百诸侯不期而会者,岂为武王哉,为文王之德,在人而不厌也。武王虽为此举,惧人心之未服,故托以文王尝有此志,诸侯素信文王者,亦且不疑,而武王之功,或可必成矣。此太公之谋也。或者又曰,载木主而行,未之详也。若果然,与木主俱行,则知武王每以文王为辞者,惧民心之未从也。后世固有托扶苏项燕以起事者,诈也,犹可以得民心,而况文王真有道化及民,而未尝得施设者。则武王举之以信诸侯,未为过也。虽然《大雅》有《文王受命》之诗,武王成功之诗,何耶?二篇者,后世称美之作也。若以为当时所作,西伯尔,安有文王之号乎?《大传》谓武王牧野既事柴上帝,率诸侯,追王太王、王季、文王,故至《武成》始称,"文考文王",又安可引之,以附会《太誓》之辞乎。

5. (宋)夏僎《尚书详解》卷十六《周书·泰誓上》

《泰誓》。惟十有三年春,大会于孟津。王曰,嗟!我友邦冢君,越我御事、庶士,明听誓。惟天地,万物父母,惟人,万物之灵。亶聪明作元后,元后作民父母。

此十三年春,即序所谓"十有一年","一月戊午"也。前言十一,此言十三,必传写之误,前辩之详矣。周建子一月戊午,即建子之月也。建子之月,以夏正言之,则十一月也。十一月而言春者,盖既改正朔,则必以所建之月为春,故《春秋》书春正月,亦以建子之月也。武王以子月启行,丑月伐纣,则改正朔,乃在丑月。子月未有正朔,而即以春言者，史官追录之也。此盖史官欲录《泰誓》故推本其所作《泰誓》之年月，谓武王以即位之十一年建子之孟春，大会同盟之诸侯于孟津，欲共伐纣。纣都朝歌，在河之北，武王与诸侯在河之南。今既大会欲渡师孟津，故誓师而数纣之罪，以明今日不可不伐之意。自"王曰"以下，即武王誓师之言也。盖诸侯与武王，共谋伐纣，有同志之义，故武王皆呼为"友邦冢君"。冢君，大君也，尊之之称也。越，及也。谓友邦诸侯，及我周治事之臣，及庶士之贱，凡在会者，皆明听我誓，而悉吾吊民伐罪之意也。然武王之誓，必首言"惟天地，万物父母，惟人，万物之灵。亶聪明，作元后，元后作民父母"者，其意盖谓，天地以至和之气，化生万物，则天地实万物之父母也。然天地虽生万物，而万物或有生无知，有知无义，而各得其偏，而无其全，惟人独禀五行之秀气，备五常之正性，而为万物之最灵，则天地生万物，于人为最厚，故既予以善性，又恐其汨于嗜欲，迫于利害，而浸失其性，故又于人之中，求其诚有聪明之德者，使之居元后之位。既居其位，则辅相其宜，裁成其道，皆付之元后，使安全天地莫全之功，则父母斯民之任，又在人君矣。惟天之爱民也厚，既使之灵于物，又为之择君而司牧之，则为人君者教之，安之，养之，使无负上天之意可也。而纣乃荼毒斯民，使不得其所，而负上天之意。此武王所以先推言天地为民立君作民父母之意，然后数纣之罪恶，纣所以无所逃其罪也。

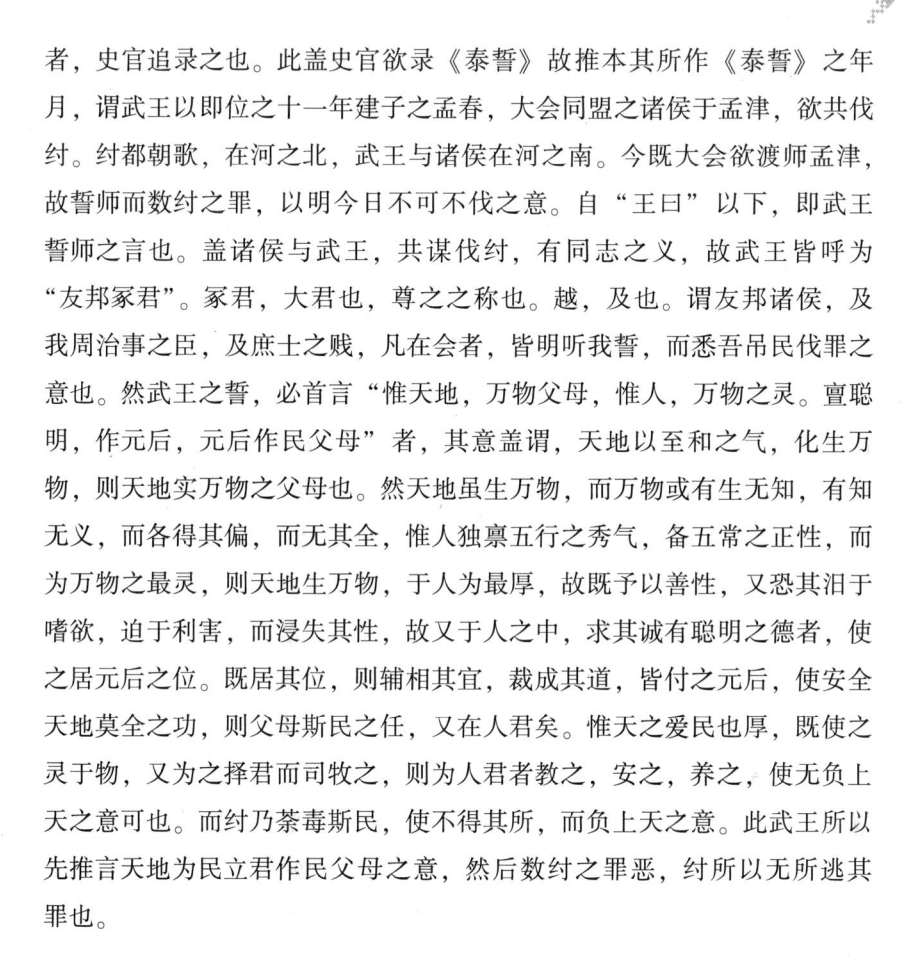

6.（宋）时澜《增修东莱书说》卷十四《周书·泰誓上第一》

（归善斋按，另见"惟十有一年，武王伐殷"）

大会于孟津。

大会八百国之诸侯也。

7.（宋）黄度《尚书说》卷四《周书·泰誓上》

《泰誓上》。

惟十有三年春，大会于孟津。

称春，则序一月为，建寅之月矣。此与《春秋》不同。《春秋》书王,书正月,则为时王正月,加春于其上,以为正,虽改而四时之序不可改,此独书"春",则当自建寅之月。始《诗》《书》书月,皆不改夏正。会孟津,未济誓众,诸侯大会,故名《泰誓》。

8. (宋)袁燮《絜斋家塾书钞》卷五《周书·泰誓上》

《泰誓上》。

惟十有三年春,大会于孟津。王曰,嗟!我友邦冢君,越我御事、庶士,明听誓。惟天地,万物父母,惟人,万物之灵,亶聪明作元后,元后作民父母。

孟津,河侧之地。是时犹未渡河,次篇则既渡河。纣都于河北,渡河则逼近国都矣。是时,武王尚未为王,故谓诸侯为"友邦"。"惟天地,万物父母,惟人,万物之灵,亶聪明作元后,元后作民父母",此是说人君之职分。桀纣之所以失天下,为其不知此道理也。汤、武之所以征伐,为其知此道理也。万物盈于宇宙之间,皆天地之所生,人亦天地间一物尔。而惟人最灵,大抵禀气之全者,则为人;禀气之偏者,则为物。惟全,故明;惟偏,故昏。灵者,言其有所知也。然至于聪明,则又不止于灵。人孰不灵,虽小夫贱隶,所谓灵者,固自在。然尽得这灵,方才是聪明,有此灵而不能尽之,岂能至于聪明也。惟亶聪明之人,方可作元后,方可为民父母。盖吾之德,高出乎天下之表,所以能父母斯民。苟我与众人等,其何以为民父母乎?"聪明"二字,不可不看,目视而耳听,此耳目之聪明也。此心之聪明,亦当如视听之审然。至于为不义,有过失,则何异无目之人,自投陷阱之中乎。此非其本若是也,不能尽此灵故也。今夫天斯昭昭之多,及其无穷也。日月星辰系焉,万物覆焉。今夫地一撮土之多,及其广厚,载华岳而不重,振河海而不泄,万物载焉。人之有此灵,犹天之昭昭之多,地之一撮土之多。水之一勺,山之一拳石也。然须至于无穷处,始得。故曰,凡有四端于我者,知皆扩而充之矣。苟能充之足,以保四海;苟不充之,不足以保妻子。有此萌蘖,要必能充而尽之,故人君之聪明,不可以不养也。以尧、舜之圣,而犹兢兢业业。尧、舜何为而兢业也,所以养其聪明也。以成汤之圣,而"不迩声色,不殖货利",成汤何为而不迩、不殖也,惧其昏,此聪明也。故亲近端人正士,黜远谗佞小人，不敢有邪思妄念，不敢有嗜欲宴逸，皆所以养其聪明也。"惟天生民有欲，无主乃乱，惟天生聪明，时乂以欲"，与聪明对言，有欲，则不聪明也。盖有欲，则昏，安得聪明。虽然所谓聪明，有小有大，一事一物之聪明，是察慧也，非聪明也。且汉宣帝、魏明帝非不聪明也。宣帝之智，何所不知，然至于赵、盖、韩、杨之诛，果可谓之聪明乎？使其聪明。则若此忠直之臣。岂可加戮？明帝日晏坐朝，幽枉必达，然至于用刑惨酷，天性褊急，当其惨酷褊急之时，所谓聪明者，果安在哉？此皆非所谓"亶聪明"者也。"亶"之为言，信也，实也，确然能尽得聪明之德，故谓之"亶"。桀纣之所以大乱，只为不聪明之故。人主不聪不明，天下安得治，故武王举此以数纣之罪，而《汤诰》亦曰"惟皇上帝，降衷于下民，若有恒性，克绥厥猷惟后"，皆所以言人君之职分也。

9.（宋）蔡沈《书经集传》卷四《周书·泰誓上》

惟十有三年春，大会于孟津。

十三年者，武王即位之十三年也。春者，孟春，建寅之月也。孟津，见禹贡。

按，汉孔氏言，虞、芮质成为文王受命改元之年，凡九年，而文王崩，武王立二年而观兵，三年而伐纣，合为十有三年。此皆惑于伪书《泰誓》之文而误解"九年大统未集"，与夫"观政于商"之语也。古者，人君即位，则称元年，以计其在位之久近，常事也。自秦惠文，始改十四年为后元年。汉文帝亦改十七年为后元年。自后，说《春秋》，因以改元为重。欧阳氏曰，果重事欤。西伯即位已改元年，中间不宜改元，而又改元，至武王即位，宜改元，而反不改元，乃上冒先君之元年，并其居丧称十一年，及其灭商而得天下，其事大于听讼远矣，而又不改元。由是言之，谓文王受命改元，武王冒文王之元年者，皆妄也。欧阳氏之辨极为明着。但其曰十一年，者亦惑于书序十一年之误也。详见序篇，又按汉孔氏以春为建子之月，盖谓三代改正朔，必改月数，改月数必以其正为四时之首。序言一月戊午，既以一月为建子之月，而经又系之以"春"，故遂以建子之月为春。夫改正朔不改月数，于《太甲》辨之详矣。而四时改易，尤为无义。冬不可以为春，寒不可以为暖，固不待辨而明也。或曰，郑氏笺诗"维暮之春"亦言,周之季春,于夏为孟夏,曰此汉儒承袭之误耳。且《臣工》诗言"维暮之春,亦又何求。如何新畲,于皇来牟,将受厥明",盖言暮春,则当治其新畲矣,今如何哉?然牟麦将熟,可以受上帝之明赐。夫牟麦将熟,则建辰之月,夏正季春审矣。郑氏于诗且不得其义,则其考之固不审也。不然则商以季冬为春,周以仲冬为春,四时反逆,皆不得其正,岂三代圣人奉天之政乎?

10.（宋）黄伦《尚书精义》卷二十四《周书·泰誓上》

《泰誓上》。

惟十有三年春,大会于孟津,王曰,嗟!我友邦冢君,越我御事、庶士,明听誓。惟天地,万物父母,惟人,万物之灵,亶聪明,作元后。元后作民父母。

无垢曰,《史记》云,八百诸侯皆曰纣可伐矣,则是武王与八百国之诸侯及八百国卿士大夫之心,皆一而无贰,皆诚而非伪,故同为此举也。天下之心如此,武王特因天下之心而倡之耳。使其间,有一夫异心,则是武王之举乃,盗贼而非天意也。

又曰,人惟万物之灵,在万物中为最灵者耳。至元后,则大不相似,是元后于万物之中又超然聪明,出乎万灵之上。灵,谓灵于万物耳。至于聪明,又岂止于灵而已哉。惟聪,则所闻者远;惟明,则所见者深。聪明安可强作耶?惟天生聪明,实异于众人者,乃能合天而为君耳。元后聪明在万灵中,所谓出乎其类,拔乎其萃者也。惟其聪明如此,故其所闻所见,高出乎四海九州之上,而为天下父母。其政教法制,无非保护斯民,有同赤子。盖民比万物,曰灵;比聪明之君,则为至愚矣。倪非聪明之君保护之,其蹈害而贻祸必矣。纣为元后,而以淫酗,倡率天下,使皆为淫酗之民,为民父母当如是乎?呜呼!元后之任,亦大矣。天地为万物父母耳,而元后乃为万灵父母,可不自重。武王将以数纣之罪,故先立此四句,以见人主之任其重如此也。

张氏曰,友邦者,亲之也。冢君者,尊之也。

又曰,万物盈于天地之间,无天何生,无地何形。此天地为万物之父母也。然水火有气而无生,草木有生而无知,禽兽有知而无义,人则有生、有知，又且有义此，人所以独灵于万物矣。灵者，神之降而在人者也。人为万物之灵，非亶聪明不足以治之。《仲虺之诰》曰"惟天生聪明时乂"，此"亶聪明"而后"作元后"者，亶聪明者，言其聪明之德，充实乎内，坦然而行之者也，与所谓作聪明者异矣。元后之于民，治以以义，所以制其强；抚之以慈，所以恤其弱。有以制之，则民必尊之；有以抚之，则民必亲之。尊之，亲之，父母之道也。纣之无道，丧其聪明，残害于尔万姓，不足以作民父母。此天之所以震怒，而命武王以伐之也。

吕氏曰，大哉乾元，万物资始；至哉坤元，万物资生。凡有形有气，皆受天地之中以生，故天地为万物之父母。人者，天地之心也，故惟人最灵。天地以一元之气，丕冒天下，本无厚薄，惟得其精与粹者为人，得其偏与凡者为万物，皆自然而然，莫之为而为者。亶者，言其诚实也。聪明，非灵之外，别有一个聪明，不过得精粹，清彻，便作元后。此言人君之职分。作民父母，此见与天地同功处。此数句，虽是武王因伐纣而言，然百圣之相传，六经之总会，皆不过此道理。此最精处，学者能含味此四句，则可以通贯六经亲，见百圣。

11. （宋）陈经《尚书详解》卷二十一《周书·泰誓上》

惟十有三年春，大会于孟津。王曰，嗟！我友邦冢君，越我御事、庶士，明听誓。惟天地，万物父母，惟人，万物之灵，亶聪明作元后。元后作民父母。

"惟十有三年春"，"三"字，必是差错。何以知之？中篇"惟戊午王次于河朔"，即《书》序所谓"一月戊午"也。岂十有一年用戊午日渡孟津，至十三年又用戊午日，以次河朔也。即万一史臣闻见之误，前后传写之讹，或遭秦皇烈焰之后，补缀拾遗，盖未可知也。大会，言诸侯之师与戎狄，皆在也。

"王曰，嗟！我友邦冢君，越我御事、庶士，明听誓嗟"者，有悯恻之意。友邦者，武王为西伯，与国之诸侯，皆友邦也。冢君，即诸侯尊之也。御事者，即诸侯之卿治事者。庶士者，将卒而下也。孟津之会，不期而会者，八百国。此皆诰语之所能及哉。观人心之所向，则天意可知。使武王此举为不义，则虽一国犹且不得而强，从况八百国乎？明听我之誓言,"惟天地,万物父母,惟人,万物之灵,亶聪明作元后,元后作民父母",此人君之职,天、人之至理也。非武王不能为此言。盖以其"大哉乾元,万物资始"观之,人与万物同此禀受,然气质之性,自有偏全。人者,万物之一也。物得其偏,惟人得其全,故人独灵于物。盖其出孝入悌,蹈仁履义,与万物不同者,此其性之灵善者也。然人虽有此灵,亦有不能保此灵者,必得圣人为之君,以爱养之,父母之,然后斯民得以各遂其善。亶者,诚信也,言实有此聪明之德也。聪明,亦灵也。非于灵之外,别有聪明。圣人先得我心之所同然,故其德所以独高乎天下。观人与物殊,则天地之爱人,可谓厚矣。观圣人与人殊,则天地之爱圣人,又何如哉?今也纣,失其聪明,是为君者,不能保其灵矣,何以化天下之人,而使之保其灵哉。武王以君道,自任者也。

12.（宋）钱时《融堂书解》卷九《周书·泰誓上》

惟十有三年春,大会于孟津。王曰,嗟!我友邦冢君,越我御事、庶士,明听誓。惟天地,万物父母,惟人,万物之灵,亶聪明作元后,元后作民父母。

经书"十有三年春",而序以一月书之,明其为周之春正月也。序不书春,而特书曰一月,抑亦行夏时之本旨欤。

13.（宋）魏了翁《尚书要义》卷十《泰誓》至《武成》

七、十有三年春,谓周之孟春,以《三统历》知之。

"惟十有三年春,大会于孟津",三分有二之诸侯,及诸戎狄,此周之孟春。正义曰,《论语》称"三分天下有其二",中篇言"群后以师毕会",则周之所有诸国,皆集牧誓。所呼有庸、蜀、羌、髳、微、卢、彭、濮人,知此大会,谓三分有二之诸侯,及诸戎狄皆会也。序言一月,知此春是周之孟春,谓建子之月也。知者,按《三统历》,以殷之十二月,武王发师,至二月甲子,咸刘商王纣,彼十二月,即周之正月,建子之月也。

14.（宋）陈大猷《书集传或问》卷上《泰誓》

（归善斋按，未解）

15.（宋）胡士行《尚书详解》卷六《周书·泰誓上第一》

《泰誓》。

惟十有三年春，大会（八百诸侯）于孟津（此未渡河以前）。王曰，嗟！我友（顺）邦冢（大）君，越（及）我御（治）事、庶（众）士明听誓

"嗟"之一辞，武王岂得已哉？

16.（元）吴澄《书纂言》

（归善斋按，无此篇）

17.（元）陈栎《书集传纂疏》卷四上《朱子订定蔡氏集传周书·泰誓上》

惟十有三年春，大会于孟津。

十三年者，武王即位之十三年也。春者，孟春，建寅之月也。孟津，见《禹贡》。

按，汉孔氏言，虞、芮质成为文王受命改元之年，凡九年而文王崩。武王立二年，而观兵，三年而伐纣，合为十有三年。此皆惑于伪《书·泰誓》之文而误解"九年大统未集"，与夫"观政于商"之语也。古者，人君即位，则称元年，以计其在位之久近常事也。自秦惠文始改十四年为后元年，汉文帝亦改十七年为后元年。自后，说《春秋》因以改元为重。欧阳氏曰，果重事欤。西伯即位已改元年，中间不宜改元，而又改元；至武王即位，宜改元而反不改元，乃上冒先君之元年，并其居丧，称十一年，及其灭商而得天下。其事大于听讼远矣，而又不改元，由是言之，谓文王受命改元，武王冒文王之元年者，皆妄也。欧阳氏之辨极为明着，但其曰"十一年"者，亦惑于书序十一年之误也。详见序篇。

又案，汉孔氏以春为建子之月，盖谓三代改正朔，必改月数；改月

数，必以其正为四时之首。序言"一月戊午"，既以一月为建子之月，而经又系之以春，故遂以建子之月为春。夫改正朔，不改月数，于《太甲》辨之详矣。而四时改易，尤为无义。冬不可以为春，寒不可以为暖，固不待辨而明也。或曰，郑氏笺《诗》"维暮之春"，亦言周之季春，于夏为孟春，曰此汉儒承袭之误耳。且《臣工》诗言"维暮之春，亦又何求，如何新畬，于皇来牟，将受厥明"，盖言暮春，则当治其新畬矣。今如何哉？然牟麦将熟，可以受上帝之明赐。夫牟麦将熟，则建辰之月，夏正季春审矣。郑氏于《诗》且不得其义，则其考之固不审也。不然，则商以季冬为春，周以仲冬为春，四时反逆，皆不得其正，岂三代圣人，奉天之政乎？

纂疏：

欧公力以文王称王为非，东坡亦有一说，但《书》云"惟九年大统未集"，"予小子其承厥志"，却是有这一个瑕痕。

问子、丑、寅之建正如何？曰此三阳之月，大抵世代更易，须着如此更易一番。

孔氏曰，此周之孟春。

唐孔氏曰，周之孟春，谓建子之月。

林氏曰，十三年春，即序"一月戊午"也。周以建子为正。《春秋》书元年春，王正月，即此月也。《泰誓》作时，正朔未改，此史官追录之。

愚案，蔡氏主不改月之说，遂谓并不改时。殊不知月数于周而改，春随正而易，证之《春秋左传》《孟子》《后汉书·陈宠传》极为明着。成十年六月丙午，晋侯使甸人献麦，六月乃夏四月也。僖五年十二月丙子朔，晋灭虢。先是，卜偃言克虢之期，其九月十月之交乎？丙子朔，必是时也。偃以夏正言，而《春秋》以周正书，可见十二月丙子，为夏十月也。僖五年春，王正月辛亥，朔，日南，至王正月冬至，岂非夏十一月乎？经有只书时者。僖十年冬，大雨雪，盖以酉戌月为冬也，使夏时之冬，而大雨雪，何足以为异而记之。襄二十八年，春无冰，盖以子丑月为春也。使夏时之春而无冰，何足以为异而记之。《春秋》祥瑞不录，灾异乃载。惟夏时八九月而大雪，不当严寒而严寒；夏时十一十二月而无冰，当严寒而不严寒，故异而书之耳。春搜，夏苗，秋狝，冬狩，四时田猎定名也。桓四年春正月，公狩于郎，杜氏注曰，冬猎曰狩。周之春，夏之冬也。鲁虽案夏时之冬，而于子月行冬田之狩。夫子只书曰春狩于郎，此所谓春，非周之春而何？哀十四年春，西狩获麟，亦然也。定十三年夏，大搜于比蒲。鲁虽案夏时之春，而于卯辰月行春田之搜，夫子只书曰夏搜于比蒲，此所谓夏非周之夏，而何。次年又书五月大搜于比蒲，亦然也。《陈宠传》说尤明的，曰，天以为正周以为春，注云今十一月也。地以为正殷以为春，注云今十二月。人以为正夏以为春，注云今正月。《孟子》七八月之间旱等，不待多言而明，是三代之正，子、丑、寅三阳月，皆可以春言也。《胡氏春秋传》不敢谓王正月为非子月，而于"春，王正月"之"春"字，谓以夏时冠周月，皆考之不审。安有隔两月，而以夏时冠周月之理。但得四时之正，适冬寒春暖之宜。则惟夏时为然。夫子欲行夏时，盖答颜子，使得为邦则宜如此耳。岂可但知有夏正之春，而不知有商正、周正之春乎？一阳、二阳、三阳之月，皆可为春，故三代迭用之，以为岁首。以一日论子时，既可为次日，子月岂不可为次年。观此则三代，皆不改月数，与冬不可为春之说，陷于一偏明矣。以十三年春，为孟春建寅之月，其失同上，详辨见《武成》。

18.（元）许谦《读书丛说》卷六《周书·泰誓上》

（归善斋按，未解）

19.（元）董鼎《书传辑录纂注》卷三《周书·泰誓上》

惟十有三年春，大会于孟津。

十三年者，武王即位之十三年也。春者，孟春，建寅之月也。孟津，见《禹贡》。案，汉孔氏言，"虞、芮质成"为文王受命改元之年，凡九年而文王崩，武王立二年，而观兵三年而伐纣，合为十有三年。此皆惑于伪《书·泰誓》之文，而误解"九年大统未集"，与夫"观政于商"之语也。古者，人君即位，则称元年，以计其在位之久近，常事也。自秦惠文始改十四年为后元年。汉文帝亦改十七年为后元年。自后，说《春秋》，因以改元为重。欧阳氏曰，果重事欤。西伯即位已改元年，中间不宜改元，而又改元。至武王即位，宜改元，而反不改元，乃上冒先君之元年，并其居丧，称十一年，及其灭商而得天下，其事大于听讼远矣，而又不改元。由是言之，谓文王受命改元，武王冒文王之元年者，皆妄也。欧阳氏之辨极为明着。但其曰十一年者，亦惑于书序十一年之误也。详见序篇。

又案，汉孔氏以春为建子之月，盖谓三代改正朔，必改月数；改月数，必以其正为四时之首。序言"一月戊午"既以一月为建子之月，而经又系之以"春"，故遂以建子之月为春。夫改正朔，不改月数，于《太甲》辨之详矣。而四时改易，尤为无义。冬不可以为春，寒不可以为暖，固不待辨而明也。或曰，郑氏笺《诗》"维暮之春"，亦言周之季春，于夏为孟春，曰此汉儒承袭之误耳。且《臣工》诗言"维暮之春，亦又何求，如何新畲，于皇来牟，将受厥明"，盖言暮春则当治其新畲矣。今如何哉？然牟麦将熟，可以受上帝之明赐。夫牟麦将熟，则建辰之月，夏正季春审矣。郑氏于《诗》且不得其义，则其考之，固不审也。不然，则商以季冬为春，周以仲冬为春，四时反逆，皆不得其正，岂三代圣人，奉天之政乎？

辑录：

显道问，先儒将十一年、十三年等合九年说，以为文王称王，不知有何据？曰，自太史公以来，皆如此说了。但欧公力以为非，东坡亦有一说。但《书》说"惟九年大统未集"，"予小子其承厥志"，却是有这一个痕瑕。或推《泰誓》诸篇，皆只称"文考"，至《武成》方称"王"，只是当初三分天下有其二以服事殷也。只是羁縻那事体，自是不同了。《泰誓》序"十有一年，武王伐殷"，经云"十有三年春，大会于孟津"，必差误。说者乃以十一年为观兵，尤无义理。旧有人引《洪范》十有三祀，王访于箕子，则十一年之误可知矣。人杰问，子、丑、寅之建正如何？曰，此是三阳之月。若秦用建亥之月为正，直是无谓。大抵三代更易，须着如此更易一番。《格言》。

20. （元）朱祖义《尚书句解》卷六《周书·泰誓上第一》

惟十有三年春（正月戊午，即是序所谓"十有一年一月戊午"也。前言十一此言十三，盖传写之误也。周以十一月建子为正月，言"春"者，盖纪改正朔，以所建之月为春也）。大会于孟津（大会诸侯于孟津而将渡)。

21.（明）王樵《尚书日记》卷九《周书·泰誓上》

惟十有三年春，大会于孟津。

陆氏曰，惟十有三年春，或作十有一年，后人因序文妄改。

蔡氏曰，十三年者，武王即位之十三年也。孔氏言"虞、芮质成"为文王受命改元之年，凡九年而文王崩，武王立二年，而观兵三年而伐纣，合为十有三年，此皆惑于伪《泰誓》之文而误解"九年，大统未集"与"观政于商"之语也。古者，人君即位，则称元年以计其在位之久近常事也。自秦惠文，始改十四年为后元年，而汉代因之，文帝亦改十七年为后元年。自后说《春秋》者因以改元为重。欧阳氏曰，果重事与，西伯即位已改元年，中间不宜改元，而又改元；至武王即位，宜改元而反不改元，乃上冒先君之元年，并其居丧，称十一年，及其伐商而得天下，其事大于听讼远矣，而又不改元，由是言之，谓文王受命改元，武王冒文王之元年者，皆妄也。欧阳氏之论极为明着。但其曰十一年者，亦惑于书序之误也。序言"惟十有一年武王伐殷"，继以"一月戊午师渡孟津"，即记其年其月其日之事也。夫一月戊午，既为十三年之事，则上文十一年之误审矣。孔氏乃离而二之，于"十有一年武王伐殷"则释为"观兵"之时，于"一月戊午师渡孟津"则释为伐纣之时，上文则年无所系之月，下文则月无所系之年。又序言十一年伐殷，而孔言十一年观兵，是乃谬中之谬。程子曰，此事间不容发。一日天命未绝，则是君臣；当日命绝，则为独夫。武王观兵是臣胁君也。一字之误，使武王千余年蒙胁君之恶，是可以不辩哉？

按，春，孔氏以为周之孟春，建子之月。蔡氏以为建寅之月。今以《金縢》秋大熟未获，及《洛诰》十二月"烝祭岁"观之，恐蔡说是。月数之说，详见《太甲》。

后《武成》篇书"一月"，程子谓，商历已绝，周历未建，故用人正，今之正月也。不书商历，见纣自绝于天矣。此说甚精当，补入传中。

大会于孟津，以中篇考，恐是丁巳日。

正义曰，此三篇，俱为誓师而发，首异者，此见大会誓众，故言"大会于孟津"。中篇徇师而誓,故言"以师毕会"。下篇王更徇师,故言"大巡六师"。孟者,河北地名,《春秋》所谓"盟向"是也,于孟地置津,谓之"孟津"。

22.（清）库勒纳等撰《日讲书经解义》卷六《周书·泰誓上》

惟十有三年春,大会于孟津。王曰,嗟！我友邦冢君,越我御事、庶士明听誓。

此二节书,首节见武王得人心之同,次节是喻众以伐纣之意,且欲其听之审也。孟津,今河南府孟津县。友邦,邻接交好之国。冢君,各国嗣立之君。越,犹"及"也。御事,治事之人,庶士,众士卒也。史臣叙曰周武王即侯位之十有三年孟春之月,以商纣无道,举兵伐之。至于孟津,天下诸侯不期而来会者,八百国。于是,武王将发誓师之言,先叹息曰,今我友邦冢君,列国诸侯,共举义兵至此,及我本国治事之卿、大夫,与众士卒,凡相从军旅者,俱宜听我誓词,以见伐商之意。夫武王所以呼从征之人,谆谆于听誓者,盖欲明其顺从人心,救民水火,而非好大喜功,轻于兴师动众也。

（元）陈师凯《书蔡氏传旁通》卷四上《周书·泰誓上》

十三年者,武王即位之十三年也。

或问,伯夷叩马之谏,有父死不葬,爰及干戈之说。则于蔡传不能无疑,岂有十三年而不葬其父者乎？愚曰,不然。太史公之妄耳,伯夷闻西伯善养老,久与太公同归之。圣人"遂事不说"。伯夷独不能谏之于平日。而乃卒然发于事不可已之时乎？孟津之会,文王之葬久矣。故知叩马之谏,必无此事也。

汉孔氏言,"虞、芮质成",为文王受命改元之年。

疏云,《诗》云"虞、芮质厥成",毛传称,天下闻虞芮之讼息,归周者四十余国。故知周自"虞、芮质成",诸侯并附,以为受命之年。

合为十有三年。

疏云,知此十一年,非武王即位之年者。《大戴礼》云,文王十五而生武王，则武王少文王十四岁也。《礼记·文王世子》云，文王九十七而终，武王九十三而终，计其终年，文王崩时，武王已八十三矣。八十四即位，而九十三崩，适满十年，不得以十三年伐纣，知此十一年者，据文王受命而数之，必继文王年者，为其卒父业故也。

夫改正朔，不改月数，于《太甲》辨之详矣，而四时改易，尤为无义。

三代有正朔，有正月。正月皆以寅起数，是为孟春之月。百王之不易者也。正朔者，又谓之正岁。商用十二月，即建丑月也。周用十一月，即建子月也。前此，诸儒分别未明，故有纷纷之论。然谓之不改月数，谓之改月数，则皆有据，且所以证改月者，如《左氏》僖五年正月辛亥朔日南，至昭二十年二月已丑日南，至夫南至，即建子月也。而《左氏》见之正月，二月，《孟子》言七八月之间，旱则苗槁矣。朱子谓，周七八月，夏五六月也。又《礼记》云，正月日至，可以有事于上帝。七月日至，可以有事于祖。凡此皆足以为改月数之验。其不改者，则如蔡氏之所引。然《七月》篇云"十月蟋蟀入我床下"，曰为改岁。朱子引东莱吕氏云，三正之通于民俗尚矣。周特举而迭用之。故朱子每随文解之。于改月、不改月，迄无定说。惟蔡氏立说甚确。又按，古《周书·周月》篇云，维一月既南至，日短极，是月斗柄建子。又云，四时成岁，岁有春、秋、冬、夏。各有孟、仲、季，以名十有二月。又云，夏数得天，百王所同。愚谓，正月则以寅起数，所谓百王所同也。其正朔则各不同。惟朝觐会同用之。其农事，自依夏正也。考之经传，又似东周以来，始有以子月起数者，恐末世国异政之所为。在东周之前，固无之。读是《书》者自当以蔡传为正，不必为他书所惑也。

（明）陈第《尚书疏衍》卷四

惟十有三年春，大会于孟津。

十有三年，武王即位之十三年也。此明明经文本无可疑者，孔安国泥于"大统未集"之语，遂以"虞、芮质成"之日，为文王受命之年。九年文王崩，武王立，二年观兵，又二年伐纣，总之为十三年，是以武王上冒文王之年，合而数之也。夫当"虞、芮质成"，殷帝赫然在上，文王以服事殷，乃擅自改元，以识受命之始可乎？此虽庸人，知其不然。欧阳永叔辨之详矣。

愚按，《史记》于《周本纪》云，武王即位九年，上祭于毕东，观兵至于盟津。于《鲁世家》云，武王九年东伐至盟津，周公辅行。十一年伐纣至牧野。又，《帝系图》以六甲推之，谓武王己巳嗣为西伯，至十一年己卯伐纣，即天子位七年，乙酉崩，且其所论年月，与传十一年合，与经十三年不合。然武王即位，自为纪年，而不冒文王之年以为年也，昭然可考也。或疑夷齐叩马而谏曰，父死不葬，爰及干戈，可谓孝乎？夫叩马之言，万世所传信也。惟其以叩马为信，则不得不以伐纣为亟。惟其以伐纣为亟，则不得不援文王之年而入之武也。

王十朋谓，经之记年不爽，叩马之记亦自不虚，故为之说曰，文王非受命于天，受命于商也。文王出羑里之囚，纣使之得专征伐，至九年而卒，是受商命以专征，非受天命以自正也。武王嗣位，继文王征伐而观政于商。《泰誓》之作在周家专征十有一年之日，武王未有天下之初，是则书与叩马之年皆可信矣。信斯言也，受命之说虽异于孔，而纪年不分，犹夫"故"而已矣。夫即位改元，古今不易，文王嗣位改元矣，而又改元，是不必改而改也。武王嗣立，宜改元矣，而乃袭文王之年，是可改而不改也，恐非圣人正始正终之意，与《本纪》《世家》又何以乖也。

永叔曰，毕丧伐纣，出于诸家之小说，太史公作《伯夷传》载父死不葬之言，皆不可为信。其见皙矣。愚尝读《伯夷传》击节其文而不取其情实也。孔子曰，逸民伯夷、叔齐，饿于首阳之下。逸民，隐士也。隐而穷，饿士之常者，非必饿而死也。今读《采薇》之诗不胜其悲矣。古达人之趣操，恐不若是。《孟子》叙述伯夷、柳下惠、伊尹最为详悉。于叩马独不概见。大都太史公借以发其感慨报施之道，与君子所以不诡随于世者，不必深究其事之有无可也。

（清）王夫之《尚书稗疏》卷四上《周书·泰誓》

《泰誓上》。

惟十有三年。

武王克商之岁日月时，先儒纷讼不一。其以为己卯岁者，刘歆《三统历》与邵子《皇极经世》也；其以为辛卯岁者，《竹书》与唐一行也；以为武王即位之三年者，孔安国也；以为十一年起兵而十二年克商者，《竹书》也；以为十二年起兵而十三年克商者，《泰誓》经文与《家语》《管子》也。孔氏通文王受命之岁而计之，其诬妄不经，宋儒辨之详矣。天子受天命，侯伯受王命，盖曰受命。《中庸》曰武王末受命，受于天也。文王受命，专征伐，受于纣也。词同而事异。昧者，因惑焉。其以为十二年伐商，而十三年克之者。一行，以为通成君之岁是也。文王薨于己卯，而克商以辛卯，历年十三，嗣子定位于初丧，逾年改元，或为周制。而武王初立，犹用殷质也，至于以甲子纪之，则为辛卯，而非己卯。一行据《国语》"岁在鹑火，月在天驷，日在析木之津，辰在斗柄，星在天鼋"，上推千岁，合不爽，建亥之月戊子，日在箕十度，晨初，月在房四度；建子月朔日庚寅，日月会南斗一度，辰星夕见，斗二十度，惟辛卯岁为然，则一行之精密，非刘、邵之所能与矣。《三统历》以文王薨之己卯，为克商之年，差十二年。而邵子以克商之辛卯为昭王之三年，乃以商武丁三年，当王季即位之十七年，己卯岁为克商之年，其差七十二年，月不在房，辰不在斗，星不在天鼋。以岁差六十七年，一度准之日尚在斗杪，为星纪之初，而非析木之津也。则折衷归一，其为武王逾年改元之十二年辛卯，岁定矣。

朱子以四月有丁未，推之谓，诸家历，以此年二月有闰，不知所谓。此年者，己卯乎，抑辛卯乎，如必辛卯而有闰，则非己卯亦审闰之积差，未有相去七十三年而同于建卯之后，月无中气者也。文王薨以己卯，生以癸卯；武王崩以丙申，生以甲子。文王二十二而生武王，世传十三而举武王者，妄也。陈氏谓二十四而生武王者，亦误也。文王以己巳岁，得太公以为师。其先因于羑里，太公未尝归周也。以武王生于甲子计之，年已六十有五，而后邑姜归焉。既无莫年方娶之理，若以为继室，则礼无二嫡，诸侯固不再娶。斯《礼记》梦龄之说，固不足信。武王实不以甲子生，而亦无九十三年之寿。至于克商日月之差《汲冢书》云，一月丙辰，旁生魄，若翼日丁巳，王步自于周伐商。越若来二月，既死魄，越五日甲子，朝至，接于商。四月，既旁生魄，越六日庚戌，武王朝至燎于周。又曰，维四月乙未日，武王成辟四方。以武王发周之日，较之《武成》亦异。今按《武成》所云，一月者，建子之月也。以前建亥之月晦前一日，戊子，月晨在房四度。周师初起，又五日，而武王始出，知其为建子之月也。建子之月朔日庚寅，四日癸巳，王乃躬莅六师，其月二十九日戊午，渡河而北。建丑之月朔日庚申，五日，甲子昧爽克商。建卯之月丁未，祀于周庙，庚戌大告武成。甲子去丁未一百四日，建丑月五日去建卯月十九日，止六十四日，而多四十日，则是年之闰。盖在周正三月之后，而不在夏正二月之后也，与朱子所引历家之言为殊。若如《汲冢书》之以丙辰为一月望后之一日，则云甲子，八日二月五日，不得为甲子，而与其曰"既死魄，越五日甲子"者自相背戾矣。其曰"既有生魄，越六日庚戌"，以一行所推，建卯之月十六日甲辰，望十七日为旁生魄，六日而得庚戌为二十二日，则与《武成》合而不爽。今以一行之法推《泰誓》《武成》之月日，则周师起于庚寅岁，夏正十月之二十九日（或二十八日），武王即戎；于夏正十一月之四日；灭商，于夏正十二月之五日。武王反丰，以夏正二月之三日；祀庙，于十九日；柴望，于二十二日。而蔡氏以戊午为一月二十八日，甲子为二月四日，既用《三统历》所推，辛卯为建寅月朔，后《一行历》一日。而谓建子之月为二月，则以商正纪事，而不知史成于有周受命之后，称年而不称祀，则其为周正无疑也。以周正纪事，四月为夏正之二月，则"十有三年春，大会于孟津"，亦以夏时冠周月，如春秋之所谓"春，王正月"者，其实冬也。盖癸巳，为建子月之四日，则甲子，必为建丑月之五日。而林氏谓，日行三十里，丰去孟津九百里（孟津县至西安府八百四十里），凡三十，而自丰至孟津，程期吻合。使以夏正十一月四日，自周于征，而次年二月五日，乃至孟津，则在途凡九十一日，师老粮匮，于未见敌之地，太公不如是之拙，而况注已明言一月二十八日，则非夏正建卯之二月为已明，徒于"春会孟津"之下辨其为夏正之春，借注之矛，攻注之盾而已，足矣。

《春秋》以夏时冠周月，朱子力辨胡氏之非，因疑"春会于孟津"之误。不知孔子宪章文、武，作《春秋》以尊王，固必以周之所谓春，而为春。则朱子之未达，而胡氏创制之说，亦非矣。《诗》曰"四月维夏，六月徂暑"，言"维夏"，则本非夏，而维时谓之夏也。"徂暑"者，往而向暑也。使为夏正之四月，则固然其夏，而不待曰"维夏"。六月，暑已极，而不当言"徂暑"也，是周之纪四序固一，以建子为春矣。若《豳风·七月》之诗，以夏正纪时物，则以公刘迁豳，在夏之世，承公刘而用夏尔，周师之起以武王成君之十二年建亥月，武王于征，在其明年一月之四日，故谓之十有三年。若以夏正纪月，而用逾年改元之法，纪岁则孟津之会，在武王十一年之十一月，而牧野之役在十二月。序用汉人已改夏正之时月，从周制逾年改元之典礼，谓之十一年亦可。此经文与序，《竹书》与《唐历志》异说同揆，原不相悖也。而汉儒通算文王九年为武王之年，《经世》上涉武丁之己卯，《汲冢书》丙辰丁巳之讹，则皆参差龃龉，其误易见，不劳辨而自破矣。上推往古之日月，是非固为难辨，诚有如朱子之疑。乃幸而有《七政行度》之可推见于《国语》。则"十三年春大会于孟津"，实辛卯岁，夏正十一月二十九日戊午，考于历而合，考于经而合，考于国语而合，斯可信已。

（清）毛奇龄《尚书广听录》卷三《周书·泰誓》

《泰誓》。

惟十有三年，孔传谓，是文王之年，文王受命，至九年而卒，武王三年服毕，观兵孟津，又一年伐纣，合十三年。而后儒多非之。蔡注因改作，武王即位之十三年。予谓，蔡注未必是，孔传未必非者。武王不得有十三年也。纣在文王时罪恶已稔，文王伐密须，伐黎，伐崇，殷丧岌岌，安得复有十三年虚度之理。若武王，则自即诸侯位，后连即天子位，十一年而崩，并不当有即位十三年之事。正义引《大戴礼》云，文王十五而生武王，是武王少文王止一十四岁。而《文王世子》云，文王九十七而终，则在文王卒时，武王即诸侯位已八十三矣，乃又十三年而始伐纣，则九十有六，将《文王世子》所云武王九十三而终者，已死过三年也。后儒读《书》拘泥，谓文王必不当称王，必不当受命改元。夫称王诚可疑，《文王世子》，武王呼文王为君王，或是后人追称。《皇矣》诗"是类是祃"，行天子之礼，或是后人追颂。若改元，则诸侯原有之。春秋列国，各自称年，而出国入国，亦必改元以纪之。如郑厉公出奔，中隔数主，岂容仍旧。卫献公在外越十三年，则于返国后，自当更始。故战国，魏惠王、秦惠文王，俱有后元年。此正诸侯改元之明验也。文王自囚羑后，出而封西伯，赐弓矢铁钺，得专征伐，则更新之会，因而改元，谁谓不可。是以《帝王世纪》云，文王即位四十一年，岁在鹑火，文王更为受命之元年，又九年而崩，此其说，《武成》有之。《武成》云"惟九年，大统未集"，正谓改元后又越九年，即《无逸》云，文王受命，惟中身，厥享国五十年，亦与说合。盖以九年，合四十一年，正五十年，文王九十七而终。先九年受命，是八十有九，正是中寿（自七十至八十，为下寿；八十至九十，为中寿；九十至百年为上寿）。中身者，中寿之谓。是文王改元，原是经文，况其称受命，皆是受天命兴王之意。《无逸》曰"文王受命"，"武成"曰"我文考文王，诞膺天命，以抚方夏"，皆指受天命言，与《中庸》武王末受命同。宋儒有巧为立说，谓受命，是受商西伯之命，非受天命，皆不必也。若武王则即诸侯位时，已八十三岁，又四年为天子，为八十六岁，又七年而崩，则正当九十三岁。如是，而《泰誓》《武成》《无逸》《大戴礼》《文王世子》《帝王世纪》，无一不合。即《史记·周本纪》亦谓武王即位，修文王绪业，九年东观兵，亦指文王年言。《鲁世家》亦然。其小异者，古文《尚书》后出，西汉儒者，皆谓文王受命七年而崩，故《史记》十年，"十"字皆"七年"之误。又伏生《大传》分着七年，谓文王受命一年，断虞、芮之质，二年伐邘，三年伐密须，四年伐犬夷，五年伐耆，六年伐崇，七年而崩，皆实指文王受命言。若谓武王即位之十三年，则从来无此说。然且诸经诸传无一能通，则是蔡注所云，虽若近理，要是小人之用心，古圣古王，全不如是，善读《书》者，不可不察也。

十有三年春，春不在夏正寅月，在周正子月。孔传以为周之孟春。正义以为周建子月十一月，皆是也。而蔡注，必以为商、周改正，不改时，春必在寅、卯、辰三月，而不在子、丑两月，真不可解。按，武王兴师伐纣，《国语》明载其月日，其兴师以前，则伶州鸠谓岁在鹑火日在析木月在天驷，而《汉律历志》从《三统历》推之，谓此是周十二年十二月二十八日戊子，以是日岁星在鹑火，月在天驷，日在析木，与州鸠所言合也。乃越三日而得周十三年正月辛卯朔。州鸠所云"辰在斗柄，星在天鼋"者，是日，日月合朔，在斗前一度，而次日壬辰，辰星在天鼋。《武成》所云"惟一月壬辰旁死魄"者，正二月二日，以朔日死魄，朔之二日，为旁死魄是也。乃自此而推至二十八日戊午，而始至孟津，《武成》所云"既戊午师渡孟津"与此所云"大会于孟津"者，皆在此日，而史官以春纪之，则子月，春矣。其后越二日庚申，为二月朔，历辛酉壬戌，至癸亥为二月四日，甲子为二月五日，而一日布陈，一日诛纣，与《武成》《牧誓》《国语》及《律历志》诸日，无一不合，徒用武断，何为乎？若孔疏以二月庚申朔，为辛酉朔，改迟一日，则于四日癸亥，五日甲子，又不合矣。此则其稍不简点者，要于月日则，并无同异耳。

(清) 朱鹤龄《尚书埤传》卷九《周书·泰誓》

惟十有三年春。

十三年，《书》序作十一年，《史记·本纪》亦称十一年伐纣。《书》传云，文王受命九年卒，武王三年服毕，观兵孟津（通文王九年，为十一年），十三年正月二十八日，更与诸侯期伐纣。欧阳公《泰誓论》定为即位之十一年，盖谓又二年，方访箕子也。

愚谓，《泰誓》《洪范》经文，皆称十三，而《武成》"释箕子囚"，正伐纣时事，访道即在其年。朱子云，洪范称惟十有三祀，必当年初克商，便释箕子囚，而问之，若十一年释箕子，十三年方问，不应如此迟迟。《书》序"一"字定误也。蔡传解"春"为建寅之月，又力辨商、周时月俱不改。愚考《春秋》经传之文（凡十余条，语多不录），而知其说非也。蔡氏谓，冬不可为春，十一月不可为正月。夫黄钟初九，律之首，阳之变也。林钟初六，吕之首，阴之变也。子者，一阳之生于卦，为复，至午而阳极焉。午者，一阴之生于卦为姤，至子而阴极焉。子为星纪之次。五星起其初。日月起其中。律历皆以子为首。则何不可以首月令乎？三正迭建，时无失次。夏正用木之著者也，殷、周二正用木之微者也，皆阳位也。特孟陬之月，尤切民事，故夫子曰，行夏之时，而岂谓子、丑必不可为正哉。秦人改建亥月，盖自以水德，代周，且五行木生于亥，故用之。虽事不师古，然改时与月，必循三代之旧。《本纪》元年冬十月，颜师古谓，是太初正历以后史臣追书。蔡氏顾引之，以为不改时月之证，其亦疏矣（唐顺之日考秦改正朔，在始皇二十六年庚辰，周之亡已三十六年矣。周在时正朔已不行于天下，况既亡乎？《秦纪》所云冬十月，恐是周亡之后，因民间私称夏正，而书之。此于周改月之说，自不相碍，不足以为据也）。蔡氏又据《伊训》"惟元祀十有二月乙丑"，与《泰誓》惟十有三年春，以为，皆不改时月，而驳汉孔氏之非。愚谓，据此二端，则时月之改，尤章章也。夫商人建丑，十有二月，夏正之十一月也。下云"伊尹祠于先王，奉嗣王祗见厥祖"，先王，自契、玄、冥以下；厥祖，汤也。商人宗庙之礼，不可详考。《祭法》，云殷人禘喾而郊冥，祖契而宗汤，安知不以其月至日，伊尹摄行郊祀，配天之礼，因而陈训太甲乎？班固以《三统历》推之，汤伐桀之岁，在大火，房五度，故《左传》曰，大火阏伯之墟，实配商人后。十三年十二月乙丑朔旦冬至（《伊训》不言朔，则乙丑非朔日也，此恐误）。其日，伊尹祀先王于方明（方明，见《仪礼》）以配上帝。此其证也。

十有三年之春，即《春秋》"春王正月"之"春"，谓十一月也。何以明之？《武成》"惟一月壬辰，旁死魄，越翼日癸巳，王朝步自周，于征伐商，戊午，师渡孟津，癸亥陈于商郊牧野"，一月，二孔氏以为周正建子之月是也。"师渡孟津"，即"大会于孟津"也。癸巳至戊午，凡二十六日，皆在十一月癸亥，则十二月之四日也。《国语》引伶州鸠言，武王克商，岁在鹑火（《周语》注岁，岁星也。鹑火，次名，周分野），日在析木，月在天驷，辰在斗柄，星在天鼋。班固以《三统历》推之，师方发，为殷十一月戊子日，日在析木，箕七度。其夕，月在房五度。房，天驷也。后三日，得正月辛卯朔，合辰在斗前一度，斗柄也。明日壬辰，晨星始见。戊午渡孟津，明日己未，冬至，晨星与婺女伏，历建星、牵牛，至于婺女天鼋之首，至庚申二月朔日也。癸亥陈牧野，甲子合战。与《书》传无一不符者。此又其证也。

蔡氏又引《臣工》诗"莫春来牟"语，以为夏月未尝改，则愚于此有说矣。古者，天子受命，凡改元，颁历，朝觐，会同，诸大政，皆以正朔行之。至于分至启闭，民事早晚所关者，未尝不遵《夏小正》之书。东莱吕氏所云"三正通于民俗，周人兼而用之"是也。盖史书记时事，则从周正月令；纪岁功，则从夏正。从周正者，多出于朝廷政令之施设；从夏正者，多出于民间士女之话言。《诗》《书》、三礼所举夏正，难更仆数，安得援之为不改时月之证乎。信如蔡说，则商、周正朔，名改，实不改，夫子何必云，行夏之时乎？

赵汸曰，《春秋》所书，皆从国史，月为周月，则时亦周时。孔氏谓，月改则春移是也。《左传》僖五年春，《记》正月辛亥朔日南至。昭十七年夏六月，《记》太史曰，此月，日过分而未至，当夏四月是为孟夏。又《记》梓慎曰，火出于夏为三月，于商为四月，于周为五月。又经书冬十月雨雪，春正月无冰，二月无冰，冬十月陨霜杀草之类，皆为记灾，时月俱改，断可识矣。太史公《记》三代革命，于殷曰，改正朔；于周曰制正朔，于秦曰改年始，盖正，谓正月。朔，谓朔日。殷、周即所改之月为岁首，故曰改正朔，曰制正朔。秦即十月为岁首，而别用夏时数月，故曰改年始。《汉太初历》立冬、小雪。则曰于夏为十月，商为十一月，周为十二月。《唐大衍历》追算春秋冬至，亦皆在正月，孰谓殷、周不改月乎？

黄泽曰，《春秋》三传，及三家注，于周月，别无异同。惟胡文定以夏时冠周月。蔡仲默云，商、周时月俱不改。今据《周礼》有正月，有正岁，则周实改时改月，建子之正，以之布政。读法夏正，夏时，谓之正岁，以施之民事，初不相妨。如《孟子》"七八月之间旱"，"十一月徒杠，十二月舆梁"。赵岐释以周正。晦庵亦从之。此不易之说。

王樵曰，子月，为一岁之始，犹子时为一日之始，安在子之不可以为春乎？夫正朔者，十二月之首，史官纪年之所始也。正月者，十二月之首，历官纪年之所始也。正朔有改，三代迭建，三正以新民之视听，月朔有改，有不改；有改于上，不改于下，从民间之便。如周七八月，为夏五六月。《孟子》之言，与周制合。而《金縢》云，秋大熟未获，则又仍为今时之秋，盖非酉戌之月，未有以见岁之大熟而未获也。《诗》中"四月维夏，六月徂暑"与《论语》"莫春者，春服既成"，皆此类也。乃若《春秋》则史官之书，必用时王正朔，而历法要为不可乱时，必与月合，时月必与所书之事合，或者乃必欲旁引曲证，以为周不改时与月，其亦疏且固矣（以上三家，皆砭蔡传之失，与余说相证明。故备录之）。

王曰，嗟！我友邦冢君，越我御事庶士，明听誓

1. （汉）孔氏传、（唐）陆德明音义、孔颖达疏《尚书注疏》卷十《周书·泰誓上》

王曰，嗟！我友邦冢君，越我御事庶士，明听誓。

传，冢，大；御，治也。友诸侯，亲之；称大君，尊之，下及我治事众士，大小无不皆明听誓。

疏：

传正义曰，冢，大，《释诂》文。御事，是治理之事，故通训"御"为"治"也。同志为友。天子友诸侯，亲之也。《牧誓》传曰，言志同灭纣，今总呼国君，皆为大君，尊之也。下及治事众士，谓国君以外，卿大夫及士诸掌事者，大小无不皆明听誓。自士以上，皆总戒之也。

2. （宋）苏轼撰《书传》卷九《周书·泰誓上第一》

（归善斋按，见"惟十有三年春，大会于孟津"）

3. （宋）林之奇《尚书全解》卷二十二《周书·泰誓上》

王曰，嗟！我友邦冢君，越我御事庶士，明听誓。

诸侯与武王共伐纣者，与之同志，有友之义焉，故谓之友邦。冢君者，大君也，尊之称也。越，及也，谓友邦诸侯及我周御事之臣，以至庶事之贱，皆明听我誓诰之言。盖将言我所以伐罪吊民之意也。夫纣，君也；武王，臣也。以臣伐君，天下之至逆也。武王岂逆天下之大顺，而乐为此惭德之举哉。盖有不得已于其间也。齐宣王问于孟子曰，臣弑其君可乎？曰贼仁者谓之贼；贼义者谓之残。残贼之人，谓之一夫。闻诛一夫纣矣，未闻弑君也。纣之为君，既失为君之道，神怒之，民怨之，则武王不得不应天顺人，以伐纣，非敢加无礼于其君也。盖以纣失为君之道，而天下之人，既不以之为君矣，则我虽欲不兴师以伐之不可得也，故将论其所

以吊伐之意，则必推言天之所以立君者，将使之仁民而爱物。今纣则不然，此所以见绝乎天也。

4.（宋）史浩《尚书讲义》卷十一《周书·泰誓上》

王曰，嗟！我友邦冢君，越我御事、庶士，明听誓。惟天地，万物父母，惟人，万物之灵。亶聪明作元后，元后作民父母。今商王受，弗敬上天，降灾下民，沈湎冒色，敢行暴虐，罪人以族，官人以世。惟宫室、台榭、陂池、侈服，以残害于尔万姓，焚炙忠良，刳剔孕妇。皇天震怒命，我文考，肃将天威，大勋未集。肆予小子发，以尔友邦冢君，观政于商。

友邦者，武王同列之诸侯，故曰友。冢，长也，皆谓之长，尊之也。御事、庶士者，武王同行之士卒，故曰我御事庶士，岂无下贱者，而皆谓之士，奖之也。夫天地之大，所主者生杀之权耳。然其大德，则专于生而已，又以其权寄之于人，而立人之聪明者，以为君。君之大德，亦曰好生而已，是以天、地、人君俱得称父母。父母者，岂非生我之谓乎。今商王纣一切反此，弗敬上天，是不知生之所自也。降灾下民，是不知执生之权也。凡民有好生、恶杀之性，与天地通者，皆不得其所欲，岂天地立人君之本意乎？夫上失其道，民散久矣。如得其情，则哀矜而勿喜，先王不得已而用刑。得其情，尚有哀矜之心。纣乃于沈湎冒色中，敢行暴虐民，岂有生意乎？夫罪人不孥，罚止其身；赏延于世，非命以官，先王不得已而用赏罚，苟有功罪，犹止其身，付之无私尔。纣乃于淫刑滥赏中，延及无辜，无功之人，民岂有生意乎？先王以"甘酒嗜音，峻宇雕墙"为戒，所以奉天、地也。今纣为"宫室、台榭、陂池、侈服，以残害于尔万姓"，为父母者不如是也。先王以"遏恶扬善，毋夭胎鸟"为戒，所以顺天地也。今纣乃"焚炙忠良，刳剔孕妇"，为父母者不如是也。暴虐也，残害也，焚炙也，刳剖也，皆主于杀，与好生之德异矣。民无所怙恃，而可谓之父母乎？既与皇天之意不合，宜其震怒也。居是时，有一人以生民为心，岂不可以君天下而为人父母乎？则观政于商，民实有来苏之望矣，武王其又奚辞。

5. （宋）夏僎《尚书详解》卷十六《周书·泰誓上》

（归善斋按，见"惟十有三年春，大会于孟津"）

6. （宋）时澜《增修东莱书说》卷十四《周书·泰誓上第一》

王曰，嗟，我友邦冢君，越我御事、庶士，明听誓。

"嗟"之一辞，武王深见兵为不祥之具也。使武王率八百国诸侯，及友邦冢君，御事、庶士之人，为朝王之行正也。乃相率而伐纣，岂武王之本心哉，《甘誓》"嗟，六事之人"，《汤诰》"嗟！尔万方有众"，皆警叹之意也。

7. （宋）黄度《尚书说》卷四《周书·泰誓上》

王曰，嗟！我友邦冢君，越我御事、庶士，明听誓。

王者于诸侯为友，《诗》亦曰"邦人诸友"。冢，大，诸侯各长其国，故称大君。御事，治事，自其卿、大夫，下至庶士。

今夫地一撮土之多，及其广厚，载华岳而不重，振河海而不泄，万物载焉。人之有此灵，犹天之昭昭之多，地之一撮土之多。水之一勺，山之一拳石也。然须至于无穷处，始得。故曰，凡有四端于我者，知皆扩而充之矣。苟能充之足，以保四海；苟不充之，不足以保妻子。有此萌蘖，要必能充而尽之，故人君之聪明，不可以不养也。以尧、舜之圣，而犹兢兢业业。尧、舜何为而兢业也，所以养其聪明也。以成汤之圣，而"不迩声色，不殖货利"，成汤何为而不迩、不殖也，惧其昏，此聪明也。故亲近端人正士，黜远馋佞小人，不敢有邪思妄念，不敢有嗜欲宴逸，皆所以养其聪明也。"惟天生民有欲，无主乃乱，惟天生聪明，时乂以欲"，与聪明对言，有欲，则不聪明也。盖有欲，则昏，安得聪明。虽然所谓聪明，有小有大，一事一物之聪明，是察慧也，非聪明也。且汉宣帝、魏明帝非不聪明也。宣帝之智，何所不知，然至于赵、盖、韩、杨之诛，果可谓之聪明乎？使其聪明。则若此忠直之臣。岂可加戮？明帝日晏坐朝，幽枉必达，然至于用刑惨酷，天性褊急，当其惨酷褊急之时，所谓聪明者，果安在哉？此皆非所谓"亶聪明"者也。"亶"之为言，信也，实也，确然能尽得聪明之德，故谓之"亶"。桀纣之所以大乱，只为不聪明之故。人主不聪不明，天下安得治，故武王举此以数纣之罪，而《汤诰》亦曰"惟皇上帝，降衷于下民，若有恒性，克绥厥猷惟后"，皆所以言人君之职分也。

8.（宋）袁燮《絜斋家塾书钞》卷五《周书·泰誓上》

（归善斋按，见"惟十有三年春，大会于孟津"）

9.（宋）蔡沈《书经集传》卷四《周书·泰誓上》

王曰，嗟！我友邦冢君，越我御事、庶士，明听誓。

王曰者，史臣追称之也。友邦，亲之也。冢君，尊之也。越，及也。御事，治事者。庶士、众士也。告以伐商之意，且欲其听之审也。

10.（宋）黄伦《尚书精义》卷二十四《周书·泰誓上》

（归善斋按，见"惟十有三年春，大会于孟津"）

11.（宋）陈经《尚书详解》卷二十一《周书·泰誓上》

（归善斋按，见"惟十有三年春，大会于孟津"）

12.（宋）钱时《融堂书解》卷九《周书·泰誓上》

（归善斋按，未解）

13.（宋）魏了翁《尚书要义》卷十《泰誓》至《武成》

八、友邦，亲之；冢君，尊之。

王曰，嗟！我友邦冢君，越我御事、庶士。明听誓。冢，大；御，治。友诸侯，亲之；称大君，尊之。

14.（宋）陈大猷《书集传或问》卷上《泰誓》

（归善斋按，未解）

15.（宋）胡士行《尚书详解》卷六《周书·泰誓上第一》

(归善斋按,见"惟十有三年春,大会于孟津")

16.（元）吴澄《书纂言》

(归善斋按,无此篇)

17.（元）陈栎《书集传纂疏》卷四上《朱子订定蔡氏集传周书·泰誓上》

王曰,嗟！我友邦冢君,越我御事、庶士,明听誓。

"王曰"者,史臣追称之也。友邦,亲之也。冢君,尊之也。越,及也。御事,治事者；庶士,众士也。告以伐商之意,且欲其听之审也。

18.（元）许谦《读书丛说》卷六《周书·泰誓上》

(归善斋按,未解)

19.（元）董鼎《书传辑录纂注》卷三《周书·泰誓上》

王曰,嗟！我友邦冢君,越我御事、庶士,明听誓。

"王曰"者,史臣追称之也。友邦,亲之也；冢君,尊之也。越,及也。御事,治事者；庶士,众士也。告以伐商之意,且欲其听之审也。

20.（元）朱祖义《尚书句解》卷六《周书·泰誓上第一》

王曰（武王誓众言）,嗟！我友邦冢君（嗟叹我同志之邦大君诸侯）,越我御事、庶事（及我周治事之臣,与众士之贱者）,明听誓（明听我誓言）。

21.（明）王樵《尚书日记》卷九《周书·泰誓上》

王曰,嗟！我友邦冢君,越我御事、庶士,明听誓。

金氏曰,"王曰"者,多谓史官追称。武王正名讨伐,则称王举兵,亦为合义,不必拘追称之说也。详见《汤誓》。

孔氏曰，友邦亲之，冢君尊之也。御，治也。及我治事众士大小，无不皆明听誓。

按，友邦，从征之诸侯；御事、庶士，则本国三卿，亚旅、师氏，千夫长，百夫长是也。观"御事"上有"我"字可见。

22. （清）库勒纳等撰《日讲书经解义》卷六《周书·泰誓上》

（归善斋按，见"惟十有三年春，大会于孟津"）

（清）朱鹤龄《尚书埤传》卷九《周书·泰誓》

王曰。

蔡传，"王曰"者，史臣追称。程伯圭曰，汤、武革命，应天顺人，苟不称王建号，则是以臣犯君，名不正言不顺矣。《王制》曰，天子将出，类于上帝，宜于社，造乎祢。诸侯将出，宜乎社，造乎祢；《汤诰》曰"敢昭告于上天、神后"，《泰誓》曰"类于上帝"，是用天子之礼也。《周礼》曰"王过大山川，则用事焉"，《武成》曰"告于皇天、后土，所过名山大川"，是用天子之礼也。《周礼》曰"王六军"，《泰誓》"大巡六师"是备天子之六军也。史臣书"王曰"犹可谓追称，如"有道曾孙周王"，及"昭我周王"，乃记当时之语，岂史臣追书哉？

惟天地，万物父母，惟人，万物之灵

1. （汉）孔氏传、（唐）陆德明音义、孔颖达疏《尚书注疏》卷十《周书·泰誓上》

惟天地，万物父母，惟人，万物之灵。

传，生之，谓父母。灵，神也。天地所生，惟人为贵。

疏：

传正义曰，万物皆天地生之，故谓天地为父母也。《老子》云"神得一以灵"，灵神是一，故灵为神也。《礼运》云，人者，天地之心，五行之端也。食味、别声、被色而生者也。言人能兼此气性，余物则不能然。故《孝经》云，天地之性，人为贵。此经之意，天地是万物之父母，言天地之意，欲养万物也。人是万物之最灵，言其尤宜长养也。纣违天地之心，而残害人物，故言此以数之，与下句为首引也。

2.（宋）苏轼撰《书传》卷九《周书·泰誓上第一》

惟天地，万物父母，惟人，万物之灵。亶聪明，作元后，元后作民父母。今商王受，弗敬上天，降灾下民。沈湎冒色，敢行暴虐。罪人以族，官人以世。

孥戮，汤事也。而罪人以族，则为纣罪。赏延于世，舜德也，而官人以世，则为纣恶者。汤之孥戮，徒言之而不用，舜之赏，延非官人也。

3.（宋）林之奇《尚书全解》卷二十二《周书·泰誓上》

惟天地，万物父母，惟人，万物之灵。亶聪明作元后，元后作民父母。

"惟天地，万物父母"，谓天地之于万物，无所不生，无所不育，犹父母之于子，无所不爱。然虽无不爱，而其生育也，非自然而然，以听万物之自遂，则必有赖于位乎天地之两间，而最灵于万物者，以裁成而辅相之，然后三才之道备，而生育之功全。故必择夫诚有聪明之德，充其所以灵于万物者，而为之元后。彼既有聪明之德，又居元后之位，则能审于人性之好恶，以为之父母，然后斯民各得其所，而至昆虫草木之微，亦无不遂其性者，如此则裁成辅相之德，于是为至。人道尽，而三才之位定矣。此盖言天地之道，相须为用，以成其化育也。今纣之为君，则不能尽其所以君父母之德，以至于荼毒天下之民，而暴殄天下之物，使斯民不得其所，而万物莫有遂其性者，则是负上天之所寄托，而获罪于天矣。武王将欲兴兵，以为民除其害，故先推言天地之所以立元后，以为民父母之意，然后数纣之罪也。

4. (宋)史浩《尚书讲义》卷十一《周书·泰誓上》

(归善斋按,见"王曰,嗟!我友邦冢君,越我御事、庶士,明听誓")

5. (宋)夏僎《尚书详解》卷十六《周书·泰誓上》

(归善斋按,见"惟十有三年春,大会于孟津")

6. (宋)时澜《增修东莱书说》卷十四《周书·泰誓上第一》

惟天地,万物父母,惟人,万物之灵。亶聪明作元后,元后作民父母。

推本原而言之也。万物无不自天地而生者。"大哉乾元,万物资始;至哉坤元,万物资生",故曰"万物父母"也。人为万物之最灵者,一元之气覆冒,初无厚薄,得之全者,为人;得之偏者为万物也。元后,又是人之中实有聪明者,亶者,诚实也,非灵之外,别有所谓聪明,不过精粹清彻,不失此灵耳,故为元后。元后乃民之父母必,思与天地同功,辅相裁成,赞天地之化育也。此虽誓师之辞,乃六经之统摄,百王之标准。学者通此,则六经之义,百王之道,皆可参贯矣。

7. (宋)黄度《尚书说》卷四《周书·泰誓上》

惟天地,万物父母,惟人,万物之灵,亶聪明作元后,元后作民父母。

人与万物俱生,而人为灵,聪明出类为君,父母斯民。亶,诚;元,首;天子,称元后。

8. (宋)袁燮《絜斋家塾书钞》卷五《周书·泰誓上》

(归善斋按,见"惟十有三年春,大会于孟津")

9.（宋）蔡沈《书经集传》卷四《周书·泰誓上》

惟天地，万物父母，惟人，万物之灵，亶聪明，作元后。元后作民父母。

亶，诚实无妄之谓，言聪明出于天性然也。"大哉，乾元，万物资始；至哉坤元，万物资生。"天地者，万物之父母也。万物之生，惟人得其秀而灵，具四端，备万善，知觉独异于物，而圣人又得其最秀，而最灵者。天性聪明，无待勉强，其知先知，其觉先觉，首出庶物，故能为大君于天下，而天下之疲癃、残疾，得其生；鳏寡孤独得其养，举万民之众，无一而不得其所焉。则元后者，又所以为民之父母也。夫天地生物，而厚于人；天地生人，而厚于圣人，其所以厚于圣人者，亦惟欲其君长乎民，而推天地父母斯民之心而已。天之为民如此，则任元后之责者，可不知所以作民父母之义乎。商纣失君民之道，故武王发此，是虽一时誓师之言，而实万世人君之所当体念也。

10.（宋）黄伦《尚书精义》卷二十四《周书·泰誓上》

（归善斋按，见"惟十有三年春，大会于孟津"）

11.（宋）陈经《尚书详解》卷二十一《周书·泰誓上》

（归善斋按，见"惟十有三年春，大会于孟津"）

12.（宋）钱时《融堂书解》卷九《周书·泰誓上》

（归善斋按，未解）

13.（宋）魏了翁《尚书要义》卷十《泰誓》至《武成》

九、人兼气性，故为贵为灵。

《礼运》云，人者天地之心，五行之端也。食味、别声、被色而生者也。言人能兼此气性，余物则不能然。故《孝经》云，天地之性，人为贵，此经之意。天地是万物之父母，言天地之意，欲养万物也。人是万物之最灵，言其尤宜长养也。

14. （宋）陈大猷《书集传或问》卷上《泰誓》

（归善斋按，未解）

15. （宋）胡士行《尚书详解》卷六《周书·泰誓上第一》

惟天地，万物父母；惟人，万物之灵（神）。亶（诚）聪明作元后；元后作民父母。

大哉！乾元万物资始；至哉！坤元万物资生，故称父母。元气始生，初无厚薄，得其全者为人，得其偏者为物。性之神灵，人皆有之，而能尽其性者，不皆然也。故天必择其诚聪明者，以全天地不全之功，此文"元后"之所以称父母者，以聪明不失灵耳，非灵外别有聪明也。

16. （元）吴澄《书纂言》

（归善斋按，无此篇）

17. （元）陈栎《书集传纂疏》卷四上《朱子订定蔡氏集传周书·泰誓上》

惟天地，万物父母；惟人，万物之灵。亶聪明作元后，元后作民父母。

亶，诚实无妄之谓，言聪明出于天性然也。大哉，乾元，万物资始；至哉，坤元，万物资生。天地者，万物之父母也。万物之生，惟人得其秀而灵，具四端，备万善，知觉独异于物，而圣人又得其最秀而最灵者。天性聪明，无待勉强。其知先知，其觉先觉，首出庶物，故能为大君于天下，而天下之疲癃残疾得其生，鳏寡孤独得其养，举万民之众，无一而不得其所焉。则元后者，又所以为民之父母也。夫天地生物，而厚于人；天地生人，而厚于圣人。其所以厚于圣人者，亦惟欲其君长乎民，而推天地父母斯民之心而已。天之为民如此，则任元后之责者，可不知所以作民父母之义乎？商纣失君民之道，故武王发此，是虽一时誓师之言，而实万世人君之所当体念也。

纂疏：

汤、武征伐，皆先自说一段义理。

气质之性，古人虽不曾说着，考之经典，却有此意。如人惟万物之灵，亶聪明，作元后，天乃锡王勇智，皆此意也。

陈氏经曰，天地无所不生，言万物，人在其中矣。万物莫不禀气于天，受形于地。乾称父，坤称母，此天地所以为万物一大父母也。天地能生人，而赋以至灵之性，而人不能保此灵，必得聪明之君，以父母之，斯人始得各全其灵。聪明亦灵也，圣人出类拔萃而为灵之灵者耳。

碧梧马氏曰，"作民父母"一语，武王以之首《泰誓》，箕子以之终"皇极"。

18.（元）许谦《读书丛说》卷六《周书·泰誓上》

（归善斋按，未解）

19.（元）董鼎《书传辑录纂注》卷三《周书·泰誓上》

惟天地，万物父母；惟人，万物之灵。亶聪明作元后。元后作民父母。

亶，诚实无妄之谓，言聪明出于天性然也。大哉，乾元万物资始；至哉，坤元万物资生。天地者，万物之父母也。万物之生，惟人得其秀而灵，具四端，备万善，知觉独异于物。而圣人又得其最秀，而最灵者，天性聪明，无待勉强，其知先知，其觉先觉，首出庶物，故能为大君于天下，而天下之疲癃、残疾，得其生；鳏寡孤独，得其养。举万民之众，无一而不得其所焉。则元后者，又所以为民之父母也。夫天地生物，而厚于人；天地生人，而厚于圣人。其所以厚于圣人者，亦惟欲其君长乎民，而推天地父母斯民之心而已。天之为民如此，则任元后之责者，可不知所以作民父母之义乎？商纣失君民之道，故武王发此，是虽一时誓师之言，而实万世人君之所当体念也。

辑录：

"亶聪明作元后，元后作民父母"，须是刚健中正，出人意表之君，方能立天下之事，如创业之君，能定祸乱者，皆是智勇过人。人杰气质之性，古人虽不曾说着，考之经典，却有此意。如"惟人，万物之灵，亶聪明作元后",天乃锡王勇智,皆此意也。谓汤、武征伐,皆先自说一段义理。

纂注:

新安胡氏曰,万物莫不禀气于天,受形于地。乾称父,坤称母,此天地所以为万物一大父母也。

孙氏曰,天地能生万物,而不能成。所以成之者,君也。

唐氏曰,配天地以作民父母,与《易》象言"后以财成天地之道,辅相天地之宜,以左右民"者,一也。

陈氏经曰,人者,万物之一也。物得气之偏,人得气之全,此人性所以独灵于物。然人虽有此灵,有不能保此灵者,必得聪明之君,以父母之斯民,始得以各全其灵。聪明亦灵也,圣人先得,我心之所同然,而为灵之灵者耳。

吕氏曰,此虽誓师之辞,乃六经之统摄,百王之标准。

碧梧马氏曰,作民父母一语,武王以之首《泰誓》,箕子以之终"皇极"。

20. (元) 朱祖义《尚书句解》卷六《周书·泰誓上第一》

惟天地,万物父母(惟天地化生万物,为之父母);惟人万物之灵(人禀五行之秀气,格五常之正性,为万物之最灵)。

21. (明) 王樵《尚书日记》卷九《周书·泰誓上》

"惟天地,万物父母"至"元后作民父母"。

孔氏曰,生之谓父母,灵神也。天地所生,惟人为贵。人诚聪明,则为大君而为众民父母。

邵文庄公曰,天地父母,自然之道。元后父母,天地作之也。天地何心哉?理之自然而已。曰作,则有可继之道焉。

陈氏经曰,聪明亦灵也。圣人先得我心之所同然,而为灵之灵者耳。

按,《易》言,有天地,然后有万物。自天父地母,以有男女,夫妇,父子,而君臣终焉。君臣之义,亦归于父母,何也?盖天下,各父其父,各子其子,非君臣,孰能一之。君臣者,天下之大父子也,故曰"元后作民父母"。

朱子曰,气质之性,古人虽不曾说着,考之经典,却有此意。如人,惟万物之灵,亶聪明作元后,天乃锡王勇智,皆此意也。汤、武征伐,皆先自说一段义理。

吕氏曰,此虽誓师之辞,乃六经之统摄,百王之标准。

22. （清）库勒纳等撰《日讲书经解义》卷六《周书·泰誓上》

惟天地,万物父母；惟人,万物之灵。亶聪明,作元后。元后作民父母。

此一节书,言天立君为民之意,以明纣之可伐也。亶者,诚实之意；元后,大君也。武王誓师曰,天地之于万物,论其形势,若相悬殊,然乾元资始,有父道焉；坤元资生,有母道焉。其长养爱育之心,如父母之于子,是天地乃万物之父母也。万物虽并生于天地之间,惟人得气之秀,比于众物,心为独灵,是人乃天地之所厚者也。人类之中,又笃生一聪明之圣人,比于众人最秀,而最灵者,立之为大君,以统御万民,是君又天地之所独厚者也。然天之立君,岂徒尊崇富贵之哉,正欲其体乾父坤母之心,行子育万民之政,抚恤爱养,亦如父母之于子,是元后又代天地而为民父母者也。夫天地生物而厚于人,天地生人而独厚于圣,其所以独厚于圣者,惟欲其恩养斯民,体天地父母之心而已。然则,任元后之责者,可不知所以作民父母之义乎？

（元）陈悦道《书义断法》卷四《周书·泰誓上》

惟天地,万物父母；惟人,万物之灵。亶聪明作元后,元后作民父母。

合万物而并育者,天地之至德；统万民而首出者,圣人之至诚。此理一、分殊之说也。大哉乾元,万物资始；至哉坤元,万物资生。万物之所以生成,孰有外于天地者,故以天地总言。物固物也,人亦物也,圣人亦物也。此以理之一言之也。灵万物者,人之所以异于物。亶聪明者,圣人所以异于人。其位为元后,亦不过为民父母,不能遍及于物也。此以分殊言之也。天地无为，故理一；圣人有迹，故分殊。能循其聪明之实，以几于天地之仁。其仁民爱物，安知不与天地同功，特本其初而论之，则理一、分殊之辨，不可以不明，而君天下者之仁，不偏爱，当以爱为先务耳。

（明）梅鷟《尚书考异》卷四《泰誓上》

惟天地，万物父母；惟人，万物之灵。

《后汉书·刘陶传》上疏曰，臣闻人非天地无以为生，天地非人无以为灵。是故，帝非人不立，人非帝不宁。夫天之与帝，帝之与人，犹头之与足，相须而行也。因下文有"目不视鸣条之师，耳不闻檀车之声"，故窃此。

（明）马明衡《尚书疑义》卷四《周书·泰誓上》

惟天地，万物父母；惟人，万物之灵。

文公谓，汤、武征伐，皆先自说一段义理。愚窃以谓，圣人除却义理，更无事。

（清）朱鹤龄《尚书埤传》卷九《周书·泰誓》

人为万物之灵。

孔疏，《礼运》云，人者天地之心，五行之端也。食味、别声、被色而生者也。言人能兼此气性，余物则不能然，故《孝经》云，天地之性，人为贵。

（清）张英《书经衷论》卷三《周书·泰誓》

《泰誓》（凡七条）。

汤、武当革命之初，故其誓师之言，皆首举天命立君之意。汤之言曰"惟皇上帝，降衷于下民，若有恒性，克绥厥猷惟后"。武之言曰"惟天地，万物父母；惟人，万物之灵。亶聪明作元后，元后作民父母"。两圣人之言，若合符节，既明乎天所以生人之意，又明乎人所以奉君之意，自不以天位为可乐，而以百姓为可忧。圣人作而万物睹之，气象于此大可见矣。三代圣人皆真知此理，知天下芸芸万类，不可一日无元后父母之戴。故尧之皇皇而求舜，舜之皇皇而求禹。汤之不得已而伐夏，武之不得已而伐商。舍天下之至美，而不惜犯天下之不韪而不辞。伊傅之所以匡君，孔孟之所以忧世，皆明于天地生民之故，而不敢一日自暇逸也。汉唐以后易姓改物，角材而臣，惟力是视而已。高帝入关之言，首曰父老苦秦苛政久矣，犹有救民水火之意，至于作君、作师之大义，更有能举而明之者乎？

"惟天地，万物父母"一节，分明是《太极图说》一篇骨子，"妙合而凝"以上一段，便是"惟天地，万物父母"。"惟人也，得其秀而最灵"一段，便是"惟人，万物之灵"，圣人定之以中正仁义。而"主静以立人极"一段，便是"亶聪明作元后，元后作民父母"。圣贤立言，皆非无所本，特在扩而充之耳。西铭一篇，全从此数语衍出，故言虽宽，而不觉其泛也。

人君之所以自托于天下者，天而已矣；所以自信为得天者，民而已矣。《泰誓》三篇于天与民之际，独反复言之。首言"惟天地，万物父母"，又曰"元后作民父母"，此探本言之也。又曰"天佑下民"，"天矜于民，民之所欲，天必从之"。其二篇曰"惟天惠民，惟辟奉天"，又曰"天其以予乂民"。其数商纣之恶也，亦曰"自绝于天，结怨于民"，又从而合论之曰"天视自我民视，天听自我民听"，明乎人主无邀天之法，而止有乂民以格天之事。为人君者，致思于此，其亦惕然不敢不敬百姓矣。

亶聪明，作元后，元后作民父母

1. （汉）孔氏传、（唐）陆德明音义、孔颖达疏《尚书注疏》卷十《周书·泰誓上》

亶聪明，作元后，元后作民父母。

传，人诚聪明，则为大君，而为众民父母。

音义：

亶，丁但反。

2.（宋）苏轼撰《书传》卷九《周书·泰誓上第一》

（归善斋按，见"惟天地，万物父母，惟人，万物之灵"）

3.（宋）林之奇《尚书全解》卷二十二《周书·泰誓上》

（归善斋按，见"惟天地，万物父母，惟人，万物之灵"）

4.（宋）史浩《尚书讲义》卷十一《周书·泰誓上》

（归善斋按，见"王曰，嗟！我友邦冢君，越我御事、庶士，明听誓"）

5.（宋）夏僎《尚书详解》卷十六《周书·泰誓上》

（归善斋按，见"惟十有三年春，大会于孟津"）

6.（宋）时澜《增修东莱书说》卷十四《周书·泰誓上第一》

（归善斋按，见"惟天地，万物父母，惟人，万物之灵"）

7.（宋）黄度《尚书说》卷四《周书·泰誓上》

（归善斋按，见"惟天地，万物父母，惟人，万物之灵"）

8.（宋）袁燮《絜斋家塾书钞》卷五《周书·泰誓上》

（归善斋按，见"惟十有三年春，大会于孟津"）

9.（宋）蔡沈《书经集传》卷四《周书·泰誓上》

（归善斋按，见"惟天地，万物父母，惟人，万物之灵"）

10.（宋）黄伦《尚书精义》卷二十四《周书·泰誓上》

（归善斋按，见"惟十有三年春，大会于孟津"）

11. （宋）陈经《尚书详解》卷二十一《周书·泰誓上》

（归善斋按，见"惟十有三年春，大会于孟津"）

12. （宋）钱时《融堂书解》

（归善斋按，未解）

13. （宋）魏了翁《尚书要义》卷十《泰誓》至《武成》

（归善斋按，未引）

14. （宋）陈大猷《书集传或问》卷上《泰誓》

（归善斋按，未解）

15. （宋）胡士行《尚书详解》卷六《周书·泰誓上第一》

（归善斋按，见"惟天地，万物父母，惟人，万物之灵"）

16. （元）吴澄《书纂言》

（归善斋按，无此篇）

17. （元）陈栎《书集传纂疏》卷四上《朱子订定蔡氏集传周书·泰誓上》

（归善斋按，见"惟天地，万物父母，惟人，万物之灵"）

18. （元）许谦《读书丛说》卷六《周书·泰誓上》

（归善斋按，未解）

19. （元）董鼎《书传辑录纂注》卷三《周书·泰誓上》

（归善斋按，见"惟天地，万物父母，惟人，万物之灵"）

20. （元）朱祖义《尚书句解》卷六《周书·泰誓上第一》

亶聪明（天地于人之中，又择诚有此聪明之资者），作元后（使为大君司牧生民),元后作民父母(大君又为民之父母)。

21.(明)王樵《尚书日记》卷九《周书·泰誓上》

(归善斋按,见"惟天地,万物父母,惟人,万物之灵")

22.(清)库勒纳等撰《日讲书经解义》卷六《周书·泰誓上》

(归善斋按,见"惟天地,万物父母,惟人,万物之灵")

(元)王充耘《读书管见》卷下《泰誓》

亶聪明,作元后。

聪明作元后,盖合万国而听于一人。其举直而错枉,是是而非非,必无纤豪过差,而后足以服天下,非极聪明者不能,故《商书》亦言"惟天生聪明时乂",又言"实作则"。

(元)陈悦道《书义断法》卷四《周书·泰誓上》

(归善斋按,见"惟天地,万物父母,惟人,万物之灵")

(明)梅鷟《尚书考异》卷四《泰誓中》

(归善斋按,原文在《泰誓中》)

亶聪明作元后。元后作民父母。

此一节,全出《后汉书·刘陶传》,曰陶上疏曰,人非天地无以为生,天地非人无以为灵,是故帝非人不立,人非帝不灵。其曰人非天地无以为生,即"惟天地,万物父母"一句之所从出也。天地非人无以为灵,即"惟人,万物之灵"一句之所从出也。帝非人不立,即"亶聪明作元后"二句之所从出也。人非帝不宁,即"元后作民父母"一句之所从出也。此人收拾逸书,见陶疏下文有云,目不视鸣条之师,耳不闻檀车之声,遂攘此而点化成文,正犹"使疾其民以盈其贯",本中行桓子之言也,因下文引《周书》曰"殪戎殷",遂攘以为"商罪贯盈"之句,皆因收拾逸书故也。古文《尚书》直至东晋时出,刘陶、范晔实未尝见古文,非刘陶范晔之蹈袭明甚易。传曰，乾天也，故称乎父。坤，地也，故称乎母，遂以天地万物父母。夺换"人非天地无以为生"之句，其气象较之陶语，宏大不侔，然实孔圣之语，刘陶之意，武王初未尝及此语也。云人者，《礼运》曰，人者，天地之心，遂以"惟人，万物之灵"，夺换"天地非人无以为灵"之句。其语意较之陶语，亦精密不侔，然实《礼运》之语，刘陶之语，非武王当时实语也。

祈父云，亶不聪。《中庸》云，聪明足以有临也。又于《孟子》所引"天降下民，作之君，作之师"，遂以"亶聪明作元后"，夺换"帝非人不立"之句，其气象较之陶语，亦开爽英迈，但遗"非人不立"四字意耳。然实诗人，《中庸》之词，刘陶之咏，亦非武王当时实语也。《诗》云，乐只君子，民之父母。《孟子》云，为民父母行政，又因《孟子》两"作"字，又换《洪范》天子作民父母之"作"，遂以"元后作民父母"夺换"人非帝不宁"之句，其辞气较之陶语，亦大不侔，然皆搜略诗人，《孟子》《洪范》之言，而非武王当时实语也。非谓武王不能为此语，但圣人言语，意自然浑成，不似伪为者，之撅拾如此也。昔朱子与侍郎林栗谈《西铭》，栗曰首言乾称父，坤称母，是以天地为父母。继又言大君者，吾父母，吾不知其言为何如也。盖以为汩彝叙之意，有两父母之相驳故也。朱子曰，言大君者，吾父母之宗子，非谓大君为父母也。侍郎以理学名家，如此看书，岂不为人所笑。栗曰，我正欲为人所笑。明日劾朱子，而朱子力乞奉祠以去，其后朱子亦自悔其当时之词气之出，招拳惹踢，初无怨栗之心也。自今观之，栗之谈《西铭》，诚谬矣。若如伪《泰誓》者，首言"天地，万物父母"，下文即言"元后作民父母"，自相乖刺，以天地父母为是，则元后失之亢而僭；以元后父母为是，则天地失之卑而凌。盖徒知《易传》《洪范》《孟子》之可据，而不知圣贤之言，各有攸当，不至于汩彝叙，而反相驳也。由是言之，反不若刘陶之言平正通达，而不相悖。黄帝正名百物，岂其如此。武王吐辞为经，又岂若然哉。

（明）马明衡《尚书疑义》卷四《周书·泰誓上》

武王开口便说"亶聪明作元后，元后作民父母"，又曰"天佑下民，作之君，作之师"，武王分明以父母、君师自任，如此则视纣之恶，天下之人受其暴虐，武王岂能一日安哉于此，可以见武王之心矣。

（清）张英《书经衷论》卷三《周书·泰誓》

（归善斋按，见"惟天地，万物父母，惟人，万物之灵"）

今商王受，弗敬上天，降灾下民，
沈湎冒色，敢行暴虐

1. （汉）孔氏传、（唐）陆德明音义、孔颖达疏《尚书注疏》卷十《周书·泰誓上》

今商王受，弗敬上天，降灾下民，沈湎冒色，敢行暴虐。

传，沈湎，嗜酒；冒乱女色，敢行酷暴，虐杀无辜。

音义：

湎，面善反。冒，莫报反，注下同。嗜，市志反，《切韵》常利反。酷，苦毒反。

疏：

传正义曰，人被酒困，若沈于水酒，变其色，湎然齐同，故沈湎为嗜酒之状。冒，训"贪"也。乱，女色荒也。酷，解经之暴，杀解经之虐，皆果敢为之。案，《说文》云，酷，酒厚味也。酒味之厚，必严烈。人之暴虐，与酒严烈同，故谓之酷。

2. （宋）苏轼撰《书传》卷九《周书·泰誓上第一》

（归善斋按，见"惟天地，万物父母，惟人，万物之灵"）

3. （宋）林之奇《尚书全解》卷二十二《周书·泰誓上》

今商王受，弗敬上天，降灾下民，沈湎冒色，敢行暴虐，罪人以族，官人以世。惟宫室、台榭、陂池、侈服，以残害于尔万姓，焚炙忠良，刳剔孕妇。皇天震怒，命我文考，肃将天威。大勋未集，肆予小子发，以尔友邦冢君，观政于商。惟受罔有悛心，乃夷居，弗事上帝神祇，遗厥先宗庙弗祀，牺牲粢盛，既于凶盗，乃曰，吾有民、有命！罔惩其侮。

《祭统》曰"祭有馂者，祭之末也"，"古之君子曰，尸亦馂鬼神之余也，可以观政矣"，所谓观政者，盖谓政之勤怠美恶，由馂可以观之。此言观政，亦犹是也。盖当文王之时，纣为不道，恶积而不可掩；罪大而不可解也。为皇天之所震怒，而命我文考，肃将天威以伐之矣。既以伐纣之事命于文考，而大勋犹未集，则其所以伐纣，而集文考之大勋者，是乃武王之任也。然其所以至于即位十一年之久，而后往伐之者，盖予小子发与汝友邦之诸侯，尚且顾君臣之大分，而犹有不忍之心，尚有望于纣之幡然而改。自怨自艾，而归于善者。十余年而观纣之政，昏暴日甚，曾无悛革之心。此其所以不得已而为此孟津之举也。武王之心，只如是。而汉儒不之察，乃以观政，转而为观兵，附会于序言"十有一年"，篇首"十有三年"而为周师再举之说。此说考之于经而不合，揆之于理而不通。然历代诸儒，往往多从而信之以为诚然。惟程氏之说曰，观兵之说，必无此理。如今日天命绝，则纣今日便是独夫，岂容更留之三年。今日天命未绝，便是君也，为臣子敢以兵胁其君乎？此言大可以规正汉儒之失，而解后学之疑也。故某推本此说，而附益之。以观政之不可为观兵，以信周师之实未尝再举也。武王观纣之政，以冀其万一之悔悟。而纣罔有悛心，方且夷倨而居。此"夷"字，当与"原壤夷俟"之"夷"同，言倨肆而无礼也。惟其倨肆而无礼，于是弗祀上帝，与夫天帝神祇之在祀典者，以至遗弃其先世之宗庙，亦弗之祀。既傲慢无礼，而又弗顾于宗庙神祇之祀，于是国家之所藏蓄牺牲粢盛，以为祭祀之备者，皆尽于凶灾盗贼，无复存者。如《春秋》所书"鼷鼠食郊牛角"，"御廪灾"之类，所谓既于凶也。如公索氏将祭而亡其牲之类，皆所谓既于盗也。至于此则纣之心，亦可以自省矣，方且偃然自肆于上，以谓吾有民可赖以安，盖恃其有如林之旅也。谓有命自天，必不至于是，盖所谓己有天命也，惟其所恃者如此，故无有能惩其慢侮之心者，此其罔有悛心之实也。夫纣之罔有悛心，其事可谓众矣，而必以牺牲粢盛既于凶盗为言者，盖人之为不善，虽至于盘乐，怠傲无所顾藉。然其心苟知天地鬼神临之在上，质之在傍，昭昭然不可欺者，则犹或畏惮而有所不敢为。苟不复知天地鬼神矣，则其为恶何所不至哉。故汤之于葛，见其不祀而遗之以牛羊粢盛，而未忍伐之也。至于杀馈饷之童子，知其心之不复悛革，于是兴师而伐。纣之恶，至于"焚炙忠良，刳剔孕妇"，可谓暴虐之甚，然文王犹未忍伐而事之。武王犹未忍伐而观之，至于牺牲粢盛既于凶盗，而罔惩其侮，则知其罔有悛心，而率诸侯以伐之。盖纣之所以自绝于天地鬼神者至此而决矣，故武王遂言其所以致讨，而卒其伐功之意也。

4.（宋）史浩《尚书讲义》卷十一《周书·泰誓上》

（归善斋按，见"王曰，嗟！我友邦冢君，越我御事、庶士，明听誓"）

5.（宋）夏僎《尚书详解》卷十六《周书·泰誓上》

今商王受，弗敬上天，降灾下民，沈湎冒色，敢行暴虐。罪人以族，官人以世。惟宫室、台榭、陂池、侈服，以残害于尔万姓。焚炙忠良，刳剔孕妇。皇天震怒，命我文考，肃将天威，大勋未集。肆予小子发，以尔友邦冢君，观政于商。惟受罔有悛心，乃夷居，弗事上帝神祇，遗厥先宗庙弗祀，牺牲粢盛，既于凶盗，乃曰，吾有民、有命，罔惩其侮。

武王上既言上天立君之意，故此遂数纣罪，以见上天之意如此。而纣所为乃如彼，故知其得罪于天也。夫天之"亶聪明，作元后"，将使之父母斯民也。今商王受乃弗敬上天，降灾罪于下民，岂上天立君之本意哉。然又不特如此，沈湎于酒，贪冒于色。酒谓之沈湎者，盖被酒所困，若沈于水酒，变其色，湎然齐同，故嗜酒谓之沈湎。贪色谓之冒者，盖惟色是求，昼夜冒进，不知廉耻也。惟其沈湎冒色，懵然无知，故暴虐之事，敢于必行，曾无忍心，以罪加人，则诛及族类；以官使人，则延及于世。夫罚弗及嗣，虞舜之法也。大臣有功，子孙世禄，未尝世官，亦古之制也。今纣自任一己之喜怒，一怒其人，则不论重轻，诛及其族；一喜其人，则不论贤否，世守其官。又恣为宫室、台榭、陂池侈服，以残害万民。宫室，其所常居者也。台，则积土为之，所以观望也。榭，又台上有屋者也。陂，则障泽水使之不流者也。池，则掘地停水者也。侈服，则华侈其衣服者也。凡此皆役民之力，敛民之财为之，所以残害万民也。既害民矣，于忠良之人，又焚炙之，即加以炮烙之刑也。于有孕之妇，则刳剔之。刳，刲也，剔去肉至骨也。此言刳剔，则是刳剔其腹，以视其胎也。皇甫谧言，纣剖比干妻，以视其胎，未知何所据而云也。惟纣恶积不可掩，罪大不可解如此，故皇天于是震动而怒其所为，命我文考，敬受天之威命以伐之。虽奉天威以伐有罪，而大功终未能有成，所谓"三分天下有其二，以服事殷"是也。文考之功既未能有成，则成其所未成者，实武王责也。故武王于是自谓，我小子发与汝友邦之诸侯，共观旧政，迟而至十有一年，盖庶几纣之改过而归于善也。

　　林少颖谓，武王即位十一年，而后往伐，盖谓我与诸侯，尚顾君臣大分，有不忍之心，庶几纣幡然而改，自怨自艾而归于善。奈何观察其政事，积十余年，而纣昏暴日甚曾，无悛革之心，此所以不得已而为孟津之举。武王之意只是如此。而汉儒不察，乃以观政，转为观兵，以附会此经"十一年"与"十三年"而谓周师再举。殊不知此说，考于经而不合，揆于理而不通。惟程氏谓，观兵之说，必无此理。如今日天命已绝，则纣便是独夫，岂留，更留三年？若未绝，便是君也，为臣子敢以兵胁君乎？此说大可规汉儒之失，而解后学之疑，故特举以验周师实未尝再举也。夫武王所以迟至十一年观纣之政者，特冀万一改悔。而纣乃罔有悛革之心，且夷倨而居，此夷与"原壤夷俟"之"夷"同，盖倨肆而无礼也。惟其倨肆无礼，故于上帝，与在天之神，在地之祇，皆不祀，非特不祀上帝、神祇，而先世之宗庙，亦遗之而弗祀。凡国家所蓄藏牺牲粢盛，以为祭之备者，皆尽于凶灾盗贼，无复存者。如《春秋书》鼷鼠食郊牛角，御廪灾之类，所谓既于凶也；如公索氏将祭而亡其牲之类，所谓既于盗也。夫祭祀之牺牲粢盛，为凶盗所侵侮如此，在纣亦可以自省矣，而方且掩耳自肆于上，以谓吾下有人民可赖以安，上有天命可恃以存，虽侵侮如此，曾不知所以惩戒，则其罔有悛心也可知矣。宜武王所以必伐无赦也。

　　林少颖谓，纣之罔有悛心，其事众矣，而武王必以"牺牲粢盛既于凶盗"为言者，盖以人之为不善虽至于盘乐，怠傲无所顾藉，然其心苟知天地鬼神临之在上，质之在旁，则犹或畏惮而不敢为。苟不知天地鬼神矣，则其为恶，何所不至哉。故汤之于葛，见其不祀，则遗之牛羊粢盛，而未忍伐也。至于杀童子而夺其饷，则知其心之不复悛革，于是兴师伐

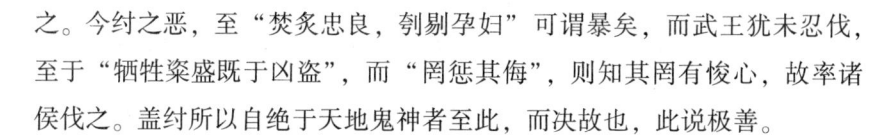

之。今纣之恶，至"焚炙忠良，刳剔孕妇"可谓暴矣，而武王犹未忍伐，至于"牺牲粢盛既于凶盗"，而"罔惩其侮"，则知其罔有悛心，故率诸侯伐之。盖纣所以自绝于天地鬼神者至此，而决故也，此说极善。

6. （宋）时澜《增修东莱书说》卷十四《周书·泰誓上第一》

今商王受，弗敬上天，降灾下民，沈湎冒色，敢行暴虐。罪人以族，官人以世。惟宫室、台榭、陂池、侈服，以残害于尔万姓。焚炙忠良，刳剔孕妇。皇天震怒。

推原纣为恶之本也。恶有所本，而流派则不一矣。纣之恶，本于不敬上，不知有天下，岂知有民乎？天虽在上，纣既不敬，谓苍苍者，块然之物耳，则蠢然无知之民，何难于降灾为恶，如是，方且于恶之中，日用其力，敢行暴虐。敢者，果敢之谓，行之愈力，无所忌惮也。纣之恶，此心不过于私而已。惟其私，故但知七尺之躯，外此皆壅蔽隔塞。所恶者，极其恶，及其族而后已；所爱者，极其爱及其世而后已。学者，欲知仁，可于此子细看。大抵公则有节，私则何节。纣全用私心，故喜怒，皆到极处。既如此，但"惟宫室、台榭、陂池、侈服，以残害于尔万姓"，如贾山言，率七国之众以奉始皇一人犹不足也。"焚炙忠良，刳剔孕妇"，天理灭尽，人所不忍为者，纣亦为之矣。故皇天从而震怒。天本无怒，纣之恶极，天之怒，亦与之俱极也。

7. （宋）黄度《尚书说》卷四《周书·泰誓上》

今商王受，弗敬上天，降灾下民，沉湎冒色，敢行暴虐，罪人以族，官人以世，惟宫室、台榭、陂池、侈服，以残害于尔万姓。

弗克敬天，纣植恶之本，天犹弗敬，视民何有？天为民立君，而残害万姓如此，岂所以为民父母哉？沉湎嗜酒，冒乱女色，心志内蛊，聪明日丧，遂至于敢行暴虐，无所畏忌。天讨有罪，而滥其族；天叙有德，而私其世；天覆焘生育，而朘削之。以崇饬非度，皆为弗克敬天也。崇土曰台，有木曰榭，泽障曰陂，停水曰池。

8. (宋)袁燮《絜斋家塾书钞》卷五《周书·泰誓上》

今商王受，弗敬上天，降灾下民，沈湎冒色，敢行暴虐，罪人以族，官人以世。惟宫室、台榭、陂池、侈服，以残害于尔万姓。焚炙忠良，刳剔孕妇。皇天震怒，命我文考，肃将天威，大勋未集。肆予小子发，以尔友邦冢君，观政于商。惟受罔有悛心，乃夷居，弗事上帝、神祇，遗厥先宗庙弗祀。牺牲粢盛既于凶盗，乃曰，吾有民、有命，罔惩其侮。

"弗敬上天"，此一句是纣万病之根源。人主居亿兆之上，其大于君者，惟天而已。莫大于天，而犹不知敬焉，则于其它乎何有？虽然武王数纣之罪，如"沈湎冒色，敢行暴虐，焚炙忠良，刳剔孕妇"之类，固其罪之不可逃者，至于官人以世，亦以为罪而并数之，何哉？盖此事虽若不甚计利害，而实有大利害，何则只论其世，而贤不肖，皆不论矣。但是父为此官，则子继之，孙又继之，贤乎不肖皆不问也。人主治天下，至于贤不肖无辨，天下将若之何？一则是，沉湎冒色昏迷而不知；一则是，怠惰苟且不复加意，此其所以为罪也。详观武王所以数纣之罪，夫纣其初亦岂意至此哉，只缘一味沉湎于酒，荒淫女色，是以昏迷其聪明，虽纣亦有所不自知也。今须看许多节次，方才见纣所以不可为者。且如"皇天震怒，命我文考，肃将天威"，当时如伐崇乘黎之类，皆党纣为恶者，而征伐加焉，纣亦可以悟矣。而曾不知惧，至于武王以尔友邦冢君观政于商，其势甚迫矣。而纣罔有悛心，亦且安然而居，至于"牺牲粢盛既于凶盗"，以宗庙之祭物而敢盗之，所以侮其上者亦甚矣。而方以为吾有民，有命，略不惩戒。既是如此，其何望乎？"弗事上帝、神祇，遗厥先宗庙弗祀"，人主苟不理会祭祀，何以治天下。自成汤至于帝乙，罔不明德恤祀。试思，敬承祭祀，此心如何；不理会祭祀，其心又如何，则可见矣。

9. (宋)蔡沈《书经集传》卷四《周书·泰誓上》

今商王受，弗敬上天，降灾下民。

受，纣名也，言纣慢天虐民，不知所以作民父母也。慢天虐民之实，即下文所云也。

沈湎冒色，敢行暴虐。罪人以族，官人以世。惟宫室、台榭、陂池、侈服，以残害于尔万姓，焚炙忠良，刳剔孕妇。皇天震怒，命我文考，肃将天威，大勋未集。

湎，弥兖反；陂，班縻反；刳，空胡反。沈湎，溺于酒也。冒色，冒乱女色也。族，亲族也。一人有罪，刑及亲族也。世，子弟也，官使不择贤才，惟因父兄而宠，任子弟也。土高曰，台有木曰榭，泽障曰陂，停水曰池。侈，奢也。焚炙，炮烙刑之类。刳剔，割剥也。皇甫谧云，纣剖比干妻，以视其胎，未知何据。纣虐害无道如此，故皇天震怒，命我文王敬将天威，以除邪虐。大功未集而文王崩。愚谓，大勋，在文王时未尝有意，至纣恶贯盈，武王伐之。叙文王之辞，不得不尔。学者当言外得之。

10.（宋）黄伦《尚书精义》卷二十四《周书·泰誓上》

今商王受，弗敬上天，降灾下民，沈湎冒色，敢行暴虐，罪人以族，官人以世。惟宫室、台榭、陂池、侈服，以残害于尔万姓。焚炙忠良，刳剔孕妇。皇天震怒，命我文考，肃将天威。

无垢曰，昏庸之君，以谓蚩蚩之民耳，而不知民心即天心也。民喜即天喜。民怒即天怒。不以民为心，是不以天为心也、然则降灾下民者，岂非不敬上天乎？夫有天下者，所戒莫过酒色杀人耳，有一于此，未尝不败亡者也。岂有为人君者，若不肖子弟，而耽酒滥色，若凶恶盗贼，而酷暴虐杀乎。顾此资质，在下则天子诛之，在上则天下诛之。此宇宙中所不容者也。

又曰，舜罚弗及嗣，而纣乃罪人以族；舜赏延于世，而纣乃官人以世，是其所为每与舜相反矣。由舜之道，足以得天下；由纣之道，足以亡天下。人主当自择焉。赏，与官人有别乎。曰有赏以禄耳，而官人乃不问贤不肖，皆使在位。当纣之时，受纣之私恩者决，非贤者也。然则汤有孥戮之刑，则如之何？曰，戮，辱也，非族之谓也。汤肯族诛人乎，决不然也。

又曰，自义理而行，则以民为重；自人欲而行，则宫室、台榭、陂池、侈服为重。以民为重，则如汉文，惜十家之产，而罢营露台。以宫室至侈服为重，所以纣残害万姓，营此不急之举，而不恤也。吁！人欲其可畏哉。然人欲不行于茅屋、衡门之间，而每行于四海九州之主。茅、衡之下，衣敝履穿，羹藜饭糗，人欲何自而行乎？尊临四海，雄霸九州，号之则听，禁之则止，人欲恣行无所忌惮，不足怪也。此皋陶所以告禹，而曰"兢兢业业"。汤得天下所以言"栗栗危惧"，唯恐人欲之起也。为天下君者常以民为心，则发一号，施一令，兴一事，废一法，唯恐有害于民，安得至此极耶。

又曰，君天下，自有君天下之资；亡天下，自有亡天下之资，不可强也。观纣资禀，乃盗贼之雄者耳。天欲亡商，必生此人，良可痛也。夫忠良而焚炙之，孕妇而刳剔之，此何等法度，亦将何所不至哉。当时，商家在廷，贤者为多，不知忠良为谁也。皇甫谧云，纣剖比干妻，而视其胎。呜呼！杀谏臣，而剖其妻，又杀其未产之子，凶虐如此，此所以能亡商家之社稷欤。

又曰，纣之凶暴如此，此岂天心也哉。天下之心皆怒，是乃皇天震怒也。纣凶暴，临于四海，而文王忠厚，亦临于四海。四海之人，皆愤怒纣，而归心于文王。欲文王举汤故事而征之，民心如此，是乃"天命文考，肃将天威"也。西伯戡黎，则文王尝行天威，以警纣矣。使文王不死，岂止戡黎而已哉。此非文王私意也，天下之心也。天下之心，天之心也。自尧、舜以来，积至于商，凡千七百有余国，而文王圣德，独卓然出乎诸国之上，则天之生文王，正所以伐纣也。

吕氏曰，圣人虽相去千百里之远，求其端，则不过公私而已。惟其公，则天地万物，都如一体。上，则翼翼小心，顺帝之则；下则栗栗危惧，怀保小民。惟其私，则限七尺之躯，此外皆壅蔽隔绝，以天为苍苍空虚之物，而不知敬；以民为蚩蚩无知之物，而不知爱。又"沈湎冒色"，只是一个昏昧。但知七尺之躯。养其体，所以冒于声色，无所忌惮。元初之聪明，已自斫丧殆尽，或几乎熄矣。

又曰，人谁无好恶。好恶出于公心，便有节；出于私意，便无节。惟纣出于私意，故恶一人不已，必至族。族一人不已，必及其世。

又曰，纣之恶极，天之怒亦与之俱极。天之于人，叩之小，则小鸣；叩之大，则大鸣。此见天、人一体处。纣之所以为恶，只是一个弗敬上天。文王之所以为圣，只是一个"肃将天威"，若是毫发怠惰，便是人欲，非天威。

11. （宋）陈经《尚书详解》卷二十一《周书·泰誓上》

今商王受，弗敬上天，降灾下民，沉湎冒色，敢行暴虐，罪人以族，官人以世，惟宫室、台榭、陂池、侈服，以残害于尔万姓。焚炙忠良，刳剔孕妇。皇天震怒，命我文考，肃将天威，大勋未集。肆予小子发，以尔友邦冢君，观政于商。惟受罔有悛心，乃夷居，弗事上帝、神祇，遗厥先宗庙弗祀，牺牲粢盛，既于凶盗，乃曰吾有民、有命，罔惩其侮。

自此以下，皆数纣之恶也。今商王受弗敬上天。人之善，莫大于敬，自敬心而充之，善将无所不至矣。人之不善，莫大于不敬，自不敬之心而推之，恶亦无所不至矣。人主居至尊之位，无可以为畏者，惟当畏天，今既弗敬上天，则不敬畏天矣，故降灾下民，冒色而暴虐也。"罪人以族，官人以世"，以至于"焚炙忠良，刳剔孕妇"，皆自夫不敬之发也。惟人为万物之灵在所当爱，而反降害之，一己之欲不可肆也。沉湎于酒，贪冒于色，则纵欲而无厌。敢行暴虐。惟仁，为能有不忍人之心；不仁者，则有忍心，故敢以为暴虐而无忌惮。恶恶止于其身可也，罪其人而并与其父母、妻子、兄弟而及之。赏延于世，有功而使之世禄可也。官人不问其贤才，而使之居上位，赏而僭，则所赏者皆与纣同恶者也。罚而滥，则所罚者乃不与同其恶者也，安得至公之理哉。宫室之是修，台榭之是作，陂池之是筑，侈服之是奉，无非竭民力以自奉。故所以残害于尔万姓。焚炙忠良，纣作炮烙之刑。忠良，如比干谏死之类也。孕妇，说者谓，比干之妻怀孕，则刳剔以视。其残忍暴虐之状，一至于此，则已极矣。皇天震怒，岂自外来也哉。天之震怒者，即纣之恶已极处是也。文王之德日彰，纣之恶日极，决无两立之理，故命我文考，肃敬以行天威。所谓天威者，亦无自外至，即文王之肃将处，便为天威。此天、人所以为一理也。大勋未集者，文王岂于此有利商之心哉，文王之所谓大勋者，其道得以达之天下，而使之得其所者，即大勋也。如使商纣能恐惧修省，反前日之不善，为今日之善，则文王就臣子之位，可以无憾；天下之民，亦得其所安，岂非文王之大勋乎。惟其不然，所以为大勋未集，言其未能遂文王之志，望道未之见之时也。

"肆予小子发，以尔友邦冢君，观政于商"，我小子遂与尔友邦之大

511

君，治兵于孟津，以观商之政，视其能改与否，于此可见武王不得已之心。使武王有利商之心，则遂大举而取之矣，安用观政。此盖"天惟五年须暇"之意。纣若因此悔过，则武王退而守臣子之位，武王之本心亦遂矣。奈何，纣无有悛改之心，乃夷居者，肆然在上，恬不知戒。上帝、神祇不知敬，先宗庙祭祀之事愈不知修。牺牲粢盛者，所以事上帝、神祇与先宗庙祭祀之具是也，既尽为凶人所盗，而纣曾莫之知，此则罪之大者，亦如成汤责葛伯，只言其不祀也。纣之恶如此，乃反以为吾有民之可托，有命之足恃。夫人君之所托者，民也，而纣之民，则离心德矣，乌可托。人君之所恃者，命也，而纣则取怨于天矣，乌可恃。罔惩其侮者，言侮慢日甚，未始有惩创之心，是纣终不改过矣。孟津之会，武王其能自已哉。

12. （宋）钱时《融堂书解》卷九《周书·泰誓上》

今商王受，弗敬上天，降灾下民，沈湎冒色，敢行暴虐，罪人以族，官人以世。惟宫室、台榭、陂池、侈服，以残害于尔万姓。焚炙忠良，刳剔孕妇。皇天震怒，命我文考肃将天威，大勋未集。

"沈湎冒色"而下，皆降灾之事。

13. （宋）魏了翁《尚书要义》卷十《泰誓》至《武成》

（归善斋按，未引）

14. （宋）陈大猷《书集传或问》卷上《泰誓》

（归善斋按，未解）

15. （宋）胡士行《尚书详解》卷六《周书·泰誓上第一》

今商王受，弗敬上天，降灾下民，沈（溺）湎（嗜酒）冒（乱）色（女），敢（忍）行暴虐（杀）。罪人以族（及父母妻子），官人以世（不以贤才而以父兄）。惟（但）宫室、台（上高）榭（台上有屋）、陂（泽障）池（掘地停水）、侈（奢）服（衣），以残（贼）害于尔万姓。焚炙（炮烙之刑）忠良，刳剔（剖腹）孕妇（皇甫谧云，比干妻）。

天所以作元后者何为，而乃如是邪，天安得不怒。

16.（元）吴澄《书纂言》

（归善斋按，无此篇）

17.（元）陈栎《书集传纂疏》卷四上《朱子订定蔡氏集传周书·泰誓上》

今商王受，弗敬上天，降灾下民。

受，纣名也。言纣慢天虐民，不知所以作民父母也。慢天虐民之实。即下文所云也。

沈湎冒色，敢行暴虐。罪人以族，官人以世。惟宫室、台榭、陂池、侈服，以残害于尔万姓。焚炙忠良，刳剔孕妇。皇天震怒，命我文考，肃将天威，大勋未集。

沈湎，溺于酒也。冒色，冒乱女色也。族，亲族也。一人有罪，刑及亲族也。世，子弟也，官使不择贤才，惟因父兄而宠任子弟也。土高曰台，有木曰榭，泽障曰陂，停水曰池。侈，奢也。焚炙，炮烙刑之类。刳剔，割剥也。皇甫谧云，纣剖比干妻，以视其胎，未知何据。纣虐害无道如此，故皇天震怒，命我文王敬将天威，以除邪虐，大功未集而文王崩。愚谓，大勋在文王时，未尝有意。至纣恶贯盈，武王伐之，叙文王之辞，不得不尔。学者当言外得之。

纂疏：

文、武本无伐纣之心，而天与之人归之，其势必诛纣而后已，故有"肃将天威，大勋未集"之语，但纣罪未盈，天命未绝，故文王犹得以三分之二服事殷。若使文王未崩，十二三年，纣恶不悛，天命已绝，则孟津之事，文王亦岂得而辞哉，以此见文、武之心，未尝不同，皆无私意，视天与人而已。

因说文王事殷，先生曰，文王但做得从容不迫，武王便去伐商，太猛耳。文王伐崇密、戡黎等事，又自显然。《书》说"王季勤劳王家"，《诗》说"大王剪商"，都是他子孙自说不成，他子孙诬其祖父。《春秋》分明说泰伯不从，是不从甚底事，若泰伯当武王之世也，只是为诸侯。但

513

时措之宜，圣人又有不得已处。横渠云，商之中世，都弃了西方之地不管他，所以戎、狄复进入中国。太王所以迁于岐，然岐下也，只是个荒凉之地。太王自去立个家计如此。

陈氏经曰，《泰誓》只言"文考"，至《武成》始追王，称"文考文王"。

18.（元）许谦《读书丛说》卷六《周书·泰誓上》

（归善斋按，未解）

19.（元）董鼎《书传辑录纂注》卷三《周书·泰誓上》

今商王受，弗敬上天，降灾下民。

受，纣名也，言纣慢天虐民，不知所以作民父母也。慢天虐民之实，即下文所云也。

沈湎冒色，敢行暴虐，罪人以族，官人以世。惟宫室、台榭、陂池、侈服，以残害于尔万姓。焚炙忠良，刳剔孕妇。皇天震怒，命我文考，肃将天威，大勋未集。

沈湎，溺于酒也，冒色，冒乱女色也。族，亲族也。一人有罪，刑及亲族也。世，子弟也，官使不择贤才，惟因父兄而宠任子弟也。土高曰台，有木曰榭，泽障曰陂，停水曰池。侈，奢也。焚炙，炮烙刑之类。刳剔，割剥也。皇甫谧云，纣剖比干妻以视其胎，未知何据。纣虐害无道如此，故皇天震怒，命我文王，敬将天威，以除邪虐。大功未集，而文王崩。愚谓，大勋在文王时未尝有意。至纣恶贯盈，武王伐之，叙文王之辞，不得不尔。学者当言外得之。

辑录：

问，诸儒之说，以为武王未诛纣，则称文王为"文考"，以明文王在位未尝称王之证，及既诛纣，乃称文考为文王，然既曰"文考"，则其谥定矣，若如其言，将称为文公邪？曰，此等事无证佐，皆不可晓，阙之可也。僩。

文武无伐纣之心，而天与之，人归之，其势必诛纣而后已，故有"肃将天威大勋未集"之语，但纣罪未盈，天命未绝，故文王犹得以三分之二而服事纣。若使文王未崩，十二三年，纣恶不悛，天命已绝，则盟津之事，文王亦岂得而辞哉，以此见文、武之心未尝不同，皆无私意。视天与人而已。

因说文王事商，先生曰，文王但是做得从容不迫，武王便去伐商太猛耳。苏东坡说文王只是依本分做，诸侯自归之。

或问，此有所据否？先生曰，这也见未得在，但是文王伐崇、伐密、戡黎等事，又自显然。《书》说王季勤劳王家，《诗》云太王翦商，都是他子孙自说不成，他子孙诬其父祖。《春秋》分明说泰伯不从，是不从甚底事，若泰伯当武王之世也，只是为诸侯，但时措之宜，圣人又有不得已处。横渠云，商之中世，都弃了西方之地，不管他，所以戎狄复进入中国。太王所以迁于岐，然岐下也，只是个荒凉之地，太王自去立个家计如此。《并答徐元聘》。

纂注：

陈氏大猷曰，敬者万善之本；不敬者万恶之本。人虽至愚，犹知敬天。今纣，天且不敬，宜其众恶日深也。

新安陈氏曰，蔡氏"愚谓"以下七句，曲为文王文饰，不若《语录》尽之。

20.（元）朱祖义《尚书句解》卷六《周书·泰誓上第一》

今商王受，弗敬上天（武王数纣之罪，以见上天之意。纣不敬上天之付托），降灾下民（降灾罪于下民），沈湎冒色（溺淫于酒，贪冒于色），敢行暴虐（敢行凶暴，虐杀无辜）。

21.（明）王樵《尚书日记》卷九《周书·泰誓上》

"今商王受，弗敬上天，降灾下民"至"大勋未集"。

孔氏曰，沈湎嗜酒；冒乱女色，敢行酷暴，虐杀无辜，一人有罪，刑及父母、兄弟、妻子，言刑滥。官人不以贤才，而以父兄，所以政乱。土高曰台，有木曰榭，泽障曰陂，停水曰池。侈，谓服饰过制，言匮民财力为奢丽。忠良无罪，焚炙之；怀子之妇，刳剔视之，言暴虐。天怒纣之恶，命文王敬行天罚，功业未成而崩。

受，纣名也。蔡氏意，似以纣为受号，然孔氏曰，受，纣也，音相乱。马氏云，受，读曰纣。郑氏云，纣，帝乙之子，帝乙爱而欲立之，号曰受德，时人转称为纣，则受、纣皆名也，音转耳。

罪人以族，孔氏曰，一人有罪，刑及父母、兄弟、妻子。正义曰，秦政酷虐，有三族之刑，谓非止犯者之身，乃更上及其父，下及其子。经言罪人以族，故以三族解之。父母前世也，兄弟及妻当世也，子孙后世也。按经曰"罚弗及嗣"，传曰，罪人不孥，皆为子耳。子且弗及，况父母、兄弟、妻乎？至此曰，罪人以族，始不止于妻子，见受滥刑之甚也。孥且不可，而况于族乎？孔氏以父母、兄弟、妻子，解"族"字，此即所谓"三族"也，故正义又引秦三族以证之。考之史，秦文公二十年法，初有三族罪。张晏曰，父母、兄弟、妻子。如淳曰，父族，母族，妻族。如如淳之说，父母、兄弟、妻子之外，又有旁及者。秦法为又酷于纣矣。实不然也。《刑法志》曰，汉除秦苛法，兆民大悦。然大辟尚有三族之诛，文帝诏除收孥相生律，曰犯法者已论，而使无罪之父母、妻子、同产生之及收，朕甚弗取。景帝诛晁错父母、妻子、同产，无少长皆弃市。据父母、妻子、同产之文，则三族，止如张晏之说耳。如淳说，非也。呜呼！纣变古不孥之法，武王举兵首以为讨，而垂戒万世。秦踵纣法，而加甚焉。诽谤妖言，又纣所无。汉诛秦者也，而不知革。文帝虽尝除之，而新垣平为逆，复行三族之诛，自此遂为常法，沿流及于后世，岂不痛哉。幸有武王之训昭如也。

文帝除肉刑，而不果于除收孥相坐之律，是不忍其小，而忍其大也。

正义曰，必有忠良被焚炙，孕妇被刳剔者，不知其为谁。按皇甫谧谓，纣剖比干妻，视其胎，殆傅会也。

朱子曰，文、武无伐纣之心，而天与之人归之，其势必诛纣而后已，故有"肃将天威大勋未集"之语。但纣罪未盈，天命未绝，故文王犹得以三分之二而服事纣。若使文王未崩十二三年，纣恶不悛，天命已绝，则孟津之事，文王亦岂得而辞哉，以此见文、武之心，未尝不同，视天与人而已。

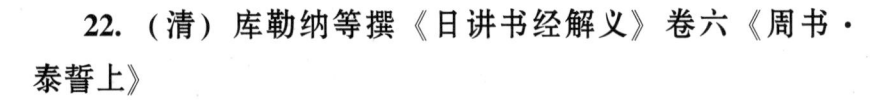

22.（清）库勒纳等撰《日讲书经解义》卷六《周书·泰誓上》

今商王受，弗敬上天，降灾下民，沈湎冒色，敢行暴虐。罪人以族，官人以世。惟宫室、台榭、陂池、侈服，以残害于尔万姓。焚炙忠良，刳剔孕妇，皇天震怒，命我文考，肃将天威，大勋未集。

此二节书是，武王数纣慢天虐民之罪也。受，商纣名。沈湎，溺于酒也。冒色，冒乱女色也。族，族属也。世，世代也。台上架屋，谓之榭；水边堤障，谓之陂。焚炙，烧烙也。刳剔，割剥也。文考，指文王。武王曰，天之立君，原使为民父母，今商王受居元后之位，乃侮慢，自恣不敬上天，肆行无道，降灾下民。试举其大者言之，其荒淫，则沈溺于酒，而不复出；冒乱于色，而不知止；其凶忍，则敢行暴虐之事，无所顾忌。加罪于人，不但诛其一身，并其族属而刑戮之；其用人，则不论贤否，但其心之所喜，即并其子弟亲属悉宠任之。其所务者，惟在琼宫瑶室，高台广榭，筑陂障，凿池沼，与凡侈靡诸事，竭民之财，穷民之力，以残害于尔万姓。不但此也，又为炮烙之刑，焚炙忠良谏诤之臣，刳剔孕妇以观其胎。其残忍暴虐至于如此，是以皇天震怒，命我先人文考，敬将天威，往伐其罪，以救民于水火之中。所惜者，文考遽崩，大功犹未成就耳。然则上奉天心，仰成先志，征伐之举，岂得以自己哉？

（明）梅鷟《尚书考异》卷四《泰誓上》

今商王受，弗敬上天，降灾下民，沉湎冒色，敢行暴虐，罪人以族，官人以世。惟宫室、台榭、陂池、侈服，以残害于尔万姓，焚炙忠良，刳剔孕妇。

《史记》，帝纣资辨捷疾，闻见甚敏，材力过人，手格猛兽，知足以拒谏，言足以饰非，矜人臣以能高天下，以声以为皆出己之下，好酒淫乐，嬖于妇人。爱妲己，惟妲己之言是听。于是使师涓，作新淫声，北里之舞，靡靡之乐。赋税，以实鹿台之钱，而盈巨桥之粟；货物，充仞宫室，益广沙丘苑台。云慢于鬼神，大晏乐戏于沙丘。酒池肉林，使男女倮相逐其中，为长夜之饮。百姓怨望，诸侯有畔。乃重刑辟，有炮烙之法，醢九侯、鄂侯，囚西伯羑里，用费中、恶来，废商容，剖比干，囚箕子。

《周本纪》又武王闻纣昏乱，暴虐滋甚，杀王子比干，囚箕子，太师疵，少师强，抱其乐器而奔周。武王遍告诸侯曰，殷有重罪，不可以不毕伐。十一年十二月戊午。师毕渡盟津。诸侯咸会曰，孳孳无怠，武王乃作《泰誓》告于众庶，今殷王纣，乃用其妇人之言，自绝于天，毁坏其三正，离逖其王父母弟，乃断弃其先祖之乐，乃为淫声，用变乱正声，怡说妇人。故今予发，维共行天罚，勉哉夫子，不可再，不可三。

《荀子性恶》篇以族论罪，以世举贤，故一人有罪，三族皆夷。德虽如舜，不免刑，均是以族论罪也。先祖当贤，子孙必显。行虽如桀、纣，列从必尊。此以世举贤也。以族论罪，以世举贤，虽欲无乱，得乎哉？此因"行虽如桀纣"之句故搜入誓辞，但荀之意，本借纣以明此语，匪谓纣即官人以世者也。飞廉、善走，恶来善驭，其知政而任之也。初何世之有，上文"刑罚不怒罪，爵赏不逾德"，为《说命》缩取；下文"以义制事"，为《仲虺之诰》略取。

《淮南子·本经训》帝有桀纣为璇室、瑶台、象廊、玉床。纣为肉脯酒池，燎焚天下之财，罢苦万民之命，刳谏者，剔孕妇，攘天下，虐百姓。又《主术训》衰世则不然，竭百姓之力以奉耳目之欲，志专在于宫室、台榭、陂池、苑囿。又曰，纣杀王子比干而天下怨；斫朝涉者之胫，而万民叛。再举而天下失矣。又前《俶真训》，逮至夏桀殷纣，燔生人，辜谏者，为炮烙，铸金柱，剖贤人之心，折才士之胫，醢鬼侯之女，葅梅伯之骸。

（清）朱鹤龄《尚书埤传》卷九《周书·泰誓》

沈湎冒色，罪人以族，俘服。

孔疏，《诗》云"天不湎尔以酒"，湎，谓酒变面色。湎然齐同。无复平时之容也。冒色，详《史记》。

孔传。一人有罪。刑及父母、兄弟、妻子。疏云，秦政酷虐，有三族之刑。谓非止犯者之身，乃更上及其父，下及其子。父母前世，兄弟及妻当世也，子孙后世也。

王樵曰，考之《史》秦文公二十年法，初有三族罪。张宴曰，父母，兄弟，妻子。如淳曰，父族，母族，妻族也。如如淳之说，父母、兄弟、妻子之外，又有旁及者。秦法为又酷于纣矣。实不然也，《刑法志》曰，汉除秦苛法，兆民大悦，然大辟尚有三族之诛。文帝诏除收孥相坐律曰，犯法者已论，而使无罪之父母、妻子、同产坐之及收，朕甚勿取。景帝诛晁错，父母、妻子、同产，无少长皆弃市。据父母、妻子、同产之文，则三族止如张晏之说耳。如淳说，非也。

孔疏，侈谓，服饰过制，匮民财力，为奢侈。

商王受。

邹季友曰，孔传云，受，纣也，音相乱。马氏曰，受读曰纣。郑氏云，纣，帝乙之子。帝乙爱而欲立之，号曰受德。时人转称为纣。陆氏遂以《立政》篇"受德"，为"纣"之字，此却非《立政》自以桀德，与纣德相称耳（愚按，《吕氏春秋》云，纣同母三人，长曰微子启，次曰仲衍，次曰受德。以受德为纣号，盖本于此。然吕氏之言，多不可信）。

罪人以族，官人以世

1. （汉）孔氏传、（唐）陆德明音义、孔颖达疏《尚书注疏》卷十《周书·泰誓上》

罪人以族，官人以世。

传，一人有罪，刑及父母、兄弟、妻子，言淫滥。官人不以贤才，而以父兄，所以政乱。

疏：

传正义曰，秦政酷虐，有三族之刑，谓非止犯者之身，乃更上及其父，下及其子。经言"罪人以族"，故以三族解之，父母前世也，兄弟及妻当世也，子孙后世也。一人有罪，刑及三族，言淫滥也。古者，臣有大功，乃得继世在位，而纣之官人，不以贤才，而以父兄已，滥受宠子弟，顽愚亦用不堪其职，所以政乱。官人以世，惟当用其子耳。而传兼言兄者，以纣为恶，或当因兄用弟，故以兄协句耳。

2. （宋）苏轼撰《书传》卷九《周书·泰誓上第一》

（归善斋按，见"惟天地，万物父母，惟人，万物之灵"）

3. （宋）林之奇《尚书全解》卷二十二《周书·泰誓上》

（归善斋按，未解）

4. （宋）史浩《尚书讲义》卷十一《周书·泰誓上》

（归善斋按，见"王曰，嗟！我友邦冢君，越我御事、庶士，明听誓"）

5. （宋）夏僎《尚书详解》卷十六《周书·泰誓上》

（归善斋按，见"今商王受，弗敬上天，降灾下民，沈湎冒色，敢行暴虐"）

6. （宋）时澜《增修东莱书说》卷十四《周书·泰誓上第一》

（归善斋按，见"今商王受，弗敬上天，降灾下民，沈湎冒色，敢行暴虐"）

7. （宋）黄度《尚书说》卷四《周书·泰誓上》

（归善斋按，见"今商王受，弗敬上天，降灾下民，沈湎冒色，敢行暴虐"）

8. （宋）袁燮《絜斋家塾书钞》卷五《周书·泰誓上》

（归善斋按，见"今商王受，弗敬上天，降灾下民，沈湎冒色，敢行暴虐"）

9.（宋）蔡沈《书经集传》卷四《周书·泰誓上》

(归善斋按，见"今商王受，弗敬上天，降灾下民，沈湎冒色，敢行暴虐")

10.（宋）黄伦《尚书精义》卷二十四《周书·泰誓上》

(归善斋按，见"今商王受，弗敬上天，降灾下民，沈湎冒色，敢行暴虐")

11.（宋）陈经《尚书详解》卷二十一《周书·泰誓上》

(归善斋按，见"今商王受，弗敬上天，降灾下民，沈湎冒色，敢行暴虐")

12.（宋）钱时《融堂书解》卷九《周书·泰誓上》

(归善斋按，见"今商王受，弗敬上天，降灾下民，沈湎冒色，敢行暴虐")

13.（宋）魏了翁《尚书要义》卷十《泰誓》至《武成》

十、官人以世，不以贤才。

古者，臣有大功，乃得继世在位，而纣之官人，不以贤才，而以父兄已滥。受宠子弟顽愚，亦用不堪其职，所以政乱。官人以世，惟当用其子耳。而传兼言兄者，以纣为恶，或当因兄用弟，故以兄协句耳。

14.（宋）陈大猷《书集传或问》卷上《泰誓》

(归善斋按，未解)

15.（宋）胡士行《尚书详解》卷六《周书·泰誓上第一》

(归善斋按，见"今商王受，弗敬上天，降灾下民，沈湎冒色，敢行暴虐")

16. （元）吴澄《书纂言》

（归善斋按，无此篇）

17. （元）陈栎《书集传纂疏》卷四上《朱子订定蔡氏集传周书·泰誓上》

（归善斋按，见"今商王受，弗敬上天，降灾下民，沈湎冒色，敢行暴虐"）

18. （元）许谦《读书丛说》卷六《周书·泰誓上》

（归善斋按，未解）

19. （元）董鼎《书传辑录纂注》卷三《周书·泰誓上》

（归善斋按，见"今商王受，弗敬上天，降灾下民，沈湎冒色，敢行暴虐"）

20. （元）朱祖义《尚书句解》卷六《周书·泰誓上第一》

罪人以族（以罪加人诛及族类），官人以世（以官使人延及于世）。

21. （明）王樵《尚书日记》卷九《周书·泰誓上》

（归善斋按，见"今商王受，弗敬上天，降灾下民，沈湎冒色，敢行暴虐"）

22. （清）库勒纳等撰《日讲书经解义》卷六《周书·泰誓上》

（归善斋按，见"今商王受，弗敬上天，降灾下民，沈湎冒色，敢行暴虐"）

（明）梅鷟《尚书考异》卷四《泰誓上》

（归善斋按，见"今商王受，弗敬上天，降灾下民，沈湎冒色，敢行

暴虐"）

（清）朱鹤龄《尚书埤传》卷九《周书·泰誓》

（归善斋按，见"今商王受，弗敬上天，降灾下民，沈湎冒色，敢行暴虐"）

惟宫室、台榭、陂池、侈服，以残害于尔万姓

1.（汉）孔氏传、（唐）陆德明音义、孔颖达疏《尚书注疏》卷十《周书·泰誓上》

惟宫室、台榭、陂池、侈服，以残害于尔万姓。

传，土高曰，台有木曰榭，泽障曰陂，停水曰池。侈谓服，饰过制。言匮民财力为奢丽。

音义：

榭，《尔雅》云，有木曰榭，本又作谢。陂，彼皮反。障，之亮反。匮，其魏反。

疏：

传正义曰，《释宫》云，宫谓之室，室谓之宫。李巡曰，所以古今通语，明实同而两名，此传不解宫、室义，当然也。《释宫》又云，阁谓之台，有木者谓之榭。李巡曰，台积土为之，所以观望也。台上有屋，谓之榭。又云，无室曰榭，四方而高曰台。孙炎曰，榭但有堂也。郭璞曰，榭即今之堂堭也。然则，榭是台上之屋，堂前无室，今之厅是也。《诗》云"彼泽之陂"，毛传云，陂，泽障也。障泽之水，使不流溢，谓之陂。停水不流，谓之池。侈，亦奢也，谓衣服采饰过于制度，言匮竭民之财力，为奢丽也。顾氏亦云，华侈服饰。二刘以为，宫室之上而加侈服。据孔传云，服饰过制，即谓人之服饰。二刘之说，非也。《殷本纪》云，纣厚赋税以实鹿台之钱，而盈巨桥之粟，益收狗马奇物充牣宫室，益广沙丘、苑台，多聚野兽、飞鸟，置其中。大聚乐戏于沙丘，以酒为池，悬肉为林，

523

使男女倮，相逐其间。说纣奢侈之事，书传多矣。

2.（宋）苏轼撰《书传》卷九《周书·泰誓上第一》

惟宫室、台榭、陂池、侈服，以残害于尔万姓。焚炙忠良，刳剔孕妇。皇天震怒，命我文考，肃将天威，大勋未集。肆予小子发。以尔友邦冢君。观政于商。

或曰，武王观政于商，欲纣改过，不幸而不悛。若其悛也，则武王当复北面事之欤。曰，否。文王、武王之王也，久矣。纣若改过。不过存其社稷、宗庙而封诸商，使为二王后也。以为武王退而示弱，固陋矣。而曰复北面事之者，亦过也。

3.（宋）林之奇《尚书全解》卷二十二《周书·泰誓上》

（归善斋按，未解）

4.（宋）史浩《尚书讲义》卷十一《周书·泰誓上》

（归善斋按，见"王曰，嗟！我友邦冢君，越我御事、庶士，明听誓"）

5.（宋）夏僎《尚书详解》卷十六《周书·泰誓上》

（归善斋按，见"今商王受，弗敬上天，降灾下民，沈湎冒色，敢行暴虐"）

6.（宋）时澜《增修东莱书说》卷十四《周书·泰誓上第一》

（归善斋按，见"今商王受，弗敬上天，降灾下民，沈湎冒色，敢行暴虐"）

7.（宋）黄度《尚书说》卷四《周书·泰誓上》

（归善斋按，见"今商王受，弗敬上天，降灾下民，沈湎冒色，敢行暴虐"）

8.（宋）袁燮《絜斋家塾书钞》卷五《周书·泰誓上》

（归善斋按，见"今商王受，弗敬上天，降灾下民，沈湎冒色，敢行暴虐"）

9.（宋）蔡沈《书经集传》卷四《周书·泰誓上》

（归善斋按，见"今商王受，弗敬上天，降灾下民，沈湎冒色，敢行暴虐"）

10.（宋）黄伦《尚书精义》卷二十四《周书·泰誓上》

（归善斋按，见"今商王受，弗敬上天，降灾下民，沈湎冒色，敢行暴虐"）

11.（宋）陈经《尚书详解》卷二十一《周书·泰誓上》

（归善斋按，见"今商王受，弗敬上天，降灾下民，沈湎冒色，敢行暴虐"）

12.（宋）钱时《融堂书解》卷九《周书·泰誓上》

（归善斋按，见"今商王受，弗敬上天，降灾下民，沈湎冒色，敢行暴虐"）

13.（宋）魏了翁《尚书要义》卷十《泰誓》至《武成》

十一、阁谓之台榭，是台上屋，今之厅是也。

《释宫》文，云，阁谓之台，有木者谓之榭。李巡曰，台，积土为之，所以观望也。台上有屋，谓之榭。又云，无室曰榭，四方而高，曰台。孙炎曰，榭，但有堂也。郭璞曰，榭即今之堂埠也。然则，榭是台上之屋欤，前无室，今之厅是也。

14.（宋）陈大猷《书集传或问》卷上《泰誓》

（归善斋按，未解）

15. （宋）胡士行《尚书详解》卷六《周书·泰誓上第一》

（归善斋按，见"今商王受，弗敬上天，降灾下民，沈湎冒色，敢行暴虐"）

16. （元）吴澄《书纂言》

（归善斋按，无此篇）

17. （元）陈栎《书集传纂疏》卷四上《朱子订定蔡氏集传周书·泰誓上》

（归善斋按，见"今商王受，弗敬上天，降灾下民，沈湎冒色，敢行暴虐"）

18. （元）许谦《读书丛说》卷六《周书·泰誓上》

（归善斋按，未解）

19. （元）董鼎《书传辑录纂注》卷三《周书·泰誓上》

（归善斋按，见"今商王受，弗敬上天，降灾下民，沈湎冒色，敢行暴虐"）

20. （元）朱祖义《尚书句解》卷六《周书·泰誓上第一》

惟宫室、台榭、陂池、侈服（修所居宫室，台则积土为之，榭又台上有屋者，陂则障水使不流，池则掘地以停水，侈服则华其躬。凡此，皆役民之力，敛民之财以为之），以残害于尔万姓（以此残害于尔万民）。

21. （明）王樵《尚书日记》卷九《周书·泰誓上》

（归善斋按，见"今商王受，弗敬上天，降灾下民，沈湎冒色，敢行暴虐"）

22.（清）库勒纳等撰《日讲书经解义》卷六《周书·泰誓上》

（归善斋按，见"今商王受，弗敬上天，降灾下民，沈湎冒色，敢行暴虐"）

（明）梅鷟《尚书考异》卷四《泰誓上》

（归善斋按，见"今商王受，弗敬上天，降灾下民，沈湎冒色，敢行暴虐"）

（清）朱鹤龄《尚书埤传》卷九《周书·泰誓》

（归善斋按，见"今商王受，弗敬上天，降灾下民，沈湎冒色，敢行暴虐"）

焚炙忠良，刳剔孕妇

1.（汉）孔氏传、（唐）陆德明音义、孔颖达疏《尚书注疏》卷十《周书·泰誓上》

焚炙忠良，刳剔孕妇。

传，忠良无罪，焚炙之；怀子之妇，刳剔视之。言暴虐。

音义：

刳，口胡反。剔，他历反。孕，以证反。徐养证反。

疏：

正义曰，焚、炙，俱烧也。刳剔，谓割剥也。《说文》云，刳，判也。今人去肉至骨谓之剔去，是"剔"亦"判"判之义也。武王以此数纣之恶，必有忠良被炙，孕妇被刳，不知其姓名为谁也。《殷本纪》云纣为长夜之饮，时诸侯或叛。妲己以为罚轻，纣欲重刑，乃为熨斗，以火烧之，然使人举辄烂其手，不能胜，纣怒乃更为铜柱，以膏涂之，亦加于炭火之上，使有罪者缘之，足滑跌坠入中，纣与妲己以为大乐，名曰炮烙之刑，是纣焚炙之事也。后文王献洛西之地，赤壤之田，方千里，请纣除炮烙之刑，纣许之。皇甫谧作《帝王世纪》亦云然。谧又云，纣剖比干妻，以视其胎，即引此为刳剔孕妇也。

2. （宋）苏轼撰《书传》卷九《周书·泰誓上第一》

（归善斋按，见"惟宫室、台榭、陂池、侈服，以残害于尔万姓"）

3. （宋）林之奇《尚书全解》卷二十二《周书·泰誓上》

（归善斋按，见"今商王受，弗敬上天，降灾下民，沈湎冒色，敢行暴虐"）

4. （宋）史浩《尚书讲义》卷十一《周书·泰誓上》

（归善斋按，见"王曰，嗟！我友邦冢君，越我御事、庶士，明听誓"）

5. （宋）夏僎《尚书详解》卷十六《周书·泰誓上》

（归善斋按，见"今商王受，弗敬上天，降灾下民，沈湎冒色，敢行暴虐"）

6. （宋）时澜《增修东莱书说》卷十四《周书·泰誓上第一》

（归善斋按，见"今商王受，弗敬上天，降灾下民，沈湎冒色，敢行暴虐"）

7. （宋）黄度《尚书说》卷四《周书·泰誓上》

焚炙忠良，刳剔孕妇。

纣灭天理，至此极矣。放杀仁人，君子之所不忍言也。而又历数其罪如此，凉薄殆甚欤，非也。恶必若桀、纣，德必若汤、武而后可行放杀之事。历数其贼仁害义，为独夫之实。使天下后世共知之，而乱臣贼子不敢以借口而诬其君。然君子犹曰纣之为恶不如是之甚，夫会者，数十万，一语不实，其敢出诸口哉？

8.（宋）袁燮《絜斋家塾书钞》卷五《周书·泰誓上》

（归善斋按，见"今商王受，弗敬上天，降灾下民，沈湎冒色，敢行暴虐"）

9.（宋）蔡沈《书经集传》卷四《周书·泰誓上》

（归善斋按，见"今商王受，弗敬上天，降灾下民，沈湎冒色，敢行暴虐"）

10.（宋）黄伦《尚书精义》卷二十四《周书·泰誓上》

（归善斋按，见"今商王受，弗敬上天，降灾下民，沈湎冒色，敢行暴虐"）

11.（宋）陈经《尚书详解》卷二十一《周书·泰誓上》

（归善斋按，见"今商王受，弗敬上天，降灾下民，沈湎冒色，敢行暴虐"）

12.（宋）钱时《融堂书解》卷九《周书·泰誓上》

（归善斋按，见"今商王受，弗敬上天，降灾下民，沈湎冒色，敢行暴虐"）

13.（宋）魏了翁《尚书要义》卷十《泰誓》至《武成》

（归善斋按，未引）

14.（宋）陈大猷《书集传或问》卷上《泰誓》

（归善斋按，未解）

15. （宋）胡士行《尚书详解》卷六《周书·泰誓上第一》

（归善斋按，见"今商王受，弗敬上天，降灾下民，沈湎冒色，敢行暴虐"）

16. （元）吴澄《书纂言》

（归善斋按，无此篇）

17. （元）陈栎《书集传纂疏》卷四上《朱子订定蔡氏集传周书·泰誓上》

（归善斋按，见"今商王受，弗敬上天，降灾下民，沈湎冒色，敢行暴虐"）

18. （元）许谦《读书丛说》卷六《周书·泰誓上》

（归善斋按，未解）

19. （元）董鼎《书传辑录纂注》卷三《周书·泰誓上》

（归善斋按，见"今商王受，弗敬上天，降灾下民，沈湎冒色，敢行暴虐"）

20. （元）朱祖义《尚书句解》卷六《周书·泰誓上第一》

焚炙忠良（忠良，加以炮烙之刑，使不敢言），刳剔孕妇（孕妇，则刲剔其腹剔去肉至骨，以视其胎）。

21. （明）王樵《尚书日记》卷九《周书·泰誓上》

（归善斋按，见"今商王受，弗敬上天，降灾下民，沈湎冒色，敢行暴虐"）

22.（清）库勒纳等撰《日讲书经解义》卷六《周书·泰誓上》

（归善斋按，见"今商王受，弗敬上天，降灾下民，沈湎冒色，敢行暴虐"）

（明）梅鷟《尚书考异》卷四《泰誓上》

（归善斋按，见"今商王受，弗敬上天，降灾下民，沈湎冒色，敢行暴虐"）

皇天震怒，命我文考，肃将天威，大勋未集

1.（汉）孔氏传、（唐）陆德明音义、孔颖达疏《尚书注疏》卷十《周书·泰誓上》

皇天震怒，命我文考，肃将天威，大勋未集。
传，言天怒纣之恶，命文王敬行天罚，功业未成而崩。

2.（宋）苏轼撰《书传》卷九《周书·泰誓上第一》

（归善斋按，见"惟宫室、台榭、陂池、侈服，以残害于尔万姓"）

3.（宋）林之奇《尚书全解》卷二十二《周书·泰誓上》

（归善斋按，见"今商王受，弗敬上天，降灾下民，沈湎冒色，敢行暴虐"）

4.（宋）史浩《尚书讲义》卷十一《周书·泰誓上》

（归善斋按，见"王曰，嗟！我友邦冢君，越我御事、庶士，明听誓"）

531

5. (宋)夏僎《尚书详解》卷十六《周书·泰誓上》

(归善斋按,见"今商王受,弗敬上天,降灾下民,沈湎冒色,敢行暴虐")

6. (宋)时澜《增修东莱书说》卷十四《周书·泰誓上第一》

(归善斋按,见"今商王受,弗敬上天,降灾下民,沈湎冒色,敢行暴虐")

命我文考,肃将天威,大勋未集。肆予小子发,以尔友邦冢君,观政于商。惟受罔有悛心,乃夷居,弗事上帝、神祇,遗厥先宗庙弗祀。牺牲粢盛,既于凶盗。乃曰,吾有民、有命。罔惩其侮。

遂命我文王,肃将天威以讨纣。肃将,敬将也,言天命非敬,则不能将。肃将,乃见得天威。若毫发怠惰,便是人欲,非天威矣。纣之恶,在于不敬上天。文王之兴,在于肃将天威。"大勋未集"者,天既以君师之职付之文王,使文王已获伐纣以除害,是大勋之集也。使文王能化纣,使改过,亦大勋之集也。二者皆未遂,所以"大勋未集"也。遂使"予小子发,以尔友邦冢君,观政于商"者,观纣之所为于商地也。"惟受罔有悛改之心乃夷居",谓安然居处,上不思祖宗之业,下不思天位之重,乃"弗事上帝、神祇,遗厥先宗庙弗祀",如人上栋下宇,不复思省,皆"夷居"也。纣之恶,人皆知之,但其闲日,为夷居者甚多,此乃蹈纣之域,而不自知也。纣夷居之中,牺牲粢盛,尽于凶人所盗,亦不思有以治之,天之覆亡可见矣。"乃曰吾有民,有命",纣之所谓民不过林林之民;纣之所谓命,不过居人上之命。"民"与"命",非不可恃,但纣之所恃乃其虚者耳,是以不知惩其侮慢之过。

7. (宋)黄度《尚书说》卷四《周书·泰誓上》

皇天震怒,命我文考,肃将天威,大勋未集。

《史记》纣作炮烙之刑,以西伯昌、九侯、鄂侯为三公,醢九侯,脯鄂侯,囚西伯羑里。西伯出羑里,献洛西之地,请除炮烙之刑,纣许之,赐弓矢、斧钺，使得征伐。经自"焚灾忠良，刳剔孕妇"以上，其事皆在文王专征伐之前。文王既赐弓矢斧钺，于是伐密、伐崇，大勋未集，而文王终纣，使文王为西伯专征伐，是则纣犹可辅也。

8.（宋）袁燮《絜斋家塾书钞》卷五《周书·泰誓上》

（归善斋按，见"今商王受，弗敬上天，降灾下民，沈湎冒色，敢行暴虐"）

9.（宋）蔡沈《书经集传》卷四《周书·泰誓上》

（归善斋按，见"今商王受，弗敬上天，降灾下民，沈湎冒色，敢行暴虐"）

10.（宋）黄伦《尚书精义》卷二十四《周书·泰誓上》

（归善斋按，见"今商王受，弗敬上天，降灾下民，沈湎冒色，敢行暴虐"，另见后文"肆予小子发，以尔友邦冢君，观政于商"）

11.（宋）陈经《尚书详解》卷二十一《周书·泰誓上》

（归善斋按，见"今商王受，弗敬上天，降灾下民，沈湎冒色，敢行暴虐"）

12.（宋）钱时《融堂书解》卷九《周书·泰誓上》

（归善斋按，见"今商王受，弗敬上天，降灾下民，沈湎冒色，敢行暴虐"）

13.（宋）魏了翁《尚书要义》卷十《泰誓》至《武成》

十三、受命文考，告庙；宜于冢土，祭社。

《释天》引《诗》云，"乃立冢土，戎丑攸行"，即云起大事，动大众，必先有事乎社而后出，谓之宜。孙炎曰，宜，求见福祐也，是祭社曰宜。冢，训"大"也。社，是土神，故冢土，社也。《毛诗》传云，冢土，大社也。受命文考，是告庙以行，故为告文王庙也。《王制》云，天子将出，类乎上帝，宜乎社，造乎祢。

14. （宋）陈大猷《书集传或问》卷上《泰誓》

（归善斋按，未解）

15. （宋）胡士行《尚书详解》卷六《周书·泰誓上第一》

皇天震怒，命我文考（父），肃（敬）将（奉行）天威，大勋（功）未集（三分天下有其二）。肆予小子发（武王名），以尔友邦冢君，观政（纣所为）于商。惟受罔有悛心，乃夷（安然）居（处），弗事上帝、神祇，遗厥先宗庙弗祀。牺牲粢（黍稷）盛（在器），既于凶（凶人）盗（食）。乃曰吾有民、有命，罔惩（止）其侮（慢心）。

"观政"云者。武王谓，我与诸侯，尚顾君臣大分，有不忍之心，庶几纣之改耳。奈何观察其政积十余年，而纣昏暴日甚。汉儒不察，遂以观政为观兵，谓十一年观，而十三年遂伐纣，非也，止慢心。

16. （元）吴澄《书纂言》

（归善斋按，无此篇）

17. （元）陈栎《书集传纂疏》卷四上《朱子订定蔡氏集传周书·泰誓上》

（归善斋按，见"今商王受，弗敬上天，降灾下民，沈湎冒色，敢行暴虐"）

18. （元）许谦《读书丛说》卷六《周书·泰誓上》

"命我文考肃将天威"作一句，谓皇天命文考，使敬将天威，以定天下。或考字绝句，则谓皇天既怒纣，则命我文考矣。文王，于是敬将其天威，欲有为，而未集。

19. （元）董鼎《书传辑录纂注》卷三《周书·泰誓上》

（归善斋按，见"今商王受，弗敬上天，降灾下民，沈湎冒色，敢行

暴虐"）

20.（元）朱祖义《尚书句解》卷六《周书·泰誓上第一》

皇天震怒（惟纣恶积不可掩，罪大不可解，故天怒其所为），命我文考（乃命我文德之父文王），肃将天威（敬行天威命以伐之），大勋未集（大功未有所成）。

21.（明）王樵《尚书日记》卷九《周书·泰誓上》

（归善斋按，见"今商王受，弗敬上天，降灾下民，沈湎冒色，敢行暴虐"）

22.（清）库勒纳等撰《日讲书经解义》卷六《周书·泰誓上》

（归善斋按，见"今商王受，弗敬上天，降灾下民，沈湎冒色，敢行暴虐"）

（明）马明衡《尚书疑义》卷四《周书·泰誓上》

命我文考，肃将天威，大勋未集。

观武王此叙，则似文王时已有意伐纣，但未举耳。而蔡传以为叙文王之辞，不得不然，而文王实无意也。如是则为诬文王矣。夫谓文王先有意，则不臣；谓诬文王则不孝。先儒于此论之多矣，而皆未能使人心之快然者。文公谓，若使文王未崩，十二三年，则孟津之事，文王亦岂得而辞哉。此见文、武之心未尝不同也。

愚以谓，、文武之心未尝不同，然文、武之作用自别。同一圣人也。尧、舜自尧舜之作用；汤、武自汤武之作用；文王、周公自文王周公之作用。作用之别。则以其力量有不同耳。千钧之任，乌获举之而不难，次于乌获者，稍难矣。又次者，则又难矣。虽同曰举之，而其所以举之者，作用自有异耳。文王之力量，恐亦非武王之所能同也。当其三分有二之时，《关雎》《麟趾》之风，《汉广》《汝坟》之化，如阳春之生物，物无不应，岂待以兵戈而胜之哉。虽伐密，伐崇，文王所不免，然亦如舜之有苗

535

耳，而天下，大段日归之，所谓"绥之斯来，动之斯和"。圣人至德，感通之妙，自是如此。使文王未崩，纣恶愈盛，三分之一又自然归之。纣虽尚在，然天下之人既通归之矣。纣亦若之何哉？至此之时，或纣自逃走，或人杀纣，皆不可意度。然决不以兵战而取之也。夫任天下之责，以安天下为心者，圣人之所同也。而其所以任之，安之，作用，圣人不能无异也。作用虽异，而其心则同，所以同谓之圣人也。所谓"肃将天威大勋未集"者，武王以得安天下之民为大勋，文王三分有二，其尚未得安，为未集也。天视听自我民视听，天既怒商，民皆归周，天威之将，非文王而何？

肆予小子发，以尔友邦冢君，观政于商

1. （汉）孔氏传、（唐）陆德明音义、孔颖达疏《尚书注疏》卷十《周书·泰誓上》

肆予小子发，以尔友邦冢君，观政于商。

传，父业未就之故，故我与诸侯观纣政之善恶，谓十一年自孟津还时。

《尚书注疏》卷十《考证》

"肆予小子发，以尔友邦冢君，观政于商"传谓"十一年自孟津还时"。

林之奇曰，汉儒以观政为观兵，附会于小序，言十一年，而为周师再举之说，考之，于经不合。

2. （宋）苏轼撰《书传》卷九《周书·泰誓上第一》

（归善斋按，见"惟宫室、台榭、陂池、侈服，以残害于尔万姓"）

3. （宋）林之奇《尚书全解》卷二十二《周书·泰誓上》

（归善斋按，见"今商王受，弗敬上天，降灾下民，沈湎冒色，敢行

暴虐"）

4.（宋）史浩《尚书讲义》卷十一《周书·泰誓上》

（归善斋按，见"王曰，嗟！我友邦冢君，越我御事、庶士，明听誓"）

5.（宋）夏僎《尚书详解》卷十六《周书·泰誓上》

（归善斋按，见"今商王受，弗敬上天，降灾下民，沈湎冒色，敢行暴虐"）

6.（宋）时澜《增修东莱书说》卷十四《周书·泰誓上第一》

（归善斋按，见"皇天震怒，命我文考，肃将天威，大勋未集"）

7.（宋）黄度《尚书说》卷四《周书·泰誓上》

肆予小子发，以尔友邦冢君，观政于商。惟受罔有悛心，乃夷居，弗事上帝神祇，遗厥先宗庙弗祀，牺牲粢盛既于凶盗，乃曰，吾有民、有命，罔惩其侮。

岂惟无悛心，而反甚焉。孰能惩其侮哉？殷民攘窃牺牲牷用，乃能责命于天，皆乘黎之后，观祖伊、箕子之言，则乘黎为观政，断然矣。虽商之贤人君子，皆以纣为当亡，而犹须暇之五年，则乘黎为武王六年，又五年会孟津，为十一年。先儒服丧三年，还师二年，皆牵合十一年。十三年与须暇五年，又《史记》文王伐耆，祖伊乃告纣，皆非。《泰誓》文王、武王事，皆有次序。《诗》"文王无伐饥"，所谓"众言殽乱折诸圣"，当一以经为证。

8.（宋）袁燮《絜斋家塾书钞》卷五《周书·泰誓上》

（归善斋按，见"今商王受，弗敬上天，降灾下民，沈湎冒色，敢行暴虐"）

537

9. （宋）蔡沈《书经集传》卷四《周书·泰誓上》

肆予小子发，以尔友邦冢君，观政于商。惟受罔有悛心，乃夷居，弗事上帝、神祇，遗厥先宗庙弗祀。牺牲粢盛既于凶盗，乃曰，吾有民、有命，罔惩其侮。

悛，且缘反。肆，故也。观政，犹伊尹所谓"万夫之长，可以观政"，八百诸侯，背商归周，则商政可知。先儒以观政为观兵，误矣。悛，改也。夷，蹲踞也。武王言，故我小子，以尔诸侯之向背，观政之失得于商。今诸侯背叛，既已如此，而纣无有悔悟改过之心。夷踞而居，废上帝、百神、宗庙之祀。牺牲粢盛，以为祭祀之备者，皆尽于凶恶盗贼之人，即箕子所谓"攘窃神祇之牺牷牲"者也。受之慢神如此，乃谓我有民社，我有天命，而无有惩戒，其侮慢之意。

10. （宋）黄伦《尚书精义》卷二十四《周书·泰誓上》

大勋未集，肆予小子发，以尔友邦冢君，观政于商。惟受罔有悛心，乃夷居，弗事上帝神祇，遗厥先宗庙弗祀。牺牲粢盛既于凶盗，乃曰吾有民有命，罔惩其侮。

无垢曰，西伯戡黎而纣改过，与夫纣不改过，而文王卒有天下，则是大勋已集也。自戡黎之后，纣虽不改过，而文王不幸死矣，是文王之所以受天之付托者，未成其功也。文王既死，纣之凶恶不改，武王继父之志，述父之事，岂得恝然坐视而不顾哉。故十有一年，以尔友邦冢君，起伐纣之师，至孟津而不渡，所以伺察商之政事，警纣之邪心，使之迁善改过，退而不伐。盖以俟纣之改过也。则周家忠厚之意，可谓深远矣。

又曰，呜呼！弗畏天地、百神、祖先宗庙、岂畏武王之兵哉？事至于此，无可为矣。想纣之心，宁燔身悬首，以取快，终不肯改过自新，以迁善也。

又曰，古之祭祀，于牺牲粢盛甚严且谨。祀五帝，则当之三月，天子亲帅三公九卿，以有事于耕耤，以供天地祖宗之粢盛。其所以如此者，上以荷天地之付托，下以承祖宗之基业，示不敢轻之意也。今祀天地牺牲粢盛之物，尽为凶盗所攘窃而啖食之，纣乃纵而不问其罪，是与凶盗同心也。是不有天地、宗庙也，是以天地之付托，祖宗之基业，委之于凶盗也，不祥莫大焉。牺牲粢盛，为凶盗所攘，或以为不可，乃曰吾有民，以谓天下之民，死生在我。吾有命，以谓吾既为君，天命在我，何所不可哉。凶盗攘窃牺牲粢盛，人以谓当杀，我以谓无害。忠良谏辅，人以为当用，我以谓当杀，在我意耳，有何不可哉。其侮慢之心滋甚，上至天帝，下至后土，旁至百神，亲至祖考，略无分毫惩创改悔之心，不燔身悬首则不已。小人无赖，为凶盗者，类如是，乃以置四海九州之上，商绪何其不幸哉。

东坡曰，若其悛也，则武王当北面事之欤？曰，否文王、武王之王也久矣。纣若改过，不过存其社稷、宗庙，而封诸商，使为一王后也。余窃以为不然，武王诛纣，尚使武庚、微子为商后，使纣改过，安得仅同武庚、微子乎？此非所以论武王也。圣贤所为，岂至于此，第未深思之耳。惟其罔有悛心，傲然如旧，略不知改，此武王所以决意伐之，而无退志也。

刘氏曰，观兵孟津者，所以惮纣也，欲其畏威悔过，反善自修也。如纣遂能改过，武王亦北面事之而已矣。然则，进非示强也，退非示弱也，进所以警其可畏，退所以待其可改。及其终不畏，终不改，然后取之，足以知武王之退，非示弱而袭之明矣。

张氏曰，人君者，神、民之主也。今纣弗事神祇，遗厥宗庙，大则自绝于天地，远则自绝于先王，则其为恶，无过于此。然其昏迷，曾不自悟，乃曰吾有民、有命，言有民可以守邦，有命可以享国，此其恶之有加而无已也。惟其如此，故"罔惩其侮"。夫人必自侮，然后人侮之。纣之"罔惩其侮"，则有自侮之道，此武王所以伐之也。

陈氏曰，圣人之举事，其图终也甚审，其发端也甚谨。尧、舜不为恶，与桀、纣之不为善，如水之不可使热，如炭之不可使寒，安有改过之理。武王观兵，犹或庶几纣有悛心者，仁厚之辞也。君臣之分，不敢以遽渎也。故武王退守臣节，迟以数年，纣死而诸侯归周，亦无不可。然纣恶极矣，民穷久矣，天怒甚矣，武王不得已而再驾，亦武王之所甚病也。

吕氏曰，先儒以大勋未集，谓文王不能定天下，故勋未集。以此观文王,却是以利心观。盖天以肇修人纪,整顿天下,付与文王。当其天命未绝,人心未离时,文王能定,亦是大勋既集。若使纣一旦幡然改悔,率天下诸侯以朝王,虽谓之大勋既集亦可。文王既不能灭纣,又不能化纣,此大勋所以未集。

11.（宋）陈经《尚书详解》卷二十一《周书·泰誓上》

（归善斋按,见"今商王受,弗敬上天,降灾下民,沈湎冒色,敢行暴虐"）

12.（宋）钱时《融堂书解》卷九《周书·泰誓上》

肆予小子发,以尔友邦冢君,观政于商。惟受罔有悛心,乃夷居,弗事上帝、神祇,遗厥先宗庙弗祀。牺牲粢盛,既于凶盗。乃曰,吾有民、有命,罔惩其侮,天佑下民,作之君,作之师。惟其克相上帝,宠绥四方。有罪无罪,予曷敢有越厥志。

此下申明"元后作民父母"之事。

13.（宋）魏了翁《尚书要义》卷十《泰誓》至《武成》

（归善斋按,未引）

14.（宋）陈大猷《书集传或问》卷上《泰誓》

（归善斋按,未解）

15.（宋）胡士行《尚书详解》卷六《周书·泰誓上第一》

（归善斋按,见"皇天震怒,命我文考,肃将天威,大勋未集"）

16.（元）吴澄《书纂言》

（归善斋按,无此篇）

17.（元）陈栎《书集传纂疏》卷四上《朱子订定蔡氏集传周书·泰誓上》

肆予小子发，以尔友邦冢君，观政于商，惟受罔有悛心，乃夷居，弗事上帝、神祇，遗厥先宗庙弗祀。牺牲粢盛，既于凶盗，乃曰吾有民、有命，罔惩其侮。

肆，放也。观政，犹伊尹所谓"万夫之长可以观政"，八百诸侯背商归周，则商政可知。先儒以"观政"为"观兵"误矣。悛，改也。夷，蹲踞也。武王言，故我小子以尔诸侯之向背，观政之得失于商。今诸侯背叛，既已如此，而纣无有悔悟改过之心，夷踞而居，废上帝、百神、宗庙之祀。牺牲粢盛以为祭祀之备者，皆尽于凶恶盗贼之人，即箕子所谓"攘窃神祇之牺牷牲"者也。受之慢神如此，乃谓我有民社，我有天命，而无有惩戒其侮慢之意。

纂疏：

程子曰，观政之说，必无此理。如今日天命绝，则今日便是独夫，岂容更留之三年。今日天命未绝，便是君也，为臣子者敢以兵胁君乎？

孔氏曰，夷居，平居。

林氏曰，如"原壤夷俟"之"夷"。

18.（元）许谦《读书丛说》卷六《周书·泰誓上》

"以尔友邦冢君，观政于商"，师能左右之。曰"以"之，以谓武王率诸侯事殷，以观殷之政事，视其能悛恶与否，非谓有所窥伺也。

19.（元）董鼎《书传辑录纂注》卷三《周书·泰誓上》

肆予小子发，以尔友邦冢君，观政于商，惟受罔有悛心，乃夷居，弗事上帝、神祇，遗厥先宗庙弗祀。牺牲粢盛，既于凶盗，乃曰吾有民、有命，罔惩其侮。

肆，故也。观政，犹伊尹所谓"万夫之长可以观政"，八百诸侯背商归周，则商政可知。先儒以"观政"为观兵，误矣。悛，改也。夷，蹲踞也。武王言，故我小子以尔诸侯之向背，观政之失得于商。今诸侯背叛既已如此，而纣无有悔悟改过之心，夷踞而居，废上帝、百神、宗庙之祀。牺牲粢盛，以为祭祀之备者，皆尽于凶恶盗贼之人，即箕子所谓"攘窃神祇之牺牷牲"者也。受之慢神如此，乃谓我有民社，我有天命，而无有惩戒其侮慢之意。

辑录：

伊川谓，无观政之事，非深见文武之心；不能及此，非为存名教而发也。若有心要存名教，而于事实有所改易，则夫子之录《泰誓》《武成》，其不存名教甚矣。近世有存名教之说，大害事，将圣人心迹，都做两截看了。殊不知圣人所行，便是名教。若所行如此，而所教如彼，则非所以为圣人矣。《答徐元聘》。

纂注：

程子曰，观政之说，必无此理。如今日天命绝，则纣今日便是独夫，岂容更留之三年。今日天命未绝，便是君也，为之臣子者，敢以兵胁君乎？

林氏曰，尸有馂鬼神之余也，可以观政矣，谓政之勤怠美恶，由馂可以观之。此言观政，亦由是也。

林氏曰，夷，如"原壤夷俟"之"夷"。纣不祀，武伐之，如葛不祀，汤伐之也。

20.（元）朱祖义《尚书句解》卷六《周书·泰誓上第一》

肆予小子发（武王自称小子。发，武王名。故我于十有一年）以尔友邦冢君（与尔同志曰友，长君诸侯）观政于商（共观商政，欲纣改过而归于善）。

21.（明）王樵《尚书日记》卷九《周书·泰誓上》

"肆予小子，以尔友邦冢君，观政于商"至"罔惩其侮"。

肆，故也。悛，改也，言故我小子以尔诸侯之向背，观政之失得于商。惟受纵恶无改心，平居，无故废天地、百神、宗庙之祀。黍稷曰粢，在器曰盛，尽于凶盗，为所攘窃受之。慢神如此，乃谓我有民人，我有天命，无惩创其罪侮之意。

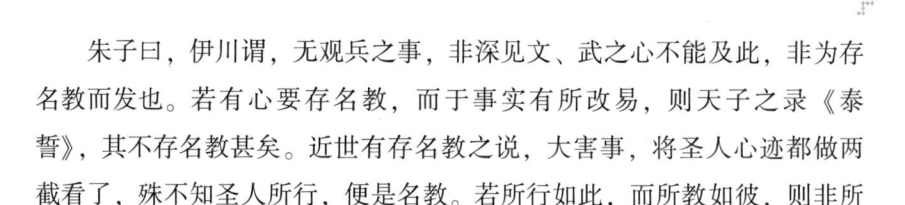

朱子曰，伊川谓，无观兵之事，非深见文、武之心不能及此，非为存名教而发也。若有心要存名教，而于事实有所改易，则天子之录《泰誓》，其不存名教甚矣。近世有存名教之说，大害事，将圣人心迹都做两截看了，殊不知圣人所行，便是名教。若所行如此，而所教如彼，则非所以为圣人矣（无观兵之事，说见首条）。

22.（清）库勒纳等撰《日讲书经解义》卷六《周书·泰誓上》

肆予小子发，以尔友邦冢君，观政于商。惟受罔有悛心，乃夷居，弗事上帝、神祇，遗厥先宗庙弗祀。牺牲粢盛，既于凶盗，乃曰，吾有民、有命，罔惩其侮。

此一节书是，武王追叙观政于商，而纣怙恶不悛也。"肆"字解作"故"字。发，武王名。悛，悔改也。夷，蹲踞也。既，尽也。武王曰，惟文考之功未成，故我小子发，欲伐商以终其事，然犹未遽伐之也。嗣位以来，十有三年，昔尝以尔友邦冢君之向背，观商政之得失。何如使其改过自新，则我亦将不复以征伐为事矣。乃受绝无悔悟改过之心，夷踞而居，忽慢天地、神祇，不知奉事，遗弃祖先宗庙不行祭享。凡祭祀所用牺牲粢盛，尽被凶恶盗贼之人，攘窃而去。其慢神如此，乃犹曰，我有民社，我有天命，以此自恃，而无有惩戒其侮慢之意。夫观商之政如此，则其恶，终不可改，而我之兵，终不容已矣。

（明）陈第《尚书疏衍》卷四

肆予小子发，以尔友邦冢君，观政于商。惟受罔有悛心。

传谓，十一年观兵，十三年伐纣，合序与经文言之也。今曰，观政于商，曰罔有悛心，曰罔惩其侮，则观兵之事当时所必有矣。蔡仲默力辨之，谓观兵则胁君，胁君不臣也。惟应一举兵而灭之，顿绝其命耳。一日而命未绝，则为君臣；当日而命绝，则为独夫，是以伐纣为可，而以胁纣为不可也。然十三年起兵之初，纣之分尚未绝也，其誓师之言曰"独夫受"，何也？又曰"受克予，非朕文考有罪，惟予小子无良"。傥其牧野之战不胜，宁能帖然丰镐之间，以待商之诛之耶？抑亦饬戎更驾，必于行天之罚也。且胁君孰与伐。君，可伐于二年之后，不可胁于二年之前，岂所以论商、周之际哉。儒者又谓，汤武皆以兵受命，然汤之数桀也恭，武之数纣也傲。汤犹有惭德之言，而武无口实之虑。此皆时势使然，不可疑《泰誓》非真也。或问，观政于商，欲纣之悛改，使其悛也，武王当复北面事之欤。苏子瞻曰，否文王、武王天下归之久矣，纣若改过，不过存其社稷宗庙，而封诸商，使为先王后也。以为武王退而示弱固陋，而曰复北面事之亦过也。吁！苏子之言不迂矣。

（清）朱鹤龄《尚书埤传》卷九《周书·泰誓》

观政于商，夷居。

孔传谓，十一年自孟津还时。

陈第曰，孔传十一年观兵，十三年伐纣，合书序与经文言之也。今日观政于商，曰罔有悛心，曰罔惩其侮，则观兵之事，当时诚有之矣。蔡氏本程子说，谓观兵则胁君；胁君不臣也。惟应一举灭之，一日命未绝，则为君臣一日；命绝则为独夫，是以伐纣为可，而胁纣为不可也。然十三年起兵之初，纣之命尚未绝也。其誓师之言曰"独夫受"，何也？且胁君孰与伐君，可伐于二年之后，不可胁于二年之前，岂通论哉？儒者谓，汤之数桀也恭，武之数纣也傲。汤犹有惭德之言，武绝无口实之虑。此皆时势使然，不可疑《泰誓》之非真也。或问观兵于商，欲纣之悛改耳，使其悛也，武王当复北面事之乎？苏子瞻曰，文、武之受命也久矣，纣若改过，不过存其社稷宗庙，而封诸商，使为二王后也。以为武王退而示弱，固陋，而曰复北面而事之，亦过也。吁！子瞻之言信矣。愚按，《周本纪》云，武王即位九年，上祭于毕东，观兵至于孟津，《鲁世家》云，武王九年，专伐至孟津，周公辅行，所谓"观兵孟津"者，即戡黎之役耳。盖黎在河北，伐黎必渡孟津，伐纣又渡孟津也。但《史记》观兵在九年，而孔传云十一年，未知孰是。

袁黄曰，孔传，平居，无故废天地、百神之祀。蔡传解"夷"作"蹲踞"，恐非。

惟受罔有悛心，乃夷居，弗事上帝神祇，遗厥先宗庙弗祀

1.（汉）孔氏传、（唐）陆德明音义、孔颖达疏《尚书注疏》卷十《周书·泰誓上》

惟受罔有悛心，乃夷居，弗事上帝神祇，遗厥先宗庙弗祀。

传，悛，改也，言纣纵恶无改心，平居，无故废天地百神宗庙之祀，慢之甚。

音义：

悛，七全反。

疏：

传正义曰，《左传》称，长恶不悛。悛，是退前创改之义，故为改也。"观政于商"，纣当恐怖，言纣纵恶无改悔之心，平居，无故不事神祇，是纣之大恶。上帝，举其尊者，谓诸神悉皆不事，故传之百神，以该之不事，亦是不祀。别言"遗厥先宗庙弗祀"，遗弃祖、父，言其慢之甚也。

2.（宋）苏轼撰《书传》卷九《周书·泰誓上第一》

惟受罔有悛心，乃夷居。

安居自若也。

弗事上帝神祇，遗厥先宗庙弗祀。牺牲粢盛，既于凶盗，乃曰，吾有民有命！罔惩其侮。天佑下民，作之君，作之师。惟其克相上帝，宠绥四方。有罪无罪，予曷敢有越厥志。同力，度德；同德，度义。

力均以德，德均以义，则知胜负矣。

3.（宋）林之奇《尚书全解》卷二十二《周书·泰誓上》

（归善斋按，见"今商王受，弗敬上天，降灾下民，沈湎冒色，敢行

暴虐"）

4.（宋）史浩《尚书讲义》卷十一《周书·泰誓上》

惟受罔有悛心，乃夷居，弗事上帝神祇，遗厥先宗庙弗祀。牺牲粢盛，既于凶盗，乃曰，吾有民、有命！罔惩其侮。天佑下民，作之君，作之师。惟其克相上帝，宠绥四方。有罪无罪，予曷敢有越厥志。同力，度德；同德，度义。受有臣亿万，惟亿万心；予有臣三千，惟一心。商罪贯盈，天命诛之。予弗顺天，厥罪惟钧。予小子夙夜祗惧，受命文考类于上帝，宜于冢土，以尔有众厎天之罚。天矜于民，民之所欲天必从之。尔尚弼予一人，永清四海，时哉弗可失。

王者遇灾而惧，侧身修行，故能转祸为福。至于列国相侵犹，以其惧而修德，不敢加兵，则变故之来，岂可以闲暇应哉。今商王既无改过之心，复安居若无事，坐致其亡也。况商之先祖，莫不以祭祀为重。传曰，商人明鬼。明鬼言尊天、事祖，而弗敢慢也。奈何不肖之嗣，一切废败，牺牲粢盛，尽于凶盗，恬弗之闻。其于外侮，又弗之惧。第曰，吾有民心可恃，有天命可凭。殊不知天之与民，所以庇人君者，以其上能事天，下能爱民而已。纣既反是，尚欲保民心、天命乎？天之佑民，使之为君，以立政；为师，以立教。惟能辅相上帝以宠绥其民，乃为胜任。今纣有罪无罪，予曷敢违民心哉？此见武王之应乎人也。夫力同，则度其德；德同，则度其义。使服事商而尽臣节，德也；使拨乱世而反之正，亦德也。同是德也，与其坐视斯民之涂炭，孰若措斯民于晏安之世，于是可以义起矣。义之所激，理之曲直，形焉宜乎。亿兆离心，不若三千之同德也。商之罪已贯通乎幽明，盈溢乎宇宙。天命诛之，予曷敢拒天命哉？此见武王之顺乎天也。顺乎天而应乎人，岂敢夷居若纣乎？则夙夜祗惧，武王之心，非为己也。古者出征，类乎上帝，宜乎社，受命于祖，受成于学。武王出师，用此法也。今将尔众，而行天罚，夫岂私意，天固矜民，民有所欲，天必从之。尔但辅我，此行必当去秽德，而臻永清之效矣。尔不赴功，则将有失时之患，可不务乎。

5. （宋）夏僎《尚书详解》卷十六《周书·泰誓上》

(归善斋按，见"今商王受，弗敬上天，降灾下民，沈湎冒色，敢行暴虐")

6. （宋）时澜《增修东莱书说》卷十四《周书·泰誓上第一》

(归善斋按，见"皇天震怒，命我文考，肃将天威，大勋未集")

7. （宋）黄度《尚书说》卷四《周书·泰誓上》

(归善斋按，见"肆予小子发，以尔友邦冢君，观政于商")

8. （宋）袁燮《絜斋家塾书钞》卷五《周书·泰誓上》

(归善斋按，见"今商王受，弗敬上天，降灾下民，沈湎冒色，敢行暴虐")

9. （宋）蔡沈《书经集传》卷四《周书·泰誓上》

(归善斋按，见"肆予小子发，以尔友邦冢君，观政于商")

10. （宋）黄伦《尚书精义》卷二十四《周书·泰誓上》

(归善斋按，见"肆予小子发，以尔友邦冢君，观政于商")

11. （宋）陈经《尚书详解》卷二十一《周书·泰誓上》

(归善斋按，见"今商王受，弗敬上天，降灾下民，沈湎冒色，敢行暴虐")

12. （宋）钱时《融堂书解》卷九《周书·泰誓上》

(归善斋按，见"肆予小子发，以尔友邦冢君，观政于商")

13.（宋）魏了翁《尚书要义》卷十《泰誓》至《武成》

（归善斋按，未引）

14.（宋）陈大猷《书集传或问》卷上《泰誓》

（归善斋按，未解）

15.（宋）胡士行《尚书详解》卷六《周书·泰誓上第一》

（归善斋按，见"皇天震怒，命我文考，肃将天威，大勋未集"）

16.（元）吴澄《书纂言》

（归善斋按，无此篇）

17.（元）陈栎《书集传纂疏》卷四上《朱子订定蔡氏集传周书·泰誓上》

（归善斋按，见"肆予小子发，以尔友邦冢君，观政于商"）

18.（元）许谦《读书丛说》卷六《周书·泰誓上》

（归善斋按，未解）

19.（元）董鼎《书传辑录纂注》卷三《周书·泰誓上》

（归善斋按，见"肆予小子发，以尔友邦冢君，观政于商"）

20.（元）朱祖义《尚书句解》卷六《周书·泰誓上第一》

惟受罔有悛心（惟受迟至十二年之久，无悛改之心），乃夷居，弗事上帝、神祇（乃平居不祀天地、神祇），遗厥先宗庙弗祀（又遗弃先世宗庙而不祀）。

21.（明）王樵《尚书日记》卷九《周书·泰誓上》

（归善斋按，见"肆予小子发，以尔友邦冢君，观政于商"）

22.（清）库勒纳等撰《日讲书经解义》卷六《周书·泰誓上》

(归善斋按，见"肆予小子发，以尔友邦冢君，观政于商")

（清）朱鹤龄《尚书埤传》卷九《周书·泰誓》

(归善斋按，见"肆予小子发，以尔友邦冢君，观政于商")

牺牲粢盛，既于凶盗

1.（汉）孔氏传、（唐）陆德明音义、孔颖达疏《尚书注疏》卷十《周书·泰誓上》

牺牲粢盛，既于凶盗。
传，凶人尽盗食之，而纣不罪。
音义：
粢，音咨，黍稷曰粢。盛，音成，在器曰盛。
疏：
正义曰，已上数纣之罪。此言伐纣之意。

2.（宋）苏轼撰《书传》卷九《周书·泰誓上第一》

(归善斋按，未解)

3.（宋）林之奇《尚书全解》卷二十二《周书·泰誓上》

(归善斋按，见"今商王受，弗敬上天，降灾下民，沈湎冒色，敢行暴虐")

4.（宋）史浩《尚书讲义》卷十一《周书·泰誓上》

(归善斋按，见"惟受罔有悛心，乃夷居，弗事上帝神祇，遗厥先宗庙弗祀"）

5.（宋）夏僎《尚书详解》卷十六《周书·泰誓上》

（归善斋按，见"今商王受，弗敬上天，降灾下民，沈湎冒色，敢行暴虐"）

6.（宋）时澜《增修东莱书说》卷十四《周书·泰誓上第一》

（归善斋按，见"皇天震怒，命我文考，肃将天威，大勋未集"）

7.（宋）黄度《尚书说》卷四《周书·泰誓上》

（归善斋按，见"肆予小子发，以尔友邦冢君，观政于商"）

8.（宋）袁燮《絜斋家塾书钞》卷五《周书·泰誓上》

（归善斋按，见"今商王受，弗敬上天，降灾下民，沈湎冒色，敢行暴虐"）

9.（宋）蔡沈《书经集传》卷四《周书·泰誓上》

（归善斋按，见"肆予小子发，以尔友邦冢君，观政于商"）

10.（宋）黄伦《尚书精义》卷二十四《周书·泰誓上》

（归善斋按，见"肆予小子发，以尔友邦冢君，观政于商"）

11.（宋）陈经《尚书详解》卷二十一《周书·泰誓上》

（归善斋按，见"今商王受，弗敬上天，降灾下民，沈湎冒色，敢行暴虐"）

12.（宋）钱时《融堂书解》卷九《周书·泰誓上》

（归善斋按，见"肆予小子发，以尔友邦冢君，观政于商"）

13. （宋）魏了翁《尚书要义》卷十《泰誓》至《武成》

（归善斋按，未引）

14. （宋）陈大猷《书集传或问》卷上《泰誓》

（归善斋按，未解）

15. （宋）胡士行《尚书详解》卷六《周书·泰誓上第一》

（归善斋按，见"皇天震怒，命我文考，肃将天威，大勋未集"）

16. （元）吴澄《书纂言》

（归善斋按，无此篇）

17. （元）陈栎《书集传纂疏》卷四上《朱子订定蔡氏集传周书·泰誓上》

（归善斋按，见"肆予小子发，以尔友邦冢君，观政于商"）

18. （元）许谦《读书丛说》卷六《周书·泰誓上》

（归善斋按，未解）

19. （元）董鼎《书传辑录纂注》卷三《周书·泰誓上》

（归善斋按，见"肆予小子发，以尔友邦冢君，观政于商"）

20. （元）朱祖义《尚书句解》卷六《周书·泰誓上第一》

牺牲粢盛（凡国家所蓄色纯之牲，牛、羊、豕之牲，黍稷曰粢，在器曰盛），既于凶盗（尽为凶人所盗）。

21. （明）王樵《尚书日记》卷九《周书·泰誓上》

（归善斋按，见"肆予小子发，以尔友邦冢君，观政于商"）

22.（清）库勒纳等撰《日讲书经解义》卷六《周书·泰誓上》

（归善斋按，见"肆予小子发，以尔友邦冢君，观政于商"）

乃曰，吾有民有命！罔惩其侮

1.（汉）孔氏传、（唐）陆德明音义、孔颖达疏《尚书注疏》卷十《周书·泰誓上》

乃曰，吾有民有命！罔惩其侮。
传，纣言吾所以有兆民，有天命，故群臣畏罪不争，无能止其慢心。
音义：
惩，直承反。争，争斗之争。

2.（宋）苏轼撰《书传》卷九《周书·泰誓上第一》

（归善斋按，未解）

3.（宋）林之奇《尚书全解》卷二十二《周书·泰誓上》

（归善斋按，见"今商王受，弗敬上天，降灾下民，沈湎冒色，敢行暴虐"）

4.（宋）史浩《尚书讲义》卷十一《周书·泰誓上》

（归善斋按，见"惟受罔有悛心，乃夷居，弗事上帝神祇，遗厥先宗庙弗祀"）

5.（宋）夏僎《尚书详解》卷十六《周书·泰誓上》

（归善斋按，见"今商王受，弗敬上天，降灾下民，沈湎冒色，敢行暴虐"）

6.（宋）时澜《增修东莱书说》卷十四《周书·泰誓上第一》

（归善斋按，见"皇天震怒，命我文考，肃将天威，大勋未集"）

7.（宋）黄度《尚书说》卷四《周书·泰誓上》

（归善斋按，见"肆予小子发，以尔友邦冢君，观政于商"）

8.（宋）袁燮《絜斋家塾书钞》卷五《周书·泰誓上》

（归善斋按，见"今商王受，弗敬上天，降灾下民，沈湎冒色，敢行暴虐"）

9.（宋）蔡沈《书经集传》卷四《周书·泰誓上》

（归善斋按，见"肆予小子发，以尔友邦冢君，观政于商"）

10.（宋）黄伦《尚书精义》卷二十四《周书·泰誓上》

（归善斋按，见"肆予小子发，以尔友邦冢君，观政于商"）

11.（宋）陈经《尚书详解》卷二十一《周书·泰誓上》

（归善斋按，见"今商王受，弗敬上天，降灾下民，沈湎冒色，敢行暴虐"）

12.（宋）钱时《融堂书解》卷九《周书·泰誓上》

（归善斋按，见"肆予小子发，以尔友邦冢君，观政于商"）

13.（宋）魏了翁《尚书要义》卷十《泰誓》至《武成》

（归善斋按，未引）

14.（宋）陈大猷《书集传或问》卷上《泰誓》

（归善斋按，未解）

15.（宋）胡士行《尚书详解》卷六《周书·泰誓上第一》

（归善斋按，见"皇天震怒，命我文考，肃将天威，大勋未集"）

16.（元）吴澄《书纂言》

（归善斋按，无此篇）

17.（元）陈栎《书集传纂疏》卷四上《朱子订定蔡氏集传周书·泰誓上》

（归善斋按，见"肆予小子发，以尔友邦冢君，观政于商"）

18.（元）许谦《读书丛说》卷六《周书·泰誓上》

（归善斋按，未解）

19.（元）董鼎《书传辑录纂注》卷三《周书·泰誓上》

（归善斋按，见"肆予小子发，以尔友邦冢君，观政于商"）

20.（元）朱祖义《尚书句解》卷六《周书·泰誓上第一》

乃曰（方且自肆而言），吾有民、有命（我下有人民可赖以安；上有天命可恃以存），罔惩其侮（更不惩创侮慢之心）。

21.（明）王樵《尚书日记》卷九《周书·泰誓上》

（归善斋按，见"肆予小子发，以尔友邦冢君，观政于商"）

22.（清）库勒纳等撰《日讲书经解义》卷六《周书·泰誓上》

（归善斋按，见"肆予小子发，以尔友邦冢君，观政于商"）

天佑下民,作之君,作之师

1. (汉)孔氏传、(唐)陆德明音义、孔颖达疏《尚书注疏》卷十《周书·泰誓上》

天佑下民,作之君,作之师。

传,言天佑助下民,为立君以政之,为立师以教之。

音义:

为,于伪反。

疏:

正义曰,上天佑助下民,不欲使之遭害,故命我为之君上,使临政之;为之师,保使教诲之。为人君,为人师者,天意如此,不可违天。

传正义曰,众民不能自治,立君以治之。立君治民,乃是天意,言天佑助下民,为立君也。治民之为君,教民之为师。君既治之,师又教之,故言"作之君,作之师"。师,谓君与民为师,非谓别置师也。

2. (宋)苏轼撰《书传》卷九《周书·泰誓上第一》

(归善斋按,未解)

3. (宋)林之奇《尚书全解》卷二十二《周书·泰誓上》

天佑下民,作之君,作之师。惟其克相上帝,宠绥四方。有罪无罪,予曷敢有越厥志。

前言纣之所以自绝于天地鬼神矣,于是遂言己之致讨,以卒其伐功之意也。天之佑助下民,将欲使之各得其所,而无流离陷溺之患,则必作之君以治之;作之师以教之。君、师立,然后斯民无有不得其所者,盖君、师者所以代天而理民也。故《荀子》曰,礼有三本,天地者,生之本也;先祖者,类之本也;君、师者治之本也。无天地,恶生;无先祖,恶出;无君、师恶治,三者偏亡焉,无安人。故礼上事天,下事地,尊先祖,而隆君、师是礼之三本也。纣既夷其居，弗祀上帝神祇，遗厥先宗庙。弗祀而又失其所以为君、师之道，则是三本绝矣。故武王既言遗弃其宗庙、神祇之祀，而又言其失君、师之道，以见其所以至于危亡者，皆其所自取也。上帝之所以立君、师，惟欲其相助上帝，以宠爱绥安此四方之民而已。天既命纣以宠绥四方之任，而纣不能胜，方且荼毒斯民，故天改命文王为之君、师，大勋未集而武王继之，则其所以相上帝以宠绥四方者，在武王不敢不勉。苟纣之有罪则伐之，无罪则赦之，不可逾越于我先王之志也。

王氏曰，有罪不妄赦，无罪不妄伐，其志在乎克相上帝，宠绥四方而已，何敢越也。《孟子》曰，一人衡行于天下，武王耻之。盖有罪于此，而不能相上帝以伐之者，武王之所耻也。此说得之矣。

4. （宋）史浩《尚书讲义》卷十一《周书·泰誓上》

（归善斋按，见"惟受罔有悛心，乃夷居，弗事上帝神祇，遗厥先宗庙弗祀"）

5. （宋）夏僎《尚书详解》卷十六《周书·泰誓上》

天佑下民，作之君，作之师，惟其克相上帝，宠绥四方。有罪无罪，曷敢有越厥志。

武王上既数纣罪，故此遂言，我今日所以伐罪救民之意，谓纣之罪如上所言，暴虐如此，上天见其暴虐，不忍下民被害，于是佑助而命我作之君，以治之；作之师，以教之。天意既如此，故今日惟当相助上帝，以宠定四方之民而已。所谓相上帝，绥四方者，即今日伐纣之事。纣既灭，则虐政不行，而民自安矣。武王伐纣，既欲相上帝，安四方，故纣之有罪无罪，武王其敢自任其意，而妄加诛戮哉？纣有罪，则顺上帝之意而伐之；若其无罪，则顺上帝而赦之。或伐，或赦，视上帝之意如何耳。武王其敢逆其志，而妄行哉，故曰"予曷敢有越厥志"。一说又谓，武王上既数纣之罪，故此遂言上帝立君之意，谓上天有佑助下民之意，故立之君、师者，所以助上帝而安斯民。今纣为君师，所为乃如此，是谓得罪于天，则天灭之。天灭之，则纣之有罪无罪，与武王之当伐不当伐，皆天意也。武王岂敢违天意哉。二说皆通。

6.（宋）时澜《增修东莱书说》卷十四《周书·泰誓上第一》

天佑下民，作之君，作之师。惟其克相上帝，宠绥四方。有罪无罪，予曷敢有越厥志。

申言天所以立君之职分也。天之所以立君、师者，兼治教之职。惟其能助上帝宠绥四方而已，言纣之反此也。今我更不问有罪与无罪，我曷敢有越厥志，武王之志即天心也。盖武王与天为一，非有所利，亦何敢计其有罪与无罪，但恭行天罚而已。若计有罪无罪，便是私心，非本志矣。

7.（宋）黄度《尚书说》卷四《周书·泰誓上》

天佑下民，作之君，作之师。惟其克相上帝，宠绥四方，有罪无罪，予曷敢有越厥志。

武王以君、师自任，而不能出斯民于涂炭，使日迁善远罪，则为越厥志矣。

8.（宋）袁燮《絜斋家塾书钞》卷五《周书·泰誓上》

天佑下民，作之君，作之师。惟其克相上帝，宠绥四方，有罪无罪，予曷敢有越厥志。

以臣伐君，安得谓之无罪？救民水火，非有利天下之心，又安得谓之有罪？武王以为，谓之有罪乎？吾不知也；谓之无罪乎？吾不知也。有罪无罪，我皆不暇知我，惟行吾志而已矣。志者，吾之本心也。古人举事，皆先定其志。其志一定，顺而行之，罔敢越焉。故武王伐纣，举此心以伐之也。曷敢有越厥志。惟汤、武之征伐为然。汉高帝以匹夫得天下，犹庶几焉。魏晋而下，欺人孤儿寡妇，以得天下者，反求其本心，果若是乎汤武之征伐，皆断之以吾心。若初心如此，而所为则不然，是为越厥志也。

9.（宋）蔡沈《书经集传》卷四《周书·泰誓上》

天佑下民，作之君，作之师。惟其克相上帝，宠绥四方。有罪无罪，

557

予曷敢有越厥志。

佑，助；宠，爱也。天助下民，为之君以长之；为之师以教之。君、师者，惟其能左右上帝，以宠安天下，则夫有罪之当讨，无罪之当赦，我何敢有过用其心乎，言一听于天而已。

10.（宋）黄伦《尚书精义》卷二十四《周书·泰誓上》

天佑下民，作之君，作之师，惟其克相上帝，宠绥四方。有罪无罪，予曷敢有越厥志。

无垢曰，天之爱民，如父母之爱赤子，岂容残害，如纣者，在民上，恣为苛政暴刑，以杀斯民哉。所以作君、师以救民也。夫桀无道，则天生聪明，如汤者，以乂之。纣为无道，则天佑君、师，如武者，以救之。有桀，必有汤；有纣，必有武王，此自然之理也。天道茫然，不可测知。使有一人，其德足以为天下君，其道足以为天下师，此岂偶然哉。君、师之所在，乃天所在也。上帝爱民，为君师者，能宠绥四方，乃所以相上帝也。宠，谓使之如意；绥，谓使之得所。纣在上，四方不如意，不得所者多矣，是大失上帝之心也。上帝无心，以民为心。民如意，则上帝如意；民得所，则上帝亦得所。为人主者，欲尊敬上帝，宜尊敬斯民而已矣。故《孟子》曰"民为贵"，夫知武王之心者，则以为体天救民，是武王无罪也。论武王之迹者，则以为以臣伐君，是武王有罪也。若武王之志，志在救民，以为有罪者，不敢怒也；以为无罪者，不敢喜也。不以"有罪无罪"之说，贰其心，唯秉救民之志，直之无前，虽死生不逾此志也。

张氏曰，民之有欲，无主乃乱。故天佑下民，而作之君者，所以治之也。民之有常性，而克绥厥猷者惟后，故天佑下民，作之师者，所以教之也。"天佑下民，作之君，作之师"，则君、师之任，有罪而不妄救；无罪而不妄诛，其志在于"克相上帝，宠绥四方"，非可逾越也。

王曰休曰，武王于此，遂以天子自任矣，以文为受命，则已当为天子也。

11.（宋）陈经《尚书详解》卷二十一《周书·泰誓上》

天佑下民，作之君，作之师。惟其克相上帝，宠绥四方。有罪无罪，予曷敢有越厥志。同力，度德；同德，度义。受有臣亿万，惟亿万心；予有臣三千，惟一心。商罪贯盈，天命诛之。予弗顺天，厥罪惟钧。

　　上文既数纣之恶，此则武王之自任之辞。天之意，欲以佑助下民，必立之君、师，以治之、教之为之。君、师者，当相上帝以宠绥四方。宠，爱；绥，安也。天之所以望于君，与君之所以答乎天，无非为民而已。纣之恶如此，既不能当君、师之任，则当君、师之任者，独不在武王乎？武王既以君、师任诸己，是以有必往之志。以我为有罪者，谓不当以臣伐君；以我为无罪者，谓其当拯民于涂炭，予皆不暇问，惟知不越乎我之志。盖武王之志，在于顺天救民而已。此志一定有进而无退，有出而无入。"同力，度德；同德，度义"，圣人不计较人之胜负，而论其理之曲直。力同，则度其德之如何。德同，则度其义之如何。德之有是非，则义有可否。能度义则不失其时宜矣。"受有臣亿万，惟亿万心；予有臣三千，惟一心"，心，只有一，心安得而亿万天下之理，惟公与私公则至一，私则万殊。纣不能使天下趋向归一，人各有心者，以其私也。武王所以能统摄人心，皆归于一者，以其公也。"商罪贯盈，天命诛之"，以言其理之所不容也。"予弗顺天。厥罪惟钧"二句，见得武王之知天。天道渺茫，圣人何自而知之，以其理而知之。天以君、师之任畀之纣，纣不能任其责，故天诛之，而以君、师之任畀之武王。武王于此设若谦退不居而辞其责，则是逆天意也。天必以其所以诛纣者，而诛武王矣，宜乎。武王以此必往，而无疑，盖其力，与德与义，皆天理之所宜也，非于德义之外别有天也。

12.（宋）钱时《融堂书解》卷九《周书·泰誓上》

（归善斋按，见"肆予小子发，以尔友邦冢君，观政于商"）

13.（宋）魏了翁《尚书要义》卷十《泰誓》至《武成》

　　十二、君与民为师，非别置师。

　　治民之谓君，教民之谓师。君既治之，师又教之，故言作之君，作之师。师谓君与民为师，非为别置师也。

14. （宋）陈大猷《书集传或问》卷上《泰誓》

（归善斋按，未解）

15. （宋）胡士行《尚书详解》卷六《周书·泰誓上第一》

天佑下民，作之君（治之），作之师（教之）。惟其克相（助）上帝，宠（爱）绥（安）四方。有罪无罪（纣之罪无罪天实临之），予曷（安）敢有越（过时）厥志（私心）。

纣之伐，天也，武王何心哉？

16. （元）吴澄《书纂言》

（归善斋按，无此篇）

17. （元）陈栎《书集传纂疏》卷四上《朱子订定蔡氏集传周书·泰誓上》

天佑下民，作之君，作之师。惟其克相上帝，宠绥四方。有罪无罪，予曷敢有越厥志。

佑，助；宠，爱也。天助下民，为之君以长之，为之师以教之。君、师者，惟其能左右上帝，以宠安天下，则夫有罪之当讨，无罪之当赦，我何敢有过用其心乎，言一听于天而已。

纂疏：

天只生得你，付得这道理与你，又为之立君、师以作成之，使无一夫不遂其性，所以谓之克相上帝。盖助上帝之所不及也。自秦汉以来，无人知明德新民之事君，道间有得其一二，而师道则绝无矣。

陈氏经曰，师道不尽，则不足以尽君道矣。武王之意谓，纣既不能当君、师之责，则任君、师独不在我乎？我当相天以讨纣之有罪，而绥定天下之无罪者，所不得而私也。

18. （元）许谦《读书丛说》卷六《周书·泰誓上》

（归善斋按，未解）

19．（元）董鼎《书传辑录纂注》卷三《周书·泰誓上》

天佑下民，作之君，作之师。惟其克相上帝，宠绥四方，有罪无罪，予曷敢有越厥志。

佑，助；宠，爱也。天助下民，为之君以长之，为之师以教之。君、师者，惟其能左、右上帝，以宠安天下，则夫有罪之当讨，无罪之当赦，我何敢有过用其心乎，言一听于天而已。

辑录：

佛经云，佛为一大事，因缘出现于世。圣人亦为这一大事，出来这个道理。虽人所固有，若非圣人如何得如此光明盛大。你不晓得，我说在这里，教你晓。你不会做底，我做下样子在此，与你做。只是要持守这个道理，教他常立在世间，上拄天，下拄地，常如此端正，才一日，无人维持便颠倒了。少间脚拄天，头拄地，颠倒错乱，便都坏了。所以说，天佑下民，作之君，作之师。惟其克相上帝，宠绥四方。天只生得你，付得这道理与你，做与不做，却在你。做得好，也由你。做得不好，也由你。所以又为之立君、师以作成之。既抚养你，又教导你，便无一夫不遂其性。如尧、舜之时，真个是宠绥四方。只是世间不好底人，不定迭底事，才遇尧、舜都妥帖平定了。所以谓之"克相上帝"，盖助上帝之所不及也。自秦汉以来，讲学不明。世之人君，固有因其才智，做得功业，然无人知明德新民之事，君道间有得其一二，而师之道，则绝无矣。卓。

纂注：

陈氏经曰，后世之君，刑政徒尚教化，不立不知。师道不尽，则不足以尽君道矣。武王之意谓，纣既不能当君、师之任，则任君、师独不在我乎？我当相天以讨纣之有罪，而绥定天下之无罪者，所不得而私也。《孟子》引《书》曰"其助上帝"，止"厥志"，末句意少异。

20．（元）朱祖义《尚书句解》卷六《周书·泰誓上第一》

天佑下民（武王既数纣罪，故遂言我今日所以伐罪救民之意，于是上天佑助下民），作之君，作之师（命我作君以治之，作师以教之）。

561

21.（明）王樵《尚书日记》卷九《周书·泰誓上》

"天佑下民，作之君，作之师"至"予曷敢有越厥志"。

孔氏曰，言天佑助下民，为立君以治之，为立师以教之，当能助天宠安天下。

正义曰，上数纣之罪，此言伐纣之意，众民不能自治，立君以治之，治民之谓君，教民之谓师。师，谓君与民为师，非别置师也。

朱子曰，天只生得你，付得这道理与你，做与不做却在你。所以为之立君、师，既抚养之，又教导之，使无一夫不遂其性。如尧、舜之时真个是宠绥四方。只是世间，不好底人，不定迭底事，才遇尧、舜都安帖平定了，所以谓之"克相上帝"，盖助上帝之所不及也。自秦汉以来，讲学不明，世之人君，固有因其才智做得功业，然无人知得"明德新民"之事。君道，间有得其一二，而师之道则绝无矣。

按"有罪无罪，予曷敢有越厥志"，意谓今纣无道，使四方不安，不可不讨。夫有罪当讨，无罪当赦，天实监之，予何敢有过用其心乎？言一听于天而已。

上文数纣之罪，即先以天地生圣人作民父母，此下言己之事，则首以天佑下民作之君师。父母、君师四字，是此篇之要领也。夫民生于三，君也，师也，父母也，而君实有师道焉，有父母之道焉，君而不能父母乎民，师乎民，非君也，非天立君之意。纣无父母斯民之道，不可不讨。己任君师，宠绥之责，不敢不讨，三千一心，德义与力，在我有必克之势，天之所从者民，予之所顺者天，尔邦君将士之所当赞者，不可失之时。一篇之旨不过如此。

22.（清）库勒纳等撰《日讲书经解义》卷六《周书·泰誓上》

天佑下民，作之君，作之师。惟其克相上帝，宠绥四方。有罪无罪，予曷敢有越厥志。

此一节书是，武王自任君师之责，以见伐商之不容已也。佑，助也。相，谓左右之也。宠，爱也。绥，安也。越，犹"过"也。武王曰，上

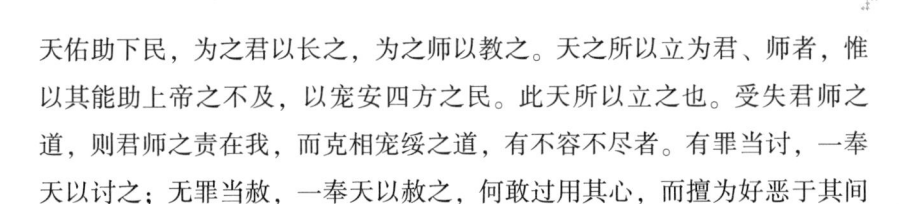

天佑助下民，为之君以长之，为之师以教之。天之所以立为君、师者，惟以其能助上帝之不及，以宠安四方之民。此天所以立之也。受失君师之道，则君师之责在我，而克相宠绥之道，有不容不尽者。有罪当讨，一奉天以讨之；无罪当赦，一奉天以赦之，何敢过用其心，而擅为好恶于其间乎？商受之罪，正天讨所不赦者，故我不敢违天之意，纵有罪而不诛也。

（元）陈悦道《书义断法》卷四《周书·泰誓上》

天佑下民，作之君，作之师，惟其克相，上帝宠绥四方。

天相民，圣人相天，皆不过为民而已。故君之于民，不惟君以长之，尤必师以教之，不特政事之所加，而深明教化之所及。凡此者，皆以爱民而措之久安长治之域耳。盖治而教之，以复其性，即绥而安之，以厚其生。此经纶参赞之道，非特民之所望于君，而正天之所托于君也。为人君者，岂可谓不能，而听斯民之自为之理者哉？

（明）马明衡《尚书疑义》卷四《周书·泰誓上》

（归善斋按，见"亶聪明作元后，元后作民父母"）

（清）朱鹤龄《尚书埤传》卷九《周书·泰誓》

作之君，作之师。

三代以前之君，皆以身教天下，所谓作之师也。后世君道尚存一二，而师道废矣。

（清）张英《书经衷论》卷三《周书·泰誓》

（归善斋按，另见"惟天地，万物父母，惟人，万物之灵"）

《泰誓》曰"天佑下民，作之君，作之师"，作之君者，纪纲法度，以整齐之是也；"作之师"者，修身遵礼以化导之是也。唐虞之所谓"于变时雍，四方风动，民协于中"，皆是以师道表率之。汤之所谓"表正万邦，式于九围，建中于民"亦此义也。三代而后，凡所谓法令科指，以求尽乎君道者，概未之备，即有英君谊辟，出而经营天下，求详乎临御之道者，则有之矣。求如圣人之以义制事，以礼制心，师道自任者，盖未之闻焉。程子所谓，知求治，而不知正君；知规过，而不知养德，良有味乎，其言之也。

惟其克相上帝，宠绥四方

1.（汉）孔氏传、（唐）陆德明音义、孔颖达疏《尚书注疏》卷十《周书·泰誓上》

惟其克相上帝，宠绥四方。
传，当能助天，宠安天下。
音义：
相，息亮反。
疏：
正义曰，我今惟其当能佑助上天，宠安四方之民，使民免于患难。
传正义曰，天爱下民，为立君、立师者，当能佑助天意，宠安天下，不夺民之财力，不妄非理刑杀，是助天宠爱民也。

2.（宋）苏轼撰《书传》卷九《周书·泰誓上第一》

（归善斋按，未解）

3.（宋）林之奇《尚书全解》卷二十二《周书·泰誓上》

（归善斋按，见"天佑下民，作之君，作之师"）

4.（宋）史浩《尚书讲义》卷十一《周书·泰誓上》

（归善斋按，见"惟受罔有悛心，乃夷居，弗事上帝神祇，遗厥先宗庙弗祀"）

5.（宋）夏僎《尚书详解》卷十六《周书·泰誓上》

（归善斋按，见"天佑下民，作之君，作之师"）

6.（宋）时澜《增修东莱书说》卷十四《周书·泰誓上第一》

(归善斋按,见"天佑下民,作之君,作之师")

7.（宋）黄度《尚书说》卷四《周书·泰誓上》

(归善斋按,见"天佑下民,作之君,作之师")

8.（宋）袁燮《絜斋家塾书钞》卷五《周书·泰誓上》

(归善斋按,见"天佑下民,作之君,作之师")

9.（宋）蔡沈《书经集传》卷四《周书·泰誓上》

(归善斋按,见"天佑下民,作之君,作之师")

10.（宋）黄伦《尚书精义》卷二十四《周书·泰誓上》

(归善斋按,见"天佑下民,作之君,作之师")

11.（宋）陈经《尚书详解》卷二十一《周书·泰誓上》

(归善斋按,见"天佑下民,作之君,作之师")

12.（宋）钱时《融堂书解》卷九《周书·泰誓上》

(归善斋按,见"肆予小子发,以尔友邦冢君,观政于商")

13.（宋）魏了翁《尚书要义》卷十《泰誓》至《武成》

(归善斋按,未引)

14.（宋）陈大猷《书集传或问》卷上《泰誓》

(归善斋按,未解)

15.（宋）胡士行《尚书详解》卷六《周书·泰誓上第一》

(归善斋按,见"天佑下民,作之君,作之师")

16.（元）吴澄《书纂言》

（归善斋按，无此篇）

17.（元）陈栎《书集传纂疏》卷四上《朱子订定蔡氏集传周书·泰誓上》

（归善斋按，见"天佑下民，作之君，作之师"）

18.（元）许谦《读书丛说》卷六《周书·泰誓上》

（归善斋按，未解）

19.（元）董鼎《书传辑录纂注》卷三《周书·泰誓上》

（归善斋按，见"天佑下民，作之君，作之师"）

20.（元）朱祖义《尚书句解》卷六《周书·泰誓上第一》

惟其克相上帝（惟我今日能相助上天），宠绥四方（宠爱绥安四方之民）。

21.（明）王樵《尚书日记》卷九《周书·泰誓上》

（归善斋按，见"天佑下民，作之君，作之师"）

22.（清）库勒纳等撰《日讲书经解义》卷六《周书·泰誓上》

（归善斋按，见"天佑下民，作之君，作之师"）

（元）陈悦道《书义断法》卷四《周书·泰誓上》

（归善斋按，见"天佑下民，作之君，作之师"）

有罪无罪，予曷敢有越厥志

1.（汉）孔氏传、（唐）陆德明音义、孔颖达疏《尚书注疏》卷十《周书·泰誓上》

有罪无罪，予曷敢有越厥志。

传，越，远也，言已志欲为民除恶，是与否，不敢远其志。

音义：

否，方有反。

疏：

正义曰，今纣暴虐无君师之道，故今我往伐之。不知伐罪之事，为有罪也，为无罪也。不问有罪无罪，志在必伐，我何敢有远其本志而不伐之。

传正义曰，越者，逾越超远之义，故为远也。武王伐纣，内实为民除害，外则以臣伐君，故疑其有罪与无罪，言已志欲为民除害，无问是之与否，不敢远其志，言已本志欲伐，何敢远本志，舍而不伐也。

2.（宋）苏轼撰《书传》卷九《周书·泰誓上第一》

（归善斋按，未解）

3.（宋）林之奇《尚书全解》卷二十二《周书·泰誓上》

（归善斋按，见"天佑下民，作之君，作之师"）

4.（宋）史浩《尚书讲义》卷十一《周书·泰誓上》

（归善斋按，见"惟受罔有悛心，乃夷居，弗事上帝神祇，遗厥先宗庙弗祀"）

5.（宋）夏僎《尚书详解》卷十六《周书·泰誓上》

（归善斋按，见"天佑下民，作之君，作之师"）

6.（宋）时澜《增修东莱书说》卷十四《周书·泰誓上第一》

（归善斋按，见"天佑下民，作之君，作之师"）

7.（宋）黄度《尚书说》卷四《周书·泰誓上》

（归善斋按，见"天佑下民，作之君，作之师"）

8.（宋）袁燮《絜斋家塾书钞》卷五《周书·泰誓上》

（归善斋按，见"天佑下民，作之君，作之师"）

9.（宋）蔡沈《书经集传》卷四《周书·泰誓上》

（归善斋按，见"天佑下民，作之君，作之师"）

10.（宋）黄伦《尚书精义》卷二十四《周书·泰誓上》

（归善斋按，见"天佑下民，作之君，作之师"）

11.（宋）陈经《尚书详解》卷二十一《周书·泰誓上》

（归善斋按，见"天佑下民，作之君，作之师"）

12.（宋）钱时《融堂书解》卷九《周书·泰誓上》

（归善斋按，见"肆予小子发，以尔友邦家君，观政于商"）

13.（宋）魏了翁《尚书要义》卷十《泰誓》至《武成》

（归善斋按，未引）

14.（宋）陈大猷《书集传或问》卷上《泰誓》

（归善斋按，未解）

15.（宋）胡士行《尚书详解》卷六《周书·泰誓上第一》

（归善斋按，见"天佑下民，作之君，作之师"）

16.（元）吴澄《书纂言》

（归善斋按，无此篇）

17.（元）陈栎《书集传纂疏》卷四上《朱子订定蔡氏集传周书·泰誓上》

（归善斋按，见"天佑下民，作之君，作之师"）

18.（元）许谦《读书丛说》卷六《周书·泰誓上》

（归善斋按，未解）

19.（元）董鼎《书传辑录纂注》卷三《周书·泰誓上》

（归善斋按，见"天佑下民，作之君，作之师"）

20.（元）朱祖义《尚书句解》卷六《周书·泰誓上第一》

有罪无罪（纣之有罪，当顺上帝之意而伐之；若其无罪，当顺上帝之意而赦之，或伐或赦，但视上天之志如何），予曷敢有越厥志（我何敢有违上帝之志，而妄行哉）？

21.（明）王樵《尚书日记》卷九《周书·泰誓上》

（归善斋按，见"天佑下民，作之君，作之师"）

22.（清）库勒纳等撰《日讲书经解义》卷六《周书·泰誓上》

（归善斋按，见"天佑下民，作之君，作之师"）

（明）马明衡《尚书疑义》卷四《周书·泰誓上》

有罪无罪。

一听于天，武王何心哉？

同力，度德；同德，度义

1.（汉）孔氏传、（唐）陆德明音义、孔颖达疏《尚书注疏》卷十《周书·泰誓上》

同力，度德；同德，度义。
传，力钧则有德者胜；德钧则秉义者强。揆度优劣，胜负可见。
音义：
度，徒洛反，下注同。
疏：
传正义曰，德者，得也，自得于心。义者，宜也，动合事宜。但德在于身，故言有德；义施于行，故言秉执。武王志在养民，动为除害，有君人之明德，执利名之大义，与纣无者为敌，虽未交兵，揆度优劣，胜负可见。示以必胜之道，令士众勉力而战也。
《尚书注疏》卷十《考证》
"同力，度德；同德，度义"疏"与纣无者为敌，虽未交兵，揆度优劣，胜负可见"。
臣照按，"纣无者为敌"句，必有舛讹。顾无善本可从，今仍之。

2.（宋）苏轼撰《书传》卷九《周书·泰誓上第一》

（归善斋按，见"惟受罔有悛心，乃夷居，弗事上帝神祇，遗厥先宗庙弗祀"）

3.（宋）林之奇《尚书全解》卷二十二《周书·泰誓上》

同力，度德；同德，度义。受有臣亿万，惟亿万心；予有臣三千，惟一心。商罪贯盈，天命诛之。予弗顺天，厥罪惟钧。予小子夙夜祇惧，受命文考，类于上帝，宜于冢土。以尔有众，厎天之罚。天矜于民，民之所欲，天必从之。尔尚弼予一人，永清四海，时哉弗可失。

既论纣之有罪不可以不讨，故下文又论其讨之必克也。"同力，度德；同德，度义"，盖古人有此语，武王举之以证其伐纣必克之事也。《春秋左氏传》襄三十一年鲁穆叔曰"年钧择贤，义钧以卜"，昭二十六年王子朝曰"年钧以德，德钧以卜"，盖亦是举古人之言以证其所欲为之事也。其文势正与此同。武王举此言者，盖谓凡胜负之义，力同，则有德者胜；德同，则有义者胜。今我之伐纣，其力，其德，其义，皆有胜之理。纣当是时，以言其力，则亿兆，离心以言其德，则为天命之所诛，故武王既言"同力，度德；同德，度义"，于是遂言我国家所以得是三者，纣之所以失是三者以为证也。

纣聚群不逞之人，为天下逋逃主萃渊薮，至于有亿兆万人，然而人各有心，皆怀离背之志。我周有臣三千，皆肩其一心，以与上之人同其好恶，罔有二三也。纣之臣亿万，其力宜强矣，以其亿万心，故虽强而弱；武王但有臣三千，其势弱于纣矣，以其永肩一心，故虽弱而强。商周之不敌，既已明甚。而况纣之恶，贯积盈溢，见绝于天人，在所必诛；而我文考之德，为上天之所命，其于义，不可不诛纣。则我之所以为此孟津之举者，不惟其力之必胜，而其德与义，亦皆纣之所不能敌也。纣之罪，至于贯盈而无悛革之心，故天命我国家往诛之，苟释之而不诛，则厥罪惟钧。某于《汤诰》"夏王有罪，予畏上帝，不敢不正"，既详论矣。

夫纣之所以"罔惩其侮"者，大抵恃其"有民"、"有命"故也。自武王观之，"受有臣亿万，惟亿万心"，则所谓有民不足恃也。"商罪贯盈，天命诛之"，则其所谓"有命"者，不足恃也。天命已去，人心已离，而纣方且偃然自肆，罔有悛心，无有惩其侮者。

武王缵文王之绪，适当天人之所归，则其所处之势，固不得不应天顺人，以拯生民之命于涂炭之中，故"予小子夙夜祗惧"，敕天之命而不敢自宁，于是受伐纣之命于文考之庙，又且类于上帝，宜于冢土，以伐纣之事告于天地神祇而后行也。《王制》曰，天子将出，类于上帝，宜于社，造于祢。此言受命文考，即是造于祢也。冢土，即社也。《周官·肆师》曰"类、造上帝"，郑氏注曰，类，礼，依郊庙而为之。盖古者，祭于昊天上帝，则有郊祀之常礼。苟非常祀，而以其事告于天者，则其礼依郊祀而为之。舜受尧之禅，"类乎上帝"与此篇同，是皆以事告于天，而非郊祀之常礼也。《王制》谓"天子将出，类于上帝"，是亦非常礼也，是以其祭，皆谓之类。既以类上帝为依郊祀而为之，则"宜于冢土"，与《王制》"宜于社，其曰宜"者，亦当是非祭祀之常礼。权其事宜，以制其礼，则谓之宜也。纣既"弗祀夷居"，以失天、人之心，故"受命文考，类于上帝，宜于冢土"，则所以昭答于天地神明之心，而遂与诸侯与夫御事庶士之众，渡此孟津，而致天之罚于纣也。

晋师旷曰，天之爱民甚矣，岂其使一人肆于民上，以纵其淫而弃天地之性，必不然矣。盖天之所以立君者，凡以为民而已，民欲以为君，天则必佑之，民不欲以为君，天则必弃之。纣之居于民上，以纵其淫，而弃天地之性已甚矣。民之不欲以为君，亦已久矣，宜其为天之所断弃也。故武王于此一篇之中，尤致意焉。篇首言"惟天地，万物父母，惟人，万物之灵。亶聪明作元后，元后作民父母"，言惟聪明之君，有以代天理物，然后人道尽而化育之功成，于是遂数纣之罪，以见其不足以为父母矣。既论不足以为民父母者，于是又论其"天佑下民，作之君，作之师。惟克相上帝，宠绥四方"，盖言纣既失君师之任，而天遂以之命我国家，则不可不克相上帝，以宠绥四方也。既言其不可不伐纣矣，于是又言"天矜于民，民之所欲，天必从之"，以见其伐之必克也。其终始反复之意，大抵言天之立君，而托以民，纣不能副其所托，而又暴虐之，则其所以至于灭亡者，皆其所自取，非武王以私意而伐之也。

惟其所以伐纣者，皆本之于天命，而不敢赦，则尔友邦冢君，庶士御事，庶几助我一人，扫除纣之暴虐，以永清四海。盖纣以独夫为天下逋逃主，以致四海之浊乱者，诛一独夫，则恶之根本已除矣，此所以能永清四海也。"时哉，弗可失"，孔氏曰，言今我伐纣，正是天、人同合之时，不可违失。此言是也。大抵圣人不能为时，亦不能失时。时，非圣人之所能为也，能不失时而已。《孟子》曰"匹夫而有天下德，必若舜禹，而又有天子荐之者，故仲尼不有天下。继世以有天下，天之所废，必若桀、纣者也，故益伊尹、周公不有天下"，此皆圣贤所以出处穷通之大致，而《孟子》论之，则皆谓莫之为而为者天也，莫之致而至者命也。夫莫之为而为，莫之致而至，盖以其所遭者，皆有不可失之时。尧授舜以天下，舜

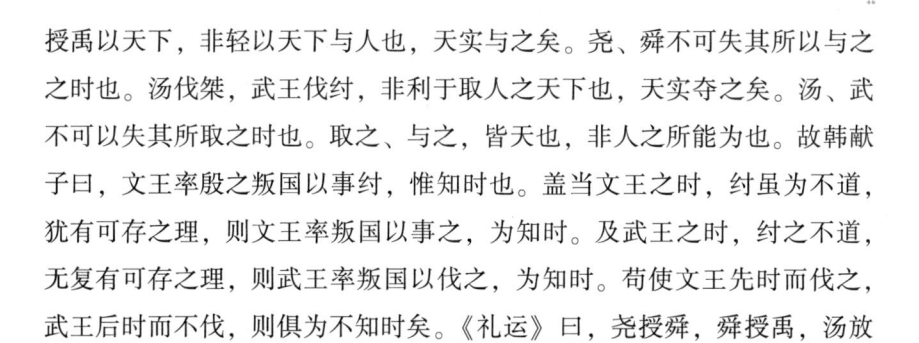

授禹以天下，非轻以天下与人也，天实与之矣。尧、舜不可失其所以与之之时也。汤伐桀，武王伐纣，非利于取人之天下也，天实夺之矣。汤、武不可以失其所取之时也。取之、与之，皆天也，非人之所能为也。故韩献子曰，文王率殷之叛国以事纣，惟知时也。盖当文王之时，纣虽为不道，犹有可存之理，则文王率叛国以事之，为知时。及武王之时，纣之不道，无复有可存之理，则武王率叛国以伐之，为知时。苟使文王先时而伐之，武王后时而不伐，则俱为不知时矣。《礼运》曰，尧授舜，舜授禹，汤放桀，武王伐纣，时也，此言盖与《孟子》之言，相为表里。

4.（宋）史浩《尚书讲义》卷十一《周书·泰誓上》

（归善斋按，见"惟受罔有悛心，乃夷居，弗事上帝神祇，遗厥先宗庙弗祀"）

5.（宋）夏僎《尚书详解》卷十六《周书·泰誓上》

同力，度德；同德，度义。受有臣亿万，惟亿万心。予有臣三千，惟一心。商罪贯盈，天命诛之。予弗顺天，厥罪惟钧。予小子夙夜祗惧，受命文考，类于上帝，宜于冢土。以尔有众，底天之罚。天矜于民，民之所欲，天必从之。尔尚弼予一人，永清四海，时哉弗可失。

武王既论纣不可不讨，故此又论纣之必克也。"同力，度德；同德，度义"，此盖古有是语，料敌制胜之道也。武王举此，盖谓，凡胜负之势，力同，则有德者胜；德同，则有义者胜。今纣虽有亿万之众，然纣无德义，人心不归，各自异心，是人虽多，不足以语力，非特不足以语力，而以暴虐失人心，则德、义又乌可言哉？若夫武王，则异是矣。虽有三千，不若亿万之众，然一心一德，与亿万心故不可同日而语，是人虽少，而力有余，非特力有余，而得人心如此，则德、义又可知矣。故武王既言"同力，度德；同德，度义"，而必继以"受有臣亿万，惟亿万心；予有臣三千，惟一心"者，正所以见力与德、义，纣皆不我敌。皆不我敌。而今日必胜无疑也。

商、周不敌如此，况纣之罪恶今已盈满，如绳之贯穿于物，而绳已盈满，不可复贯。罪大恶积如此，故今日之伐，乃天命我以诛恶吊民也。我其敢赦哉？我若赦而不诛，则不顺天矣。不顺天，则罪与纣均。盖纣之罪，惟逆天意，不能君民，故天诛之。武王敢违天意而不诛，是逆天也，故罪与纣同。武王言此，所以见纣不可不伐也。武王既言纵纣不诛，则得罪于天，故遂言"予小子夙夜祗惧"，盖我小子念天威可畏如此，蚤夜祗敬恐惧，不敢安居，遂受命于文王之庙，盖伐纣之举，天本命于文王，文王九年大勋未集，故武王卒其伐功，既欲卒文王之伐功，故不可不受命于文王。既受命于文王，于是类于上帝，则告之天神也；宜于冢土，冢，大也，谓大地也，则告之地祇也。上帝谓之类；冢土谓之宜，皆祭名也。类，则事类告之也。宜，则以事宜告之也。既类上帝，宜冢土，于是遂与尔有众之诸侯致天罚于纣。然则，天之致罚于纣者，乃纣虐民，民不忍荼毒，上天矜怜之，于是因民之所欲而罚之，故曰"天矜于民，民之所欲，天必从之"，武王言此，盖欲见今日之事，非己之私，乃天之罚。非天之罚，乃民之欲也。今日之事既是天因民欲，使我奉行，故尔友邦冢君，御事、庶士庶几助我一人，扫除纣之暴虐，以永清四海可也。其可不知所勉哉，其所以不可不知所勉者，以今我伐纣，正是天、人合同之时，不可违失故也。故曰"时哉不可失"。

6.（宋）时澜《增修东莱书说》卷十四《周书·泰誓上第一》

同力，度德；同德，度义。

度者，有计较锱铢之意，何也？盖肃将之举，固一顺乎天理，然天理又非汗漫无考之谓也。密察之功，乃所以为天理之不忒，故力之同，必度其德；德之同，必度其时措之宜。武王至此，足以见将天威之肃也。盖事不过公、私两端，计较利害者，私也；称量德、义者，公也。

7.（宋）黄度《尚书说》卷四《周书·泰誓上》

同力，度德；同德，度义。受有臣亿万，惟亿万心；予有臣三千，惟一心。

虽有其德，必观其义。武王之行天讨，惟其义也，故《易》常以时兼义。而言臣亿万，亿万心，德义不足以协之，虽三人亦各行其志耳。臣

三千，惟一心德，尊义正，安得而二三哉。虽然伯夷、叔齐，犹曰以为求仁而得仁夫，是以知道之难尽。

8.（宋）袁燮《絜斋家塾书钞》卷五《周书·泰誓上》

同力，度德；同德，度义。受有臣亿万，惟亿万心；予有臣三千，惟一心。商罪贯盈，天命诛之。予弗顺天，厥罪惟钧。

武王言，吾今日之举，非苟然也。吾之所以反复筹度之者，盖至矣。既度其力，又度其德，又度其义，三者皆胜而后可。一不备焉，便不能成事。今受虽有亿万人，而人各有心。我之三千人，皆只一心。其形虽众，其实甚寡，则力与德胜矣。力与德既胜，又须当度其义理之如何。今"商罪贯盈，天命诛之"则义又所当为也。夫义，精微而难明，自常人度之，以臣伐君，谓之不义，可也。然纣以逆天理之故，所以天命诛之，今我不奉行天罚，则是我逆天理也。纣不顺天而得罪，我不顺天，其罪将与之均，所以伐纣之举，非吾之私意也，义所当然也。夫伐纣似为不义，而武王乃若是观之，则知武王之察之也熟矣。受之人亿万心；周之人惟一心，学者须当致思，纣何故致得人心如此，武王又何故能使人心如此，只缘我之心一，则人之心亦一；我之心不一，则人之心亦不一。德惟一，动罔不臧；德二三，动罔不凶。我所为合于义，义理，人心之所同然也，自然是一心。所为不合于义，则一人谤之，一人毁之，欲其一心得乎？

9.（宋）蔡沈《书经集传》卷四《周书·泰誓上》

同力，度德；同德，度义。受有臣亿万，惟亿万心；予有臣三千，惟一心。

度，量度也。德，得也，行道有得于心也。义，宜也，制事达时之宜也。同力，度德；同德，度义，意古者兵志之词，武王举以明伐商之必克也。

林氏曰，《左传》襄三十一年，鲁穆叔曰，年钧择贤，义钧以卜。昭二十六年王子朝曰，年钧以德，德钧以卜，盖亦举古人之语，文势正与此同。百万曰亿。纣虽有亿万臣，而有亿万心，众叛亲离，寡助之至。力且不同，况德与义乎。

10.（宋）黄伦《尚书精义》卷二十四《周书·泰誓上》

同力，度德；同德，度义。受有臣亿万，惟亿万心；予有臣三千，惟一心。商罪贯盈。天命诛之。予弗顺天。厥罪惟钧。

无垢曰，行兵之道，度彼度己，盖非一事也，而其大体最在力与德、义而已。力不同，则太王事獯鬻，勾践事吴矣，岂敢言兵哉。或曰，汉光武以八千破王莽百万，晋谢石亦以五千破苻坚百万，何力之有乎？曰，先王之兵，不论幸，而论必。力虽若强，而理则甚弱，是可必，而非幸也，此又不可不知。使力同矣，其可战乎？曰未可也，其上又有事焉，其事惟何，又当度彼己之德也。彼德为盛，则陆抗不敢犯羊祜矣。使德同矣，其可战乎？曰，未可也。其上又有事焉，其事惟何，曰，又当度彼己之义也。彼义为胜，则晋文不敢犯楚成矣。使力胜，而德又胜，德胜而义又胜，则有前无后，有进无退，一战决矣。论纣之力，则亿万异心，而武王乃三千一心；论纣之德，则淫酗肆虐，而武王乃聪明齐圣；论纣之义，则侮慢天地，而武王乃救民水火，以彼己度之，武王之胜久矣，不待牧野之战而后为胜也。使行兵者，识此大体，其取胜也必矣。心存于利，则人各有心；心存于义，则古今一心。纣率天下以利人，人快己所欲，故虽有臣亿万，如此之多，然惟亿万心，以其趋于利也。武王率天下以义，故虽有臣三千如此之少，然惟一心，以其趋于义也。趋于利，则惟知一己，安知君、父此纣自贼其功也。趋于义，则惟知公义所在，安知一己，此武王所以得天下也。夫人心，即天心也。武王之心，未欲诛纣，是天意犹须暇之也。武王之心，今誓师必往，是天意必欲诛纣也。武王，傥起丝毫私意，以俟之，是弗顺此心也，弗顺此心，是弗顺天心也。弗顺天心，是同纣为恶也。阅实其罪，与纣钧耳，可不畏哉。

张氏曰，得道者多助，失道者寡助。此力之有强弱者也。常厥德，保厥位。厥德匪常，九有以亡，此德之有吉凶者也。相时之宜，师出有名，此义有可否者也。力不同，未可以论德，以强弱之势有所不侔也。德不同，未可以言义，以吉凶之理有所未辨也。故力同，然后可以度德，德同然后可以度义。武王以一心之三千，当纣之亿万心之众，则周之力为强矣。武王以世世修德，比纣之贯盈之恶，则周之德为吉矣。奉将天命以诛无道，则周之义为可知矣。虽然武王之伐纣，非出于一人之私意，实天命而已。天命之不从，则弗顺天者也。弗顺天，则其罪与纣等矣。

陈氏曰，力均，则以德胜；德均，则以义胜，今纣三者皆无。

吕氏曰，天下事，本是心，人心离，便是独夫；人心合，便是天子。民心离合，都不干民事，人君有以统属之。武王能统宗会元，自然一心。纣不能统属，自然为独夫。只是一个心，到纣之众，如何会有许多，盖纣私心，外蔽天下众心，皆无一个总摄去处，宜乎人人自有一心也。

11.（宋）陈经《尚书详解》卷二十一《周书·泰誓上》

（归善斋按，见"天佑下民，作之君，作之师"）

12.（宋）钱时《融堂书解》卷九《周书·泰誓上》

同力，度德；同德，度义。受有臣亿万，惟亿万心；予有臣三千，惟一心。商罪贯盈，天命诛之。予弗顺天，厥罪惟钧。予小子夙夜祇惧。受命文考，类于上帝，宜于冢土。以尔有众，底天之罚。天矜于民，民之所欲，天必从之。尔尚弼予一人，永清四海。时哉，弗可失。

纣之罪如绳之穿物，其贯已满，不可复加。

13.（宋）魏了翁《尚书要义》卷十《泰誓》至《武成》

（归善斋按，未引）

14.（宋）陈大猷《书集传或问》卷上《泰誓》

（归善斋按，未解）

15.（宋）胡士行《尚书详解》卷六《周书·泰誓上第一》

同力，度（计较）德（力同，有德者胜）；同德，度义（时措之宜，德同，有义者胜）。受有臣亿（十万）万，惟亿万心（人各有心）；予有臣三千，惟一心（视此，则我之德、义其胜纣必矣）。商罪贯盈（如绳贯之之满），天命诛之。予弗顺天，厥罪惟钧（同）。予小子夙（早）夜祇惧，受命文考，类（祭）于上帝，宜（祭）于冢土（社）。以尔有众，底

(致）天之罚。天矜（怜）于民，民之所欲，天必从之。尔尚弼予一人，永清四海（纣浊，而武清之）。时（天意）哉弗可失。

"时哉"，见武王见天已的不可失，所谓"敕天之命"也。时，"惟时惟几"之"时"，非后世所谓乘机会赴事功之比也。

16. （元）吴澄《书纂言》

（归善斋按，无此篇）

17. （元）陈栎《书集传纂疏》卷四上《朱子订定蔡氏集传周书·泰誓上》

同力，度德；同德，度义。受有臣亿万，惟亿万心；予有臣三千，惟一心。

度，量度也。德，得也，行道有得于身也。义，宜也，制事达时之宜也。"同力，度德；同德，度义"，意古者兵志之词，武王举以明伐商之必克也。林氏曰，《左氏》襄三十一年，鲁穆叔曰"年钧择贤，义钧则卜"。昭二十六年，王子朝曰"年钧以德，德钧以卜"，盖亦举古人之语，文势正与此同。百万曰亿，纣虽有亿万臣，而有亿万心，众叛亲离，寡助之至。力且不同，况德与义乎？

纂疏：

林氏曰，凡胜负之理，力同，则有德者胜；德同，则有义者胜。度德，校善恶也。度义，校曲直也。十万曰亿，十亿曰兆。

介轩董氏曰，行道有得于身，身当作心。朱子暮年，榜公堂，取"据于德"一条，改"有得于身"为"有得于心"，仍俾六经用此为通例。

愚案，此谓"百万曰亿"，《洛诰》中又谓"十万曰亿"。韦昭注《楚语》云十万曰亿，古数也。秦改制，始以万万为亿。今解《尚书》合主"十万为亿"之说。"百万曰亿"，未见所本。

18. （元）许谦《读书丛说》卷六《周书·泰誓上》

（归善斋按，未解）

19. （元）董鼎《书传辑录纂注》卷三《周书·泰誓上》

同力，度德；同德，度义。受有臣亿万，惟亿万心；予有臣三千，惟一心。

度，量度也。德，得也。行道有得于身也。义，宜也，制事达时之宜也。"同力，度德；同德，度义"，意古者兵志之辞，武王举以明伐商之必克也。林氏曰，《左氏》襄三十一年鲁穆叔曰"年钧择贤，义钧则卜"，昭二十六年，王子朝曰，"年钧以德，德钧以卜"，盖亦举古人之语，文势正与此同。百万曰亿。纣虽有亿万臣，而有亿万心，众叛亲离，寡助之至。力且不同，况德与义乎？

纂注：

林氏曰，凡胜负之理，力同则有德者胜；德同，则有义者胜。度德，校善恶也；度义，校曲直也。十万曰亿，十亿曰兆。

介轩董氏曰，行道有得于身，身当作心。案，《孟子》曰"道若大路然"，邵子曰，道，犹"路"也。万古在前，万世在后，谁能不由此道而行。凡日用事物，当然之理，决不可不由者，是之谓道。道，乃众人公共之路，必须能行此道，而有得于吾心，然后可谓之德。《礼记·乡饮酒》曰，德者，得也，得于吾身也。朱子暮年，榜公堂，取"据于德"一条，改"有得于身"，为"有得于心"，仍俾六经用此为通例。《礼记》其身，已是切己，终必曰心，益见向里下工夫耳。

息齐余氏曰，此谓"百万曰亿"，《洛诰》谓"十万曰亿"。

新安陈氏曰，韦昭注《楚语》云"十万曰亿"，古数也。秦改制，始以万万为亿。今解《尚书》合主"十万为亿"之说。"百万为亿"，未见所本。

20. （元）朱祖义《尚书句解》卷六《周书·泰誓上第一》

同力，度德（大抵征战之事，力同则料度其德，而有德者胜）；同德，度义（德同，则料度其义，而有义者胜）。

21.（明）王樵《尚书日记》卷九《周书·泰誓上》

"同力度德"至"惟一心"。

又言伐商之必克。度，量也。凡胜负之理，力钧则度德，德优者胜。德钧则度义，义直者胜。此二语，意古者兵志之辞。度德者，其君孰贤，其国孰治，法令孰行。度义者，兵孰有名，仗义孰正，执言孰直。"受有臣亿万，惟亿万心"，是众叛亲离，寡助之至，力且不同，况德义乎？若武王之德，则仰之若父母者也；武王之义，则望之若时雨者也。三千一心，所谓仁不可为众也。

十万曰亿（蔡氏十作百误）。

一心，则三千可当亿万，所谓和无寡也。

22.（清）库勒纳等撰《日讲书经解义》卷六《周书·泰誓上》

同力，度德；同德，度义。受有臣亿万，惟亿万心。予有臣三千，惟一心。

此一节书是，即人事以明伐商有必克之理也。度，量度也。"同力，度德；同德，度义"，此二句，古者兵志之词也。十万谓之亿。武王曰，我闻兵志有云，凡两军相对，若彼此兵力齐等，则较量其平日孰行善，而为有德；孰行恶而为无德。德胜，则虽有力者，亦不能与之敌矣。若彼此德行相等，则又较量其临时，孰兵出有名，而为义；孰兵出无名而为不义。义胜，则虽有德者亦不能与之敌矣。夫兵家胜负之形，可决如此。今以商、周之力较之，受之臣子虽有亿万之众，然亦亿万其心，虽多亦不足恃也。我之臣子虽止有三千，然其心却是一心。其心既一，以此赴敌，何敌不摧乎？是较其兵力，已不胜我也，又何论德与义哉？信乎，伐商之必克也，可见失人心，则虽强亦终为弱；得人心则虽寡，亦能胜众。联属人心之本，非修德行仁，何以哉？

（元）陈师凯《书蔡氏传旁通》卷四上《周书·泰誓上》

"同力，度德；同德，度义"，意古者兵志之词。

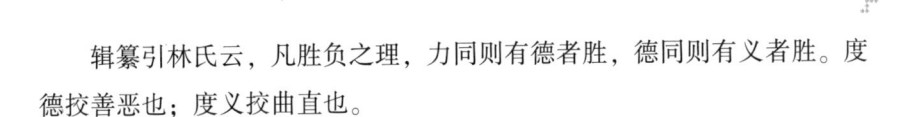

辑纂引林氏云，凡胜负之理，力同则有德者胜，德同则有义者胜。度德挍善恶也；度义挍曲直也。

（明）梅鷟《尚书考异》卷四《泰誓中》

（归善斋按，原文在《泰誓中》）

同德，度义。

成二年，君子曰，《泰誓》所谓，殷兆民离，周十人同者众也。昭二十四年《左传》召简公南宫嚚，以甘桓公见王子朝，刘子谓苌弘曰，甘氏又往矣。对曰，何害，同德度义。《泰誓》曰，纣有亿兆夷人，亦有离德；予有乱臣十人，同心同德。杜氏注曰，言唯同心同德，则能谋义。子朝不能于我何害。纣众亿兆，兼有四夷，不能同德，终败亡。武王言我有治臣十人，虽少同心也。今《泰誓》无此语。杜注所谓今《泰誓》，指前汉伪《泰誓》也。

今按苌弘之言，正因《泰誓》"同心同德"之言，故言惟同德者，则能度义。今甘桓公虽见子朝，不过如纣之离德者耳，虽有亿兆，亦奚以焉。盖同德与离德相对，意自明白。故下又劝其务德，无患无人。作古文者，无以钉饾成篇，并苌弘之所自言亦略，以为经又生"同力度德"之言。于上，则以力钧者度，德德钧者度义，窃取王子朝"年钧以德，德钧以卜"。又襄三十年，穆叔"年钧择贤，义钧则卜"之意，而于《泰誓》"离德"、"同德"之义背驰矣。于是遂移苌弘所引之本文于中篇，而改曰"受有臣亿万，惟亿万心；予有臣三千，惟一心"，则并"同力度德"之言，钉饾四五句矣。此其凑合补缀之大略如此也。尝考之《淮南子·兵略训》兵静，则固；专一，则威；分决，则勇；心疑，则北；力分，则弱。故纣之卒百万之心。武王之卒三千人皆专而一。故千人同心，则得千人力；万人异心则无一人之用。故其言有所本矣。殊不知受有臣亿万，即纣有亿兆夷人，惟亿万心即离心。"万"字比"兆"字，则变而少矣。予有臣三千，即予有乱臣十人惟一心，即同心，三千比十人，则变而多矣。三千，用《孟子》虎贲三千人也。中篇之末曰"乃一德一心"又改"同"字为"一"字，亦何用如此之重复耶。刘炫不知反据古文，以规杜注，噫刘炫过矣。襄二十八年，叔孙曰，武王有乱臣十人，崔子其有乎。又襄

581

二十九年,子太叔曰,弃同即异,是谓离德。

受有臣亿万,惟亿万心

1. (汉)孔氏传、(唐)陆德明音义、孔颖达疏《尚书注疏》卷十《周书·泰誓上》

受有臣亿万,惟亿万心。

传,人执异心,不和谐。

音义:

亿,十万曰亿。

2. (宋)苏轼撰《书传》卷九《周书·泰誓上第一》

受有臣亿万,惟亿万心。予有臣三千,惟一心。商罪贯盈,天命诛之。予弗顺天,厥罪惟钧。予小子夙夜祇惧,受命文考,类于上帝,宜于冢土。

冢土,社也。祭社,曰宜。

3. (宋)林之奇《尚书全解》卷二十二《周书·泰誓上》

(归善斋按,见"同力,度德;同德,度义")

4. (宋)史浩《尚书讲义》卷十一《周书·泰誓上》

(归善斋按,见"惟受罔有悛心,乃夷居,弗事上帝神祇,遗厥先宗庙弗祀")

5. (宋)夏僎《尚书详解》卷十六《周书·泰誓上》

(归善斋按,见"同力,度德;同德,度义")

6.（宋）时澜《增修东莱书说》卷十四《周书·泰誓上第一》

受有臣亿万，惟亿万心；予有臣三千，惟一心。商罪贯盈，天命诛之。予弗顺天，厥罪惟钧。

人心本同，纣无以一之，故亿万人，惟亿万心。武王有以一之，故三千人惟一心也。为君之理，系于人心而已。人心之离，独夫也；人心之合，天子也。商纣之罪，已满盈，天命诛之。若弗顺天，其罪与纣均矣。大抵公之与私，天理之与人欲，不外于当为，与不当为之间。纣之恶，为其所不当为，所以为逆天。武王既承天命，则当为也，若不往伐，是不为其所当为，亦为逆天。罪岂不与纣同乎。

7.（宋）黄度《尚书说》卷四《周书·泰誓上》

（归善斋按，见"同力，度德；同德，度义"）

8.（宋）袁燮《絜斋家塾书钞》卷五《周书·泰誓上》

（归善斋按，见"同力，度德；同德，度义"）

9.（宋）蔡沈《书经集传》卷四《周书·泰誓上》

（归善斋按，见"同力，度德；同德，度义"）

10.（宋）黄伦《尚书精义》卷二十四《周书·泰誓上》

（归善斋按，见"同力，度德；同德，度义"）

11.（宋）陈经《尚书详解》卷二十一《周书·泰誓上》

（归善斋按，见"天佑下民，作之君，作之师"）

12.（宋）钱时《融堂书解》卷九《周书·泰誓上》

（归善斋按，见"同力，度德；同德，度义"）

13. （宋）魏了翁《尚书要义》卷十《泰誓》至《武成》

（归善斋按，未引）

14. （宋）陈大猷《书集传或问》卷上《泰誓》

（归善斋按，未解）

15. （宋）胡士行《尚书详解》卷六《周书·泰誓上第一》

（归善斋按，见"同力，度德；同德，度义"）

16. （元）吴澄《书纂言》

（归善斋按，无此篇）

17. （元）陈栎《书集传纂疏》卷四上《朱子订定蔡氏集传周书·泰誓上》

（归善斋按，见"同力，度德；同德，度义"）

18. （元）许谦《读书丛说》卷六《周书·泰誓上》

（归善斋按，未解）

19. （元）董鼎《书传辑录纂注》卷三《周书·泰誓上》

（归善斋按，见"同力，度德；同德，度义"）

20. （元）朱祖义《尚书句解》卷六《周书·泰誓上第一》

受有臣亿万（今受有臣十千十万），惟亿万心（其心不一）。

21. （明）王樵《尚书日记》卷九《周书·泰誓上》

（归善斋按，见"同力，度德；同德，度义"）

22.（清）库勒纳等撰《日讲书经解义》卷六《周书·泰誓上》

（归善斋按，见"同力，度德；同德，度义"）

（元）陈师凯《书蔡氏传旁通》卷四上《周书·泰誓上》

百万曰亿。

辑纂引余氏云，此谓"百万曰亿"，《洛诰》训"十万曰亿"。新安陈氏曰，韦昭注《楚语》云"十万曰亿"，古数也。秦改以"万万为亿"，今解《尚书》合主"十万为亿"之说。"百万为亿"，未见所本。

（明）马明衡《尚书疑义》卷四《周书·泰誓上》

"受臣亿万，惟亿万心；予有臣三千惟一心"，则天意可见矣，故承之曰"商罪贯盈，天命诛之。予弗顺天，厥罪惟钧"也，言一听于天而已矣。

予有臣三千，惟一心

1.（汉）孔氏传、（唐）陆德明音义、孔颖达疏《尚书注疏》卷十《周书·泰誓上》

予有臣三千，惟一心。
传，三千一心，言同欲。

2.（宋）苏轼撰《书传》卷九《周书·泰誓上第一》

（归善斋按，未解）

3.（宋）林之奇《尚书全解》卷二十二《周书·泰誓上》

（归善斋按，见"同力，度德；同德，度义"）

4.（宋）史浩《尚书讲义》卷十一《周书·泰誓上》

(归善斋按，见"惟受罔有悛心，乃夷居，弗事上帝神祇，遗厥先宗庙弗祀"）

5.（宋）夏僎《尚书详解》卷十六《周书·泰誓上》

(归善斋按，见"同力，度德；同德，度义"）

6.（宋）时澜《增修东莱书说》卷十四《周书·泰誓上第一》

(归善斋按，见"受有臣亿万，惟亿万心"）

7.（宋）黄度《尚书说》卷四《周书·泰誓上》

(归善斋按，见"同力，度德；同德，度义"）

8.（宋）袁燮《絜斋家塾书钞》卷五《周书·泰誓上》

(归善斋按，见"同力，度德；同德，度义"）

9.（宋）蔡沈《书经集传》卷四《周书·泰誓上》

(归善斋按，见"同力，度德；同德，度义"）

10.（宋）黄伦《尚书精义》卷二十四《周书·泰誓上》

(归善斋按，见"同力，度德；同德，度义"）

11.（宋）陈经《尚书详解》卷二十一《周书·泰誓上》

(归善斋按，见"天佑下民，作之君，作之师"）

12.（宋）钱时《融堂书解》卷九《周书·泰誓上》

(归善斋按，见"同力，度德；同德，度义"）

13.（宋）魏了翁《尚书要义》卷十《泰誓》至《武成》

(归善斋按，未引)

14.（宋）陈大猷《书集传或问》卷上《泰誓》

(归善斋按，未解)

15.（宋）胡士行《尚书详解》卷六《周书·泰誓上第一》

(归善斋按，见"同力，度德；同德，度义")

16.（元）吴澄《书纂言》

(归善斋按，无此篇)

17.（元）陈栎《书集传纂疏》卷四上《朱子订定蔡氏集传周书·泰誓上》

(归善斋按，见"同力，度德；同德，度义")

18.（元）许谦《读书丛说》卷六《周书·泰誓上》

(归善斋按，未解)

19.（元）董鼎《书传辑录纂注》卷三《周书·泰誓上》

(归善斋按，见"同力，度德；同德，度义")

20.（元）朱祖义《尚书句解》卷六《周书·泰誓上第一》

予有臣三千，惟一心（心一，所以见力与德、义，纣皆不我敌也）。

21.（明）王樵《尚书日记》卷九《周书·泰誓上》

(归善斋按，见"同力，度德；同德，度义")

22.（清）库勒纳等撰《日讲书经解义》卷六《周书·泰誓上》

（归善斋按，见"同力，度德；同德，度义"）

（明）马明衡《尚书疑义》卷四《周书·泰誓上》

（归善斋按，见"受有臣亿万，惟亿万心"）

（清）朱鹤龄《尚书埤传》卷九《周书·泰誓》

亿万，有臣三千。

邹季友曰，蔡传"百万曰亿"，按《风俗通》，十万曰亿。毛诗郑笺"十万曰亿"。孔疏云，方百里为田，九十亿亩，是亿为十万也。《国语》韦昭注云，十万曰亿，古数也。秦时改制，始以万万曰亿。今解《尚书》合用古数。百万曰亿。未见所本。然《洛诰》传又言"十万曰亿"则于此不应异释也。岂传写之误耶？

按兵法，戎车一乘，甲士三人，步卒七十二人。千乘之车，合用甲士三千人，故曰有臣三千也。孟子亦曰"虎贲三千人"。

商罪贯盈，天命诛之，予弗顺天，厥罪惟钧

1.（汉）孔氏传、（唐）陆德明音义、孔颖达疏《尚书注疏》卷十《周书·泰誓上》

商罪贯盈，天命诛之，予弗顺天，厥罪惟钧。

传，纣之为恶，一以贯之，恶贯已满，天毕其命，今不诛纣，则为逆天，与纣同罪。

音义：

贯，古乱反。

疏：

传正义曰,纣之为恶,如物在绳索之贯,一以贯之,其恶贯已满矣。物极则反,天下欲毕其命,故上天命我诛之,今我不诛纣,则是逆天命,无恤民之心,是我与纣同罪矣。犹如律故纵者,与同罪也。

2. （宋）苏轼撰《书传》卷九《周书·泰誓上第一》

(归善斋按,未解)

3. （宋）林之奇《尚书全解》卷二十二《周书·泰誓上》

(归善斋按,见"同力,度德;同德,度义")

4. （宋）史浩《尚书讲义》卷十一《周书·泰誓上》

(归善斋按,见"惟受罔有悛心,乃夷居,弗事上帝神祇,遗厥先宗庙弗祀")

5. （宋）夏僎《尚书详解》卷十六《周书·泰誓上》

(归善斋按,见"同力,度德;同德,度义")

6. （宋）时澜《增修东莱书说》卷十四《周书·泰誓上第一》

(归善斋按,见"受有臣亿万,惟亿万心")

7. （宋）黄度《尚书说》卷四《周书·泰誓上》

商罪贯盈,天命诛之。予弗顺天,厥罪惟钧。

贯,如"绳贯物"之"贯"。纣之不善,非一事,而同归于乱,如绳之贯物。圣人之察天,密矣。天命在武王,不能顺天而讨之,存其罪,与为恶者钧,是故此义为严。

8. （宋）袁燮《絜斋家塾书钞》卷五《周书·泰誓上》

(归善斋按,见"同力,度德;同德,度义")

9.（宋）蔡沈《书经集传》卷四《周书·泰誓上》

商罪贯盈，天命诛之。予弗顺天，厥罪惟钧。

贯，通；盈，满也，言纣积恶如此，天命诛之。今不诛纣，是长恶也，其罪岂不与纣钧乎。如律故纵者与同罪也。

10.（宋）黄伦《尚书精义》卷二十四《周书·泰誓上》

（归善斋按，见"同力，度德；同德，度义"）

11.（宋）陈经《尚书详解》卷二十一《周书·泰誓上》

（归善斋按，见"天佑下民，作之君，作之师"）

12.（宋）钱时《融堂书解》卷九《周书·泰誓上》

（归善斋按，见"同力，度德；同德，度义"）

13.（宋）魏了翁《尚书要义》卷十《泰誓》至《武成》

（归善斋按，未引）

14.（宋）陈大猷《书集传或问》卷上《泰誓》

（归善斋按，未解）

15.（宋）胡士行《尚书详解》卷六《周书·泰誓上第一》

（归善斋按，见"同力，度德；同德，度义"）

16.（元）吴澄《书纂言》

（归善斋按，无此篇）

17.（元）陈栎《书集传纂疏》卷四上《朱子订定蔡氏集传周书·泰誓上》

商罪贯盈，天命诛之。予弗顺天，厥罪惟钧。

贯，通；盈，满也，言纣积恶如此，天命诛之。今不诛纣是长恶也，其罪岂不与纣钧乎？如律故纵者与同罪也。

纂疏：

唐孔氏曰，纣之恶，如绳贯物，其贯已满。

18. （元）许谦《读书丛说》卷六《周书·泰誓上》

（归善斋按，未解）

19. （元）董鼎《书传辑录纂注》卷三《周书·泰誓上》

商罪贯盈，天命诛之，予弗顺天，厥罪惟钧。

贯，通；盈，满也，言纣积恶如此，天命诛之。今不诛纣，是长恶也，其罪岂不与纣钧乎？如律故纵者与同罪也。

纂注：

唐孔氏曰，纣之恶，如绳贯物，其贯已满。

20. （元）朱祖义《尚书句解》卷六《周书·泰誓上第一》

商罪贯盈（纣罪恶如绳之贯物绳亦盈满）天命诛之（故天命我诛之）予弗顺天（我若不顺天诛之）厥罪惟钧（其得罪于天与纣同）

21. （明）王樵《尚书日记》卷九《周书·泰誓上》

商罪贯盈，天命诛之。予弗顺天，厥罪惟钧。

贯盈，孔氏曰，恶贯已满。正义曰，纣之为恶，如物在绳索之贯，其恶贯已满，天命我诛之，今我不诛纣，则是逆天之命，是我与纣同罪矣。

按宣六年《左传》晋侯欲伐赤狄，中行桓子曰，使疾其民以盈，其贯将可殚也，可以证此，二孔说是。蔡氏云，贯通盈满也，训"贯"字，非。

22. （清）库勒纳等撰《日讲书经解义》卷六《周书·泰誓上》

商罪贯盈，天命诛之。予弗顺天，厥罪惟钧。予小子，夙夜祗惧，受命文考，类于上帝，宜于冢土，以尔有众，厎天之罚。

此二节书是，言天命伐商有必往之势，故禀文王之命，而致天之伐也。贯，通也。盈，满也。钧，犹言"同"。夙，早也。类者，祭天之名，以其礼与郊祀相类，故谓之"类"。宜者，祭地之名，祭后土以求福宜，故谓之"宜"。冢土，后土也。厎，解作"致"。武王曰，今日伐商，盖亦事势所不容已耳。使商罪未极，天心未厌，则我之征伐，犹为可已。今受穷凶极恶，其罪已贯通盈满矣。天厌其罪，命我诛之。我若不顺天行诛，是容纵恶人，抗违天命也。其罪不与受钧乎？故我小子畏天之威，早夜敬惧，以伐商之举，天本命我文考，乃先受命于文考之庙，又行类礼于上帝，求福宜于后土，皆以伐商之事告之。于是，率尔有众致天之罚于商，盖将求免夫惟钧之罪，非出于轻动也，尔众其念之哉？盖奉天伐暴，圣人初无利天下之心，故汤之伐桀曰"予畏上帝不敢不正"，武王之伐纣曰"予弗顺天，厥罪惟钧"其义一也。

（元）陈师凯《书蔡氏传旁通》卷四上《周书·泰誓上》

贯通盈满也。
唐孔氏曰，纣之恶，如绳贯物，其贯已满。

（明）梅鷟《尚书考异》卷四《泰誓上》

商罪贯盈，天命诛之，予弗顺天，厥罪惟钧。
《汤誓》曰"有夏多罪天命诛之"，又曰"予畏上帝，不敢不正"。宣六年中，行桓子曰。使疾其民以盈其贯，将可殪也。因下文引《周书》曰"殪戎殷"，故言"商罪贯盈，犹面墙"之类。

（明）马明衡《尚书疑义》卷四《周书·泰誓上》

（归善斋按，见"受有臣亿万，惟亿万心"）

（清）朱鹤龄《尚书埤传》卷九《周书·泰誓》

贯盈。
袁黄曰，正义云，纣之为恶，如物在绳索之贯，其恶贯已满。蔡注

"贯"训"通",欠明。

(清)张英《书经衷论》卷三《周书·泰誓》

《汤誓》之言曰"予畏上帝不敢不正",《泰誓》之言曰"予弗顺天厥罪惟钧",圣人岂借口天命而为此矫诬上帝之语哉?盖天生圣人之德,以为万民之主。汤、武既有其德矣,而又居诸侯之位,岂有目击桀纣之荼毒其民,而漫无一动念者乎?汤之囚于夏台,文王之囚于羑里,当时必汤、文数谏而逢其怒,又忌二君之得民,而欲剪灭之。如《书》所云"苗之有莠,粟之有秕"也。汤、武之言,皆若有所禀受于帝,承命于天而为此,断然不可已之词,圣人之自信岂偶然哉。

予小子夙夜祗惧,受命文考,类于上帝,宜于冢土,以尔有众,底天之罚

1. (汉)孔氏传、(唐)陆德明音义、孔颖达疏《尚书注疏》卷十《周书·泰誓上》

予小子夙夜祗惧,受命文考,类于上帝,宜于冢土,以尔有众,底天之罚。

传,祭社曰宜;冢;土社也,言我畏天之威,告文王庙,以事类告天祭社,用汝众,致天罚于纣。

音义:

类,师祭名。冢,中勇反。底,之履反。

疏:

传正义曰,《释天》引《诗》云"乃立冢上,戎丑攸行",即云,起大事,动大众,必先有事乎,社而后出,谓之宜。孙炎曰,宜,求见福佑也,是祭社曰宜。冢,训大也。社是土神,故冢,土社也。毛诗传云,冢土,大社也。受命文考,是告庙以行,故为告文王庙也。《王制》云,天子将出,类乎上帝,宜乎社,造乎祢。此受命文考,即是造乎祢也。《王

制》以神尊卑为次，故先言帝、社，后言祢。此以庙是己亲，若言家内私义，然后告天，故先言"受命文考"，而后言"类于上帝"。《舜典》"类于上帝"传云，告天及五帝。此以事类告天，亦当如彼也。罚纣是天之意，故用汝众，致天罚于纣也。

2. （宋）苏轼撰《书传》卷九《周书·泰誓上第一》

（归善斋按，另见"受有臣亿万，惟亿万心"）

以尔有众底天之罚。天矜于民，民之所欲，天必从之。尔尚弼予一人，永清四海。时哉，弗可失。

3. （宋）林之奇《尚书全解》卷二十二《周书·泰誓上》

（归善斋按，见"同力，度德；同德，度义"）

4. （宋）史浩《尚书讲义》卷十一《周书·泰誓上》

（归善斋按，见"惟受罔有悛心，乃夷居，弗事上帝神祇，遗厥先宗庙弗祀"）

5. （宋）夏僎《尚书详解》卷十六《周书·泰誓上》

（归善斋按，见"同力，度德；同德，度义"）

6. （宋）时澜《增修东莱书说》卷十四《周书·泰誓上第一》

予小子夙夜祗惧，受命文考，类于上帝，宜于冢土。以尔有众，底天之罚。天矜于民，民之所欲，天必从之。尔尚弼予一人，永清四海。时哉，弗可失。

此汤所谓"敢用玄牡，敢昭告于皇皇后帝"也。使武王有一毫愧心。必不能对越而为之矣。"天矜于民，民之所欲，天必从之"，见天之与民甚亲。仲舒所谓"天、人之际"也。武王至此，言尚庶几辅我一人，圣人临事之心也。"永清四海"，四海本清，而纣污之。伐纣，四海即清矣。君者，四海之源也。"时哉不可失"，武王见天已的，谓此天时灼不可失正，敕天之命，"惟时惟几"之"时"，非后世所谓乘机会赴事功之比也。

7. （宋）黄度《尚书说》卷四《周书·泰誓上》

予小子，夙夜祗惧，受命文考，类于上帝，宜于冢土，以尔有众，厎天之罚。

《诗》文王"受命作周"，《书》武王"受命文考"一意。《周官》太祝、太师造于庙，宜于社，类上帝，伐商王事也。故师祭，皆以王者之礼，建诸天地，而不悖；质诸鬼神，而无疑也。

8. （宋）袁燮《絜斋家塾书钞》卷五《周书·泰誓上》

予小子夙夜祗惧，受命文考，类于上帝，宜于冢土，以尔有众，厎天之罚。

武王伐纣，岂轻易哉，盖有不得已焉尔。汤曰"栗栗危惧"，武王曰"夙夜祗惧"，犯天下不韪之名，为此征伐之举，是诚可惧也。观"受命文考"一句，则知伐商者，实文王之心也。后世以私意小智，妄测度圣人，遂以汤、武之事而每致疑焉。其实尧、舜之揖逊，汤、武之征伐，易地则皆然。武王之伐商，即文王事商之心也。使文王当武王之时，则亦取之矣。只缘当文王时，纣未甚无道，所以三分天下有二以服事商。然而武王之伐，乃受文考之命尔。东坡《武王论》以为武王观兵孟津而归，纣若改立君，武王之待亦若是而已矣。其言非不美，然而天下岂有此理，以臣伐君，而尚有北面事其子孙者乎？魏晋而下，固有避篡弑之名而为受禅之举者，然其后终不能两立。若是汤、武不可伐，只是不伐，若理所当伐，只得革命，非吾有利天下之心也，理所当然也。类者，祭天之名；宜者，祭地之名。德与天似，谓之类；德与地合，谓之宜。吾今日之举，既是受命文考，及祭上帝，而又类于上帝矣；祭冢土，而又宜于冢土矣。于是以尔有众，厎天之罚，盖天罚所宜加，吾特从而致之，故谓之"厎"。

9. （宋）蔡沈《书经集传》卷四《周书·泰誓上》

予小子，夙夜祗惧，受命文考，类于上帝，宜于冢土，以尔有众，厎天之罚。

厎，致也。冢土，大社也，祭社曰宜。上文言，纵纣不诛，则罪与纣钧，故此言，予小子畏天之威，早夜敬惧，不敢自宁，受命于文王之庙，告于天神，地祇，以尔有众，致天之罚于商也。《王制》曰，天子将出，类乎上帝，宜乎社，造乎祢。受命文考，即造乎祢也。《王制》以神尊卑为序，此先言"受命文考"者，以伐纣之举，天本命之文王，武王特禀文王之命，以卒其伐功而已。

10.（宋）黄伦《尚书精义》卷二十四《周书·泰誓上》

予小子夙夜祇惧，受命文考，类于上帝，宜于冢土，以尔有众，厎天之罚。天矜于民，民之所欲，天必从之。尔尚弼予一人，永清四海。时哉，弗可失。

无垢曰，以弗顺天诛纣，则武王之罪与纣同，所以武王"夙夜祇惧"而不敢己，故以此意告于鬼神、皇天、后土，而以尔有众致天罚于纣也。致天之罚，以言非出私己也。夫天之伐纣，岂谆谆然命武王哉，视民之所欲而已。民不堪纣之暴虐，如在汤火中，日夜欲去纣之心，如决疣溃痈。民之心如此，武王之心亦如此。天以民为心，民心如此，则天之心可知矣。何以知天之心如此哉，天矜于民，民之所欲，天必从之。于是武王告有邦冢君，及御事、庶士，以天意如此，弗可已也。予一人，意已决矣。尔辈庶几弼助我以成此大功。盖凡举事，莫不有时，欲四海永清，顾难得其时耳。今天意将清四海，此时岂可失耶？盖纣之所为，实腥臊宇宙，秽浊天地，去纣一人则四海永清矣。

张氏曰，纣为无道之甚，武王以天命，行天讨可以无畏矣。犹曰"夙夜祇惧"者，盖人之所畏，不得不畏。不畏者己也，畏之者，所以同于人也。

吕氏曰，天于民甚亲，得天人之际处，源清则流清。纣是源头，去得纣，便是永清四海。时不可失，是"敕天之命，惟时惟几"之意。

11.（宋）陈经《尚书详解》卷二十一《周书·泰誓上》

予小子，夙夜祇惧，受命文考，类于上帝，宜于冢土，以尔有众，厎天之罚。天矜于民，民之所欲，天必从之。尔尚弼予一人，永清四海，时哉弗可失。

夙夜祗惧,所以见武王之心,即敬心也。纣之恶,在于弗敬上天;文王之德在于肃将天威;武王之德,在于夙夜祗惧。敬与不敬,而圣愚分焉。使武王于此知天命人心之归己而遂泰然自足,岂所以为武王哉。惟祗惧之心有加无已,故受命文考者,受代商之命也。类上帝,宜冢土者,告于天神与社之神而后行,参之天地而不悖,质之鬼神而无疑者。类与宜,皆祭之名。

"以尔有众致天之罚",则非武王之私意。观三篇之书,大率以天为言,且以武王之圣,纣之不肖,不待较而天渊矣;民之归周而叛商,不待诰谕而影响矣。今也,天之一辞,叮咛告戒,置之于口舌牙颊,有所不言,言之而天不能释,武王非过虑者欤。余于此可见武王之心。虽去之千百载。即其言而默思之。其斋严肃敬,温清淳和,谓之夙夜祗惧,讵不信然。

天矜于民,民之所欲,天必从之。天道高远难测,武王言之如是其晓然者,后世以天、人为二理,故以天自天,民自民。圣人以天、人为一致,惟以民情之好恶,见天意之从违。民之所欲,即天之所从也。孟津之会,八百诸侯,此岂人力也哉。

"尔尚弼辅,我一人永清四海",盖君者源也,民者流也,源清则流必清;源浊,则流必浊。今若去纣之恶,是清其源,而天皆清矣,故曰"永清"。有礼义廉耻之风,清也。无盗窃滥僭之风,非清乎?有推辞揖逊之心,清也;无贪奸斗夺之心,非清乎?故闻伯夷之风者,顽夫廉,懦夫有立志,是亦伯夷之清,闻其风者亦莫不清也。

"时哉不可失",圣人不能违时,亦不可失时。时者,当其可之谓也。武王此举,亦惟时措之宜而已。此即度义也甚矣。时之难知也,惟圣人为能知之,使武王而居文王之世,则当服事商,盖服事商者,时也。使武王当尧舜之世,则当揖逊,揖逊者,亦时也。今武王之伐商,以谓"时哉不可失",岂非伐商者乃武王之所谓时者乎,故曰先圣、后圣其揆一也。

12. (宋)钱时《融堂书解》卷九《周书·泰誓上》

(归善斋按,见"同力,度德;同德,度义")

13. （宋）魏了翁《尚书要义》卷十《泰誓》至《武成》

（归善斋按，未引）

14. （宋）陈大猷《书集传或问》卷上《泰誓》

（归善斋按，未解）

15. （宋）胡士行《尚书详解》卷六《周书·泰誓上第一》

（归善斋按，见"同力，度德；同德，度义"）

16. （元）吴澄《书纂言》

（归善斋按，无此篇）

17. （元）陈栎《书集传纂疏》卷四上《朱子订定蔡氏集传周书·泰誓上》

予小子，夙夜祗惧。受命文考，类于上帝，宜于冢土，以尔有众，厎天之罚。

厎，致也。冢土，大社也。祭社曰宜，言纵纣不诛，则罪与纣钧，故此言予小子畏天之威，早夜敬惧，不敢自宁。受命于文王之庙，告于天神、地祇，以尔有众，致天之罚于商也。《王制》曰"天子将出，类乎上帝，宜乎社，造乎祢"，受命文考，即造乎祢也。《王制》以神尊卑为序，此先言"受命文考"者，以伐纣之举，天本命之文王，武王特禀文王之命，以卒其伐功而已。

纂疏：

陈氏经曰，纣之恶，在不敬上天；文王之德，在肃将天威；武王之德，在夙夜祗惧。敬与不敬，圣狂分焉，兴亡判焉。

18. （元）许谦《读书丛说》卷六《周书·泰誓上》

（归善斋按，未解）

19.（元）董鼎《书传辑录纂注》卷三《周书·泰誓上》

予小子，夙夜祗惧，受命文考，类于上帝，宜于冢土，以尔有众，厎天之罚。

厎，致也。冢土，大社也，祭社曰宜。上文言纵纣不诛，则罪与纣钧，故此言予小子畏天之威，早夜敬惧，不敢自宁，受命于文王之庙，告于天神、地祇，以尔有众致天之罚于商也。《王制》曰，天子将出，类乎上帝，宜乎社，造乎祢。受命文考，即造乎祢也。《王制》以神尊卑为序，此先言"受命文考"者，以伐纣之举，天本命之文王，武王特禀文王之命，以卒其伐功而已。

纂注：

陈氏经曰，纣之恶，在不敬上天；文王之德，在肃将天威；武王之德，在夙夜祗惧。敬与不敬，圣狂分焉，兴亡判焉。

20.（元）朱祖义《尚书句解》卷六《周书·泰誓上第一》

予小子夙夜祗惧（我于是早夜祗敬畏惧，不敢安居），受命文考（受命于我文德之父文王），类于上帝（以物之类天者，祀天也），宜于冢土（祭社曰宜；冢土，社神也），以尔有众（遂以尔有众之诸侯），厎天之罚（致天之罚于纣）。

21.（明）王樵《尚书日记》卷九《周书·泰誓上》

"予小子夙夜祗惧"至"厎天之罚"。

祭社曰宜；冢土，大社也。厎，致也。《王制》云，天子将出，类乎上帝，宜乎社，造乎祢。受命文考，即造乎祢也。《王制》以神尊卑为次，此先言受命文考者，以天本命文考肃将天威，武王卒其伐功，故受命文王之庙，而后告于皇天、后土。

按，不徒曰格于文考，而曰受命于文考，疑卜于文考之庙，以请其可否，故谓之受命。观"朕梦协朕卜"之言，则知必尝卜矣。

天子祭天地，诸侯不得与也，此云类于上帝，则是出师之时，即以天子之礼行矣。而儒者犹谓称王为追书，是嫌圣人之事而文之也。

22.（清）库勒纳等撰《日讲书经解义》卷六《周书·泰誓上》

（归善斋按，见"商罪贯盈，天命诛之。予弗顺天，厥罪惟钧"）

（元）陈师凯《书蔡氏传旁通》卷四上《周书·泰誓上》

冢土，太社也，祭社曰宜。

冢，训"太"；社，土神也。故知，冢土为太社。孙炎《尔雅》注云，宜者，宜求见福佑也。

（明）梅鷟《尚书考异》卷四《泰誓上》

予小子，夙夜祗惧，受命文考，类于上帝，宜于冢土，以尔有众，厎天之罚。

《王制》天子将出征，类乎上帝，宜乎社，造乎祢。《诗·太王》"乃立冢土"。《王制》又曰"受命于祖"。

（明）马明衡《尚书疑义》卷四《周书·泰誓上》

予小子，夙夜祗惧，受命文考。

所谓受命者，只告诸文王之庙，即为受命，非真文王密有所命也。盖时既当然，即道理当然，不越乎道理，即不违乎文王矣。文王、武王，作用虽有不同，然其安天下之心一也。后世，曹操自拟文王，而使其子丕取汉，为武王。呜呼！是岂可同日而语哉。圣人之事，乃为奸宄欺世之资，兹故不可不论。

（清）王夫之《尚书稗疏》卷四上《周书·泰誓》

宜于冢土。

注云，冢土，大社也。按，天子为民立社，曰大社。自立社，曰王社。诸侯为民立社，曰国社，自立社，曰侯社。有大师则设军社。军社，为军而设，不在大社，王社，国社，侯社之列。《绵》之诗曰"乃立冢土，戎丑攸行"，明军社之为戎行设也。盖二社，为国所凭依，无可迁行之礼。故《春秋传》曰不有居者，谁守社稷，则君行，而社不与俱行矣。乃以大师所次，民聚而君在焉。则军舍而居，然国容以祈，以报，不容无主，则别立冢土，以为军行之社。师出则载以行，斯国社不移，而军自有社。故诗曰"戎丑攸行"，而礼谓之设，明其非大社矣。周当太王之世，遵用殷礼，则预立冢土，以待戎行。武王承之，至周公定礼，以冢土预立，无事则嫌于渎设，乃废预立之制，而有大师，则暂立焉。故《小宗伯之职》曰"若大师则帅有司而立军社"，《肆师之职》曰"凡师甸用牲于社宗"，而郑元曰，社，军社也。武王以前，冢土预立，则师将行，而宜祭亦于此社。周公以后，军社不预立，则先宜于大社，而后立军社。故《周礼·大祝》曰"大师宜于社，造于祖，设军社"，先宜而后设，则所宜者，非所设矣。而《春秋传》之"祓社衅鼓，祝奉以从"，祝为师祝，而社亦军社。其国社、侯社固自若也。武王之所宜者，太王所立之军社。《周礼》所云"大师宜于社"者，自王畿之大社，既不可泥《礼》以说《书》，而太王为殷之侯国，有国社，而无大社，则冢土不得有大社之名。毛传曰，美太王之社，遂为大社，则与泥《礼》以说《诗》均于失已。

天矜于民，民之所欲，天必从之

1.（汉）孔氏传、（唐）陆德明音义、孔颖达疏《尚书注疏》卷十《周书·泰誓上》

天矜于民，民之所欲，天必从之。
传，矜，怜也，言天除恶树善，与民同。
音义：
从，才容反。

2.（宋）苏轼撰《书传》卷九《周书·泰誓上第一》

（归善斋按，未解）

3.（宋）林之奇《尚书全解》卷二十二《周书·泰誓上》

（归善斋按，见"同力，度德；同德，度义"）

4.（宋）史浩《尚书讲义》卷十一《周书·泰誓上》

（归善斋按，见"惟受罔有悛心，乃夷居，弗事上帝神祇，遗厥先宗庙弗祀"）

5.（宋）夏僎《尚书详解》卷十六《周书·泰誓上》

（归善斋按，见"同力，度德；同德，度义"）

6.（宋）时澜《增修东莱书说》卷十四《周书·泰誓上第一》

（归善斋按，见"予小子夙夜祇惧，受命文考，类于上帝，宜于冢土。以尔有众，底天之罚"）

7.（宋）黄度《尚书说》卷四《周书·泰誓上》

天矜于民，民之所欲，天必从之。尔尚弼予一人，永清四海，时哉，弗可失。

观民情向背，可以占天意矣。天且亡殷，然而弼予一人，非心力之一，莫能济也。圣人所以尽人事者，又如此。一失此时，四海又至何时而能清邪？

8.（宋）袁燮《絜斋家塾书钞》卷五《周书·泰誓上》

天矜于民，民之所欲，天必从之。尔尚弼予一人，永清四海，时哉，弗可失。

"天视自我民视，天听自我民听"，天、人只是一个道理，天，即民也。民之心，即天之心也。天未尝不矜怜下民，今民皆去商而归周，则天必从之矣。后世用兵，只是一时间扫除天下之乱。古人用兵，不止一时，所谓"永清四海"，自今以往，四海盖永永清静，以至无穷也。"时哉，弗可失"，非曰，及纣无道，乘此时汲汲而取之，如功利者之说。晋武取孙皓，以为吴人改立君，则难图矣。此是后世之心。圣人之心不如此，天下事，皆自有时，理所当为而为实，时也。理当为而不为，则谓之失时。汤放桀，武王伐纣，时也。此盖时之大者也。夏葛，冬裘，渴饮，饥食，此时之小者也，然而一道也。古之圣人。不先时。不后时。时乎未至，虽欲为之不可得；时乎已至，虽欲不为亦不可得矣。文王三分天下有二以服事商，时也；武王大会孟津，为此征伐之举，亦时也。观孟津之誓，不期而会者，八百国，武王又未尝号令，与人期约，而人心翕然如此，则其时，岂可失哉。时便只是这道理。《易》所谓"时义"者也。禹稷三过其门不入，颜子居于陋巷，亦只是时。学者当精讲之。

9.（宋）蔡沈《书经集传》卷四《周书·泰誓上》

天矜于民，民之所欲，天必从之。尔尚弼予一人，永清四海。时哉弗可失。

天矜怜于民，民有所欲，天必从之。今民欲亡纣如此，则天意可知。尔庶几辅我一人，除其邪秽，永清四海，是乃天、人合应之时，不可失也。

10.（宋）黄伦《尚书精义》卷二十四《周书·泰誓上》

（归善斋按，见"予小子夙夜祗惧，受命文考，类于上帝，宜于冢土。以尔有众，厎天之罚"）

11.（宋）陈经《尚书详解》卷二十一《周书·泰誓上》

（归善斋按，见"予小子夙夜祗惧，受命文考，类于上帝，宜于冢土。以尔有众，厎天之罚"）

12.（宋）钱时《融堂书解》卷九《周书·泰誓上》

（归善斋按，见"同力，度德；同德，度义"）

13.（宋）魏了翁《尚书要义》卷十《泰誓》至《武成》

（归善斋按，未引）

14.（宋）陈大猷《书集传或问》卷上《泰誓》

（归善斋按，未解）

15.（宋）胡士行《尚书详解》卷六《周书·泰誓上第一》

（归善斋按，见"同力，度德；同德，度义"）

16.（元）吴澄《书纂言》

（归善斋按，无此篇）

17.（元）陈栎《书集传纂疏》卷四上《朱子订定蔡氏集传周书·泰誓上》

天矜于民，民之所欲，天必从之。尔尚弼予一人，永清四海。时哉，弗可失。

天矜怜于民，民有所欲，天必从之。今民欲亡纣如此，则天意可知。尔庶几辅我一人，除其邪秽，永清四海，是乃天人合应之时，不可失也。

纂疏：

林氏曰，尧授舜，舜授禹，天实与之，则先舜不可失其与之之时。汤放桀，武王伐纣，夫实夺之，则汤、武不可失其取之之时。故韩献子曰，文王率商之叛国，以事纣，惟知时也。《礼运》亦曰，尧授舜，舜授禹，汤放桀，武王伐纣，时也。

陈氏经曰，君，源也。民，流也。源清，则流清。四海本清，纣污浊之。伯夷、太公所以避之，以待天下之清也。去纣而除其秽恶，则源清而天下清矣。

18.（元）许谦《读书丛说》卷六《周书·泰誓上》

（归善斋按，未解）

19.（元）董鼎《书传辑录纂注》卷三《周书·泰誓上》

天矜于民，民之所欲，天必从之。尔尚弼予一人，永清四海。时哉，弗可失。

天矜怜于民，民有所欲，天必从之。今民欲亡纣如此，则天意可知尔。庶几辅我一人，除其邪秽，永清四海，是乃天、人合应之时，不可失也。

纂注：

林氏曰，天之立君，专以为民，故武王于一篇之中，三致意焉。首言"元后作民父母"，以见纣之不能为民父母也。次言作之君、师，以见纣之不能为君、师也。末言民欲天必从，以见民心欲亡纣，而伐之必克也。去一纣，则恶根除，故永清四海。尧授舜、舜授禹，天实与之，则尧、舜不可失其与之之时。汤放桀，武王伐纣，天实夺之，则汤、武不可失其取之之时。故韩献子曰，文王率商之叛国以事纣，惟知时也。《礼运》亦曰，尧授舜，舜授禹，汤放桀，武王伐纣，时也。

陈氏经曰，君，源也；民，流也。源清，则流清。天下本清，纣污浊之，伯夷、太公所以避之，以待天下之清也。去纣，而除其秽恶，则清其源，而天下清矣。

20. （元）朱祖义《尚书句解》卷六《周书·泰誓上第一》

天矜于民（上天常矜怜民），民之所欲，天必从之（今民欲罚纣，天必从而罚之）。

21. （明）王樵《尚书日记》卷九《周书·泰誓上》

天矜于民，民之所欲，天必从之。尔尚弼予一人，永清四海。时哉，弗可失。

矜，悯也。林氏曰，天之立君，专以为民，故武王于一篇之中，三致意焉。首言"元后作民父母"以见纣之不能为民父母也；次言作之君师，以见己之当任君师之责也。《孟子》曰一人衡行于天下，武王耻之，真知武王之心哉。末言民之欲，天必从之，以见民欲亡纣，而伐之必克也。去一纣，则恶本除，故永清四海。

孔氏曰，天、人合同之时，不可违失。

按，时哉不可失，后世袭用其言，而不识其义，将流于利害之私。夫圣人之所谓"时"者义理之所当然而已，上顺天理，下合人心，故曰天、人合应,所以欲其不失者,畏违乎理也,不知其它也。违理是违天也。知予畏上帝之心,则知"时哉,不可失"之心矣。

22.(清)库勒纳等撰《日讲书经解义》卷六《周书·泰誓上》

天矜于民,民之所欲,天必从之。尔尚弼予一人,永清四海。时哉,弗可失。

此一节书是,誓师将终,又致其勉励之意也。矜,怜悯也。弼,辅佐也。武王曰,惟天居高听卑,常有矜怜下民之意。凡民情所欲,天必鉴而从之。民欲平祸乱,即为之平;民欲去疾苦,即为之去。今民欲亡商如此,则天意可知。凡尔有众,庶几辅我一人,除其邪秽,永清四海。夫兵贵乘时,今日正天、人合应之时也。苟失此时,则上拂乎天,下拂乎人,而拨乱反正无日矣。尔等可不乘时以立事哉?《易》称汤、武革命,顺乎天而应乎人,盖圣人之兵,体天意,察民心,而又度时宜,不得已而后动耳,岂有利天下之心哉。

(明)梅鷟《尚书考异》卷四《泰誓中》

(归善斋按,原文在《泰誓中》)

民之所欲,天必从之

襄三十一年,穆叔曰《泰誓》云,民之所欲,天必从之。昭元年,子羽亦引《泰誓》云云。杜预注,今《尚书·泰誓》,亦无此文,故诸儒疑之。孔氏正义曰,今《尚书·泰誓》谓汉魏诸儒,马融、郑玄、王肃等所注者也云云。记传所引《泰誓》悉皆有之。《周语》单襄公亦引此二句,《郑语》史伯亦引。

(清)张英《书经衷论》卷三《周书·泰誓》

(归善斋按,见"惟天地,万物父母,惟人,万物之灵")

尔尚弼予一人，永清四海

1.（汉）孔氏传、（唐）陆德明音义、孔颖达疏《尚书注疏》卷十《周书·泰誓上》

尔尚弼予一人，永清四海。
传，秽恶除，则四海长清。

2.（宋）苏轼撰《书传》卷九《周书·泰誓上第一》

（归善斋按，未解）

3.（宋）林之奇《尚书全解》卷二十二《周书·泰誓上》

（归善斋按，见"同力，度德；同德，度义"）

4.（宋）史浩《尚书讲义》卷十一《周书·泰誓上》

（归善斋按，见"惟受罔有悛心，乃夷居，弗事上帝神祇，遗厥先宗庙弗祀"）

5.（宋）夏僎《尚书详解》卷十六《周书·泰誓上》

（归善斋按，见"同力，度德；同德，度义"）

6.（宋）时澜《增修东莱书说》卷十四《周书·泰誓上第一》

（归善斋按，见"予小子夙夜祗惧，受命文考，类于上帝，宜于冢土。以尔有众，底天之罚"）

7.（宋）黄度《尚书说》卷四《周书·泰誓上》

（归善斋按，见"天矜于民，民之所欲，天必从之"）

8. （宋）袁燮《絜斋家塾书钞》卷五《周书·泰誓上》

（归善斋按，见"天矜于民，民之所欲，天必从之"）

9. （宋）蔡沈《书经集传》卷四《周书·泰誓上》

（归善斋按，见"天矜于民，民之所欲，天必从之"）

10. （宋）黄伦《尚书精义》卷二十四《周书·泰誓上》

（归善斋按，见"予小子夙夜祗惧，受命文考，类于上帝，宜于冢土。以尔有众，厎天之罚"）

11. （宋）陈经《尚书详解》卷二十一《周书·泰誓上》

（归善斋按，见"予小子夙夜祗惧，受命文考，类于上帝，宜于冢土。以尔有众，厎天之罚"）

12. （宋）钱时《融堂书解》卷九《周书·泰誓上》

（归善斋按，见"同力，度德；同德，度义"）

13. （宋）魏了翁《尚书要义》卷十《泰誓》至《武成》

（归善斋按，未引）

14. （宋）陈大猷《书集传或问》卷上《泰誓》

（归善斋按，未解）

15. （宋）胡士行《尚书详解》卷六《周书·泰誓上第一》

（归善斋按，见"同力，度德；同德，度义"）

16. （元）吴澄《书纂言》

（归善斋按，无此篇）

17.（元）陈栎《书集传纂疏》卷四上《朱子订定蔡氏集传周书·泰誓上》

（归善斋按，见"天矜于民，民之所欲，天必从之"）

18.（元）许谦《读书丛说》卷六《周书·泰誓上》

（归善斋按，未解）

19.（元）董鼎《书传辑录纂注》卷三《周书·泰誓上》

（归善斋按，见"天矜于民，民之所欲，天必从之"）

20.（元）朱祖义《尚书句解》卷六《周书·泰誓上第一》

尔尚弼予一人（尔有邦冢君，御事、庶事，庶几辅弼我一人，扫除纣之暴虐），永清四海（以长清四海，如源清则流清。今欲去纣之恶，是清其源，而天下皆清矣）。

21.（明）王樵《尚书日记》卷九《周书·泰誓上》

（归善斋按，见"天矜于民，民之所欲，天必从之"）

22.（清）库勒纳等撰《日讲书经解义》卷六《周书·泰誓上》

（归善斋按，见"天矜于民，民之所欲，天必从之"）

时哉弗可失

1.（汉）孔氏传、（唐）陆德明音义、孔颖达疏《尚书注疏》卷十《周书·泰誓上》

时哉弗可失。

传,言今我伐纣,正是天、人合同之时,不可违失。

2.（宋）苏轼撰《书传》卷九《周书·泰誓上第一》

（归善斋按,未解）

3.（宋）林之奇《尚书全解》卷二十二《周书·泰誓上》

（归善斋按,见"同力,度德;同德,度义"）

4.（宋）史浩《尚书讲义》卷十一《周书·泰誓上》

（归善斋按,见"惟受罔有悛心,乃夷居,弗事上帝神祇,遗厥先宗庙弗祀"）

5.（宋）夏僎《尚书详解》卷十六《周书·泰誓上》

（归善斋按,见"同力,度德;同德,度义"）

6.（宋）时澜《增修东莱书说》卷十四《周书·泰誓上第一》

（归善斋按,见"予小子夙夜祇惧,受命文考,类于上帝,宜于冢土。以尔有众,底天之罚"）

7.（宋）黄度《尚书说》卷四《周书·泰誓上》

（归善斋按,见"天矜于民,民之所欲,天必从之"）

8.（宋）袁燮《絜斋家塾书钞》卷五《周书·泰誓上》

（归善斋按,见"天矜于民,民之所欲,天必从之"）

9.（宋）蔡沈《书经集传》卷四《周书·泰誓上》

（归善斋按,见"天矜于民,民之所欲,天必从之"）

10.（宋）黄伦《尚书精义》卷二十四《周书·泰誓上》

（归善斋按,见"予小子夙夜祇惧,受命文考,类于上帝,宜于冢土。以尔有众，厎天之罚"）

11.（宋）陈经《尚书详解》卷二十一《周书·泰誓上》

（归善斋按，见"予小子夙夜祗惧，受命文考，类于上帝，宜于冢土。以尔有众，厎天之罚"）

12.（宋）钱时《融堂书解》卷九《周书·泰誓上》

（归善斋按，见"同力，度德；同德，度义"）

13.（宋）魏了翁《尚书要义》卷十《泰誓》至《武成》

（归善斋按，未引）

14.（宋）陈大猷《书集传或问》卷上《泰誓》

（归善斋按，未解）

15.（宋）胡士行《尚书详解》卷六《周书·泰誓上第一》

（归善斋按，见"同力，度德；同德，度义"）

16.（元）吴澄《书纂言》

（归善斋按，无此篇）

17.（元）陈栎《书集传纂疏》卷四上《朱子订定蔡氏集传周书·泰誓上》

（归善斋按，见"天矜于民，民之所欲，天必从之"）

18.（元）许谦《读书丛说》卷六《周书·泰誓上》

（归善斋按，未解）

19.（元）董鼎《书传辑录纂注》卷三《周书·泰誓上》

（归善斋按，见"天矜于民，民之所欲，天必从之"）

20.（元）朱祖义《尚书句解》卷六《周书·泰誓上第一》

时哉弗可失（今我伐纣，正是天、人合同之时，不可违失也）。

21.（明）王樵《尚书日记》卷九《周书·泰誓上》

（归善斋按，见"天矜于民，民之所欲，天必从之"）

22.（清）库勒纳等撰《日讲书经解义》卷六《周书·泰誓上》

（归善斋按，见"天矜于民，民之所欲，天必从之"）

周书　泰誓中第二

（元）陈栎《书集传纂疏》卷四上《朱子订定蔡氏集传周书·泰誓中》

《泰誓中》。

纂疏：

林氏曰，《汉·律历志》周师初发，以殷之十一月戊子后三日，得周正月辛卯朔，至戊午渡孟津。孟津去周九百里，师行日三十里几，三十一日渡河，三日三誓师。上篇不言日，以中篇考，当是丁巳日，在河南将渡孟津时誓而后渡河也。中篇是戊午既渡而次河北所誓。下篇是戊午明日将趋商郊誓而后行也。三令五申，谨之至也。

惟戊午，王次于河朔

1. （汉）孔氏传、（唐）陆德明音义、孔颖达疏《尚书注疏》卷十《周书·泰誓中》

惟戊午，王次于河朔。

传，次，止也。戊午渡河而誓，既誓而止于河之北。

疏：

传正义曰，次是止，舍之名。《谷梁传》亦云，次，止也。序云"一月戊午师渡孟津"，则师以戊午日渡也。此戊午日次于河朔，则是师渡之日。次，止也。上篇是渡河而誓，未及止舍，而先誓之。此次于河朔者，是既誓而止于河之北也。庄三年《左传》例云，凡师一宿为舍，再宿为信，过信为次。此次，直取止舍之义，非《春秋》三日之例也。何则。商郊去河四百余里。戊午渡河。甲子杀纣。相去才六日耳，是今日次讫又誓，明日誓讫即行，不容三日，止于河旁也。

2. (宋) 苏轼撰《书传》卷九《周书·泰誓中第二》

惟戊午，王次于河朔，群后以师毕会。王乃徇师而誓，曰，呜呼！西土有众，咸听朕言。我闻吉人为善，惟日不足；凶人为不善，亦惟日不足。今商王受，力行无度，播弃黎老，昵比罪人，淫酗肆虐，臣下化之。朋家作仇，胁权相灭。无辜吁天，秽德彰闻。惟天惠民，惟辟奉天。有夏桀，弗克若天，流毒下国，天乃佑命成汤，降黜夏命。惟受罪浮于桀，剥丧元良。

剥，落也。丧，去也。古者，谓去国为丧。元良，微子也。微子，纣之同母兄，而谓之庶子，不得立者，生于帝乙未即位之前也。以礼言之，当与纣均为嫡子，而微子长，故成王命之曰，殷王元子。

3. (宋) 林之奇《尚书全解》卷二十二《周书·泰誓中》

《汉·律历志》曰周师初发，则殷之十一月戊子后三日，得周正月辛卯朔明日壬辰至癸巳，武王始发。戊午渡逾孟津，孟津去周九百里，师行三十里，凡三十一日而渡，以是考之，则武王自宗周而来至于孟津，其师行盖已逾月矣。于是渡河而北，距商郊密迩，故三日之间，而三誓师焉。上篇虽不明言所以誓师之日，然以中篇曰"惟戊午王次于河朔"，则知上篇当是上丁之日，尚在河南未渡孟津之时所作，既誓师而后渡河也。中篇则是戊午日既渡而次舍于河之北所誓也。至下篇曰"时厥明，王乃大巡六师，明誓众士"，则又是戊午之明日己未将启行，以趋商之郊，既作此篇而后行也。所以三日而三誓师者，盖三令五申之，谨重其事而不敢忽也。

惟戊午，王次于河朔，群后以师毕会，王乃徇师而誓曰，呜呼！西土有众，咸听朕言。

戊午次于河朔，至癸亥，凡五日，已陈于商郊，则是其次也，才一宿耳，明日而遂行也。而《春秋》庄公三年书，公次于滑。《左氏传》例曰，凡师一宿为舍，再宿为信，过信为次。此说非是。据武王之于河朔才一宿耳，而谓之次，安在其为过信为次也哉。《左氏传》例拘泥不通，大抵类此。武王先次舍于河北，盖先诸侯而渡也，诸侯之师既毕渡，然后以其师来会，武王于是巡行六师，盖所以慰安其渡河之劳。昔楚庄王围萧师，多寒，王巡三军抚而勉之。三军之士皆如挟纩，武王之徇师而誓，是亦所以抚民而勉之也。周都丰镐，其地在西，当时从武王渡河者，大抵皆西方之诸侯，故其徇师而誓，则嗟叹而呼之曰，西土有众，咸听朕命，盖申诰友邦冢君而示以其伐纣之意也。

4.（宋）史浩《尚书讲义》卷十一《周书·泰誓中》

惟戊午，王次于河朔，群后以师毕会，王乃徇师而誓曰，呜呼！西土有众，咸听朕言。我闻吉人为善，惟日不足；凶人为不善，亦惟日不足。今商王受，力行无度，播弃黎老，昵比罪人，淫酗肆虐。臣下化之，朋家作仇，胁权相灭。无辜吁天，秽德彰闻。惟天惠民，惟辟奉天。有夏桀弗克若天，流毒下国。天乃佑命成汤，降黜夏命。惟受罪浮于桀，剥丧元良，贼虐谏辅。谓已有天命，谓敬不足行，谓祭无益，谓暴无伤。厥监惟不远，在彼夏王。

群后，诸侯也。毕会，无不来也。方其徇师，宜告乎诸侯，而独指西土有众，何哉？盖诸侯实共苦纣，不俟丁宁，若夫西土之人，素服文王之化，不被商纣之虐，又亲见文王，服事之久，一旦武王欲为此举，必有骇然不从命矣。此所以必誓西土之民也。夫人各有所嗜，嗜善则为吉人；嗜恶则为凶人，非天生善人，使之为善；天生凶人，使之为不善也。方不善之萌于心，人亦莫不以为善始也，为之有惭色终也。安意肆志而无忌惮矣。彼其炽然为不善，忽有指之为凶人，其不怒者，鲜矣。何者？其本知恶之不可为，而凶人之为丑也。徒以去善愈远，业已沦胥于此，不可复改，是以遂非而力行之，使其有歉然自愧之心，则必怠矣，又安肯为惟日不足乎？惟日不足嗜乎，不善者也。纣之不善嗜恶，可知。凡无法之政，必力行之；黎老庶老之众，乃播弃之，而使不安。罪人为恶之徒，乃昵比之，而使亲近。淫于色，湎于酒，而敢行暴虐。臣下化之，殆有甚焉者矣。朋家，合相亲睦而作仇，权势，合当畏远而相灭。无辜之民，至于呼天，秽德彰闻，不独闻而可指也。夫天惠斯民，君奉天命。夏桀弗顺此道，已移而之汤矣。今受之罪，过于桀。剥丧元良，微子、箕子之去；贼虐谏辅，比干之死。"谓己有天命"，答祖伊之告也。"谓敬不足行"，不敬乎上天也。"谓祭无益"，将食无灾也。"谓暴无伤"，焚炙、刳剔也。失德至此，其祚必移。前监不远，武王举此以告西土之人，俾西土之人知前代亦有成汤者，曾顺天应人，而为此行也。观此，则知武王所以激西土之人，以赴敌者，罔不切至，孰谓文王，曾有伐纣之心乎。

5. （宋）夏僎《尚书详解》卷十六《周书·泰誓中》

惟戊午王，次于河朔，群后以师毕会。王乃徇师而誓曰，呜呼！西土有众，咸听朕言。我闻吉人为善，惟日不足；凶人为不善，亦惟日不足。今商王受力行无度，播弃黎老，昵比罪人，淫酗肆虐。臣下化之，朋家作仇，胁权相灭。无辜吁天，秽德彰闻。

《汉书·历志》曰，周师初发，则殷之十一月戊子，至戊午，渡孟津，凡三十一日。盖孟津去周九百里，师行三十里，故周师凡三十一日，始渡孟津也。朝歌在河北，武王在河南，故渡孟津，乃至河北也。武王既以戊午日渡孟津，即次舍于河北，故此篇首言"惟戊午，王次于河朔"。戊午渡河，癸亥陈于商郊，首尾五日耳。则此所谓"次"者，才一宿即行，非如《春秋左传》所谓，一宿为舍，再宿为信，过信为次也。盖商郊去河，四百里，若以次为三宿，则不能以癸亥陈商郊也。武王先诸侯而渡，既次河北，故诸侯亦皆渡师于王既次之后，各以其师毕会于武王所次之处，故曰"以师毕会"。群后既会，武王乃巡六军，出此誓言，安慰其渡河之劳，故告之曰"西土有众，咸听朕言"。盖周都丰镐，其地在西，当时武王从渡河者，皆西方诸侯，故言"西土有众咸听朕言"也。曰"我闻吉人为善，惟日不足；凶人为不善，亦惟日不足"者，此盖古人之语，而武王之所闻也。大抵人有好善之心者，其心急于为善，故为之而日忧其不足。不特为善如此，为不善之人，其急于为不善，亦日忧其不足。如王温舒好杀人，会春则顿足叹曰，令冬益展一月足吾事矣，则凶人为不善，岂不日忧其不足乎？今纣于不善之事，正所谓为之而日忧其不足也。故武王既言为善，为不善者，日忧其不足于上，遂继以"今商王受力行无度"者，正以纣于无法度之事，皆力行而不怠，正所谓"为不善而日忧其不足"也。自"播弃黎老"以下至"秽德彰闻"，皆纣"力行无度"之事也。黎老，国之老成人也。孙炎谓面之黎色，似浮垢。罪人，有罪逋逃之小人。惟纣力行无度之事，故于国之老人，则播而弃之，如"播百谷"之播，有"散之"之意，盖散弃之也。于逋逃之罪人，则昵而比之。昵，亲；比，近之也。既远贤，近不肖，又淫于色，酗于酒。嗜酒，嗜色，而肆行暴虐之事，纣所为者，皆如此。故民皆习纣之恶，亦皆安然为不善之事，分为朋党之家，互相告讦，而结为仇敌。既为仇敌，故各以权势相胁，更相殄灭。朋党之家，既以权势相灭，则淫刑滥罚，必横及于无辜之民。民既无辜而受害，故皆衔冤茹痛，呼天而告之。民既呼天告冤，故纣之秽恶之德，所以显闻于天，而天绝之也。此盖武王数纣可伐之罪，以见今日不可不往之意也。

6.（宋）时澜《增修东莱书说》卷十五《周书·泰誓中第二》

上篇言友邦冢君，御事、庶士，先诸侯而后西土之人，所以明尊卑之分。至中下篇，先及西土者，立法自近始也。当时八百国诸侯，虽以义从，三令五申之际，尚视诸侯为友邦，未敢以军法例约束也。

惟戊午，王次于河朔，群后以师毕会，王乃徇师而誓曰，呜呼西土有众，咸听朕言。

武王已渡孟津，次于河朔，而与西土之人立约束也。伐纣之时，八百国诸侯，以至庸、蜀、羌、髳、微、卢、彭、濮莫不毕会，何以独指"西土有众"盖诸侯，虽以义从，未敢即行约束，遽有君之之意，故自西土之众而誓之，至下篇言"西土君子"，亦见武王之不敢自尊也。

7.（宋）黄度《尚书说》卷四《周书·泰誓中》

惟戊午，王次于河朔，群后以师毕会，王乃徇师而誓。

既济，次于河北，待诸侯济诸侯毕至，王乃拊循其师而誓之。

8.（宋）袁燮《絜斋家塾书钞》卷五《周书·泰誓中》

《泰誓中》。

惟戊午，王次于河朔，群后以师毕会，王乃徇师而誓，曰，呜呼！西土有众咸听朕言，我闻吉人为善，惟日不足；凶人为不善，亦惟日不足。今商王受，力行无度，播弃黎老，昵比罪人，淫酗肆虐。臣下化之，朋家作仇，胁权相灭。无辜吁天，秽德彰闻。惟天惠民，惟辟奉天。有夏桀，弗克若天，流毒下国，天乃佑命成汤，降黜夏命。惟受罪浮于桀，剥丧元良，贼虐谏辅，谓己有天命，谓敬不足行，谓祭无益，谓暴无伤。厥监惟不远，在彼夏王。天其以予乂民，朕梦协朕卜，袭于休祥，戎商必克。受有亿兆夷人，离心离德；予有乱臣十人，同心同德，虽有周亲，不如仁人。

纣都河北，越孟津而北，则次于河朔。上篇总而告之，及于友邦冢君。中、下篇所告，特西土尔。盖西土人，素服吾之号令，整齐其在我者，则他人不必告。吉人、凶人相去甚远。吉人是十分好人；凶人是十分恶人，故其为善也猛，为恶也猛，若是不上不下之人，为善也无力，为恶也无力。惟日不足者，言其常觉日之不足也。吉人勇于为善，惟日不足；凶人勇于为恶，亦惟日不足。纣所谓凶人，为恶亦惟日不足者也。观"力行"二字，便是日不足之意，便见纣所以不可为者，使纣为恶未至如此之甚，则犹可救药。惟其为恶之力，惟日不足，无可复救者，所以不得不为征伐之举也。使纣移其为恶之力而为善，谁能当之。

"惟天惠民，惟辟奉天"此是说人主职分，即前所谓"宣聪明，作元后。元后作民父母"，"惟其克相上帝宠绥四方"之意也。"朕梦协朕卜"，梦与卜，皆善也。国家将兴，必有祯祥；国家将亡，必有妖孽，见乎蓍龟，动乎四体。祸福将至，善必先知之，不善必先知之，故至诚如神。梦寐之吉，所谓动乎四体也；卜筮之吉，所谓见乎蓍龟也。盖圣人与天为一,所以先知之梦寐之间,自有兴王之象。受有亿兆夷人,夷,等也,皆言是平平底人。治乱之谓乱,此亦只是纣有人亿万,惟亿万心;予有臣三千,惟一心之意。前总言三千之众,此只说十人,此是武王同心德者。周公伐三监,亦有十夫予翼,盖举天下大事,无此等治乱之才,如何了得。周亲,微子微仲、王子比干之徒也。纣虽有周亲而不能用,吾有仁人而能用之,此商之所以不敌也。夫有周亲不能用,而所用者乃夷人,贤者皆不与之同心同德,不亡何待。

9. (宋)蔡沈《书经集传》卷四《周书·泰誓中》

《泰誓中》。

惟戊午王次于河朔,群后以师毕会。王乃徇师而誓。

戊,音茂。次,止;徇,循也,河朔,河北也。戊午,以《武成》考之,是一月二十八日。

10. (宋)黄伦《尚书精义》卷二十五《周书·泰誓中》

《泰誓中》。

惟戊午,王次于河朔,群后以师毕会,王乃徇师而誓,曰,呜呼西土有众,咸听朕言。

无垢曰,夫人之情,不警则不奋,誓所以警之使奋也。既渡河,是此心有往而已,然则当大敌,岂可畏乎?故此誓数纣之恶,使之忿怒而免其畏惧,又使之警肃终于成功,知机会之微也。

11. (宋)陈经《尚书详解》卷二十一《周书·泰誓中》

《泰誓中》。

惟戊午,王次于河朔,群后以师毕会,王乃徇师而誓,曰,呜呼!西土有众,咸听朕言。我闻吉人为善,惟日不足;凶人为不善,亦惟日不足。今商王受,力行无度,播弃黎老,昵比罪人,淫酗肆虐。臣下化之,朋家作仇,胁权相灭。无辜吁,天秽德彰闻。

师以戊午日,渡孟津,亦以戊午日而次河朔。次,止之,见武王有不忍之意。春秋伐以书次,而次为善。《易》师之卦曰"左次无咎"是也。

群后，即诸侯也，以师而会。武王于是循其众，而告之曰，"呜呼！西土有众咸听朕言"。上篇所誓者。友邦冢君。告诸侯也、此篇所誓者。西土有众。武王有众也、武王治西土。故曰西土有众、友邦冢君者。武王之援兵；西土有众者，武王腹心之兵。既是武王腹心之兵，则告之言尤详。咸听朕言，使之皆听己之言。天子自称曰"朕"。王当誓师之际，商之未胜也，周之未王也，得失成败，并未可知。王乃于此有天子之称，何哉？盖"朕"者，"我"之称也，"予"之称也，"吾"之称也。古人，本以"朕"为"我"，为"吾"，为"予"。后世因古圣人有"朕"之称，因以为天子所称，不然，则人臣，如伊尹，如伯禹，如周公，何以复称"朕"哉。"我闻吉人为善"，何以独继以"我"而不复曰"朕"闻哉。乃若成汤之伐夏，有"朕不食言"之辞，未几而继之以"予孥戮汝"之说，由是观之，则"朕"之称，未可以议武王也。

"我闻吉人为善；惟日不足；凶人为不善，亦惟日不足"，此四句，古人有言矣，故曰"我闻吉人为善，惟日不足"，勇于为善也；"凶人为不善亦惟日不足"，勇于为不善者也。其为勇，则同；其所以为善、为不善，则异。恶机已熟，则其用功，自有不同。犹《孟子》所谓"鸡鸣而起，孳孳为善；鸡鸣而起，孳孳为利"之意一也。孳孳则同，而舜、跖则异。鸡鸣而起，则同；而利、善则异。惜乎其用力如此，不能转其所以为不善者，而移之于为善也。

"今商王受，力行无度"，无法度之事，力而行之，是亦恶机已熟，凶人惟日不足者也。纣恶既成，则凡黎老黄发之人，不与己为无度者，播而弃之；罪人之大奸，剧恶同乎己之无度者，昵视而比近之。黎老者，非纣所谓黎老之人也，乃武王所谓黎老之人。使纣而果以为黎老，则纣有知人之明矣。尧舜之圣，方且难之，岂以独夫之纣，而独易之欤。罪人者，非纣所谓罪人也，乃武王所谓罪人也。使纣而果以为罪人，则纣有辨邪之知矣。为国之要，率莫大是，岂以独夫之纣，而独得其要欤。纣之所谓黎老罪人者，吾知之矣，同恶相济，如飞廉、恶来之徒，未必纣不黎老之也。微子、比干之辈，纣未必不罪之也。设若纣之所谓黎老而播弃之，所谓罪人而能昵比之，天下终不为周之归，武王终不为周之主。惟其不能然，方且酗而淫虐是肆，是其无度之形，见于外也。故臣下皆化而与上为一，为朋党而至于相仇仇；胁上之权势，而至于相灭，是其无度之流派，见于相残灭也。故无辜罪者，呼天而诉其冤。凡若此者，岂非秽德乎彰着而闻于天地，此乃臭恶之着也。为善而着，则为尧之光宅、光被，为成王之馨香感神。为恶而着，则为纣之秽德彰闻，腥闻在上；为三苗之刑，发闻惟腥，皆所以为彰着也。

12.（宋）钱时《融堂书解》卷九《周书·泰誓中》

惟戊午，王次于河朔。群后以师毕会，王乃徇师而誓，曰，呜呼！西土有众，咸听朕言。我闻吉人为善，惟日不足；凶人为不善，亦惟日不足。今商王受，力行无度，播弃黎老，昵比罪人，淫酗肆虐。臣下化之，朋家作仇，胁权相灭。无辜吁天，秽德彰闻。

书序云"一月戊午，师渡孟津"，而此篇首记"惟戊午，王次于河朔"，盖以是日作誓而后渡河。既渡，遂次于河北，诸侯之师于是毕会。王乃徇师而誓，是上、中二篇，同日作也。"吉人为善"句，此古语也，故曰"我闻"。大抵常人之为善恶与，吉人凶人大不同。吉人者，纯于为善之名；凶人者，纯于为不善之名也。庸常之徒，岂全无好善者，往往一出一入，泛泛悠悠，暂作遽辍，未必有力。惟善人，则念念皆善，日进无疆，惟恐不逮，故日见其不足。一念之差，无非恶习，然在常人，亦或知所畏忌。惟凶人则念念皆恶，故亦日见其不足。一"肆"字，正是纣"力行"之效。

13.（宋）魏了翁《尚书要义》卷十《泰誓》至《武成》

十四、六日行四百余里，故次河朔，非三日止。

序云"一月戊午，师渡孟津"，则师以戊午日渡也，此戊午日次于河朔，则是师渡之日。次，止也。上篇是渡河而誓，未及止舍而先誓之。此次于河朔者，是既誓而止于河之北也。庄三年《左传》例云，凡师一宿为舍，再宿为信，过信为次。此次，直取止舍之义，非春秋三日之例也。何则，商郊，去河四百余里，戊午渡河，甲子杀纣，相去才六日耳，是今日次讫又誓，明日誓讫，即行，不容三日，止于河旁也。

14. (宋)陈大猷《书集传或问》卷上《泰誓》

(归善斋按,未解)

15. (宋)胡士行《尚书详解》卷六《周书·泰誓中第二》

《泰誓中第二》。

惟戊午,王次(舍)于河朔(此已渡河),群后以师毕(尽)会(合)。王乃循(巡)师而誓,曰,呜呼!西土(周都丰镐,地在西)有众,咸听朕言。

八百毕会而立约束,独有西土者,自近始也。

16. (元)吴澄《书纂言》

(归善斋按,无此篇)

17. (元)陈栎《书集传纂疏》卷四上《朱子订定蔡氏集传周书·泰誓中》

惟戊午,王次于河朔,群后以师毕会,王乃徇师而誓。

次,止;徇,循也,河朔,河北也。戊午,以《武成》考之,是一月二十八日。

18. (元)许谦《读书丛说》卷六《周书·泰誓》

(归善斋按,未解)

19. (元)董鼎《书传辑录纂注》卷三《周书·泰誓中》

《泰誓中》。

惟戊午,王次于河朔,群后以师毕会,王乃徇师而誓。

次,止;徇,循也。河朔,河北也。戊午,以《武成》考之,是一月二十八日。

纂注:

唐孔氏曰,《左》庄三年,凡师一宿为舍,再宿为信,过信为次。此直取止舍之义,非《春秋》三日例也。

林氏曰,《汉·律历志》曰,周师初发,以殷之十一月戊子后三日,得周正月辛卯朔,至戊午,渡孟津。孟津去周九百里,师日行三十里,凡三十一日,渡河三日,三誓师。上篇不言曰,以中篇考,当是丁巳日,在河南将渡孟津时誓,而后渡河也。中篇是戊午既渡而次河北所誓。下篇是戊午明日,将趋商郊誓而后行也。三令五申,谨之至也。

20. (元)朱祖义《尚书句解》卷六《周书·泰誓中第二》

《泰誓中第二》。

惟戊午(上篇同此日),王次于河朔(武王渡孟津,止于河之北)。

21. (明)王樵《尚书日记》卷九《周书·泰誓中》

《泰誓中》。

惟戊午,王次于河朔,群后以师毕会,王乃徇师而誓。

正义曰,次,是止舍之名,直取止舍之义,非《春秋》三日之例也(庄三年《左传》例云,凡师一宿为舍,再宿为信,过信为次)。商郊去河,四百余里,戊午渡河,甲子杀纣,相去才六日耳,是戊午济讫而誓,誓讫而行,不容三日,止于河旁也。

林氏曰,《汉·律历志》曰,周师初发,以殷之十一月戊子后三日,得周正月辛卯朔,至戊午渡孟津。孟津去周九百里,师行日三十里,凡三十一日,渡河三日,三誓师。上篇不言曰,以中篇考,当是丁巳日,在河南,将渡孟津时誓,而后渡河也。中篇,是戊午日,既渡而次河北所誓。下篇,戊午明日,趋商都誓而后行也。三令五申谨之至也。

22. (清)库勒纳等撰《日讲书经解义》卷六《周书·泰誓中》

《泰誓中》。

此《泰誓》中篇,乃史臣记武王伐纣,既渡河誓师之辞。

惟戊午,王次于河朔,群后以师毕会。王乃徇师而誓,曰,呜呼!西土有众,咸听朕言。

此二节书是，记武王河朔誓师，而先警众人之听也。次，止也。河朔，河之北也。群后，列国之君。徇者，拊循之意。史臣曰，武王自孟春丁巳日，会兵伐商，至于戊午日，从孟津渡河，暂驻于河北地方。是时，列国诸侯之兵，亦于此毕会，听武王号令。武王乃拊循其众，发令以誓戒之。先叹息曰，呜呼！凡从我自西方而来之众，皆当听我之言，夫以拊循而慰之者，恩也；以军法而誓之者，威也。孟津之誓言，友邦冢君，御事、庶士。先诸侯而后西土者，明尊卑之分也。此先及西土者，立法自近始也。武王之兵虽曰顺天应人，其用兵有法，亦可见矣。

（元）陈师凯《书蔡氏传旁通》卷四上《周书·泰誓中》

《泰誓中》。

次，止；徇，循也。

疏云，《左氏》庄三年传云，凡师一宿为舍，再宿为信，过信为次。此"次"字直取止舍之义，非《左氏》三日之例也，何则？商郊去河四百余里，戊午渡河，甲子杀纣，相去六日耳，是今日次讫又誓，明日誓讫即行，不容三日，止于河旁也。徇者，《说文》云，徇，疾也。循，行也。徇，是疾行之意，故以徇为循也。一说，取"抚循师旅"之义。

戊午，以《武成》考之，是一月二十八日。

一月，《武成》传是建寅月，所以知戊午为二十八日者，以《武成》云"惟一月壬辰旁死魄"，旁死魄，为初二日。则此月"朔辛卯"也，数至"戊午"可知。

（明）梅鷟《尚书考异》卷四《泰誓中》

王次于河朔。

庄三年，凡师一宿为舍，再宿为信，过信为次。

（明）马明衡《尚书疑义》卷四《周书·泰誓中》

《泰誓中》。

《汉律历志》曰，周师初发，以殷之十一月（亥月）戊子后三日，得周正月（子月）辛卯朔，至戊午渡孟津，夫以十一月为亥月，则是商亦改月矣。此恐未然。先儒林尧叟谓，孟津去周九百里，师行日三十里，凡三十一日渡河，三日三誓师。上篇不言日，以中篇考之，当是丁巳日，在河南，将渡孟津，誓而后渡河也。中篇是既渡而次河北所誓，下篇戊午明日，将趋商郊，誓而后行。三令五申，谨之至也。此说固为有理，但汤之誓师，未尝至再至三，岂汤之致谨，又不如武王耶。此等皆有不可晓处。意者，武王从容而行，先后来附，而至者日众，故武王因其后至者，而复告以伐商之义也。诸侯不期而会者，八百余国，岂无道里远近，先后之差哉？

（清）朱鹤龄《尚书埤传》卷九《周书·泰誓》

次于河朔。

按，《武成》武王以十一月三日发镐京，至戊午渡河，为二十八日。孟津去周九百里，司马法，师行日三十里，故以二十八日渡河也。

群后以师毕会

1. （汉）孔氏传、（唐）陆德明音义、孔颖达疏《尚书注疏》卷十《周书·泰誓中》

群后以师毕会。

传，诸侯尽会次也。

2. （宋）苏轼撰《书传》卷九《周书·泰誓上第一》

（归善斋按，未解）

3. （宋）林之奇《尚书全解》卷二十二《周书·泰誓中》

（归善斋按，见"惟戊午，王次于河朔"）

4. （宋）史浩《尚书讲义》卷十一《周书·泰誓中》

(归善斋按，见"惟戊午，王次于河朔")

5. （宋）夏僎《尚书详解》卷十六《周书·泰誓中》

(归善斋按，见"惟戊午，王次于河朔")

6. （宋）时澜《增修东莱书说》卷十五《周书·泰誓中第二》

(归善斋按，见"惟戊午，王次于河朔")

7. （宋）黄度《尚书说》卷四《周书·泰誓中》

(归善斋按，见"惟戊午，王次于河朔")

8. （宋）袁燮《絜斋家塾书钞》卷五《周书·泰誓中》

(归善斋按，见"惟戊午，王次于河朔")

9. （宋）蔡沈《书经集传》卷四《周书·泰誓中》

(归善斋按，见"惟戊午，王次于河朔")

10. （宋）黄伦《尚书精义》卷二十五《周书·泰誓中》

(归善斋按，见"惟戊午，王次于河朔")

11. （宋）陈经《尚书详解》卷二十一《周书·泰誓中》

(归善斋按，见"惟戊午，王次于河朔")

12. （宋）钱时《融堂书解》卷九《周书·泰誓中》

(归善斋按，见"惟戊午，王次于河朔")

13. （宋）魏了翁《尚书要义》卷十《泰誓》至《武成》

(归善斋按，未引)

14. (宋) 陈大猷《书集传或问》卷上《泰誓》

(归善斋按,未解)

15. (宋) 胡士行《尚书详解》卷六《周书·泰誓中第二》

(归善斋按,见"惟戊午,王次于河朔")

16. (元) 吴澄《书纂言》

(归善斋按,无此篇)

17. (元) 陈栎《书集传纂疏》卷四上《朱子订定蔡氏集传周书·泰誓中》

(归善斋按,见"惟戊午,王次于河朔")

18. (元) 许谦《读书丛说》卷六《周书·泰誓》

(归善斋按,未解)

19. (元) 董鼎《书传辑录纂注》卷三《周书·泰誓中》

(归善斋按,见"惟戊午,王次于河朔")

20. (元) 朱祖义《尚书句解》卷六《周书·泰誓中第二》

群后以师毕会(群诸侯以众尽会于武王所止之处)。

21. (明) 王樵《尚书日记》卷九《周书·泰誓中》

(归善斋按,见"惟戊午,王次于河朔")

22. (清) 库勒纳等撰《日讲书经解义》卷六《周书·泰誓中》

(归善斋按,见"惟戊午,王次于河朔")

王乃徇师而誓曰，呜呼！西土有众，咸听朕言

1.（汉）孔氏传、（唐）陆德明音义、孔颖达疏《尚书注疏》卷十《周书·泰誓中》

王乃徇师而誓曰，呜呼！西土有众，咸听朕言。

传：徇，循也。武王在西，故称西土。

音义：

徇，以俊反，《释诂》云，徇，巡也。

疏：

传正义曰，《说文》云，徇，疾也，循行也。徇是疾行之意，故以"徇"为"循"也。下篇"大巡六师"，义亦然也。此誓总戒众军。武王国在西偏，此师皆从西而来，故称西土。

2.（宋）苏轼撰《书传》卷九《周书·泰誓上第一》

（归善斋按，未解）

3.（宋）林之奇《尚书全解》卷二十二《周书·泰誓中》

（归善斋按，见"惟戊午，王次于河朔"）

4.（宋）史浩《尚书讲义》卷十一《周书·泰誓中》

（归善斋按，见"惟戊午，王次于河朔"）

5.（宋）夏僎《尚书详解》卷十六《周书·泰誓中》

（归善斋按，见"惟戊午，王次于河朔"）

6.（宋）时澜《增修东莱书说》卷十五《周书·泰誓中第二》

（归善斋按，见"惟戊午，王次于河朔"）

7.（宋）黄度《尚书说》卷四《周书·泰誓中》

（归善斋按，另见"惟戊午，王次于河朔"）

曰，呜呼！西土有众，咸听朕言。

西方诸侯，武王以西伯行师，正大义。东方诸侯"筐厥玄黄，昭我周王"，盖皆附于周矣。

8.（宋）袁燮《絜斋家塾书钞》卷五《周书·泰誓中》

（归善斋按，见"惟戊午，王次于河朔"）

9.（宋）蔡沈《书经集传》卷四《周书·泰誓中》

（归善斋按，另见"惟戊午，王次于河朔"）

曰，呜呼！西土有众，咸听朕言。

周都丰镐，其地在西，从武王渡河者，皆西方诸侯，故曰西土有众。

10.（宋）黄伦《尚书精义》卷二十五《周书·泰誓中》

（归善斋按，见"惟戊午，王次于河朔"）

11.（宋）陈经《尚书详解》卷二十一《周书·泰誓中》

（归善斋按，见"惟戊午，王次于河朔"）

12.（宋）钱时《融堂书解》卷九《周书·泰誓中》

（归善斋按，见"惟戊午，王次于河朔"）

13.（宋）魏了翁《尚书要义》卷十《泰誓》至《武成》

（归善斋按，未引）

14. （宋）陈大猷《书集传或问》卷上《泰誓》

（归善斋按，未解）

15. （宋）胡士行《尚书详解》卷六《周书·泰誓中第二》

（归善斋按，见"惟戊午，王次于河朔"）

16. （元）吴澄《书纂言》

（归善斋按，无此篇）

17. （元）陈栎《书集传纂疏》卷四上《朱子订定蔡氏集传周书·泰誓中》

（归善斋按，另见"惟戊午，王次于河朔"）

曰，呜呼！西土有众，咸听朕言。

周都丰镐，其地在西，从武王渡河者，皆西方诸侯，故曰"西土有众"。

18. （元）许谦《读书丛说》卷六《周书·泰誓》

（归善斋按，未解）

19. （元）董鼎《书传辑录纂注》卷三《周书·泰誓中》

（归善斋按，另见"惟戊午，王次于河朔"）

曰，呜呼！西土有众，咸听朕言。

周都丰镐，其地在西，从武王渡河者，皆西方诸侯，故曰"西土有众"。

纂注：

吕氏曰，上篇言"友邦冢君，御事、庶士"，先诸侯而后西土之人，所以明尊卑之分也。中、下篇，先及西土，立法自近者始，未欲以军法例约束诸侯也。

新安陈氏曰，伐纣之誓凡四，上篇并诸侯凡从者誓之；中、下篇惟誓西伯所统者,至《牧誓》又并诸侯凡从者誓之篇末,军法甚明。

吕氏谓,未欲以军法例约束诸侯,恐不然也。

20.（元）朱祖义《尚书句解》卷六《周书·泰誓中第二》

王乃徇师而誓曰（武王乃巡众而誓言）,呜呼（嗟叹）! 西土有众（周都丰镐,地在西,从武王渡河者,皆西方诸侯,故言西土有众）,咸听朕言（皆听我言）。

21.（明）王樵《尚书日记》卷九《周书·泰誓中》

(归善斋按,另见"惟戊午,王次于河朔")

曰,呜呼! 西土有众,咸听朕言。

蔡氏曰,周都丰镐,其地在西,从征者,皆西方诸侯,故曰西土有众。

22.（清）库勒纳等撰《日讲书经解义》卷六《周书·泰誓中》

(归善斋按,见"惟戊午,王次于河朔")

（元）陈师凯《书蔡氏传旁通》卷四上《周书·泰誓中》

周都丰镐,其地在西。

《韵会》云,丰,在京兆杜陵西南;镐,在上林苑中,丰东二十五里,今并在陕西奉元路。

我闻吉人为善,惟日不足;
凶人为不善,亦惟日不足

1.（汉）孔氏传、（唐）陆德明音义、孔颖达疏《尚书注疏》卷十《周书·泰誓中》

我闻吉人为善,惟日不足;凶人为不善,亦惟日不足。

631

传，言吉人竭日以为善，凶人亦竭日以行恶。

音义：

竭，巨列反，又苦盖反。

2. (宋) 苏轼撰《书传》卷九《周书·泰誓上第一》

（归善斋按，未解）

3. (宋) 林之奇《尚书全解》卷二十二《周书·泰誓中》

我闻吉人为善，惟日不足；凶人为不善，亦惟日不足。今商王受，力行无度，播弃黎老，昵比罪人，淫酗肆虐，臣下化之，朋家作仇，胁权相灭。无辜吁天，秽德彰闻。

此武王所闻古人之有是言也。人莫不有好，苟好之，则必有投之而不已之意，特顾其所好者，如何耳。所好者善，则其为善之心，惟日以为不足；为善而日不足，则将为吉人，而动罔不吉矣。所好者不善，则其为不善之心亦惟日为不足；为不善而日不足，则将为凶人，而动罔不凶矣。故《孟子》曰，鸡鸣而起孳，孳为善者，舜之徒也；鸡鸣而起孳，孳为利者，跖之徒也。欲知舜与跖之分无他，利与善之间耳。盖舜之徒与跖之徒其孳，孳则同，其为善为利之心则异。其积善与利之心，则其所成就者，将至于为舜、为跖。由是观之世之，人苟能移其为不善之心而为善，则其为善亦将无所不至。惟其自暴自弃，安于为不善而莫知其非耳。由此观之，小人之为不善，其用心亦非不专精以其所习者，无非骄奢淫逸之事。此其所以用心逾勤，而召祸愈速也。故武王将极陈纣之恶，至于秽德彰闻，神怒民怨而不可救。将推本其所以然者，则将在于为不善惟日不足而已。既谕其理之如此，于是陈其所以惟日不足之故，而曰"今商王受，力行无度"，言其于无法度之事，力行之而不息也。《中庸》曰"力行近乎仁，所贵乎"，力行以近仁者，惟其有度故也。苟于有度之事，然后力行之而不息，则其执德也洪，信道也笃矣。今纣乃力行于非法度之事，惟日不足，此其所以穷极天下之恶，至于危亡而不可救也。自"播弃黎老"以下至于"秽德彰闻"，此又其力行无度之事也。黎老，国之老成人也。孙炎曰，面黎色，似浮垢也。罪人者，逋逃之小人也。既力行无度之事，于国之老成人则播而弃之；至于逋逃之罪人，则昵比而亲之，而又方且淫于色，酗于酒，肆为暴虐之事。其臣下，习纣之恶，亦皆安然为残忍，于是分为朋党之家，互相告讦，以为仇敌。其在位之人，皆以权势相胁，更相殄灭。此其所以亿万臣，而有亿万心也。纣既淫肆酗虐，而其臣下化之，人皆朋家作仇，胁权相灭，于是淫刑滥罚，横及无辜之民。民之无辜者，皆呼天告冤，而秽恶之德，彰闻于天，而为天之所弃。然推原其所以至于此，无他，惟力行无度故也。

4. （宋）史浩《尚书讲义》卷十一《周书·泰誓中》

(归善斋按，见"惟戊午，王次于河朔")

5. （宋）夏僎《尚书详解》卷十六《周书·泰誓中》

(归善斋按，见"惟戊午，王次于河朔")

6. （宋）时澜《增修东莱书说》卷十五《周书·泰誓中第二》

我闻吉人为善，惟日不足；凶人为不善，亦惟日不足。

圣贤之言，未尝不精微。当朝廷，则为诏诰；当祭祀，则为祝册；当用师，则为誓命。矢口成言，无非此理。武王誓师，及夫工夫之精微者，其所发一也。人心本不息，如天之行健，在用之善与不善耳。用之为善，此心固"惟日不足"；用之为不善，此心亦"惟日不足"，知可欲之谓善，故思日孜孜；凶人戕贼，其良心善端，或几乎熄矣，犹鸡鸣而起，孜孜为利，其孰使之然哉？深以见此理本未尝息，人误用其心耳。武王亦叹纣之不足，本是一理，惜也，不用之于善耳，故曰道不可须臾离，可离，非道也。

7. （宋）黄度《尚书说》卷四《周书·泰誓中》

我闻吉人为善，惟日不足；凶人为不善，亦惟日不足。
人性本相近，吉凶之习，愈熟而愈远。

8.（宋）袁燮《絜斋家塾书钞》卷五《周书·泰誓中》

（归善斋按，见"惟戊午，王次于河朔"）

9.（宋）蔡沈《书经集传》卷四《周书·泰誓中》

我闻吉人为善，惟日不足；凶人为不善亦惟日不足。今商王受，力行无度，播弃黎老，昵比罪人，淫酗肆虐。臣下化之，朋家作仇，胁权相灭。无辜吁天，秽德彰闻。

惟日不足者，言终日为之，而犹为不足也，将言纣"力行无度"，故以古人语发之。无度者，无法度之事。播，放也。黎、耇通，黑而黄也。微子，所谓耄。逊于荒是也。老成之臣，所当亲近者，纣乃放弃之；罪恶之人，所当斥逐者，纣乃亲比之。酗，醉怒也。肆，纵也。臣下亦化纣恶，各立朋党，相为仇仇，胁上权命，以相诛灭。流毒天下，无辜之人呼天告冤，腥秽之德显闻于上。吕氏曰，为善至极，则至治馨香；为恶至极，则秽德彰闻。

10.（宋）黄伦《尚书精义》卷二十五《周书·泰誓中》

我闻吉人为善，惟日不足；凶人为不善，亦惟日不足。

无垢曰，吉人凶人，虽所趣不同，其为善恶无殊，故其致力有不可当者，其为善恶之心，至有日力不，能供其所欲者。昔周公，思兼三王，以施四事，其有不合者，仰而思之，夜以继日，幸而得之，坐以待旦。吉人为善之心如此。纣以酒为池，悬肉为林，使男女裸相逐，其间其为恶之心如此，亦足矣，而其欲未有满者，至于为长夜之饮。呜呼！周公与纣其惟日不足之心则同，其为善为恶之心则不同。使纣移为恶之心以为善，则圣贤可立至也。

张氏曰，《孟子》曰"鸡鸣而起孳孳为善者，舜之徒"，此吉人之为善，惟日不足。又曰"鸡鸣而起孳孳为利者，跖之徒"，此凶人之为不善，亦惟日不足也。吉人、凶人为善、为不善虽殊，其穷日之力，以尽心力而为之，则一矣。此所以皆言"惟日不足"也。"今商王受，力行无度"，此所谓凶人为不善，亦"惟日不足"之谓也。

吕氏曰,《易》曰"天行健,君子以自强不息",所谓吉人者,其等级固不同,孟子谓,可欲之谓善,惟可欲识善之端,自然孜孜无顷刻安,正"君子自强不息"之意。凶人虽是残贼善端大者,暴恶淫放,以纵耳目之欲,虽不知善,亦未尝息。谓"鸡鸣而起孳孳为利",是孰使之然哉,此亦是不息道理,只是他失了本原,用得不是耳。《中庸》曰"道也者,不可须臾离也,可离非道也"。凶人虽去道,然亦不曾离道。圣人言语所用不同,所发则一矢口成言,无非是这个道理。

11.（宋）陈经《尚书详解》卷二十一《周书·泰誓中》

(归善斋按,见"惟戊午,王次于河朔")

12.（宋）钱时《融堂书解》卷九《周书·泰誓中》

(归善斋按,见"惟戊午,王次于河朔")

13.（宋）魏了翁《尚书要义》卷十《泰誓》至《武成》

十五、吉人竭日以为善。

"我闻吉人为善,惟日不足;凶人为不善,亦惟日不足",言吉人竭日以为善;凶人亦竭日以行恶。

14.（宋）陈大猷《书集传或问》卷上《泰誓》

(归善斋按,未解)

15.（宋）胡士行《尚书详解》卷六《周书·泰誓中第二》

我闻吉人为善,惟日不足;凶人为不善;亦惟日不足。

人心本不息,如天行健,在用之善、不善耳,犹为善、为利,皆孜孜焉鸡鸣而起也,人可误用其心乎。

16.（元）吴澄《书纂言》

(归善斋按,无此篇)

17.（元）陈栎《书集传纂疏》卷四上《朱子订定蔡氏集传周书·泰誓中》

我闻吉人为善，惟日不足；凶人为不善，亦惟日不足。今商王受，力行无度，播弃黎老，昵比罪人，淫酗肆虐。臣下化之，朋家作仇，胁权相灭。无辜吁天，秽德彰闻。

"惟日不足"者，言终日为之，而犹为不足也，将言纣力行无度，故以古人语发之。无度者，无法度之事。播，放也。"黎"，"鲞"通，黑而黄也。微子所谓"耄逊于荒"是也。老成之臣，所当亲近者。纣乃放弃之；罪恶之人，所当斥逐者，纣乃亲比之。酗，醉怒也。肆，纵也。臣下亦化纣恶，各立朋党，相为仇仇，胁上权命，以相诛灭。流毒天下，无辜之人，呼天告冤。腥秽之德，显闻于上。

吕氏曰，为善至极，则至治馨香；为恶至极，则秽德彰闻。

纂疏：

孔氏曰，吉人，竭日以行善；凶人，亦竭日以行恶。行无法度，竭日不足，故曰"力行"。

18.（元）许谦《读书丛说》卷六《周书·泰誓》

（归善斋按，未解）

19.（元）董鼎《书传辑录纂注》卷三《周书·泰誓中》

我闻吉人为善，惟日不足；凶人为不善；亦惟日不足。今商王受，力行无度，播弃黎老，昵比罪人，淫酗肆虐。臣下化之，朋家作仇，胁权相灭。无辜吁天，秽德彰闻。

"惟日不足"者，言终日为之，而犹为不足也。将言纣"力行无度"，故以古人语发之。无度者，无法度之事。播，放也。黎、鲞通，黑而黄也。微子所谓"耄逊于荒"是也。老成之臣。所当亲近者。纣乃放弃之；罪恶之人，所当斥逐者，纣乃亲比之。酗，醉怒也。肆，纵也。臣下亦化纣恶，各立朋党，相为仇仇，胁上权命，以相诛灭，流毒天下。无辜之人，呼天告冤，腥秽之德，显闻于上。

吕氏曰，为善至极，则至治馨香；为恶至极，则秽德彰闻。

20.（元）朱祖义《尚书句解》卷六《周书·泰誓中第二》

我闻吉人为善惟日不足（闻古人言，善人为善，日日忧其不足）；凶人为不善亦惟日不足（凶恶之人为不善，亦日日忧其不足）。

21.（明）王樵《尚书日记》卷九《周书·泰誓中》

"我闻吉人为善，惟日不足"至"秽德彰闻"。

吉人一心在善，终日为之，犹若不足；凶人一心在恶，亦终日为之，犹若不足。善恶各无息时，所以吉凶不可相易，使善有时而息，则将入于恶矣。使恶有时而息，则将改而入于善矣。小人好忿，天性之常。纣既昏迷，朝无纲纪，奸宄之人胁，假在上之权，以杀人者有之。

朋，私党也；权，威势也。立朋以相仇，胁权以相灭。圣言虽简，而于后世之情状无不包也。

臣下化之化其淫酗，故庶群自酒，腥闻于上，化其肆虐，故朋家作仇，胁权相灭。

22.（清）库勒纳等撰《日讲书经解义》卷六《周书·泰誓中》

我闻吉人为善，惟日不足；凶人为不善，亦惟日不足。今商王受力行无度，播弃黎老，昵比罪人，淫酗肆虐。臣下化之，朋家作仇，胁权相灭。无辜吁天，秽德彰闻。

此一节书是，先举古语，而后数商受之恶也。无度，无法度也。播，放也。"黎"字，与"黧黑"之"黧"通用，是老人面上颜色。酗，是醉后发怒。无辜，谓无罪之人。吁天，告天也。武王曰，我闻古人有言，凡为善之吉人，其心惟在于善，虽终日为善，犹以为未足也。凡为恶之凶人，其心亦惟在于恶，虽终日为恶，犹以为未足也。今商王受，其所勉力而行者，皆不循法度之事。老成之臣，所当亲近者，乃放弃之；罪恶之人，所当斥逐者，乃亲比之，又且淫于色，酗于酒，纵肆威虐，以戕害于百姓。此正所谓"凶人为不善，亦惟日不足"也。在下之臣子见受之所为如此，亦相与习染，化而为恶，各立朋党，互为仇雠，胁上权力，以相诛灭。其毒流于天下，使无罪受害之人，无处控诉，呼天告冤，故其腥秽之德，显闻于天耳。夫天道福善祸淫，岂能容此凶人哉？

（明）梅鷟《尚书考异》卷四《泰誓中》

吉人为善，惟日不足；凶人为不善，亦惟日不足。

《易》曰，吉人之辞寡。文十八年，史克曰，四门穆穆，无凶人也。今行父虽未获一吉人，去一凶矣。《小雅》曰，降尔遐福，维日不足。

今商王受，力行无度

1.（汉）孔氏传、（唐）陆德明音义、孔颖达疏《尚书注疏》卷十《周书·泰誓中》

今商王受，力行无度。
传，行无法度，竭日不足，故曰力行。

2.（宋）苏轼撰《书传》卷九《周书·泰誓上第一》

(归善斋按，未解)

3.（宋）林之奇《尚书全解》卷二十二《周书·泰誓中》

(归善斋按，见"我闻吉人为善，惟日不足；凶人为不善，亦惟日不足")

4.（宋）史浩《尚书讲义》卷十一《周书·泰誓中》

(归善斋按，见"惟戊午，王次于河朔")

5.（宋）夏僎《尚书详解》卷十六《周书·泰誓中》

(归善斋按，见"惟戊午，王次于河朔")

6.（宋）时澜《增修东莱书说》卷十五《周书·泰誓中第二》

今商王受，力行无度。

力行者，行之有力也。

7.（宋）黄度《尚书说》卷四《周书·泰誓中》

今商王受，力行无度，播弃黎老，昵比罪人，淫酗肆虐。臣下化之，朋家作仇，胁权相灭。无辜吁天，秽德彰闻。

"力行无度"，惟日不足也。正义，老人面冻梨色，则犁当作梨。朋家，家各为朋；胁权，以权力相迫胁，此所谓"卿士师师非度"，"小民方兴，相为敌仇"者也。

8.（宋）袁燮《絜斋家塾书钞》卷五《周书·泰誓中》

（归善斋按，见"惟戊午，王次于河朔"）

9.（宋）蔡沈《书经集传》卷四《周书·泰誓中》

（归善斋按，见"我闻吉人为善，惟日不足；凶人为不善，亦惟日不足"）

10.（宋）黄伦《尚书精义》卷二十五《周书·泰誓中》

今商王受，力行无度，播弃黎老，昵比罪人，淫酗肆虐。臣下化之，朋家作仇，胁权相灭。无辜吁天，秽德彰闻。

无垢曰，呜呼！天将亡商，必生力为恶者，以破坏其社稷。有前世昏君乱主所不能到者：黎老，人所怜敬，纣乃播弃之；罪人，人所憎恶，纣乃昵比之，是其性专与凶人合，而见吉人如见仇仇也。如此趣向，日日在恶逆中行，安得有仁义耶。往往于爱人济物事，略不肯加之意，而于刻薄凶暴事，则心开目明，攘臂而为之矣。国之乱君，家之败子类，皆如是，可胜叹哉。有隋炀帝，则有虞世基、宇文化及。有武后，则有周兴、来俊臣、索元礼。有德宗，则有卢杞、裴延龄、皇甫镈，此自然之理也。飞廉、恶来、九侯、崇侯，何世无之，特无纣以倡之耳。然则纣淫酗肆虐，为宗主于上，则飞廉、恶来鼓舞得志，相与倡和酬酢，以变圣贤之旧俗，一为无道之时，其势如决积水，如转圆环化，又何难哉。夫臣下影也，而形在上。臣下响也，而声在上。朋家作仇，胁权相灭，皆纣淫酗形声凝结成象也。既胁权相灭，则受刑之人，其间无辜者众矣，所以皆呼天告冤，其痛切之意易于感格。此纣凶秽之德所以彰闻于上天，而不可遏。盖人与天地常相通，人心和平，则天地之和应焉。人心怨愤，则天地亦为之怨愤矣。人主其可小失民心哉，失民心，是失天心。失天心，则社稷倾矣，可不畏哉。

张氏曰，法度者，上之所守以治下也。故自度治民者，高宗之所以享国。盘游无度者，太康之所以失邦。今纣至于无度，则力行之。"力行无度"者，总众恶而言之也。

吕氏曰，天下之理，公则一致，私则万殊。君子以道义相期，以国家相勉，所以越宇宙而同心。若小人，特以利相聚，相争相夺，必至灭亡。如李林甫、杨国忠，其祸必至于延及无辜，不惜社稷颠覆，生灵涂炭，人民至于怨怼之极，无所告诉，所以皆呼天。以纣既如此，臣亦如比，罪合为一，故臭秽之甚，彰闻于上。大抵为善、为恶，皆有成熟时。为善熟时，便是至德馨香，感神明。为恶熟时，便是秽德彰闻，养于中，发于外，非一朝一夕之故。

11.（宋）陈经《尚书详解》卷二十一《周书·泰誓中》

（归善斋按，见"惟戊午，王次于河朔"）

12.（宋）钱时《融堂书解》卷九《周书·泰誓中》

（归善斋按，见"惟戊午，王次于河朔"）

13.（宋）魏了翁《尚书要义》卷十《泰誓》至《武成》

（归善斋按，未引）

14.（宋）陈大猷《书集传或问》卷上《泰誓》

（归善斋按，未解）

15.（宋）胡士行《尚书详解》卷六《周书·泰誓中第二》

今商王受，力行（此所谓惟日不足也）无度（法），播（散）弃犁（面垢）老（老成），昵（亲）比（近）罪人，淫酗肆（纵）虐。臣下化之，朋（聚）家（于家）作仇（妒害），胁（恃）权（势）相灭。无辜吁（呼）天秽（浊）德彰（着）闻（上闻）。惟天惠（爱）民，惟辟（君）奉（承）天。有夏桀弗克若（顺）天，流（散）毒（害）下国，天乃佑命成汤，降黜（退）夏命。惟受罪浮（过）于桀，剥（害）丧元（大）良（善也，谓微子启），贼（杀）虐谏辅（比干），谓己有天命，谓敬不足行，谓祭无益，谓暴无伤。厥监（以古鉴今）惟不远，在彼夏王（桀）。天其以予乂民，朕梦协（合）朕卜，袭（重）于休（美）祥（善），戎（兵诛）商必克（胜）。

"其"者不敢必之辞也，纣乃谓己有天命，此兴亡之所以异也。梦、卜者，心与天、地合也。

16.（元）吴澄《书纂言》

（归善斋按，无此篇）

17.（元）陈栎《书集传纂疏》卷四上《朱子订定蔡氏集传周书·泰誓中》

（归善斋按，见"我闻吉人为善，惟日不足；凶人为不善，亦惟日不足"）

18.（元）许谦《读书丛说》卷六《周书·泰誓》

（归善斋按，未解）

19.（元）董鼎《书传辑录纂注》卷三《周书·泰誓中》

（归善斋按，见"我闻吉人为善，惟日不足；凶人为不善，亦惟日不足"）

20. （元）朱祖义《尚书句解》卷六《周书·泰誓中第二》

今商王受，力行无度（受力行无法度之事）。

21. （明）王樵《尚书日记》卷九《周书·泰誓中》

（归善斋按，见"我闻吉人为善，惟日不足；凶人为不善，亦惟日不足"）

22. （清）库勒纳等撰《日讲书经解义》卷六《周书·泰誓中》

（归善斋按，见"我闻吉人为善，惟日不足；凶人为不善，亦惟日不足"）

（明）梅鷟《尚书考异》卷四《泰誓中》

今商王受，力行无度，播弃犁老，昵比罪人，淫酗肆虐。臣下化之，朋家作仇，胁权相灭。无辜吁天，秽德彰闻。

《吴语》申胥曰，今王播弃犁老，而孩提焉比谋。

桓七年，楚斗廉曰，师克，在和，不在众。商周之不敌，君之所闻也。成军以出，又何济焉。杜注，商，纣也；周，武王也。传曰，武王有乱臣十人，纣有亿兆夷人。

播弃黎老，昵比罪人

1. （汉）孔氏传、（唐）陆德明音义、孔颖达疏《尚书注疏》卷十《周书·泰誓中》

播弃黎老，昵比罪人。

传，鲐背之耇称黎老，布弃不礼敬。昵，近；罪人，谓天下逋逃之小人。

音义：

黎，力私反，又力兮反。昵，女乙反。比，毗志反。鲐他来反，又音怡。鱼，名遹，布吴反。

疏：

传正义曰，《释诂》云，鲐背耇老，寿也。舍人曰，鲐背老人，气衰，皮肤消瘠，背若鲐鱼也。孙炎曰，耇，面冻黎色，似浮垢也。然则，老人背皮似鲐，面色似黎，故鲐背之耇称黎老。传以"播"为"布"，布者，遍也，言遍弃之，不礼敬也。昵，近，《释诂》文。孙炎曰，昵，亲近也。《牧誓》数纣之罪云"四方之多罪逋逃，是崇是长，是信是使"，知纣所亲近罪人，谓天下逋逃之小人也。

2.（宋）苏轼撰《书传》卷九《周书·泰誓上第一》

（归善斋按，未解）

3.（宋）林之奇《尚书全解》卷二十二《周书·泰誓中》

（归善斋按，见"我闻吉人为善，惟日不足；凶人为不善，亦惟日不足"）

4.（宋）史浩《尚书讲义》卷十一《周书·泰誓中》

（归善斋按，见"惟戊午，王次于河朔"）

5.（宋）夏僎《尚书详解》卷十六《周书·泰誓中》

（归善斋按，见"惟戊午，王次于河朔"）

6.（宋）时澜《增修东莱书说》卷十五《周书·泰誓中第二》

播弃黎老，昵比罪人。

黎老所当亲近者，反播弃之；罪人所当斥绝者，乃昵比之。好恶远近，俱相反者，纣之心，相近与不相近故也。黎老者，元臣，故老有羞恶之心，望望然去之，如微子去之是也。罪人者，天下之逋逃，纣为之主萃渊薮，如水之流湿，火之就燥也。

7. （宋）黄度《尚书说》卷四《周书·泰誓中》

（归善斋按，见"今商王受，力行无度"）

8. （宋）袁燮《絜斋家塾书钞》卷五《周书·泰誓中》

（归善斋按，见"惟戊午，王次于河朔"）

9. （宋）蔡沈《书经集传》卷四《周书·泰誓中》

（归善斋按，见"我闻吉人为善，惟日不足；凶人为不善，亦惟日不足"）

10. （宋）黄伦《尚书精义》卷二十五《周书·泰誓中》

（归善斋按，见"今商王受，力行无度"）

11. （宋）陈经《尚书详解》卷二十一《周书·泰誓中》

（归善斋按，见"惟戊午，王次于河朔"）

12. （宋）钱时《融堂书解》卷九《周书·泰誓中》

（归善斋按，见"惟戊午，王次于河朔"）

13. （宋）魏了翁《尚书要义》卷十《泰誓》至《武成》

（归善斋按，未引）

14. （宋）陈大猷《书集传或问》卷上《泰誓》

（归善斋按，未解）

15. （宋）胡士行《尚书详解》卷六《周书·泰誓中第二》

（归善斋按，见"今商王受，力行无度"）

16.（元）吴澄《书纂言》

（归善斋按，无此篇）

17.（元）陈栎《书集传纂疏》卷四上《朱子订定蔡氏集传周书·泰誓中》

（归善斋按，见"我闻吉人为善，惟日不足；凶人为不善，亦惟日不足"）

18.（元）许谦《读书丛说》卷六《周书·泰誓》

（归善斋按，未解）

19.（元）董鼎《书传辑录纂注》卷三《周书·泰誓中》

（归善斋按，见"我闻吉人为善，惟日不足；凶人为不善，亦惟日不足"）

20.（元）朱祖义《尚书句解》卷六《周书·泰誓中第二》

播弃黎老（如播谷而散之，散弃面黎色之老成人），昵比罪人（亲近有罪逋逃之人。昵，逆）。

21.（明）王樵《尚书日记》卷九《周书·泰誓中》

（归善斋按，见"我闻吉人为善，惟日不足；凶人为不善，亦惟日不足"）

22.（清）库勒纳等撰《日讲书经解义》卷六《周书·泰誓中》

（归善斋按，见"我闻吉人为善，惟日不足；凶人为不善，亦惟日不足"）

淫酗肆虐，臣下化之

1.（汉）孔氏传、（唐）陆德明音义、孔颖达疏《尚书注疏》卷十《周书·泰誓中》

淫酗肆虐，臣下化之。

传，过酗纵虐，以酒成恶。臣下化之，言罪同。

音义：

酗，况具反。

疏：

传正义曰，酗是酒怒，淫、酗共文，则淫非女色，故以淫为过，言饮酒过多也。肆，是放纵之意，酒过则酗，纵情为虐，以酒成此暴虐之恶。臣下化而为之，由纣恶而臣亦恶，言君臣之罪同也。

2.（宋）苏轼撰《书传》卷九《周书·泰誓上第一》

（归善斋按，未解）

3.（宋）林之奇《尚书全解》卷二十二《周书·泰誓中》

（归善斋按，见"我闻吉人为善，惟日不足；凶人为不善，亦惟日不足"）

4.（宋）史浩《尚书讲义》卷十一《周书·泰誓中》

（归善斋按，见"惟戊午，王次于河朔"）

5.（宋）夏僎《尚书详解》卷十六《周书·泰誓中》

（归善斋按，见"惟戊午，王次于河朔"）

6. （宋）时澜《增修东莱书说》卷十五《周书·泰誓中第二》

淫酗肆虐，臣下化之。

人之陷于为恶，而善端犹存，则恶力尚浅，不至于肆。惟私欲丛长，若火燎于原，故肆而莫知所禁。君者，民之枢纽，君然，则臣下化之，必然矣。此与"惟臣钦若，惟民从乂"不同。

7. （宋）黄度《尚书说》卷四《周书·泰誓中》

（归善斋按，见"今商王受，力行无度"）

8. （宋）袁燮《絜斋家塾书钞》卷五《周书·泰誓中》

（归善斋按，见"惟戊午，王次于河朔"）

9. （宋）蔡沈《书经集传》卷四《周书·泰誓中》

（归善斋按，见"我闻吉人为善，惟日不足；凶人为不善，亦惟日不足"）

10. （宋）黄伦《尚书精义》卷二十五《周书·泰誓中》

（归善斋按，见"今商王受，力行无度"）

11. （宋）陈经《尚书详解》卷二十一《周书·泰誓中》

（归善斋按，见"惟戊午，王次于河朔"）

12. （宋）钱时《融堂书解》卷九《周书·泰誓中》

（归善斋按，见"惟戊午，王次于河朔"）

13. （宋）魏了翁《尚书要义》卷十《泰誓》至《武成》

（归善斋按，未引）

14. （宋）陈大猷《书集传或问》卷上《泰誓》

（归善斋按，未解）

15. （宋）胡士行《尚书详解》卷六《周书·泰誓中第二》

（归善斋按，见"今商王受，力行无度"）

16. （元）吴澄《书纂言》

（归善斋按，无此篇）

17. （元）陈栎《书集传纂疏》卷四上《朱子订定蔡氏集传周书·泰誓中》

（归善斋按，见"我闻吉人为善，惟日不足；凶人为不善，亦惟日不足"）

18. （元）许谦《读书丛说》卷六《周书·泰誓》

（归善斋按，未解）

19. （元）董鼎《书传辑录纂注》卷三《周书·泰誓中》

（归善斋按，见"我闻吉人为善，惟日不足；凶人为不善，亦惟日不足"）

20. （元）朱祖义《尚书句解》卷六《周书·泰誓中第二》

淫酗肆虐（淫色酗酒，肆行暴虐之威。酗，煦），臣下化之（臣下皆习纣恶）。

21. （明）王樵《尚书日记》卷九《周书·泰誓中》

（归善斋按，见"我闻吉人为善，惟日不足；凶人为不善，亦惟日不足"）

22.（清）库勒纳等撰《日讲书经解义》卷六《周书·泰誓中》

（归善斋按，见"我闻吉人为善，惟日不足；凶人为不善，亦惟日不足"）

朋家作仇，胁权相灭。无辜吁天，秽德彰闻

1.（汉）孔氏传、（唐）陆德明音义、孔颖达疏《尚书注疏》卷十《周书·泰誓中》

朋家作仇，胁权相灭，无辜吁天，秽德彰闻。

传，臣下朋党，自为仇怨，胁上权命，以相诛灭。吁，呼也，民皆呼天，告冤无辜。纣之秽德，彰闻天地，言罪恶深。

音义：

胁，虚业反。吁，音喻。秽，于废反。

疏：

正义曰，小人好忿，天性之常。化纣淫酗，怨怒无已。臣下朋党，共为一家，与前人并作仇敌，胁上权命，以相灭亡。无罪之人，怨嗟呼天。纣之秽恶之德，彰闻天地，言其罪恶深也。

传正义曰，胁上，谓纣既昏迷，朝无纲纪，奸宄之臣，胁于在下，假用在上之权命，胁之更相诛灭也。

2.（宋）苏轼撰《书传》卷九《周书·泰誓上第一》

（归善斋按，未解）

3.（宋）林之奇《尚书全解》卷二十二《周书·泰誓中》

（归善斋按，见"我闻吉人为善，惟日不足；凶人为不善，亦惟日不足"）

4.（宋）史浩《尚书讲义》卷十一《周书·泰誓中》

（归善斋按，见"惟戊午，王次于河朔"）

5.（宋）夏僎《尚书详解》卷十六《周书·泰誓中》

（归善斋按，见"惟戊午，王次于河朔"）

6.（宋）时澜《增修东莱书说》卷十五《周书·泰誓中第二》

朋家作仇，胁权相灭。无辜吁天，秽德彰闻。

此见小人无党甚明。盖公则一致，私则万殊。君子以道义相期，所以越宇宙而同心；小人本无公心，朋聚，则相妒而作仇，至于胁权以相贼害。然小人自相仇灭，何以至于"无辜吁天，秽德彰闻"，盖小人既以私而相害，则无所复顾，必至流毒及民，故无辜者呼天也。唐李林甫、杨国忠，初以利相为用，后亦以利相倾覆。初时不过上面三四小人自如此，其祸卒延及无辜，社稷颠覆，生灵涂炭，人民怨忿之极，无所告愬，是以呼天。大抵为善至于极，则至治馨香；为恶至于极，则秽德亦彰闻矣。

7.（宋）黄度《尚书说》卷四《周书·泰誓中》

（归善斋按，见"今商王受，力行无度"）

8.（宋）袁燮《絜斋家塾书钞》卷五《周书·泰誓中》

（归善斋按，见"惟戊午，王次于河朔"）

9.（宋）蔡沈《书经集传》卷四《周书·泰誓中》

（归善斋按，见"我闻吉人为善，惟日不足；凶人为不善，亦惟日不足"）

10.（宋）黄伦《尚书精义》卷二十五《周书·泰誓中》

（归善斋按，见"今商王受，力行无度"）

11.（宋）陈经《尚书详解》卷二十一《周书·泰誓中》

（归善斋按，见"惟戊午，王次于河朔"）

12.（宋）钱时《融堂书解》卷九《周书·泰誓中》

（归善斋按，见"惟戊午，王次于河朔"）

13.（宋）魏了翁《尚书要义》卷十《泰誓》至《武成》

（归善斋按，未引）

14.（宋）陈大猷《书集传或问》卷上《泰誓》

（归善斋按，未解）

15.（宋）胡士行《尚书详解》卷六《周书·泰誓中第二》

（归善斋按，见"今商王受，力行无度"）

16.（元）吴澄《书纂言》

（归善斋按，无此篇）

17.（元）陈栎《书集传纂疏》卷四上《朱子订定蔡氏集传周书·泰誓中》

（归善斋按，见"我闻吉人为善，惟日不足；凶人为不善，亦惟日不足"）

18.（元）许谦《读书丛说》卷六《周书·泰誓》

（归善斋按，未解）

19.（元）董鼎《书传辑录纂注》卷三《周书·泰誓中》

（归善斋按，见"我闻吉人为善，惟日不足；凶人为不善，亦惟日不足"）

20. （元）朱祖义《尚书句解》卷六《周书·泰誓中第二》

朋家作仇（分为朋党，互相结为仇仇），胁权相灭（以权势相胁，更相殄灭）。无辜吁天（横及无辜之民，皆呼天告冤），秽德彰闻（秽污之德，显闻于天）。

21. （明）王樵《尚书日记》卷九《周书·泰誓中》

（归善斋按，见"我闻吉人为善，惟日不足；凶人为不善，亦惟日不足"）

22. （清）库勒纳等撰《日讲书经解义》卷六《周书·泰誓中》

（归善斋按，见"我闻吉人为善，惟日不足；凶人为不善，亦惟日不足"）

（明）梅鷟《尚书考异》卷四《泰誓中》

《泰誓中》。
朋家作仇
僖九年，郤芮曰，亡人无党，有党必有雠，此因《微子》篇"方兴相为敌仇"之言。

惟天惠民，惟辟奉天

1. （汉）孔氏传、（唐）陆德明音义、孔颖达疏《尚书注疏》卷十《周书·泰誓中》

惟天惠民，惟辟奉天。
传，言君天下者，当奉天以爱民。
音义：

辟,必亦反。

2. (宋)苏轼撰《书传》卷九《周书·泰誓上第一》

(归善斋按,未解)

3. (宋)林之奇《尚书全解》卷二十二《周书·泰誓中》

惟天惠民,惟辟奉天。有夏桀弗克若天,流毒下国。天乃佑命成汤,降黜夏命。惟受罪浮于桀,剥丧元良,贼虐谏辅,谓已有天命,谓敬不足行,谓祭无益,谓暴无伤。厥监惟不远,在彼夏王。天其以予乂民,朕梦协朕卜,袭于休祥。戎商必克。受有亿兆夷人,离心离德;予有乱臣十人,同心同德。虽有周亲,不如仁人。

纣既自绝于天,而天弃之,则武王受天之明命,不可不应天顺人而伐之。于是遂言夏桀之罪未至于纣之恶,而尚且为汤之所伐,此则以见纣之不可不伐也。惟"天惠民,惟辟奉天",言天之爱斯民而立之君,使司牧之。其所以立君者,盖欲使奉天所以爱民之道而已。故人君之职,惟在于爱民。爱民者,民怀之。民怀之,则天与之矣。苟不能爱民,则失其所以为君之道,而民叛之。民叛之,则天弃之矣。古之人君,自尧舜禹以来,无非以爱民为事天之实,故能祈天永命,而福祚无穷。至于桀纣不克奉天,而肆为刑戮,流毒下国,天不忍斯民陷于无辜也,于是佑命成汤,使之降黜夏命,代之为君,以惠斯民,而承顺上天之意,非天偏私于成汤,而偏疾于夏桀也。桀不能爱民,故天为斯民而降黜;汤能爱民,故天为斯民而佑命之。其或予或夺,凡以惠斯民而已。桀之罪,既已如此,况受之罪又过于桀,其所以过于桀,则下之所言是也。

"剥丧元良"者,孔氏曰,剥,伤害也。元良,善之长也,其意盖谓伤害善人也。不如苏氏之说,曰,剥,落也;丧,去也。古者,谓去国为丧。元良,微子也。微子,纣之同母兄,以为庶子而不得立者。以其生于帝乙未即位之初,以礼考之,则与纣俱为嫡子,而微子长,故成王称之曰"殷王元子"。此说是也。"贼虐谏辅",为比干也。纣之所以剥丧元良,使之逃亡而不复追;贼虐谏辅,至于杀之而无所惜者,盖纣之意,"谓己有天命,谓敬不足行,谓祭无益,谓暴无伤"者,此其所以慢神虐民,而肆然无所忌惮也。太史公曰"纣资辩捷给，闻见甚敏，才力过人，知足以拒谏，言足以饰非，矜人臣以能，高天下以声"，此语不知太史公何所据而云然。武王数其罪，以"谓"言之如此，则信乎，如太史公之言也。凡此皆纣之罪所以异于桀者。盖桀之所不为，而纣则为之也。世谓桀杀关龙逄，此未必然也。武王以"贼虐谏辅"为纣之罪浮于桀者，使桀果杀关龙逄，则是与纣同罪矣。《汤诰》《汤誓》，数桀之罪不过"率遏众力"，"率割夏邑"而已，又不过曰"灭德作威，以敷虐于尔万方百姓"而已。武王亦惟曰"弗克若天，流毒下国"，则是桀之所以亡者，惟肆为虐政，以残害斯民，不至于纣之穷凶极恶，而无所忌惮也。桀犹不免于亡，故天以其所以佑命成汤者，而命我武以伐纣之事，将使其奉天之罚而乂斯民也。其者，未足之辞也，犹《盘庚》曰"天其永我命于兹新邑"，盖言之于未然之前者，其辞当如此也。所以知"其以予乂民"者，以其"朕梦协朕卜，袭于休祥"，故知"戎商之必克"，而有以承顺上天之明命，以乂斯民也。戎，大也，与《康诰》言"天乃大命文王殪戎殷"同。《大明》之诗曰"燮伐大商"，其言"大商"，即此所谓"戎商"也。"戎商必克"，言商虽大国，我必克之。"朕梦协朕卜"，汉孔氏曰，言我梦之与卜俱合于美善。此说非是。既云"朕梦协朕卜"，则是梦与卜合矣，何须继之以合于美善。《国语》单襄公曰，《泰誓》曰"朕梦协朕卜，袭于休祥"，以三袭也。韦昭曰，言武王梦卜祥之合，故遂克商有天下。今当从此说。所谓"休祥"者，气候之先见者。高祖入秦关，范增使人望其气，皆为龙成五色。若此之类，所谓"休祥"也。《中庸》曰"国家将兴，必有祯祥；国家将亡，必有妖孽。见乎蓍龟，动乎四体"，祸福将至，善、恶必先知之，故至诚如神动乎。四体者，梦也；见乎蓍龟，者卜也。至于祯祥，则此所谓"休祥"也。纣之将亡，周之将兴，其吉之先见，至于梦、卜、休祥三者皆合，于是知其必克之理也。非惟其验之于天时，有必克之理；至于考之人事，亦莫不然。

"受有亿兆夷人，离心离德；予有乱臣十人，同心同德，虽有周亲，不如仁人"，此则以人事而知其必克也。受"为逋逃主萃渊薮"，至于有亿兆夷人。夷人者，言此亿兆之人，纣皆与之同恶相济，视若等夷也。虽有"亿兆夷人"，然皆"朋家作仇，胁权相灭"，其实人各有心离心离德，

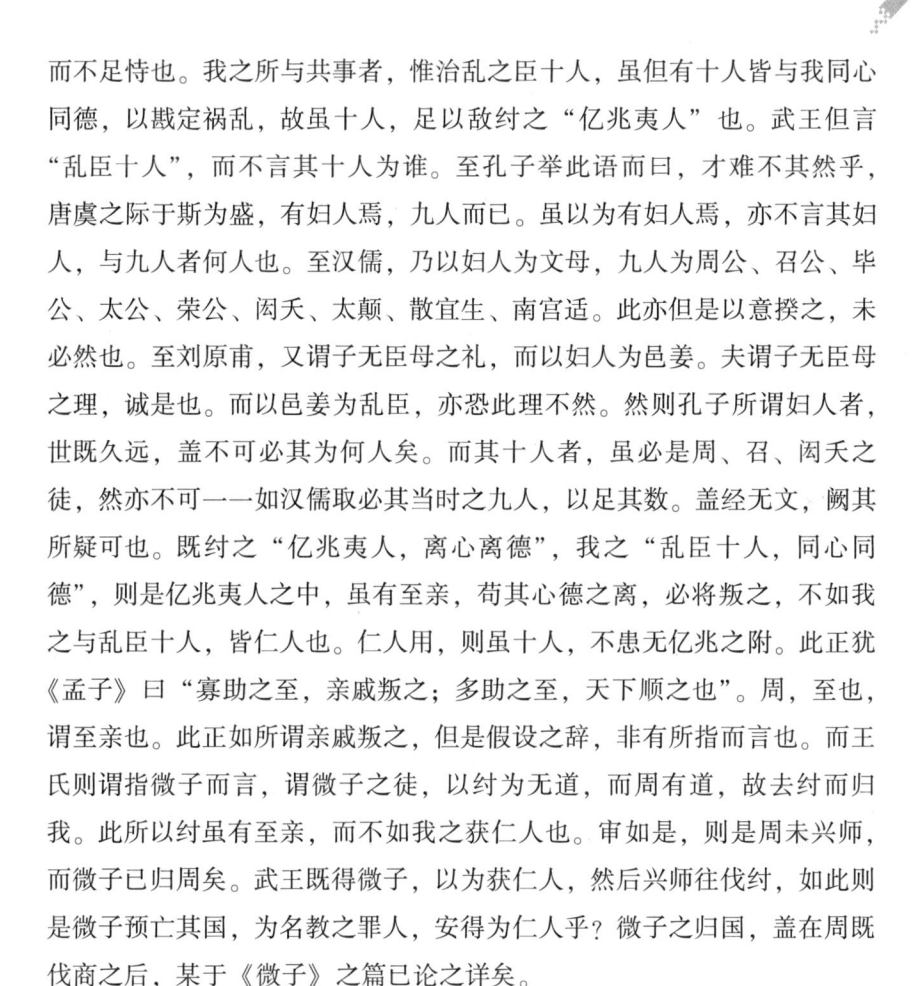

而不足恃也。我之所与共事者，惟治乱之臣十人，虽但有十人皆与我同心同德，以戡定祸乱，故虽十人，足以敌纣之"亿兆夷人"也。武王但言"乱臣十人"，而不言其十人为谁。至孔子举此语而曰，才难不其然乎，唐虞之际于斯为盛，有妇人焉，九人而已。虽以为有妇人焉，亦不言其妇人，与九人者何人也。至汉儒，乃以妇人为文母，九人为周公、召公、毕公、太公、荣公、闳夭、太颠、散宜生、南宫适。此亦但是以意撰之，未必然也。至刘原甫，又谓子无臣母之礼，而以妇人为邑姜。夫谓子无臣母之理，诚是也。而以邑姜为乱臣，亦恐此理不然。然则孔子所谓妇人者，世既久远，盖不可必其为何人矣。而其十人者，虽必是周、召、闳夭之徒，然亦不可一一如汉儒取必其当时之九人，以足其数。盖经无文，阙其所疑可也。既纣之"亿兆夷人，离心离德"，我之"乱臣十人，同心同德"，则是亿兆夷人之中，虽有至亲，苟其心德之离，必将叛之，不如我之与乱臣十人，皆仁人也。仁人用，则虽十人，不患无亿兆之附。此正犹《孟子》曰"寡助之至，亲戚叛之；多助之至，天下顺之也"。周，至也，谓至亲也。此正如所谓亲戚叛之，但是假设之辞，非有所指而言也。而王氏则谓指微子而言，谓微子之徒，以纣为无道，而周有道，故去纣而归我。此所以纣虽有至亲，而不如我之获仁人也。审如是，则是周未兴师，而微子已归周矣。武王既得微子，以为获仁人，然后兴师往伐纣，如此则是微子预亡其国，为名教之罪人，安得为仁人乎？微子之归国，盖在周既伐商之后，某于《微子》之篇已论之详矣。

4.（宋）史浩《尚书讲义》卷十一《周书·泰誓中》

（归善斋按，见"惟戊午，王次于河朔"）

5.（宋）夏僎《尚书详解》卷十六《周书·泰誓中》

惟天惠民，惟辟奉天。有夏桀弗克若天，流毒下国。天乃佑命成汤，降黜夏命。惟受罪浮于桀，剥丧元良，贼虐谏辅。谓己有天命，谓敬不足行，谓祭无益，谓暴无伤。厥鉴惟不远，在彼夏王。

武王上既数纣之罪，以见其不可不伐，故此遂言夏桀之恶，未如纣甚，天且命汤伐之。则今日之事，实非私意也。欲言桀罪而先言"惟天惠民，唯辟奉天"盖谓天有惠爱斯民之心，不能自遂，于是立之君，使代天以爱民。君既代天以爱民，则当奉天而不至逆天之意。今夏桀乃不顺天之意以爱民，方且肆为刑戮以流毒于下国，使民陷于无辜。于是天乃眷佑大命于成汤，使之降夏，黜弃有夏之天命。所谓降者，昔升为天子，今降之。所谓黜者，昔居中为天子，今黜之也。桀罪如此，天既绝之，况纣之罪，又过于桀。所谓"过"者，即下文言"剥丧元良，贼虐谏辅"等言是也。孔氏谓，剥丧，伤害也。元，善之长；良，善也。其意盖谓，伤害善人也。然不如苏氏谓，剥，落也。丧，去也。古者谓，去国，为丧。微子，纣之同母兄，成王称曰"殷王元子"，则此之"剥丧元良"，盖使微子逃亡而不追也。谏辅，谓比干也。比干谏之，纣则贼杀，而虐害之，一无所惜也。不特如此，又自恃其受天之命，为天子，于恭敬之事，皆不肯行。既谓敬不足行，故于祭祀之事，皆以为无益而不修；暴虐之事，皆以为无伤而力行。惟其所以力行者无忌如此，此其罪所以浮于桀也。

林少颖谓，世谓桀杀关龙逢，此未必然。况武王以贼虐谏辅为纣罪浮于桀，使桀果杀关龙逢，则是与纣同罪。况《汤诰》《汤誓》数桀之罪，不过"率遏众力率割夏邑"而已，又不过云"灭德作威，敷虐于尔万方百姓"而已。而武王亦云"弗克若天流毒下国"而已，则是纣所以亡者，惟肆为虐政，以残斯民，不至如纣穷凶极恶，无所忌惮也。愚谓少颖以经文证纣罪浮桀极，然但疑桀不杀关龙逢，则拘之太过。盖纣之贼虐谏辅，既杀之，又剖视其心。而桀则杀之而已，况纣之炮烙等事，皆桀所未尝为者，则纣罪浮桀，又何疑哉？武王既数纣浮桀之罪，故又言曰，纣今日为恶，无忌惮如此，非无可以为鉴诫也，夏王为恶，而汤伐之，其事不远，而纣乃忽而不以为戒，方且肆行无道，可谓下愚之性，不可移矣。故曰"厥鉴惟不远，在彼夏王"，盖夏之事，实可鉴，而纣不鉴，且至于罪浮于桀，此所以不可不伐也。

6.（宋）时澜《增修东莱书说》卷十五《周书·泰誓中第二》

惟天惠民，惟辟奉天。有夏桀弗克若天，流毒下国。天乃佑命成汤，降黜夏命。惟受罪浮于桀，剥丧元良。

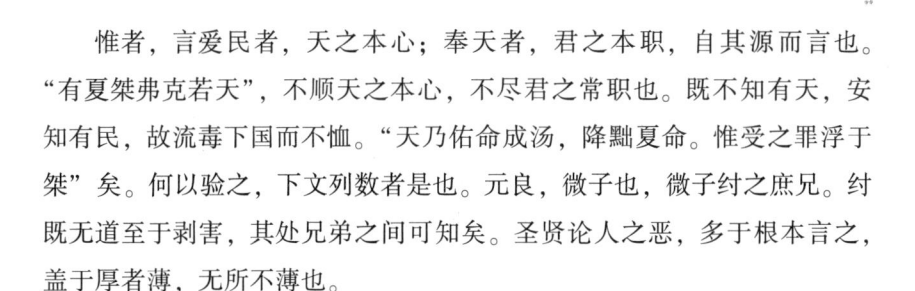

惟者，言爱民者，天之本心；奉天者，君之本职，自其源而言也。"有夏桀弗克若天"，不顺天之本心，不尽君之常职也。既不知有天，安知有民，故流毒下国而不恤。"天乃佑命成汤，降黜夏命。惟受之罪浮于桀"矣。何以验之，下文列数者是也。元良，微子也，微子纣之庶兄。纣既无道至于剥害，其处兄弟之间可知矣。圣贤论人之恶，多于根本言之，盖于厚者薄，无所不薄也。

7.（宋）黄度《尚书说》卷四《周书·泰誓中》

惟天惠民，惟辟奉天。有夏桀弗克若天，流毒下国。天乃佑命成汤，降黜夏命。

下国，诸侯之国。"幽王将亡，何草不黄，渐渐之石"，皆下国刺诗，其毒遍天下矣。

8.（宋）袁燮《絜斋家塾书钞》卷五《周书·泰誓中》

（归善斋按，见"惟戊午，王次于河朔"）

9.（宋）蔡沈《书经集传》卷四《周书·泰誓中》

惟天惠民，惟辟奉天。有夏桀，弗克若天，流毒下国。天乃佑命成汤，降黜夏命。

言天惠爱斯民，君当奉承天意。昔桀不能顺天，流毒下国，故天命成汤降黜夏命。

10.（宋）黄伦《尚书精义》卷二十五《周书·泰誓中》

惟天惠民，惟辟奉天。有夏桀弗克若天，流毒下国。天乃佑命成汤，降黜夏命。惟受罪浮于桀。

无垢曰，纣不体天心以害民如此，是纣为失职。天不能诛纣，使纣肆虐，是天为失职。武王代天，实以诛纣为职，以惠民者也，其可以私意，遏其大命，使人久在汤火中乎？呜呼！人主奉天，不止牺牲、玉帛、坛场、器皿而已，专以惠民为主，使合四海之内，人人安生乐业，欢声和气，洋溢于天地间。日日南郊，时时见上帝也。其奉天，莫大焉。若夫夏桀，不能顺天心以惠民，而流毒虐于下国。夫惟天惠民，而桀乃流毒下国，是逆天也。天其可已乎？所以佑命成汤，使汤代天以降黜夏命，而为有商。呜呼！使人能得天心，天下未有不归之也。浮，过也，是纣罪过于桀也。然而岂特此哉。弗祀上帝、神祇，遗厥先宗庙弗祀，以至牺牲粢盛，既于凶盗，是不畏上帝，不畏天地，不畏祖先，与凶盗同其心。其罪如此，桀有之乎？

张氏曰，"天佑下民，作之君，作之师"，此天之所以惠民也。人君"克相上帝宠绥四方"，此辟之所以奉天也。天佑民而惠之，辟奉天以仁爱斯民，乃足以享天心而为天之子。有夏桀弗能奉天，流毒下国，则失其为辟之道也。此天乃佑命成汤，降黜夏命，而使之简代夏以作民主也。桀之为恶如此，比之于纣，又有甚者也。

吕氏曰，君能代天，理物裁成辅相，无一不得其所，便是君之本职。桀惟不知惠民、奉天道理，是以不能奉天，虽流毒而不恤。桀既不知有天，则亦不知有民。惟汤能奉天化民以宽，故天命汤伐桀。武王叹息，天立君，本职为惠民奉天，如此分明。桀之为恶样又如此分明，纣当自警戒，今却增其恶，过于桀。

11.（宋）陈经《尚书详解》卷二十一《周书·泰誓中》

惟天惠民，惟辟奉天。有夏桀弗克若天，流毒下国。天乃佑命成汤，降黜夏命。惟受罪浮于桀，剥丧元良，贼虐谏辅，谓己有天命，谓敬不足行，谓祭无益，谓暴无伤，厥监惟不远，在彼夏王。

天亦有天之职，君亦有君之职。天之职在于爱民，君之职在于奉天以爱民。人主欲奉天，初不在于牺牲玉帛，繁文之末节，惟知爱民，则奉天之道得矣。使天而不惠民，天失其职；使君而不爱民，亦失君之职。有夏桀不能顺天，以至流其害于下国，此皆桀失其职也。天乃佑命成汤，黜有夏之命。汤岂私意哉，亦奉天以爱民而已。成汤口实之忧，亦幸而济伐夏之事，乃若后世奸臣贼子，其不以成汤为憾乎？

惟受罪浮于桀，况商受之罪复有过于桀者乎哉。观商王作《汤誓》之篇，惟曰"率遏众力率割夏邑"而已，今纣王之罪，至于剖贤人之心，刳剔孕妇之腹，如《泰誓》三篇所言，则桀所未尝为，而纣无不为矣。

桀既为汤所放。则受岂可免乎？成汤之誓，不过曰"夏王"，《仲虺之诰》乃有"桀"之名，是亦仲虺所言，而非汤名也。今也，武王以"今商王受"名言之，岂非罪浮于桀欤。元良，一国之贤，若微子是也。微子，为帝乙之元子，纣之兄也，乃使之抱祭器适周，剥落而丧失之。谏辅，即比干也，以忠谏见杀，贼虐而害之也。纣之心，与"元良谏辅"者相反而不相近，此所以剥丧之，贼虐之。

"谓己有天命，谓敬不足行，谓祭无益，谓暴无伤"，天命，即天理也。己者，己私也。理与己，不并立，知天之理，则忘乎己；知有己私，则灭天理矣。天命岂己有哉？谓己有，则不知天之理矣，如曰"我生不有命在天"是也。夫人，惟知天命，则知敬，知祭，知暴虐不可为。何者？敬者，即天理之流行；祭者，即天命之形于报本反始。以敬非人之所能，而祭祀亦非人之所能，为非人能为处，即天也。暴者。天理之反也、暴即人欲之私。既为人欲之私。则安有天命、纣之恶。其原皆在于有己，故所以为敬不足行，以祭为无益，以暴为无伤，是皆逞一己之意。谓者，取形之于言语。孔子曰"其言之不怍，则为之也难"。纣于四者形之于言语，自谓如此，是言之不知愧怍也。"厥监惟不远，在彼夏王"，有夏而商以黜之，商今有罪矣，周黜之，亦有商之黜夏也。武王所以使人无疑。

12.（宋）钱时《融堂书解》卷九《周书·泰誓中》

惟天惠民，惟辟奉天，有夏桀弗克若天，流毒下国。天乃佑命成汤，降黜夏命。惟受罪浮于桀，剥丧元良，贼虐谏辅。谓己有天命，谓敬不足行，谓祭无益，谓暴无伤。厥鉴惟不远，在彼夏王。

上文既甚言纣之罪矣，于此复举桀为证，且申言纣之罪又有过于桀者，以见天必亡之，而吊伐之师，断不容后于汤也。四个"谓"字，是举纣平时无忌惮之言，虽是四节，而其病根，却只在"谓己有天命"上。

13.（宋）魏了翁《尚书要义》卷十《泰誓》至《武成》

（归善斋按，未引）

14. (宋)陈大猷《书集传或问》卷上《泰誓》

(归善斋按,未解)

15. (宋)胡士行《尚书详解》卷六《周书·泰誓中第二》

(归善斋按,见"今商王受,力行无度")

16. (元)吴澄《书纂言》

(归善斋按,无此篇)

17. (元)陈栎《书集传纂疏》卷四上《朱子订定蔡氏集传周书·泰誓中》

惟天惠民,惟辟奉天。有夏桀弗克若天,流毒下国。天乃佑命成汤,降黜夏命。

言天惠爱斯民,君当奉承天意。昔桀不能顺天,流毒下国,故天命成汤,降黜夏命。

18. (元)许谦《读书丛说》卷六《周书·泰誓》

(归善斋按,未解)

19. (元)董鼎《书传辑录纂注》卷三《周书·泰誓中》

惟天惠民,惟辟奉天。有夏桀弗克若天,流毒下国。天乃佑命成汤,降黜夏命。

言天惠爱斯民,君当奉承天意。昔桀不能顺天,流毒下国,故天命成汤,降黜夏命。

20. (元)朱祖义《尚书句解》卷六《周书·泰誓中第二》

惟天惠民,惟辟奉天(天惠爱斯民,君奉天爱民)。

21.（明）王樵《尚书日记》卷九《周书·泰誓中》

"惟天惠民"至"戎商必克"。

浮，过也。去国为丧。元良，微子也。谏辅，比干也。孔氏曰，言我梦与卜俱合于美善，是以兵讨纣，必克之占。

正义曰，梦者，事之祥，人之精爽，先见者也。吉凶或有其验，圣王采而用之，卜伐纣得吉，又得吉梦，故云"袭于休祥"。《记》称卜筮不相袭，袭者，"重合"之义。训"戎"为"兵"，梦、卜协吉，是兵克之占。

按，言汤言桀，此篇之肯綮，盖吊伐之公，胜克之决，一观之昔，而可知。受罪浮于桀，已事光于汤，正血脉照应处。

22.（清）库勒纳等撰《日讲书经解义》卷六《周书·泰誓中》

惟天惠民，惟辟奉天。有夏桀弗克若天，流毒下国。天乃佑命成汤，降黜夏命。惟受罪浮于桀，剥丧元良，贼虐谏辅。谓己有天命，谓敬不足行，谓祭无益，谓暴无伤。厥监惟不远，在彼夏王。天其以予乂民，朕梦协朕卜，袭于休祥，戎商必克。

此二节书是，先即夏事以喻商受之必亡，后即天意以明伐商之必克也。浮，犹言"过"也，剥，落也。失位去国，谓之丧。元良，指微子。谏辅，指比干。监，视也。协，合也。袭，重也。休祥，吉兆也。戎商，谓加兵于商。武王曰，惟天惠爱下民，立君以长之，立师以教之。惟为人君者，居天之位，治天之民，必当仰体天心，以尽君师治教之责，庶乎不负上天立己之意也。昔有夏之君桀，不克顺天惠民，乃恣为淫虐，流毒于下国。于是，天心厌之，乃佑命商王成汤，假手以诛之，而降黜夏命，迁于有商。今商王受之罪，比之于桀，则又过之。如微子者，商之元子，又有贤良之德，彼乃遗落之，使失位而去。比干者，以直谏匡救，彼乃加以残虐之刑，至于剖心而死。天心久厌其恶，彼则自谓己有天命。君德莫大乎敬，彼则谓敬为不足行。祭祀者，朝廷大典，彼则以为无益。暴虐者，人君大恶，彼则以为无伤。夫前人之成败，乃后人之明鉴。商之所鉴视者，初不在远，惟在彼夏王桀耳。今日，上天之意，殆使我伐商以治民也。且我于兴师之时，尝得吉卜，又尝得吉梦，梦与卜合重，有休祥之应。此皆默有天意，非偶然也。以是知伐商之兵，断乎其必胜矣。

（清）张英《书经衷论》卷三《周书·泰誓》

（归善斋按，见"惟天地，万物父母，惟人，万物之灵"）

有夏桀弗克若天，流毒下国

1.（汉）孔氏传、（唐）陆德明音义、孔颖达疏《尚书注疏》卷十《周书·泰誓中》

有夏桀弗克若天，流毒下国。
传，桀不能顺天，流毒虐于下国万民，言凶害。

2.（宋）苏轼撰《书传》卷九《周书·泰誓上第一》

（归善斋按，未解）

3.（宋）林之奇《尚书全解》卷二十二《周书·泰誓中》

（归善斋按，见"惟天惠民，惟辟奉天"）

4.（宋）史浩《尚书讲义》卷十一《周书·泰誓中》

（归善斋按，见"惟戊午，王次于河朔"）

5.（宋）夏僎《尚书详解》卷十六《周书·泰誓中》

（归善斋按，见"惟天惠民，惟辟奉天"）

6. （宋）时澜《增修东莱书说》卷十五《周书·泰誓中第二》

（归善斋按，见"惟天惠民，惟辟奉天"）

7. （宋）黄度《尚书说》卷四《周书·泰誓中》

（归善斋按，见"惟天惠民，惟辟奉天"）

8. （宋）袁燮《絜斋家塾书钞》卷五《周书·泰誓中》

（归善斋按，见"惟戊午，王次于河朔"）

9. （宋）蔡沈《书经集传》卷四《周书·泰誓中》

（归善斋按，见"惟天惠民，惟辟奉天"）

10. （宋）黄伦《尚书精义》卷二十五《周书·泰誓中》

（归善斋按，见"惟天惠民，惟辟奉天"）

11. （宋）陈经《尚书详解》卷二十一《周书·泰誓中》

（归善斋按，见"惟天惠民，惟辟奉天"）

12. （宋）钱时《融堂书解》卷九《周书·泰誓中》

（归善斋按，见"惟天惠民，惟辟奉天"）

13. （宋）魏了翁《尚书要义》卷十《泰誓》至《武成》

（归善斋按，未引）

14. （宋）陈大猷《书集传或问》卷上《泰誓》

（归善斋按，未解）

15. （宋）胡士行《尚书详解》卷六《周书·泰誓中第二》

（归善斋按，见"今商王受，力行无度"）

16.（元）吴澄《书纂言》

（归善斋按，无此篇）

17.（元）陈栎《书集传纂疏》卷四上《朱子订定蔡氏集传周书·泰誓中》

（归善斋按，见"惟天惠民，惟辟奉天"）

18.（元）许谦《读书丛说》卷六《周书·泰誓》

（归善斋按，未解）

19.（元）董鼎《书传辑录纂注》卷三《周书·泰誓中》

（归善斋按，见"惟天惠民，惟辟奉天"）

20.（元）朱祖义《尚书句解》卷六《周书·泰誓中第二》

有夏桀弗克若天，流毒下国（桀不能顺天爱民，流虐毒于下国）。

21.（明）王樵《尚书日记》卷九《周书·泰誓中》

（归善斋按，见"惟天惠民，惟辟奉天"）

22.（清）库勒纳等撰《日讲书经解义》卷六《周书·泰誓中》

（归善斋按，见"惟天惠民，惟辟奉天"）

天乃佑命成汤，降黜夏命

1.（汉）孔氏传、（唐）陆德明音义、孔颖达疏《尚书注疏》卷十《周书·泰誓中》

天乃佑命成汤，降黜夏命。

传,言天助汤命,使下退桀命。

2. (宋) 苏轼撰《书传》卷九《周书·泰誓上第一》

(归善斋按,未解)

3. (宋) 林之奇《尚书全解》卷二十二《周书·泰誓中》

(归善斋按,见"惟天惠民,惟辟奉天")

4. (宋) 史浩《尚书讲义》卷十一《周书·泰誓中》

(归善斋按,见"惟戊午,王次于河朔")

5. (宋) 夏僎《尚书详解》卷十六《周书·泰誓中》

(归善斋按,见"惟天惠民,惟辟奉天")

6. (宋) 时澜《增修东莱书说》卷十五《周书·泰誓中第二》

(归善斋按,见"惟天惠民,惟辟奉天")

7. (宋) 黄度《尚书说》卷四《周书·泰誓中》

(归善斋按,未解)

8. (宋) 袁燮《絜斋家塾书钞》卷五《周书·泰誓中》

(归善斋按,见"惟戊午,王次于河朔")

9. (宋) 蔡沈《书经集传》卷四《周书·泰誓中》

(归善斋按,见"惟天惠民,惟辟奉天")

10. (宋) 黄伦《尚书精义》卷二十五《周书·泰誓中》

(归善斋按,见"惟天惠民,惟辟奉天")

11. （宋）陈经《尚书详解》卷二十一《周书·泰誓中》

（归善斋按，见"惟天惠民，惟辟奉天"）

12. （宋）钱时《融堂书解》卷九《周书·泰誓中》

（归善斋按，见"惟天惠民，惟辟奉天"）

13. （宋）魏了翁《尚书要义》卷十《泰誓》至《武成》

（归善斋按，未引）

14. （宋）陈大猷《书集传或问》卷上《泰誓》

（归善斋按，未解）

15. （宋）胡士行《尚书详解》卷六《周书·泰誓中第二》

（归善斋按，见"今商王受，力行无度"）

16. （元）吴澄《书纂言》

（归善斋按，无此篇）

17. （元）陈栎《书集传纂疏》卷四上《朱子订定蔡氏集传周书·泰誓中》

（归善斋按，见"惟天惠民，惟辟奉天"）

18. （元）许谦《读书丛说》卷六《周书·泰誓》

（归善斋按，未解）

19. （元）董鼎《书传辑录纂注》卷三《周书·泰誓中》

（归善斋按，见"惟天惠民，惟辟奉天"）

20. （元）朱祖义《尚书句解》卷六《周书·泰誓中第二》

天乃佑命成汤（天乃眷佑大命成汤），降黜夏命（降下黜弃夏之天命)。

21.（明）王樵《尚书日记》卷九《周书·泰誓中》

(归善斋按，见"惟天惠民，惟辟奉天")

22.（清）库勒纳等撰《日讲书经解义》卷六《周书·泰誓中》

(归善斋按，见"惟天惠民，惟辟奉天")

惟受罪浮于桀

1.（汉）孔氏传、（唐）陆德明音义、孔颖达疏《尚书注疏》卷十《周书·泰誓中》

惟受罪浮于桀。
传，浮，过。
疏：
传正义曰，物在水上，谓之浮。浮者，高之意，故为过也。桀罪已大，纣又过之，言纣恶之甚，故下句说其过桀之状。案，《夏本纪》及《帝王世纪》云，诸侯叛桀，关龙逢引《皇图》而谏，桀杀之。伊尹谏桀，桀曰，天之有日，如吾之有民。日亡，吾乃亡矣。是桀亦贼虐谏辅，谓己有天命。而云过于桀者，《殷本纪》云，纣剖比干，观其心。桀杀龙逢无剖心之事。又桀惟比之于日，纣乃诈命于天。又纣有炮烙之刑，又有刳胎斫胫之事，而桀皆无之，是纣罪过于桀也。

2.（宋）苏轼撰《书传》卷九《周书·泰誓上第一》

(归善斋按，未解)

3.（宋）林之奇《尚书全解》卷二十二《周书·泰誓中》

(归善斋按，见"惟天惠民，惟辟奉天")

4.（宋）史浩《尚书讲义》卷十一《周书·泰誓中》

(归善斋按，见"惟戊午，王次于河朔")

5.（宋）夏僎《尚书详解》卷十六《周书·泰誓中》

(归善斋按，见"惟天惠民，惟辟奉天")

6.（宋）时澜《增修东莱书说》卷十五《周书·泰誓中第二》

(归善斋按，见"惟天惠民，惟辟奉天")

7.（宋）黄度《尚书说》卷四《周书·泰誓中》

惟受罪浮于桀，剥丧元良，贼虐谏辅，谓己有天命，谓敬不足行，谓祭无益谓暴无伤。厥监惟不远，在彼夏王。

浮，过也。剥，落也。元、良，皆善也。剥落丧亡，不使复有存者。《易·剥》上九，硕果不食，剥至此极矣，譬之于果，幸有存，此大者，庶几其食，则事尚可为也。剥丧无余，国岂能复立哉。此皆观政后事。观刳胎、剖心，纣罪诚过于桀，杀一妇人，非其法，已为逆害，况谏辅乎，此必当诛。

8.（宋）袁燮《絜斋家塾书钞》卷五《周书·泰誓中》

(归善斋按，见"惟戊午，王次于河朔")

9.（宋）蔡沈《书经集传》卷四《周书·泰誓中》

惟受罪浮于桀，剥丧元良，贼虐谏辅，谓己有天命，谓敬不足行，谓祭无益，谓暴无伤。厥鉴惟不远，在彼夏王天。其以予乂民，朕梦协朕卜，袭于休祥，戎商必克。

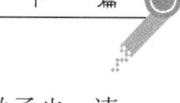

浮，过；剥，落；丧，去也。古者，去国为丧。元良，微子也。谏辅，比干也。谓己有天命，如答祖伊"我生不有命在天"之类，下三句亦纣所尝言者。鉴，视也。其所鉴视，初不在远，有夏多罪，天既命汤黜其命矣。今纣多罪，天其以我乂民乎。袭，重也，言我之梦，协我之卜，重有休祥之应，知伐商而必胜之也。此言天意，有必克之理。

10. (宋) 黄伦《尚书精义》卷二十五《周书·泰誓中》

(归善斋按，见"惟天惠民，惟辟奉天")

11. (宋) 陈经《尚书详解》卷二十一《周书·泰誓中》

(归善斋按，见"惟天惠民，惟辟奉天")

12. (宋) 钱时《融堂书解》卷九《周书·泰誓中》

(归善斋按，见"惟天惠民，惟辟奉天")

13. (宋) 魏了翁《尚书要义》卷十《泰誓》至《武成》

十六、受罪浮于桀。

"惟受罪浮于桀"，浮，过。正义曰，按《夏本纪》及《帝王世纪》云，诸侯叛桀，关龙逄引皇图而谏，桀杀之。伊尹谏桀，桀曰，天之有日，如吾之有民，日亡，吾乃亡矣。是桀，亦贼虐谏辅，谓己有天命。而云过于桀者，《殷本纪》云，纣剖比干观其心，桀杀龙逄无剖心之事。又桀惟比之于日，纣乃责命于天。又纣有炮烙之刑，又有剖胎、斫胫之事，而桀皆无之。

14. (宋) 陈大猷《书集传或问》卷上《泰誓》

(归善斋按，未解)

15. (宋) 胡士行《尚书详解》卷六《周书·泰誓中第二》

(归善斋按，见"今商王受，力行无度")

669

16.（元）吴澄《书纂言》

（归善斋按，无此篇）

17.（元）陈栎《书集传纂疏》卷四上《朱子订定蔡氏集传周书·泰誓中》

惟受罪浮于桀，剥丧元良，贼虐谏辅，谓己有天命，谓敬不足行，谓祭无益，谓暴无伤。厥监惟不远，在彼夏王。天其以予乂民，朕梦协朕卜，袭于休祥，戎商必克。

浮，过；剥，落，丧，去也。古者，去国为丧。元良，微子也。谏辅，比干也。"谓己有天命"，如答祖伊"我生不有命在天"之类，下三句亦纣所尝言者。鉴，视也，其所鉴视，初不在远。有夏多罪，天既命汤黜其命矣。今纣多罪，天其以我乂民乎？袭，重也，言我之梦协我之卜，重有休祥之应，知伐商而必胜之也。此言天意，有必克之理。

纂疏：

林氏曰，戎，大也，如曰"殪戎殷"。

18.（元）许谦《读书丛说》卷六《周书·泰誓》

（归善斋按，未解）

19.（元）董鼎《书传辑录纂注》卷三《周书·泰誓中》

惟受罪浮于桀，剥丧元良，贼虐谏辅。谓己有天命，谓敬不足行，谓祭无益，谓暴无伤。厥鉴惟不远，在彼夏王。天其以予乂民，朕梦协朕卜，袭于休祥，戎商必克。

浮，过；剥，落；丧，去也。古者，去国为丧。元良，微子也。谏辅，比干也。谓己有天命，如答祖伊"我生不有命在天"之类。下三句亦纣所尝言者、鉴，视也。其所鉴视，初不在远。有夏多罪，天既命汤黜其命矣。今纣多罪，天其以我乂民乎？袭，重也，言我之梦，协我之卜，重有休祥之应，知伐商而必胜之也。此言天意，有必克之理。

纂注：

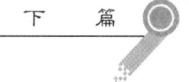

张氏曰，即所谓"商鉴不远，在夏后之世"。

林氏曰，"其"者，未定之辞，犹曰"天其永我命于兹新邑"，言之于未然之前，辞当如此。戎，大也，如曰"殪戎殷"，曰"燮伐大商"。

新安胡氏曰，案蔡传言伐商，以伐训"戎"，谓以兵戎伐之也。

20．（元）朱祖义《尚书句解》卷六《周书·泰誓中第二》

惟受罪浮于桀（受罪又过于桀）。

21．（明）王樵《尚书日记》卷九《周书·泰誓中》

（归善斋按，见"惟天惠民，惟辟奉天"）

22．（清）库勒纳等撰《日讲书经解义》卷六《周书·泰誓中》

（归善斋按，见"惟天惠民，惟辟奉天"）

剥丧元良，贼虐谏辅

1．（汉）孔氏传、（唐）陆德明音义、孔颖达疏《尚书注疏》卷十《周书·泰誓中》

剥丧元良，贼虐谏辅。

传，剥，伤害也。贼，杀也。元，善之长。良善以谏辅纣，纣反杀之。

音义：

丧，息浪反。长，丁丈反。

疏：

传正义曰，《说文》云，剥，裂也。一曰，剥，割也。裂与割，俱是伤害之义也。杀人谓之贼，故贼为杀也。元者，善之长，易文，言文良之为善。书传通训也。元、良俱善，而双举之者，言其剥丧善中之善，为害大也。以谏辅纣，纣反杀之，即比干是也。上篇言"焚炙忠良"，与此经相类，而复言此者，以杀善人为恶之大，故重陈之也。

2.（宋）苏轼撰《书传》卷九《周书·泰誓中第二》

（归善斋按，另见"惟戊午，王次于河朔"）

贼虐谏辅。

比干也。

3.（宋）林之奇《尚书全解》卷二十二《周书·泰誓中》

（归善斋按，见"惟天惠民，惟辟奉天"）

4.（宋）史浩《尚书讲义》卷十一《周书·泰誓中》

（归善斋按，见"惟戊午，王次于河朔"）

5.（宋）夏僎《尚书详解》卷十六《周书·泰誓中》

（归善斋按，见"惟天惠民，惟辟奉天"）

6.（宋）时澜《增修东莱书说》卷十五《周书·泰誓中第二》

（归善斋按，另见"惟天惠民，惟辟奉天"）

贼虐谏辅。谓己有天命，谓敬不足行，谓祭无益，谓暴无伤。

"贼虐谏辅"者，辅弼大臣之能谏者也。"谓己有天命"，认为己有，便见纣之不知天命。天命者，天下至公之理，安可以为己有乎。本原既如此，错后都错了，故做出下面许多事。敬，虽天之理，谓是擎跽曲拳耳，何足行乎？祭，虽礼之聚，谓是虚具耳，果何益乎？私已既甚，视民如草芥，自然以暴虐为无伤。此四句只是一个道理，只缘根本错了。大抵既萌己有之心，则出辞举足，无非私意。学者于此，当用克己之工，为毋我之学，己既无，方知天命之精微也。

7. （宋）黄度《尚书说》卷四《周书·泰誓中》

（归善斋按，见"惟受罪浮于桀"）

8. （宋）袁燮《絜斋家塾书钞》卷五《周书·泰誓中》

（归善斋按，见"惟戊午，王次于河朔"）

9. （宋）蔡沈《书经集传》卷四《周书·泰誓中》

（归善斋按，见"惟受罪浮于桀"）

10. （宋）黄伦《尚书精义》卷二十五《周书·泰誓中》

剥丧元良，贼虐谏辅。谓己有天命，谓敬不足行，谓祭无益，谓暴无伤。厥监惟不远，在彼夏王。

无垢曰，东坡云，剥，落也。丧，去也。古者谓去国为丧。元良，微子也。微子，纣之同母兄，而谓之庶子，不得立者。生于帝乙未即位之前，以礼言之，当与纣均为嫡子，而微子长，故成王命之曰，殷王元子。东坡之意，以谓微子去国，是殷落去一元良矣，深可惜也。夫微子所以去者，乃纣剥丧之也。贼虐谏辅，谓杀比干也。殷之朝廷，有此三大人，而一去，一死，一囚，是自剪其羽翼，而招天下之兵也。"谓己有天命"，故曰"我生不有命在天"。"谓敬不足行"，故"荒怠弗敬"。"谓祭无益"，故弗事上帝、神祇，遗厥先宗庙。"谓暴无伤"故"作威杀戮，毒痛四海"。小人为恶，皆自为说，蔑视四海。古今为无人敢违天下万世之心，立此四则无稽之语，以快其所欲。今取夏王故事以行，则纣之降黜岂可已哉。盖天下之理，虽圣人君子晓然知其可行。而上焉者，虽善无征，无征不信，不信民弗从。下焉者，虽善不尊，不尊不信，不信民弗从。纣之可诛在武王已无疑矣。使武王无夏以为据，民岂肯遽然从乎。盖以臣伐君，天下异事也，故武王拳拳以以夏为言，以见我非私创此举，乃从古已有之矣。

张氏曰，前言"我生不有命在天"，至此则又"谓己有天命"，是其昏昧之甚，而暗于天者也。前言"罔惩其侮"，至此则又"谓敬不足行"是其狎侮之甚而忽于人者也。由其"弗事上帝、神祇，遗厥先宗庙弗祀"，则其甚遂至于"谓祭无益"。由其"降灾下民，敢行暴虐"，则其甚遂至"谓暴无伤"。夫桀无道而汤伐之，纣之所监在此而已，故曰"厥监惟不远，在彼夏王"，《孟子》所谓"殷监不远，在夏后之世"，其此之谓也。

吕氏曰，武王之心与纣之心，相去千百里之远。纣天命去，人心离，诸侯解体，尚责命于天。武王上天眷佑，下民归之，诸侯皆来服从，武王尚不敢必。"天其以予"者，不敢必之辞也。武王所以造周，在"天其"一句。纣之所以亡，在"己有"一句。

11.（宋）陈经《尚书详解》卷二十一《周书·泰誓中》

（归善斋按，见"惟天惠民，惟辟奉天"）

12.（宋）钱时《融堂书解》卷九《周书·泰誓中》

（归善斋按，见"惟天惠民，惟辟奉天"）

13.（宋）魏了翁《尚书要义》卷十《泰誓》至《武成》

（归善斋按，未引）

14.（宋）陈大猷《书集传或问》卷上《泰誓》

（归善斋按，未解）

15.（宋）胡士行《尚书详解》卷六《周书·泰誓中第二》

（归善斋按，见"今商王受，力行无度"）

16.（元）吴澄《书纂言》

（归善斋按，无此篇）

17.（元）陈栎《书集传纂疏》卷四上《朱子订定蔡氏集传周书·泰誓中》

（归善斋按，见"惟受罪浮于桀"）

18. (元)许谦《读书丛说》卷六《周书·泰誓》

(归善斋按,未解)

19. (元)董鼎《书传辑录纂注》卷三《周书·泰誓中》

(归善斋按,见"惟受罪浮于桀")

20. (元)朱祖义《尚书句解》卷六《周书·泰誓中第二》

剥丧元良(剥,落;丧,失。殷王元子之良善,如微子),贼虐谏辅(贼虐杀害谏正辅弼之臣,如比干)。

21. (明)王樵《尚书日记》卷九《周书·泰誓中》

(归善斋按,见"惟天惠民,惟辟奉天")

22. (清)库勒纳等撰《日讲书经解义》卷六《周书·泰誓中》

(归善斋按,见"惟天惠民,惟辟奉天")

(元)陈师凯《书蔡氏传旁通》卷四上《周书·泰誓中》

古者,去国为丧。
朱子云,丧失位,去国也。
元良,微子也。
知为微子者,以殷王元子,长且贤而,又去之周也。
谏辅,比干也。
知为比干者,以剖心,为贼虐之事也。

谓己有天命，谓敬不足行，谓祭无益，谓暴无伤

1.（汉）孔氏传、（唐）陆德明音义、孔颖达疏《尚书注疏》卷十《周书·泰誓中》

谓己有天命，谓敬不足行，谓祭无益，谓暴无伤。
传，言纣所以罪过于桀。
音义：
己，音纪。

2.（宋）苏轼撰《书传》卷九《周书·泰誓中第二》

谓己有天命，谓敬不足行，谓祭无益，谓暴无伤。厥监惟不远，在彼夏王。天其以予乂民，朕梦协朕卜。
高宗言梦，文王、武王言梦，孔子亦言梦者，其性情，治其梦不乱。

3.（宋）林之奇《尚书全解》卷二十二《周书·泰誓中》

（归善斋按，见"惟天惠民，惟辟奉天"）

4.（宋）史浩《尚书讲义》卷十一《周书·泰誓中》

（归善斋按，见"惟戊午，王次于河朔"）

5.（宋）夏僎《尚书详解》卷十六《周书·泰誓中》

（归善斋按，见"惟天惠民，惟辟奉天"）

6.（宋）时澜《增修东莱书说》卷十五《周书·泰誓中第二》

（归善斋按，见"剥丧元良，贼虐谏辅"）

7.（宋）黄度《尚书说》卷四《周书·泰誓中》

（归善斋按，见"惟受罪浮于桀"）

8.（宋）袁燮《絜斋家塾书钞》卷五《周书·泰誓中》

（归善斋按，见"惟戊午，王次于河朔"）

9.（宋）蔡沈《书经集传》卷四《周书·泰誓中》

（归善斋按，见"惟受罪浮于桀"）

10.（宋）黄伦《尚书精义》卷二十五《周书·泰誓中》

（归善斋按，见"剥丧元良，贼虐谏辅"）

11.（宋）陈经《尚书详解》卷二十一《周书·泰誓中》

（归善斋按，见"惟天惠民，惟辟奉天"）

12.（宋）钱时《融堂书解》卷九《周书·泰誓中》

（归善斋按，见"惟天惠民，惟辟奉天"）

13.（宋）魏了翁《尚书要义》卷十《泰誓》至《武成》

（归善斋按，未引）

14.（宋）陈大猷《书集传或问》卷上《泰誓》

（归善斋按，未解）

15.（宋）胡士行《尚书详解》卷六《周书·泰誓中第二》

（归善斋按，见"今商王受，力行无度"）

16.（元）吴澄《书纂言》

（归善斋按，无此篇）

17. （元）陈栎《书集传纂疏》卷四上《朱子订定蔡氏集传周书·泰誓中》

（归善斋按，见"惟受罪浮于桀"）

18. （元）许谦《读书丛说》卷六《周书·泰誓》

（归善斋按，未解）

19. （元）董鼎《书传辑录纂注》卷三《周书·泰誓中》

（归善斋按，见"惟受罪浮于桀"）

20. （元）朱祖义《尚书句解》卷六《周书·泰誓中第二》

谓已有天命（自谓已有天命足恃），谓敬不足行（自谓恭敬之事不足行），谓祭无益（自谓祭祀为无益而不修），谓暴无伤（自谓暴虐为无伤而已）。

21. （明）王樵《尚书日记》卷九《周书·泰誓中》

（归善斋按，见"惟天惠民，惟辟奉天"）

22. （清）库勒纳等撰《日讲书经解义》卷六《周书·泰誓中》

（归善斋按，见"惟天惠民，惟辟奉天"）

厥监惟不远，在彼夏王

1. （汉）孔氏传、（唐）陆德明音义、孔颖达疏《尚书注疏》卷十《周书·泰誓中》

厥监惟不远，在彼夏王。

传,其视纣罪与桀同辜,言必诛之。

疏:

传正义曰,纣罪过于桀,而言与桀同辜者,罪不过死,合死之罪同,言必诛也。

2.(宋)苏轼撰《书传》卷九《周书·泰誓中第二》

(归善斋按,未解)

3.(宋)林之奇《尚书全解》卷二十二《周书·泰誓中》

(归善斋按,未解)

4.(宋)史浩《尚书讲义》卷十一《周书·泰誓中》

(归善斋按,见"惟戊午,王次于河朔")

5.(宋)夏僎《尚书详解》卷十六《周书·泰誓中》

(归善斋按,见"惟天惠民,惟辟奉天")

6.(宋)时澜《增修东莱书说》卷十五《周书·泰誓中第二》

厥监惟不远,在彼夏王。

夏王之监,惟武王见其切近而不远,若纣,则西伯戡黎,纣尚不能知,况三四百年之夏王乎。

7.(宋)黄度《尚书说》卷四《周书·泰誓中》

(归善斋按,见"惟受罪浮于桀")

8.(宋)袁燮《絜斋家塾书钞》卷五《周书·泰誓中》

(归善斋按,见"惟戊午,王次于河朔")

9.(宋)蔡沈《书经集传》卷四《周书·泰誓中》

(归善斋按,见"惟受罪浮于桀")

10.（宋）黄伦《尚书精义》卷二十五《周书·泰誓中》

（归善斋按，见"剥丧元良，贼虐谏辅"）

11.（宋）陈经《尚书详解》卷二十一《周书·泰誓中》

（归善斋按，见"惟天惠民，惟辟奉天"）

12.（宋）钱时《融堂书解》卷九《周书·泰誓中》

（归善斋按，见"惟天惠民，惟辟奉天"）

13.（宋）魏了翁《尚书要义》卷十《泰誓》至《武成》

（归善斋按，未引）

14.（宋）陈大猷《书集传或问》卷上《泰誓》

（归善斋按，未解）

15.（宋）胡士行《尚书详解》卷六《周书·泰誓中第二》

（归善斋按，见"今商王受，力行无度"）

16.（元）吴澄《书纂言》

（归善斋按，无此篇）

17.（元）陈栎《书集传纂疏》卷四上《朱子订定蔡氏集传周书·泰誓中》

（归善斋按，见"惟受罪浮于桀"）

18.（元）许谦《读书丛说》卷六《周书·泰誓》

（归善斋按，未解）

19.（元）董鼎《书传辑录纂注》卷三《周书·泰誓中》

（归善斋按，见"惟受罪浮于桀"）

20. (元) 朱祖义《尚书句解》卷六《周书·泰誓中第二》

厥监惟不远，在彼夏王（可监为戒者不远，在桀为恶而，汤伐之是也）。

21. (明) 王樵《尚书日记》卷九《周书·泰誓中》

(归善斋按，见"惟天惠民，惟辟奉天")

22. (清) 库勒纳等撰《日讲书经解义》卷六《周书·泰誓中》

(归善斋按，见"惟天惠民，惟辟奉天")

(明) 梅鷟《尚书考异》卷四《泰誓下》

(归善斋按，原文在《泰誓下》)
《泰誓下》。
厥鉴惟不远，在彼夏王。
《周语》太子晋，引《诗》曰"殷鉴不远，近在夏后之世"。

天其以予乂民

1. (汉) 孔氏传、(唐) 陆德明音义、孔颖达疏《尚书注疏》卷十《周书·泰誓中》

天其以予乂民。
传，用我治民，当除恶。

2. (宋) 苏轼撰《书传》卷九《周书·泰誓中第二》

(归善斋按，未解)

3.（宋）林之奇《尚书全解》卷二十二《周书·泰誓中》

（归善斋按，见"惟天惠民，惟辟奉天"）

4.（宋）史浩《尚书讲义》卷十一《周书·泰誓中》

天其以予乂民。朕梦协朕卜，袭于休祥，戎商必克。受有亿兆夷人，离心离德；予有乱臣十人，同心同德。虽有周亲，不如仁人。天视自我民视，天听自我民听。百姓有过，在予一人，今朕必往。我武惟扬，侵于之疆，取彼凶残，我伐用张，于汤有光。勖哉夫子！罔或无畏，宁执非敌。百姓懔懔，若崩厥角。呜呼，乃一德一心，立定厥功，惟克永世。

古人大抵信梦、卜，以其敬鬼神也。高宗以梦得傅说，文王以卜得吕望。一旦用之在上，人无异论，若以此法施之，后世则殆矣。今武王又以梦、卜之协，告其国人，民必信以为休祥，而知必胜无疑矣。居是时，使不梦，不卜，武王庸有不胜乎？告之以此，欲民知"天其以予乂民"也。武王又恐民以彼众我寡为言，复告以受者亿兆夷人，离心离德。夫心、德既离，则是无君臣之分，皆途之平人尔，固不如十人之同心德也。"虽有周亲"，先儒谓，虽周公、召公皆王室之亲，其实不以亲而以仁用也，是殆不然。《伐木》之诗曰"虽有兄弟不如友生"，与此义同。非谓兄弟不足恃，言友生又在兄弟之上；非谓三千所亲之忠信为不足恃，言十乱之仁又在其上也。盖惟仁人乃可以用师，而后世或有伐国不问仁人之说，其不知此矣。苟伐国而不问仁人，焉知顺天应人之道乎？昔人以伐燕问，孟子曰"取之而燕民悦，则取之；取之而燕民不悦，则勿取"，此仁人之言也。惟仁人乃能知顺天应人之道。武王继以"天视自我民视，天听自我民听"，得应顺之实矣。"百姓有过，在予一人"，武王此言已足以君天下矣。尧舜之民，比屋可封，岂必人自为善。上有以率之尔。凡置百姓于有过，使之就死地者，皆暴君之所为，诚能引咎归已，则知所本矣。"今朕必往"，汤之伐桀已有是言，明其不两立尔。我扬其武，但即其疆，取其凶残之一夫。余自咸与惟新，虽伐其子孙，视汤之举为无愧也。勉哉夫子，或尔众以不可不畏，"宁执非敌"之见期于必胜，庶无轻敌之心。今百姓危惧不保首领，故曰"若崩厥角"。苟能一其心德以赴功，岂惟保其首领，亦可保其子孙，故曰"惟克永世"。

5.（宋）夏僎《尚书详解》卷十六《周书·泰誓中》

天其以予乂民，朕梦协朕卜，袭于休祥，戎商必克。受有亿兆夷人，离心离德；予有乱臣十人，同心同德。虽有周亲，不如仁人。天视自我民视，天听自我民听。百姓有过，在予一人。

武王既言纣不能鉴夏王，而至于罪浮于桀，故此遂言纣罪如此，不可不伐所以不可不伐者，以天将使我乂治斯民也，故曰"天其以予乂民"。然我所以知天将使我乂治斯民者，以我得吉梦，与吉卜相合，而又休祥来袭于我。此袭，如"韩信袭齐"之"袭"，盖不意其来而彼自来也。如高祖所居。其气袭成五色。高祖岂意如此。亦不意其来而彼自来也、惟武王考于己，则有吉梦；考于神，则有吉卜，而又有休祥之袭，此所以知戎商之必克也。戎，大也，言必先克大商也。如《诗》言"燮伐大商"。先儒训"戎"为"兵"，谓纣之必克，误矣。然武王克纣，又岂特梦、卜、休祥之吉而已，虽人事亦有必克之理。盖受为逋逃主，虽有亿兆之人，然与纣同恶相济，视若等夷，故人虽多，而皆若夷人也。然虽夷人，而皆"朋家作仇，胁权相灭"，其实人各有心，皆离心离德而不足恃也。武王所与共事，特治乱之臣十人，虽不若纣之多，而皆与我同心同德，以戡定祸乱，故虽寡而心足恃也。纣人虽众，心不足恃；武王人虽寡，而心实足恃。是亿兆夷人之中，虽有至亲，心、德苟离，必将叛之。不如我乱臣十人，皆仁人也。此正孟子所谓"寡助之至，亲戚叛之；多助之至，天下顺之"。十人，汉儒泥孔子有妇人之说，遂附会之，谓妇人为文母，其余为周公、召公、太公、、毕公、荣公、闳夭、散宜生、南宫括。然以九人为周召之徒固可但以妇人为文母，恐无此理。盖文王九十七终，是时文母必已百余岁，必不能尚存，兼子亦无臣母之理。或又谓邑姜，然亦牵合不可信。所谓妇人，想必有之，但经无明文，不可考信，阙之可也。周亲，至亲也。但假设之辞，谓亿兆离心，虽有至亲，不如十人之仁，非有所指而言。至王氏，乃指微子而言，意周未灭商，微子已归周，如此是微子为名教罪人也。况微子乃伐商之后归周者，武王既言纣之人心，不和如此；我之人心和同如彼，是人心已归周也，人归，则天必与，故言"天视自我民视,天听自我民听",盖言天之视听,视民好恶。今纣之离德如此,我乃同心同德如彼,则天必相我也。我既因人心往伐,则其事或有过失,虽若出于百姓之心妄从,如此其实我一人之罪也,故曰"百姓有过在予一人",此盖武王以身任伐纣之责也。

6. (宋)时澜《增修东莱书说》卷十五《周书·泰誓中第二》

天其以予乂民。

其者,不敢必之辞也,有以见武王之识天。纣天命绝。人心离,尚责命于天。武王天命已归,人心已辅,乃不敢断然必天之以予乂民,武王造周,盖在此语也。

7. (宋)黄度《尚书说》卷四《周书·泰誓中》

天其以予乂民,朕梦协朕卜,袭于休祥,戎商必克。

武王为有天命矣,《记》曰,国家将兴,必有祯祥;将亡必有妖孽,见乎蓍龟,动乎四体。故至诚如神,梦卜之协,其祯祥之先见乎。

8. (宋)袁燮《絜斋家塾书钞》卷五《周书·泰誓中》

(归善斋按,见"惟戊午,王次于河朔")

9. (宋)蔡沈《书经集传》卷四《周书·泰誓中》

(归善斋按,见"惟受罪浮于桀")

10. (宋)黄伦《尚书精义》卷二十五《周书·泰誓中》

天其以予乂民,朕梦协朕卜,袭于休祥,戎商必克。受有亿兆夷人,离心离德;予有乱臣十人,同心同德。虽有周亲,不如仁人。

无垢曰,以臣伐君,天下之大疑也,天下虽以纣暴虐,欲武王伐之,以脱汤火之厄。然其心之疑,岂少释哉。唯梦与卜可以解天下之疑。卜,自古圣人以之成天下之务,定天下之业,断天下之疑者也。梦,非若卜之可据也,其信与否,梦者自知之耳,乃以号令天下可乎?东坡曰,高宗言梦，文王言梦，孔子言梦者，其情性治，其梦不乱。其说当矣。盖天下之所信者圣人，而不在梦，以信圣人，故其梦亦信。梦、卜相协，是休祥之沓来也。其胜商，又何疑哉。夷人，孔安国谓平人。平人谓凡人是也。心谓本体，德谓作用，心德皆离，则本体作用，皆不在纣，人人自为计尔。心德皆同，则本体作用皆在武王，无非为天下国家计也。意言，商人虽多而心德，皆不归纣。周人谋计者，虽止十人耳，而心德一归于武王，以此十人奇伟卓绝，胜亿兆凡庸，自为之，又何难哉？故有天下者，是最忌失人心。人心既失，则其所趣向，所谋画，不在我，不患德不同，所患心不同耳。心既已同，则德不期而自同矣。纣之为恶，岂无与之为肘臂耳目，亲如骨肉者。周，至也。就纣之所谓至亲者，虽亿万之众，皆足以败乱国家，丧亡天下耳。岂如得一仁人之可恃也。夫纣所留为心腹者，乃飞廉、恶来耳。而所谓三仁者。一去。一囚。一死矣、其何所恃耶？

临川曰，夫武王之仁，岂不足以胜商，以其梦、卜戒者，抑知末之，不可以已也。

又曰，荆公问，《泰誓》称"乱臣"则曰"同心同德"，戒"夫子"则曰"一德一心"，先后何以不同，然"同"与"一"果有辨乎。文公曰，同，若《易》所谓"同归"之"同"。"一"，若《易》所谓"一致"之"一"。乱臣。与武王无异意。故言"同心同德"。同心，而德无不同故也。方其戒之，则欲其无二事，故言"一德一心"，德一，而后心一故也。

张氏曰，梦吉而卜吉，此梦之与卜两相合矣。梦、卜既协，而又合于休祥，则周之胜商必矣。

陈氏曰，周公、太公、召公奭、毕公、荣公、太颠、闳夭、散宜生、南宫括之九人。其一人，孔子谓"妇人焉"，郑康成辈皆曰，妇人为文母。夫文王九十七而终，至武王伐纣则又历年矣，使其母尚在，当百余岁矣。此其言不可考，不知所谓妇人者，果谁欤。余不敢臆说，然则妇人何预武王之治乱，盖妇人治内，周公、太公治外，故俱谓之"乱臣"也。

王氏曰，天意其以我为天子而治民，我得梦合于我卜，是重迭，有休美吉祥，若加兵于商纣，必胜矣。

吕氏曰，纣以眇然一人之身，虽有强力，如何当得天下离散之心，其亿兆人，自是亿兆人，纣乃亿兆人数中之一人尔，岂能独存。武王之臣，虽三千，皆"同心同德"，无毫厘之间，其与纣臣不相系属，各自一心，为不同，此周所以兴，纣所以亡。

11. （宋）陈经《尚书详解》卷二十一《周书·泰誓中》

天其以予乂民，朕梦协朕卜，袭于休祥，戎商必克。受有亿兆夷人，离心离德；予有乱臣十人，同心同德。虽有周亲，不如仁人。天视自我民视，天听自我民听。百姓有过，在予一人。

"天其以予乂民"，此武王以天下之责而自任，天命既去纣，则必有所属矣。"朕梦协朕卜，袭于休祥"，清明在躬，志气如神，嗜欲将至，有开必先。天命既命武王，故形之于梦卜，形见于休祥，皆有吉兆。休祥，汉儒所谓"白鱼入王舟"之类，端有此理。然则，梦也，卜也，休祥也，果足信乎？盖圣人之心先天，而天弗违；后天，而奉天时，此言心已与神明合，故梦卜，休祥，特以为此心之证尔。若夫此心有愧于神明，有慊于天地，理有所不当而为之者，方且强求合于梦卜、休祥，又安足信哉。如此而谓之梦者，特其精神散乱之所致。而卜与休祥，适所以为妖怪尔。"戎商必克"者，言伐商有必胜之理。武王益自信，而亦以此信诸人也。"受有亿兆夷人，离心离德；予有乱臣十人同心同德"，武王犹欲卜商之兴亡，但就人心上观之，人心之离，则必亡之理。人心之合，则必兴之理。夷人者，凡人也。朝之贤，皆已远去，故但言其凡人。虽有凡人之亿兆，而心德俱离。心者，体也；德者，用也。心德既离，则君非其君矣。大凡人主所以能统天下者，以其人心所聚，故君、民可使为一体；人主所以不能统天下者，以人之心无总摄，皆以涣散，则君、臣之义绝。君臣之义既绝。则纣乃一匹夫，武王所杀者，但见其一匹夫，不见其为君也。"予有乱臣"者，治乱之臣。十人，有如太公望，周、召二公之徒，皆同其心德一，心以奉上。言夷人尚离，则贤者不言可知；乱臣尚同心，则夷人之同心可知。《孟子》曰"多助之至，天下顺；寡助之至，亲戚畔之"。周，至也，虽有至亲，而不若得仁人。盖人主举措，动合天理，则仁人、君子皆归之。如二老闻文王，则"盍归乎来"是也。苟得仁人之心，则举天下之至疏者亦亲，况其亲者乎。苟人主举措，动违天理，则仁人、君子皆去之矣。如二老避纣，而处海滨是也。既不得仁人之心，则凡在己骨肉宗族，亦皆疏矣，况其疏者乎。人主不必恃赖至亲以为己助，但看仁人之心如何耳。如微子本纣之兄也，今也，舍纣而归武王，以此见得虽至亲不如仁人也。

"天视自我民视，天听自我民听"，天道不在高远，惟于近者观之，民之视听，即天之视听，此武王见天理之亲切，莫亲切于民。民之视听，本至公而无私，故可以见天之视听，此即皋陶所谓"天聪明，自我民聪明"之意。"百姓有过在予一人"，武王以天下为一体，疾痛疴痒，皆切于身。百姓在纣汤火之中，其过甚矣，岂非我之责乎？成汤伐桀之后，亦有此心，如"尔万方有罪，在予一人；一人有罪无以万方"。

12.（宋）钱时《融堂书解》卷九《周书·泰誓中》

天其以予乂民，朕梦协朕卜，袭于休祥，戎商必克。受有亿兆夷人，离心离德；予有乱臣十人，同心同德。虽有周亲，不如仁人。天视自我民视，天听自我民听。百姓有过在予一人。

夷，伤也。纣作威杀戮，毒痛四海，虽有亿兆之众，大抵皆伤夷之人耳。

13.（宋）魏了翁《尚书要义》卷十《泰誓》至《武成》

（归善斋按，未引）

14.（宋）陈大猷《书集传或问》卷上《泰誓》

（归善斋按，未解）

15.（宋）胡士行《尚书详解》卷六《周书·泰誓中第二》

（归善斋按，见"今商王受，力行无度"）

16.（元）吴澄《书纂言》

（归善斋按，无此篇）

17.（元）陈栎《书集传纂疏》卷四上《朱子订定蔡氏集传周书·泰誓中》

（归善斋按，见"惟受罪浮于桀"）

18.（元）许谦《读书丛说》卷六《周书·泰誓》

（归善斋按，未解）

19.（元）董鼎《书传辑录纂注》卷三《周书·泰誓中》

（归善斋按，见"惟受罪浮于桀"）

20.（元）朱祖义《尚书句解》卷六《周书·泰誓中第二》

天其以予乂民（天今以我乂治斯民）。

21.（明）王樵《尚书日记》卷九《周书·泰誓中》

（归善斋按，见"惟天惠民，惟辟奉天"）

22.（清）库勒纳等撰《日讲书经解义》卷六《周书·泰誓中》

（归善斋按，见"惟天惠民，惟辟奉天"）

（清）张英《书经衷论》卷三《周书·泰誓》

（归善斋按，见"惟天地，万物父母，惟人，万物之灵"）

朕梦协朕卜，袭于休祥，戎商必克

1.（汉）孔氏传、（唐）陆德明音义、孔颖达疏《尚书注疏》卷十《周书·泰誓中》

朕梦协朕卜，袭于休祥，戎商必克。

传，言我梦与卜俱合于美善，以兵诛纣，必克之占。

疏：

传正义曰，梦者，事之祥，人之精爽先见者也。吉凶或有其验，圣王采而用之。我卜伐纣，得吉梦又战胜。《礼记》称卜筮不相袭袭，者重，合之义。训"戎"为"兵"，梦卜俱合于美是，以兵诛纣必克之占也。圣人逆知来物，不假梦卜，言此以强军人之意耳。《史记·周本纪》云，武王伐纣卜，龟兆不吉，群公皆惧，惟太公强之。太公《六韬》云，卜战龟兆焦筮又不吉，太公曰，枯骨朽蓍，不逾人矣。彼言不吉者，《六韬》之书，后人所作《史记》又采用《六韬》。好事者妄矜太公，非实事也。

2.（宋）苏轼撰《书传》卷九《周书·泰誓中第二》

(归善斋按，另见"谓己有天命，谓敬不足行，谓祭无益，谓暴无伤")

袭于休祥，戎商必克。受有亿兆夷人，离心离德。予有乱臣十人，同心同德。

夷人，平民也。古今传，十人为文母、周公、太公、召公、毕公、荣公、太颠、闳夭、散宜生、南宫括。孔子曰，有妇人焉，九人而已。

3.（宋）林之奇《尚书全解》卷二十二《周书·泰誓中》

(归善斋按，见"惟天惠民，惟辟奉天")

4.（宋）史浩《尚书讲义》卷十一《周书·泰誓中》

(归善斋按，见"天其以予乂民")

5.（宋）夏僎《尚书详解》卷十六《周书·泰誓中》

(归善斋按，见"天其以予乂民")

6.（宋）时澜《增修东莱书说》卷十五《周书·泰誓中第二》

朕梦协朕卜，袭于休祥，戎商必克。

武王之梦,非常人之梦。武王之卜,非常人之卜。心与天地通,合乎幽明,通乎鬼神,见之明的,无一毫不尽,彼此相符,袭于休祥,方敢言"戎商之必克",亦以见圣人之举事,其图维周旋如此其详也。

7.（宋）黄度《尚书说》卷四《周书·泰誓中》

（归善斋按,见"天其以予乂民"）

8.（宋）袁燮《絜斋家塾书钞》卷五《周书·泰誓中》

（归善斋按,见"惟戊午,王次于河朔"）

9.（宋）蔡沈《书经集传》卷四《周书·泰誓中》

（归善斋按,见"惟受罪浮于桀"）

10.（宋）黄伦《尚书精义》卷二十五《周书·泰誓中》

（归善斋按,见"天其以予乂民"）

11.（宋）陈经《尚书详解》卷二十一《周书·泰誓中》

（归善斋按,见"天其以予乂民"）

12.（宋）钱时《融堂书解》卷九《周书·泰誓中》

（归善斋按,见"天其以予乂民"）

13.（宋）魏了翁《尚书要义》卷十《泰誓》至《武成》

十七、此言"梦卜协",《史记》从《六韬》言不吉者,非。

梦者,事之祥,人之精爽,先见者也。吉凶或有其验,圣王采而用之。我卜伐纣,得吉梦,又战胜。《礼记》称,卜筮不相袭,袭者,重合之义。训"戎"为"兵"。梦、卜俱合于美,是以兵诛纣,必克之占也。圣人逆知来物,不假梦、卜,言此以强军人之意耳。《史记·周本纪》云,武王伐纣,卜龟兆不吉,群公皆惧,惟太公强之。太公《六韬》云卜战龟兆,焦筮,又不吉。太公曰,枯骨朽蓍,不逾人矣。彼言不吉者,

《六韬》之书，后人所作，《史记》又采用。《六韬》，好事者妄矜太公，非实事也。

14.（宋）陈大猷《书集传或问》卷上《泰誓》

（归善斋按，未解）

15.（宋）胡士行《尚书详解》卷六《周书·泰誓中第二》

（归善斋按，见"今商王受，力行无度"）

16.（元）吴澄《书纂言》

（归善斋按，无此篇）

17.（元）陈栎《书集传纂疏》卷四上《朱子订定蔡氏集传周书·泰誓中》

（归善斋按，见"惟受罪浮于桀"）

18.（元）许谦《读书丛说》卷六《周书·泰誓》

（归善斋按，未解）

19.（元）董鼎《书传辑录纂注》卷三《周书·泰誓中》

（归善斋按，见"惟受罪浮于桀"）

20.（元）朱祖义《尚书句解》卷六《周书·泰誓中第二》

朕梦协朕卜（我得吉梦，与我吉卜相合），袭于休祥（尝有休祥之兆），戎商必克（以戎兵诛纣，理必可胜）。

21.（明）王樵《尚书日记》卷九《周书·泰誓中》

（归善斋按，见"惟天惠民，惟辟奉天"）

22.（清）库勒纳等撰《日讲书经解义》卷六《周书·泰誓中》

（归善斋按，见"惟天惠民，惟辟奉天"）

（元）陈师凯《书蔡氏传旁通》卷四上《周书·泰誓中》

知伐商而必胜之。

辑纂引胡氏曰，按，蔡传言，伐商，以"伐"训"戎"，谓以兵戎伐之也。林氏曰。戎，大也。如曰"殪戎殷"，曰"燮伐大商"。愚按，《康诰》传云，乃大命文王，殪灭大殷，是以"戎"训"大"也。而此训"伐"者，盖本孔传云，以兵诛纣必克之占。疏云，训"戎"为"兵"，是以兵诛纣也。

（明）梅鷟《尚书考异》卷四《泰誓中》

朕梦协朕卜，袭于休祥，戎商必克。

昭六年，史朝曰，筮袭于梦，武王所用也。杜注外传云，《泰誓》曰"朕梦"云云。必克，此武王辞。今按外传，《国语》是也。《周语》单襄子云，其下云以三袭也。

（清）朱鹤龄《尚书埤传》卷九《周书·泰誓》

朕梦协朕卜。

王应麟曰，《史·本纪》，武王伐纣，卜龟兆不吉，群臣皆惧，惟太公强之。《书》正义引太公《六韬》云，卜战龟兆焦筮又不吉，太公曰枯骨朽蓍，不逾人矣。武王已明言"朕梦协朕卜"，彼言不吉，《六韬》之书，后人所记，《史记》采用之，非实事也。愚按，太史公未见古文《泰誓》，故《史记》有此误。

受有亿兆夷人，离心离德

1.（汉）孔氏传、（唐）陆德明音义、孔颖达疏《尚书注疏》卷十《周书·泰誓中》

受有亿兆夷人，离心离德。

传，平人，凡人也，虽多而执心用德不同。

疏：

传正义曰，昭二十四年《左传》此文服虔、杜预以夷人为夷狄之人，即如彼言，惟云"亿兆夷人"，则"受率其旅若林"，即曾无华夏人矣。故传训"夷"为"平"，平人，为凡人，言其智虑齐，识见同，人数虽多，执心用德不同心，谓谋虑德为用行，智识既齐，各欲申意，故心德不同也。

2. （宋）苏轼撰《书传》卷九《周书·泰誓中第二》

（归善斋按，见"朕梦协朕卜，袭于休祥，戎商必克"）

3. （宋）林之奇《尚书全解》卷二十二《周书·泰誓中》

（归善斋按，见"惟天惠民，惟辟奉天"）

4. （宋）史浩《尚书讲义》卷十一《周书·泰誓中》

（归善斋按，见"天其以予乂民"）

5. （宋）夏僎《尚书详解》卷十六《周书·泰誓中》

（归善斋按，见"天其以予乂民"）

6. （宋）时澜《增修东莱书说》卷十五《周书·泰誓中第二》

受有亿兆夷人，离心离德；予有乱臣十人，同心同德。

天尊地卑，其位素定。人君有道，天下一心以事上，固其宜也。惟纣天命去之，人心离之，夷为独夫。虽有亿兆之众，若等夷之人，君之之理已绝，所以离心离德，而武王得以伐之也。何者？臣无伐君之理，使纣为君，则当以尊卑论，既不谓之君，则当以众寡论。纣一人之身，虽有强力，何以当天下离散之心。纣于亿兆之中一人耳，岂能独存。武王之臣，虽止三千，皆同心同德，无毫厘之间，其与纣臣不相系属，各自为心者不同，此周所以兴也，纣之所以亡也。是时也，友邦冢君，西土有众，微、卢、彭、濮，罔不咸在。武王独举十人，何邪？盖十人者，当世之望，经纶开济之才，去武王不远，为天下之耳目。十人心德既同，则友邦冢君以下，皆同可知矣。

7.（宋）黄度《尚书说》卷四《周书·泰誓中》

受有亿兆夷人，离心离德。予有乱臣十人，同心同德。虽有周亲，不如仁人。

夷，平，既皆平凡之人，而又离心离德，虽众何救于亡。治乱曰乱。夫子曰，有妇人焉。闳、散、颠、括、望、旦、奭，余二人，失其传。或曰高佚。周，至也。箕子、胶鬲之属，皆不能救。仁人，言其志在生民。

8.（宋）袁燮《絜斋家塾书钞》卷五《周书·泰誓中》

（归善斋按，见"惟戊午，王次于河朔"）

9.（宋）蔡沈《书经集传》卷四《周书·泰誓中》

受有亿兆夷人，离心离德；予有乱臣十人，同心同德。虽有周亲，不如仁人。

夷，平也。夷人，言其智识不相上下也。治乱曰乱。十人，周公旦、召公奭、太公望、毕公、荣公、太颠、闳夭、散宜生、南宫括。其一文母，孔子曰有妇人焉，九人而已。刘侍读以为子无臣母之义，盖邑姜也。九臣治外邑，姜治内。言纣虽有夷人之多，不如周治臣之少而尽忠也。周，至也。纣虽有至亲之臣，不如周仁人之贤而可恃也。此言人事，有必克之理。

10.（宋）黄伦《尚书精义》卷二十五《周书·泰誓中》

（归善斋按，见"天其以予乂民"）

11.（宋）陈经《尚书详解》卷二十一《周书·泰誓中》

（归善斋按，见"天其以予乂民"）

12. （宋）钱时《融堂书解》卷九《周书·泰誓中》

（归善斋按，见"天其以予义民"）

13. （宋）魏了翁《尚书要义》卷十《泰誓》至《武成》

十八、夷人，谓平人。服、杜谓，夷，狄，非。

"受有亿兆夷人，离心离德"，平人，凡人也，虽多而执心用德不同。正义曰。昭二十二年《左传》此文，服虔、杜预以夷人为夷狄之人，即如彼言，惟云亿兆夷人，则受率其旅若林，即曾无华夏人矣，故传训"夷"为"平"。

14. （宋）陈大猷《书集传或问》卷上《泰誓》

（归善斋按，未解）

15. （宋）胡士行《尚书详解》卷六《周书·泰誓中第二》

受有亿兆夷（平）人，离心离德；予有乱（治乱）臣十人，同心同德。虽有（纣有）周（至）亲，不如仁人（海滨之老）。天视（目）自我民视，天听（耳）自我民听（民心即天心）。百姓有过（罹纣之害），在予一人，今朕必往。我武惟扬（作精神），侵（伐）于（纣）之疆，取（惟取纣）彼凶残（害民者），我伐用张，于汤有光。

此大勇也，所以安天下也。武之心，即汤之心也，行有不慊于心则馁矣。

16. （元）吴澄《书纂言》

（归善斋按，无此篇）

17. （元）陈栎《书集传纂疏》卷四上《朱子订定蔡氏集传周书·泰誓中》

受有亿兆夷人，离心离德；予有乱臣十人，同心同德。虽有周亲，不如仁人。

夷，平也。夷人，言其智识不相上下也。治乱曰乱。十人，周公旦、召公奭、太公望、毕公、荣公、太颠、闳夭、散宜生、南宫括。其一文母。孔子曰，有妇人焉，九人而已。刘侍读以为，子无臣母之义，盖邑姜也。九臣治外，邑姜治内。言纣虽有夷人之多，不如周治臣之少而尽忠也。周，至也。纣虽有至亲之臣，不如周仁人之贤而可恃也。此言人事，有必克之理。

纂疏：

张氏曰，言夷人，见无复君臣上下之等也。

18.（元）许谦《读书丛说》卷六《周书·泰誓》

（归善斋按，未解）

19.（元）董鼎《书传辑录纂注》卷三《周书·泰誓中》

受有亿兆夷人，离心离德；予有乱臣十人，同心同德。虽有周亲，不如仁人。

夷，平也，夷人，言其智识不相上下也。治乱，曰乱。十人，周公旦、召公奭、太公望、毕公、荣公、太颠、闳夭、散宜生、南宫括。其一文母。孔子曰，有妇人焉，九人而已。刘侍读以为子无臣母之义，盖邑姜也。九臣治外，邑姜治内。言纣虽有夷人之多，不如周治臣之少而尽忠也。周，至也。纣虽有至亲之臣，不如周仁人之贤而可恃也。此言人事有必克之理。

辑录：

马氏曰，乱，治也。或曰，乱，本作乿，古"治"字。《语注》。

纂注：

叶氏曰，夷人，若与等夷也。既有离德，则视我涂人耳。

张氏曰，言夷人，见无复君臣上下之等也。

20.（元）朱祖义《尚书句解》卷六《周书·泰誓中第二》

受有亿兆夷人，离心离德（纣有亿兆平人，皆离心德）。

21.（明）王樵《尚书日记》卷九《周书·泰誓中》

"受有亿兆夷人"至"不如仁人"。

孔氏曰，平人，凡人也。

正义曰，言智虑等耳。服虔、杜预以"夷人"为"夷狄"之人，则受率其旅若林，曾无华人乎？

治乱曰乱。乱臣十人，《论语》引之，而孔子论之有妇人焉。先儒郑玄等皆以十人为周公、太公、召公、毕公、荣公、太颠、闳夭、散宜生、南宫括。其一文母。刘原父以为子无臣母之义，盖邑姜也。决之天意，君莫大于奉天，而受之罪浮于桀；决之人事，国莫大于有人，而受之众，不可以当德；亲，不可以敌贤。

22.（清）库勒纳等撰《日讲书经解义》卷六《周书·泰誓中》

受有亿兆夷人，离心离德；予有乱臣十人，同心同德。虽有周亲，不如仁人。

此一节书是，即人事以明伐商之必克也。十万谓之亿，十亿谓之兆。夷，解作"平"，谓平常也。乱臣，能治乱之臣。周亲，至亲也。武王曰，用兵胜负，视其人材何如。今受所统，虽有亿兆之众，然皆寻常平等之人，且离心离德，不相联属。我所有拨乱反正之臣，虽止十人，然皆尽忠报主，与我一心一德，是受之众不如我之寡也。受所亲信者，虽有同姓至亲，然皆凶人丑类，同恶相济。我之十臣，虽不尽是我之亲戚，然皆是仁厚有德之人，可以经邦济世，除暴安民，是受之亲，不如我之疏也。商周之胜败，不于此，而可决也哉？

予有乱臣十人，同心同德

1.（汉）孔氏传、（唐）陆德明音义、孔颖达疏《尚书注疏》卷十《周书·泰誓中》

予有乱臣十人，同心同德。

传，我治理之臣虽少，而心德同。

音义：

十人，周公旦，召公奭，太公望，毕公、荣公、太颠、闳夭、散宜生、南宫适，及文母。治，直吏反。

疏：

传正义曰，《释诂》云，乱，治也，故谓我治理之臣有十人也。十人，皆是上智，咸识周是殷非，故人数虽少，而心德同，同佐武王，欲共灭纣也。《论语》引此云，有乱臣十人，而孔子论之，有一妇人焉，则十人之内其一是妇人，故先儒郑玄等皆以十人为文母、周公、太公、召公、毕公、荣公、太颠、闳夭、散宜生、南宫适也。

《尚书注疏》卷十《考证》

"予有乱臣十人"疏"郑玄等皆以十人为文母、周公、太公、召公、毕公、荣公、太颠、闳夭、散宜生、南宫适"。

刘敞曰，子无臣母之义，盖邑姜也。

2.（宋）苏轼撰《书传》卷九《周书·泰誓中第二》

（归善斋按，见"朕梦协朕卜，袭于休祥，戎商必克"）

3.（宋）林之奇《尚书全解》卷二十二《周书·泰誓中》

（归善斋按，见"惟天惠民，惟辟奉天"）

4.（宋）史浩《尚书讲义》卷十一《周书·泰誓中》

（归善斋按，见"天其以予乂民"）

5.（宋）夏僎《尚书详解》卷十六《周书·泰誓中》

（归善斋按，见"天其以予乂民"）

6.（宋）时澜《增修东莱书说》卷十五《周书·泰誓中第二》

（归善斋按，见"受有亿兆夷人，离心离德"）

7.（宋）黄度《尚书说》卷四《周书·泰誓中》

(归善斋按，见"受有亿兆夷人，离心离德")

8.（宋）袁燮《絜斋家塾书钞》卷五《周书·泰誓中》

(归善斋按，见"惟戊午，王次于河朔")

9.（宋）蔡沈《书经集传》卷四《周书·泰誓中》

(归善斋按，见"受有亿兆夷人，离心离德")

10.（宋）黄伦《尚书精义》卷二十五《周书·泰誓中》

(归善斋按，见"天其以予乂民")

11.（宋）陈经《尚书详解》卷二十一《周书·泰誓中》

(归善斋按，见"天其以予乂民")

12.（宋）钱时《融堂书解》卷九《周书·泰誓中》

(归善斋按，见"天其以予乂民")

13.（宋）魏了翁《尚书要义》卷十《泰誓》至《武成》

(归善斋按，未引)

14.（宋）陈大猷《书集传或问》卷上《泰誓》

(归善斋按，未解)

15.（宋）胡士行《尚书详解》卷六《周书·泰誓中第二》

(归善斋按，见"受有亿兆夷人，离心离德")

16.（元）吴澄《书纂言》

(归善斋按，无此篇)

17. （元）陈栎《书集传纂疏》卷四上《朱子订定蔡氏集传周书·泰誓中》

（归善斋按，见"受有亿兆夷人，离心离德"）

18. （元）许谦《读书丛说》卷六《周书·泰誓》

（归善斋按，未解）

19. （元）董鼎《书传辑录纂注》卷三《周书·泰誓中》

（归善斋按，见"受有亿兆夷人，离心离德"）

20. （元）朱祖义《尚书句解》卷六《周书·泰誓中第二》

予有乱臣十人，同心同德（我有治乱之臣十人，皆与我同心德）。

21. （明）王樵《尚书日记》卷九《周书·泰誓中》

（归善斋按，见"受有亿兆夷人，离心离德"）

22. （清）库勒纳等撰《日讲书经解义》卷六《周书·泰誓中》

（归善斋按，见"受有亿兆夷人，离心离德"）

（元）陈师凯《书蔡氏传旁通》卷四上《周书·泰誓中》

乱臣十人。

据孔疏云。谓先儒郑元等皆云然、

文母，邑姜。

文母，文王正妃，是为太姒。邑姜，武王后也。

（清）朱鹤龄《尚书埤传》卷九《周书·泰誓》

予有乱臣十人。

乱臣十人，《论语》言，有妇人焉。马融以为文母。愚按，文王为西伯，九年而崩，寿九十七。武王即位十三年伐商，又六年而崩，寿九十三。当克商时，武王年已八十七，文母不应尚在，虽微刘侍读子无臣母之说，亦可知妇人之非文母矣。刘侍读以邑姜，当之旧说。邑姜，为太公望女，亦恐未然。古者，诸侯不再娶，太公归周在文王为西伯之后，武王寿几七十矣，安得于是时更纳公女为元妃哉。

或曰，《论语》妇人，或"殷"字之讹。胶鬲，殷人也，文王举之于鱼盐之中。《国语》殷辛伐有苏，有苏以妲己女焉，妲己有宠，于是与胶鬲比而亡殷。又《吕氏春秋》《帝王世纪》皆云纣使胶鬲候周师，王使以甲子日报纣，此足证胶鬲适周，尝佐武王。伐纣之时。鬲正在行间。以其本非周才。故曰九人而已。不然妇人不与外政，况当麾旄仗钺之日，而乃盛称宫壸之得人，以告其众哉。殷转为妇，疑古文蝌蚪书，偏旁有微近者，而汉儒未之察耳。此说，吾不敢从，姑笔之存疑。

虽有周亲，不如仁人

1.（汉）孔氏传、（唐）陆德明音义、孔颖达疏《尚书注疏》卷十《周书·泰誓中》

虽有周亲，不如仁人。

传，周，至也，言纣至亲虽多，不如周家之少仁人。

疏：

传正义曰，《诗》毛传亦以"周"为"至"，相传为此训也。武王三分天下有其二，则纣党不多于周，但辞有激发，旨有抑扬。欲明多恶不如少善，故言"纣至亲虽多，不如周家之少仁人"也。

《尚书注疏》卷十《考证》

"虽有周亲，不如仁人"传"言纣至亲虽多，不如周家之少仁人"。

臣召南按，此传甚明，而何晏《论语》注引孔曰，亲而不贤不忠则诛之，管蔡是也。仁人，谓箕子、微子，来则用之，同出安国一手，而所说判然，何也。

2. （宋）苏轼撰《书传》卷九《周书·泰誓中第二》

虽有周亲，不如仁人。

十人之中，虽有周、召之亲，然皆仁人，非以亲用也。

3. （宋）林之奇《尚书全解》卷二十二《周书·泰誓中》

（归善斋按，见"惟天惠民，惟辟奉天"）

4. （宋）史浩《尚书讲义》卷十一《周书·泰誓中》

（归善斋按，见"天其以予乂民"）

5. （宋）夏僎《尚书详解》卷十六《周书·泰誓中》

（归善斋按，见"天其以予乂民"）

6. （宋）时澜《增修东莱书说》卷十五《周书·泰誓中第二》

虽有周亲，不如仁人。

周，至也。此天下离合之实理也。当寡助之际，虽骨肉之亲，且至于自叛，则亲者若亲，而实疏；当多助之际，惟仁人之心，皆至于感顺，则仁人若疏，而实亲。纣之亲，非不至也，无道以固之，微子之去，亦不能保文、武之兴，海滨之老，一旦归之，则仁人反过于周亲之爱也。人君本源澄彻，见亲与仁之相去，其理诚不在形迹，非谓亲，果不如仁人也。徒有亲之名，则不可倚矣。宗族盛大，交互相错，无道以属之，犹路人也。志士仁人，进在朝廷，共兴治道，则通天下为一体，自近及远，由亲及疏，一德一心，岂非亲之本乎。

7. （宋）黄度《尚书说》卷四《周书·泰誓中》

（归善斋按，见"受有亿兆夷人，离心离德"）

8.（宋）袁燮《絜斋家塾书钞》卷五《周书·泰誓中》

（归善斋按，见"惟戊午，王次于河朔"）

9.（宋）蔡沈《书经集传》卷四《周书·泰誓中》

（归善斋按，见"受有亿兆夷人，离心离德"）

10.（宋）黄伦《尚书精义》卷二十五《周书·泰誓中》

（归善斋按，见"天其以予乂民"）

11.（宋）陈经《尚书详解》卷二十一《周书·泰誓中》

（归善斋按，见"天其以予乂民"）

12.（宋）钱时《融堂书解》卷九《周书·泰誓中》

（归善斋按，见"天其以予乂民"）

13.（宋）魏了翁《尚书要义》卷十《泰誓》至《武成》

（归善斋按，未引）

14.（宋）陈大猷《书集传或问》卷上《泰誓》

（归善斋按，未解）

15.（宋）胡士行《尚书详解》卷六《周书·泰誓中第二》

（归善斋按，见"受有亿兆夷人，离心离德"）

16.（元）吴澄《书纂言》

（归善斋按，无此篇）

17.（元）陈栎《书集传纂疏》卷四上《朱子订定蔡氏集传周书·泰誓中》

（归善斋按，见"受有亿兆夷人，离心离德"）

18.（元）许谦《读书丛说》卷六《周书·泰誓》

（归善斋按，未解）

19.（元）董鼎《书传辑录纂注》卷三《周书·泰誓中》

（归善斋按，见"受有亿兆夷人，离心离德"）

20.（元）朱祖义《尚书句解》卷六《周书·泰誓中第二》

虽有周亲（纣于亿兆，虽有至亲，心德既离，必将叛之），不如仁人（不如我乱臣，皆仁人也）。

21.（明）王樵《尚书日记》卷九《周书·泰誓中》

（归善斋按，见"受有亿兆夷人，离心离德"）

22.（清）库勒纳等撰《日讲书经解义》卷六《周书·泰誓中》

（归善斋按，见"受有亿兆夷人，离心离德"）

天视自我民视，天听自我民听

1.（汉）孔氏传、（唐）陆德明音义、孔颖达疏《尚书注疏》卷十《周书·泰誓中》

天视自我民视，天听自我民听。
传，言天因民以视听，民所恶者，天诛之。

2.（宋）苏轼撰《书传》卷九《周书·泰誓中第二》

天视自我民视，天听自我民听。百姓有过，在予一人。今朕必往，我武惟扬，侵于之疆。取彼凶残，我伐用张，于汤有光。

汤放桀而有惭德，今我亦为之汤不愧矣。

3.（宋）林之奇《尚书全解》卷二十二《周书·泰誓中》

天视自我民，视天听自我民听。百姓有过，在予一人。今朕必往，我武惟扬，侵于之疆，取彼凶残，我伐用张，于汤有光。勖哉夫子，罔或无畏，宁执非敌，百姓懔懔，若崩厥角。呜呼！乃一德一心，立定厥功，惟克永世。

此盖天之视，听惟视民之好恶，而其吉凶祸福，应如影响，我当奉天之命，以尽其惠民之道也。以其身任为君之责，凡百姓之有过，则是我一人之有罪，盖自任天下之责也。《汤诰》曰"其尔万方有罪，在予一人；予一人有罪，无以尔万方"，盖不如是，则不足以为天吏也。既以其身任天下之责，则伐纣之罪，以拯斯民于涂炭之中者，武王不敢不以此而自任也。故我今必往而伐纣，以扬我之威武，往之商郊，侵纣之疆，取彼凶残之人，以张我之伐功。苟能胜纣，而安天下，则于汤之功，有光显矣。此又申结上文之义也。受罪既浮于桀，则武王伐之，而于汤有光，固其理也。

"勖哉夫子"者，言此事乃尔将士之所当勉也。"罔或无畏宁执非敌百姓懔懔若崩厥角"者，汉孔氏曰，尔将士无敢有无畏之心，宁执非敌之志，伐之则必克矣。民畏纣之虐，危惧不安，若崩摧其角，无所容头。据孔氏之意，盖谓武王恐将士之轻敌，则戒之以宁执非敌之心。其所以宁执非敌之心者，盖以百姓畏纣，懔懔然若崩厥角，恐其或为纣之用也。盖经文既言"罔或无畏，宁执非敌。百姓懔懔，若崩厥角"，则孔氏之说，不得不然也。武王既晓之以伐纣之意，于是遂嗟叹而总结之，以告庶邦冢君以下，谓我之乱臣十人，既与我同心同德以伐纣矣，则尔当一德一心，以与我致讨于纣，立定厥功，则尔与我国家将世世享无穷之福矣。

《书》本百篇，遭秦火不存，至汉稍稍复出。伏生以口传二十八篇。孔壁续出二十五篇。某尝疑此二者，必有所增损润色于其间。何以知之，以《孟子》知之。《孟子》之举《康诰》曰"杀越人于货，愍不畏死，凡民罔不憝"，《孟子》之举《泰誓》曰"无畏宁尔也，非敌百姓也，若崩厥角稽首"，而今文《泰誓》曰"罔或无畏，宁执非敌。百姓懔懔，若崩厥角"，其字大抵相同，而其文势意旨，则大有不同者，《康诰》伏生所传之书也，《泰誓》孔壁续出之书也，故某以是二者异同之，故而致疑焉。盖伏生，齐人也，齐人语多与颍川异。晁错受书之时，伏生老不能正言，使其女传言教晁错，晁错所不知者十二三，仅以其意属读而已。孔壁中科斗文字，孔氏得之，其时科斗书废已久时，人无能知者，姑以隶体定其可知者尔。则是此二者必有己之所不能晓者，而以其意导合，粗令成文耳。学者生于千载之下，当夫简编讹脱之余，固不必以今之书为信。然而亦当信其可信者，而阙其可疑者，不可以汉儒所传之书为出于帝王之手，而不敢略致疑于其间也。《孟子》生于战国之时，去帝王之世，犹未远，而六经犹在，尚且以谓"尽信《书》，不如无《书》"，盖苟理之所不安，则莫可信也，况又烬于秦火，烂于孔壁，而增损润色于汉儒之手乎？

4.（宋）史浩《尚书讲义》卷十一《周书·泰誓中》

（归善斋按，见"天其以予乂民"）

5.（宋）夏僎《尚书详解》卷十六《周书·泰誓中》

（归善斋按，见"天其以予乂民"）

6.（宋）时澜《增修东莱书说》卷十五《周书·泰誓中第二》

天视自我民视，天听自我民听。

天之视听自于民也。天高高而在上，民至公之视听，天之聪明也。

7.（宋）黄度《尚书说》卷四《周书·泰誓中》

天视自我民视，天听自我民听。百姓有过，在予一人。

以人占天。汤曰"尔万方有罪，在予一人"，而武王亦云。救之于水火之中，不足言也，必能使之兴。仁兴让人，有士君子之行，则为君、师之职。

8.（宋）袁燮《絜斋家塾书钞》卷五《周书·泰誓中》

天视自我民视，天听自我民听。百姓有过，在予一人，今朕必往。

"百姓有过，在予一人"，即所谓一人横行于天下，武王耻之也。天之生斯民也，使先知，觉后知；使先觉，觉后觉，思天下之民匹夫匹妇，有不被尧、舜之泽者，如己推而纳之沟中。伊尹，王者之佐其自任者，犹如此，况于武王圣人，以其身任天下之重。百姓有过，皆一人之责也。今纣在上，率天下以暴，而民从之，民之为恶者盖众矣，则今岂得而逃其责哉。然则武王之伐纣也，所以脱民于罪戾也。"天视自我民视，天听自我民听"，武王何为而知天之灭纣，以民心而知之也。观民心不归商而归周，则天命之不归商，而归周可知也。

9.（宋）蔡沈《书经集传》卷四《周书·泰誓中》

天视自我民视，天听自我民听。百姓有过，在予一人。今朕必往。

过，《广韵》责也。武王言，天之视听，皆自乎民。今民皆有责于我，谓我不正商罪，以民心而察天意，则我之伐商，断必往矣。盖百姓畏纣之虐，望周之深，而责武王不即拯己于水火也。如汤，东面而征，西夷怨；南面而征，北狄怨之意。

10.（宋）黄伦《尚书精义》卷二十五《周书·泰誓中》

天视自我民视，天听自我民听。百姓有过，在予一人。今朕必往。

无垢曰，夫天必以民为视听，是以古之王天下者，不区区求合于天，一视民之心如何耳。武王之心，天之心也。因民之心，以取纣，岂有一毫私意哉，顺天之心耳，天心安在哉，民心是也。天之视听，一自民而已矣。今之伐纣，纵民之视听，不当有过差，非民之罪也，是我一人信之之过也。夫合天下之视听，以为视听岂有过哉？曰不然。武王伐纣，伯夷叩马而谏曰，父死不葬，爰及干戈，可谓孝乎？以臣弑君，可谓仁乎？以伯夷而观，凡百姓以伐纣为心者，皆不能无过也。武王所见与伯夷不同，武王所见者当日天下之心，伯夷所见者后世乱臣贼子之心。不有武王何以救当日之急，不有伯夷何以立千古之教。然伐纣之过，武王所不敢辞此过也。是汤所谓"惭"也。

王氏曰，自，从也。天之所视，从我民之所视；天之所听，从我民之所听，谓民视听于周家，天必从之，以有天下。民有过，乃在于己，岂可不伐纣，以正百姓乎。今我所以必往伐纣也，此武王以天下自任也。

吕氏曰，天之视听，元不是高高在上，凡民至公之视听，便是天之聪明，是天无一日不在民。今百姓有过，武王岂敢不任其责。当时渴者求饮，饥者求食，乱者求治，皆委身于武王。百姓不幸身在纣梾祸中，此过之极，武王既任甚重之责，岂可不往攻之，此天命武王端的处。武王上畏天，下畏民，自说不得不往也。

11.（宋）陈经《尚书详解》卷二十一《周书·泰誓中》

（归善斋按，见"天其以予乂民"）

12.（宋）钱时《融堂书解》卷九《周书·泰誓中》

（归善斋按，见"天其以予乂民"）

13.（宋）魏了翁《尚书要义》卷十《泰誓》至《武成》

（归善斋按，未引）

14.（宋）陈大猷《书集传或问》卷上《泰誓》

（归善斋按，未解）

15.（宋）胡士行《尚书详解》卷六《周书·泰誓中第二》

（归善斋按，见"受有亿兆夷人，离心离德"）

16.（元）吴澄《书纂言》

（归善斋按，无此篇）

17.（元）陈栎《书集传纂疏》卷四上《朱子订定蔡氏集传周书·泰誓中》

天视自我民视，天听自我民听。百姓有过，在予一人。今朕必往。

过,《广韵》,责也。武王言天之视听,皆自乎民。今民皆有责于我,谓我不正商罪,以民心而察天意,则我之伐商,断必往矣。盖百姓畏纣之虐,望周之深,而责武王不即拯己于水火也。如汤"东面而征西夷怨,南面而征北狄怨"之意。

纂疏:

愚案,百姓有过、不过,如万方有罪耳,不必训为"责"以篇末考之,此处疑有颠倒脱误。

18.（元）许谦《读书丛说》卷六《周书·泰誓》

（归善斋按,未解）

19.（元）董鼎《书传辑录纂注》卷三《周书·泰誓中》

天视自我民视,天听自我民听。百姓有过,在予一人,今朕必往。

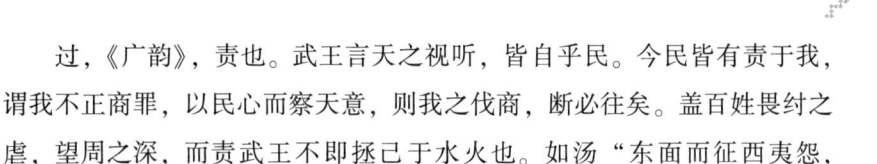

过,《广韵》,责也。武王言天之视听,皆自乎民,今民皆有责于我,谓我不正商罪,以民心而察天意,则我之伐商,断必往矣。盖百姓畏纣之虐,望周之深,而责武王不即拯己于水火也。如汤"东面而征西夷怨,南面而征北狄怨"之意。

辑录:

"天视自我民视,天听自我民听",或问,此若有不同,如何？曰,天岂曾有耳目以视听,只是自民之视听,便是天之视听。如帝命文王,岂天谆谆然,命之,只是文王要怎地,便是理合怎地,便是帝命之也。又曰,若一件事,民人皆以为是,便是天以为是；若民人皆归往之,便是天命之也。又曰,此处甚微,故其理难看。

或问,天视自我民视,天听自我民听,天便是理否？曰,若全做理,又如何说,自我民视听,这里有些主宰底意思。庚。

庄仲问,天视天听,谓天即理也。曰,天固是理,然苍苍者,亦是天,在上而有主宰者,亦是天,各随他所说。今既曰,视听即理,又如何会视听,虽说不同,又却只是一个,知其同,不妨其为异；知其异,不害其为同。文蔚。

纂注：

新安胡氏曰，百姓有过，恐只如"万方有罪"之意耳。

王氏曰，在予一人，盖以其身任天下之责，不如是，不足以为天吏也。

20.（元）朱祖义《尚书句解》卷六《周书·泰誓中第二》

天视自我民视，天听自我民听（况天以我民所视为视，以我民所听为听。仁人既归于我，则天心归于我必矣）。

21.（明）王樵《尚书日记》卷九《周书·泰誓中》

"天视自我民视"至"今朕必往"。

"惟天惠民"三节，以天意人事，知纣之必克。此节以人心天命，断己之必往。"必克"，"必往"相关。

"天矜于民"，以天之心言，天视，天听，以天之用。言"天矜"，犹云天至仁也。天视，天听，犹云天至聪明也。"民之所欲，天必从之"，见天无心而以民之心为心。自我民视听，见天无为，而以民之神为用。天之从人，予之从天，不可后也，故"时哉不可失"。百姓之过我，皇天将罪我，不可疑也，故今朕必往。

过，如《汉书》所谓"责过"，然以《论语》考之，恐只如"万方有罪"之意。

22.（清）库勒纳等撰《日讲书经解义》卷六《周书·泰誓中》

天视自我民视，天听自我民听。百姓有过，在予一人。今朕必往。

此一节书是，合天、人而言之，知伐商有必克之理也。武王曰，天、人一理。善观天者，验之于民而已。今夫，天虽未尝有目以视人，而于人之善恶，无所不见者，亦自我民之视以为视也。虽未尝有耳以听人，而于人之是非，无所不闻者，亦自我民之听以为听也。今天下之百姓，皆过责于我一人之身，言我不能往正商罪，民于水火之中。民情如此，则天意可

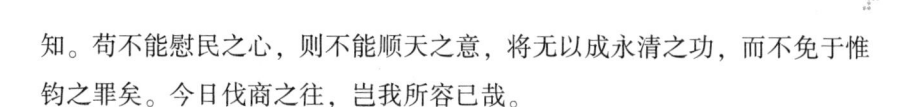

知。苟不能慰民之心，则不能顺天之意，将无以成永清之功，而不免于惟钧之罪矣。今日伐商之往，岂我所容已哉。

（清）张英《书经衷论》卷三《周书·泰誓》

(归善斋按，见"惟天地，万物父母，惟人，万物之灵")

百姓有过，在予一人

1. （汉）孔氏传、（唐）陆德明音义、孔颖达疏《尚书注疏》卷十《周书·泰誓中》

百姓有过，在予一人。
传，己能无恶于民，民之有过，在我教不至。
音义：
恶，乌路反，一音如字。
疏：
正义曰，言此者，以上云民之所恶，天必诛之。己今有善，不为民之所恶，天必佑我，令教化百姓，若不教，百姓使有罪过，实在我一人之身。此"百姓"与下"百姓懔懔"，皆谓天下众民也。

2. （宋）苏轼撰《书传》卷九《周书·泰誓中第二》

(归善斋按，未解)

3. （宋）林之奇《尚书全解》卷二十二《周书·泰誓中》

(归善斋按，见"天视自我民，视天听自我民听")

4. （宋）史浩《尚书讲义》卷十一《周书·泰誓中》

(归善斋按，见"天其以予乂民")

5. （宋）夏僎《尚书详解》卷十六《周书·泰誓中》

（归善斋按，见"天其以予乂民"）

6. （宋）时澜《增修东莱书说》卷十五《周书·泰誓中第二》

百姓有过，在予一人，今朕必往。

百姓向有丽纣之过恶者，今皆属于我一人，安可不往。武王之自任如此，当时渴者求饮，饥者求食，乱者求治，皆委身于武王。百姓不幸罹纣祸殃之中，此过之极也，此天命武王端的处。武王上畏天，下畏民，自视以为不得不往。

7. （宋）黄度《尚书说》卷四《周书·泰誓中》

（归善斋按，见"天视自我民，视天听自我民听"）

8. （宋）袁燮《絜斋家塾书钞》卷五《周书·泰誓中》

（归善斋按，见"天视自我民，视天听自我民听"）

9. （宋）蔡沈《书经集传》卷四《周书·泰誓中》

（归善斋按，见"天视自我民，视天听自我民听"）

10. （宋）黄伦《尚书精义》卷二十五《周书·泰誓中》

（归善斋按，见"天视自我民，视天听自我民听"）

11. （宋）陈经《尚书详解》卷二十一《周书·泰誓中》

（归善斋按，见"天其以予乂民"）

12. （宋）钱时《融堂书解》卷九《周书·泰誓中》

（归善斋按，见"天其以予乂民"）

13.（宋）魏了翁《尚书要义》卷十《泰誓》至《武成》

（归善斋按，未引）

14.（宋）陈大猷《书集传或问》卷上《泰誓》

蔡氏曰，"百姓有过，在予一人"，《广韵》云，过，责也。武王言，天之视听皆自乎民。今民皆有责于我，谓我不正商罪。以民心而察天意，则我之伐商，断必往矣。盖百姓畏纣之虐，望周之深，而责武王不即拯己于水火也。如汤，东面而征，西夷怨；南面而征，北狄怨之意。愚按，此说虽近凿，然上下亦通，并附于此。

15.（宋）胡士行《尚书详解》卷六《周书·泰誓中第二》

（归善斋按，见"受有亿兆夷人，离心离德"）

16.（元）吴澄《书纂言》

（归善斋按，无此篇）

17.（元）陈栎《书集传纂疏》卷四上《朱子订定蔡氏集传周书·泰誓中》

（归善斋按，见"天视自我民，视天听自我民听"）

18.（元）许谦《读书丛说》卷六《周书·泰誓》

（归善斋按，未解）

19.（元）董鼎《书传辑录纂注》卷三《周书·泰誓中》

（归善斋按，见"天视自我民，视天听自我民听"）

20.（元）朱祖义《尚书句解》卷六《周书·泰誓中第二》

百姓有过，在予一人（百姓在纣汤火中，其过岂不在我一人乎）？

21.（明）王樵《尚书日记》卷九《周书·泰誓中》

（归善斋按，见"天视自我民，视天听自我民听"）

22.（清）库勒纳等撰《日讲书经解义》卷六《周书·泰誓中》

（归善斋按，见"天视自我民，视天听自我民听"）

今朕必往，我武维扬，侵于之疆

1.（汉）孔氏传、（唐）陆德明音义、孔颖达疏《尚书注疏》卷十《周书·泰誓中》

今朕必往，我武惟扬，侵于之疆。

传，扬，举也，言我举武事，侵入纣郊疆伐之。

疏：

正义曰，既与天下为任，则当为之除害。今我必往伐纣，我之武事，惟于此举之侵纣之疆境。

传正义曰，《文王世子》论举贤之法云，或以事举，或以言扬，是扬、举义同，故扬为举也。于时，犹在河朔，将欲行适商都，言我举武事，侵入纣之郊疆，往伐之也。春秋之例，有钟鼓曰伐，无曰侵。此实伐也，言往侵者，侵是入之意，非如春秋之例，无钟鼓也。

2.（宋）苏轼撰《书传》卷九《周书·泰誓中第二》

（归善斋按，未解）

3.（宋）林之奇《尚书全解》卷二十二《周书·泰誓中》

（归善斋按，见"惟天惠民，惟辟奉天"）

4.（宋）史浩《尚书讲义》卷十一《周书·泰誓中》

（归善斋按，见"天其以予乂民"）

5.（宋）夏僎《尚书详解》卷十六《周书·泰誓中》

今朕必往，我武惟扬，侵于之疆，取彼凶残，我伐用张，于汤有光。勖哉夫子！罔或无畏，宁执非敌，百姓懔懔，若崩厥角。呜呼！乃一德一心，立定厥功，惟克永世。

武王既以身任伐纣之责，故此，遂继言今朕必往伐纣，以扬我之威武，往彼商郊，侵纣之疆，取彼凶残之纣，以张大我伐功，则于汤之功，有光显矣。所谓光者，非谓功过于汤也。汤伐桀于前；武王伐桀于后，乃所以再光汤之基绪也。武王既言今日之事，欲再光汤业，故勉将士曰，"勖哉夫子"，勖，勉也。夫子，指将士也，言此事乃将士所当勉力者也。虽所当勉，又不可轻敌，故尔将士，不可有无畏之心，宁执非我敢敌之志，则可以必克。所以然者，盖以百姓兆民，久苦纣恶，懔懔怖惧，皆若崩摧其头角，无有容头之处。故我不可不勉力，以成必克之功也。武王既言伐纣之事如此，故又嗟叹而总告之曰"乃一德一心，立定厥功，惟克永世"，其意盖谓，今日之事，固不可不勉力。然一人勉，而一人不勉，岂能成功。惟是凡在师之众，皆思勉力，一德一心，无一人不勉，则可以即其成功，而传永世无穷之名矣。世儒皆疑此言"罔或无畏，宁执非敌"，是勉众士之小心，欲其畏难而惧敌。而《孟子》举此则曰"无畏！宁尔也，非敌百姓也"，乃是安慰商民之乱，使无畏我，而我将以安尔。此言百姓懔懔，若崩厥角，是言商民惧纣暴虐，皆崩厥角，而不能仰视。而《孟子》本此，则曰"若崩厥角稽首"，乃是言商民喜周师之征，皆若崩厥角而顺服之，意旨不同此。林少颖则谓，《孟子》举《康诰》曰"杀越人于货，愍不畏死，凡民罔不憝"，举《泰誓》曰"无畏！宁尔也。非敌百姓也，若崩厥角稽首"，其言乃与《康诰》《泰誓》文虽相类，而意旨大有不同者。盖《康诰》伏生所传，《泰誓》孔壁续出之书。伏生齐人。语多与颍川异。晁错受《书》时，伏生老不能正言，使其女传言，晁错所不知者十二三，仅以意属续而已。孔壁中《书》，皆科斗文字，孔

715

氏得之其时，科斗书废已久，时人无能知者，姑以隶古定可知者，则其间必有不能晓者，而以意增损润色者，则今《泰誓》《康诰》其言与《孟子》不同，乃不无增损润色于其间也。

6.（宋）时澜《增修东莱书说》卷十五《周书·泰誓中第二》

（归善斋按，另见"百姓有过，在予一人"）

我武惟扬，侵于之疆，取彼凶残，我伐用张，于汤有光。

惟扬者，激厉军士振作其精神也。当时，八百诸侯与西土之众，莫不同心，恐其或怠，故曰"惟扬"，以奋激之。今已侵纣之疆界矣，非多杀也。其所取者，不过凶残。此用兵之本意也。"我武惟扬，我伐用张"，曰扬，曰张，皆暴显发扬之意，则知武王伐纣之心，可以对越天地，明着暴白，无一毫之歉矣。使武王有一毫愧心，岂敢扬其武，张其伐，精神之发越如此乎？"于汤有光"，深见圣人之公心，不独见武王心，又见汤心。武王视汤如一体，不以汤、周为两家也。以常情观之，武王伐汤之子孙，覆汤之宗社，谓之汤之仇可也。然汤之心，即武王之心；武王之事，即汤之事。汤黜夏命，武王伐纣，一也。武王能体汤之心，所以见其有光于汤也。学者能体武王扬武伐张之意，则孟子浩然之气，曾子之大勇，其理明矣。何者？行有不慊于心，则馁，此知反者也。武王何以扬之张之乎。

7.（宋）黄度《尚书说》卷四《周书·泰誓中》

今朕必往，我武惟扬，侵于之疆，取彼凶残，我伐用张，于汤有光。

天命如是，安得不往。汤誓师于国中已作此语，武王济河，入商地益深，始自以为必往，则前此为未必，犹俟其改欤。扬武、侵疆，取凶残，伐功乃张，大汤伐桀，武王继其事，章明天命，人心取予，为无私，故于汤为有光。

8.（宋）袁燮《絜斋家塾书钞》卷五《周书·泰誓中》

（归善斋按，另见"天视自我民，视天听自我民听"）

我武惟扬，侵于之疆，取彼凶残，我伐用张，于汤有光。

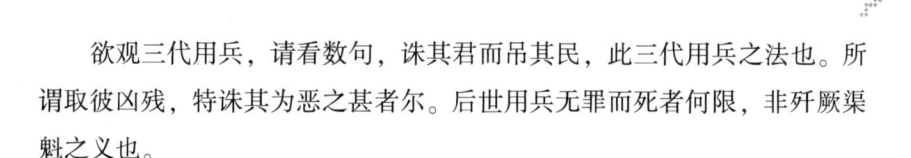

欲观三代用兵，请看数句，诛其君而吊其民，此三代用兵之法也。所谓取彼凶残，特诛其为恶之甚者尔。后世用兵无罪而死者何限，非歼厥渠魁之义也。

9.（宋）蔡沈《书经集传》卷四《周书·泰誓中》

（归善斋按，另见"天视自我民，视天听自我民听"）

我武惟扬，侵于之疆，取彼凶残，我伐用张，于汤有光。

扬，举；侵，入也。凶残，纣也，犹《孟子》谓之"残贼"。武王吊民伐罪，于汤之心为益，明白于天下也。自世俗观之，武王伐汤之子孙，覆汤之宗社，谓之汤仇可也。然汤放桀，武王伐纣，皆公天下为心，非有私于己者。武之事，质之汤，而无愧；汤之心，验之武，而益显，是则伐商之举，岂不于汤为有光也哉。

10.（宋）黄伦《尚书精义》卷二十五《周书·泰誓中》

（归善斋按，另见"天视自我民，视天听自我民听"）

我武惟扬，侵于之疆，取彼凶残，我伐用张，于汤有光。勖哉夫子！罔或无畏，宁执非敌。百姓懔懔，若崩厥角。

无垢曰，盖君子举事，当审于未然，于临事而不决，其害可胜言哉？天下事，自有机会，机会已到，安可失也。前日伐纣，八百诸侯，皆曰纣可伐矣。武王知机会未至也，故退师以俟其改过。及罔有悛心，而不畏天地宗庙，乃与凶盗同心。今日之伐不可与前日同，故此篇主在必往，而不复疑贰而已。如"我武惟扬，侵于之疆"，此有进无退，决取之意也。以纣为凶残可乎，曰此非武王之言，乃天下之言也，武王特宣天下之言耳。自后世观之，方且以臣伐君，疑武王。而武王偃然谓，我此杀伐有光于汤，此武王所以为圣德欤。学未至此，第当诵伯夷叩马之歌耳，以天下之同心伐纣，是天下叛纣矣。复何畏于纣，亦何非敌之有哉。夫纣岂武王敌哉，而曰勉哉将士，无或怀不畏纣之心，宁执我非纣敌之志以伐之，何也？曰使将兵怀不畏之心，怀纣不能敌我之心，则轻虑浅谋，事未可知也。此行兵也，性命生死，止须臾间耳，岂可不慎哉。百姓以纣之暴虐，动成族诛。今在商邑，懔懔然常若颠坠于渊险中，不可一日生也。此所以言"若崩厥角"。民心危苦如此,武王以民为心,其得坐视不拯救乎?

萧氏曰,"罔或无畏,宁执非敌",无乃弱乎?曰,君子临事而惧,况于誓师乎?虽以至仁伐不仁,轻敌则未必无祸。凡汤、武之诰,类此者多矣。

吕氏曰,武王剪伐汤之子孙,倾覆汤之社稷,谓之汤之仇可也。然而,汤之心,便是武王之心。武王之事,深合汤之事。子孙不贤,使武王不取,岂无他人取乎,何尤于武王。以汤出夏之心观之,亦与武王伐纣一也。武王能体汤之心,所以见得有光于汤也。学者能体武王扬武伐张之意,则孟子之养浩然之气,曾子之大勇,不过如此。行有不慊,于心则馁矣。

11. (宋)陈经《尚书详解》卷二十一《周书·泰誓中》

今朕必往,我武惟扬,侵于之疆,取彼凶残。我伐用张,于汤有光。勖哉夫子!罔或无畏,宁执非敌。百姓懔懔,若崩厥角。呜呼!乃一德一心,立定厥功,惟克永世。

学者观"今朕必往"一句,见圣贤勇于为义。自反而缩,虽千万人吾往矣。凡义所当为者,勇决而为之,更无迟缓之意。扬我之武,以侵彼之疆界,取其凶残而已。凶残如纣,如飞廉、恶来之徒,圣人所谓武者,除暴禁乱而已。"我伐用张"者,凶残既取,则我之所以征伐者,亦于是乎张,谓之惟扬,谓之用张者,皆是武王心无所慊处,与成汤"布昭"同义。"于汤有光",纣既黜,则汤之道为有光矣。以人情论,纣乃汤之子孙也,诛人之子孙,灭人之社稷,而于祖有光可乎?圣人惟以理而论,汤之心,只在于奉天爱民,不幸而纣为之子孙,奉天爱民之志不获伸。苟有能奉天爱民者处之,民得其所以安,岂非汤之幸乎?此"于汤有光"之意也。

"勖哉夫子,罔或无畏,宁执非敌",武王虽曰必往,曰惟扬,曰用张,其心无慊如此,亦未尝无儆戒之心。若不儆戒,则是轻敌而骄,取败之道也,故告诸将士,以为当致其勉,罔敢有不畏之心,言当畏也。宁可执非敌,若己非敌以当彼,然此临事而惧者也。"百姓懔懔若崩厥角",民于此时,罹纣之虐政,懔懔危惧,如崩摧其角,无所容头。然此见得民心之不安。我不可不往也。

"呜呼！乃一德一心，立定厥功，惟克永世"，于是誓众毕，又重复而儆之，须当一其德心，人无异志，立其功，以为无穷之计。今日一失，则他日必有后悔。武王之众既是同心同德矣，既是臣三千惟一心矣，宜若无事以告戒。武王如此，恐人力易怠，又从而申言之，庶几以我之一，可以攻彼之不一；以我之同，可以攻彼之不同也。此是收聚人心，总摄众志，涣亨王假有庙之理也。

12.（宋）钱时《融堂书解》卷九《周书·泰誓中》

今朕必往，我武惟扬，侵于之疆，取彼凶残。我伐用张，于汤有光。勖哉夫子！罔或无畏，宁执非敌。百姓懔懔，若崩厥角。呜呼！乃一德一心，立定厥功，惟克永世。

此篇大概专把汤伐桀事为例，反复启告，自有夏桀，"弗克若天"，至"于汤有光"辞旨足矣，却是与众士言，不可不明以谕之，可谓深切矣。上文说"戎商必克"，此又说"今朕必往"，两个"必"字，斩斩截截，略无疑辞。虽励众心，然非武王明断，不如是也。汤伐桀有惭德焉，今略无口实之嫌，反以为有光于汤，何也？噫，吊民伐罪，古所未有，而汤创行之。汤之所以"惭"者，诚惧乱臣贼子为篡，为逆，而以我借口也。若夫武王之心，是乃汤之心，汤之所创行者，至武王而发扬之。前日之"惭"，今日之"光"也，非圣人孰能与于此哉？上文辞气勇决，无非言纣之不足畏，以激昂众心，然兵凶战危，万一闻此誓言，有轻敌心，则大不可，于是申言儆告，而使之知所畏焉。言汝等立定我吊民之功，乃能各保天年，永久其世耳。

13.（宋）魏了翁《尚书要义》卷十《泰誓》至《武成》

（归善斋按，未引）

14.（宋）陈大猷《书集传或问》卷上《泰誓》

（归善斋按，未解）

15. (宋)胡士行《尚书详解》卷六《周书·泰誓中第二》

(归善斋按,见"受有亿兆夷人,离心离德")

16. (元)吴澄《书纂言》

(归善斋按,无此篇)

17. (元)陈栎《书集传纂疏》卷四上《朱子订定蔡氏集传周书·泰誓中》

(归善斋按,另见"天视自我民,视天听自我民听")

我武惟扬,侵于之疆,取彼凶残,我伐用张,于汤有光。

扬,举;侵,入也。凶残,纣也,犹《孟子》谓之"残贼"。武王吊民伐罪,于汤之心为益明白于天下也。自世俗观之,武王伐汤之子孙,覆汤之宗社,谓之汤仇可也。然汤放桀,武王伐纣,皆公天下为心,非有私于己者。武之事,质之汤而无愧;汤之心,验之武而益显,是则伐商之举,岂不于汤为有光也哉?

纂疏:

愚案,"于汤有光",乃武王之夸辞,如功光祖宗云耳,朱子《孟注》甚得本意。蔡氏"于汤之心为益明白",深一步说,非本文意。

18. (元)许谦《读书丛说》卷六《周书·泰誓》

(归善斋按,未解)

19. (元)董鼎《书传辑录纂注》卷三《周书·泰誓中》

(归善斋按,另见"天视自我民,视天听自我民听")

我武惟扬,侵于之疆,取彼凶残,我伐用张,于汤有光。

扬,举;侵,入也。凶残,纣也,犹《孟子》谓之"残贼",武王吊民伐罪,于汤之心为益明白于天下也。自世俗观之,武王伐汤之子孙,覆汤之宗社,谓之汤仇可也,然汤放桀,武王伐纣,皆公天下为心,非有私于己者。武之事,质之汤,而无愧汤之心,验之武而益显,是则伐商之举，岂不于汤为有光也哉。

辑录：

言武王威武奋扬，侵彼纣之疆界，取其残贼而杀伐之功，因以张大，比于汤之伐桀，又有光焉。《孟注》。

纂注：

新安陈氏曰，于汤有光，乃武王之夸辞，如所谓功光祖宗云尔。《孟注》甚得本意。蔡氏"于汤之心为益明白"之说，议论虽深一步，似失本文之意。

20.（元）朱祖义《尚书句解》卷六《周书·泰誓中第二》

今朕必往（今我必往伐纣），我武惟扬，侵于之疆（举我威武，侵纣疆界）。

21.（明）王樵《尚书日记》卷九《周书·泰誓中》

（归善斋按，另见"天视自我民，视天听自我民听"）

"我武惟扬"至"于汤有光"。

发，发也。侵，深入也。"取彼凶残"，"取"字重看。《孟子》曰救民于水火之中，取其残而已矣。徐洪客言，直指江都，取独夫，即此意。

朱子曰，言威武奋扬，侵彼纣之疆界，取其残贼，而杀伐之功，用以张大，比于汤之伐桀，又有光焉。正义曰，汤惟放逐，我能擒取，是比于汤又益有光明。又曰，取得纣，则功多于汤。

或曰，如此则武王之伐纣，志于杀乎？曰，武王不云乎"商罪贯盈，天命诛之"，虽成汤之于桀也亦曰"有夏多罪天命殛之"，曰殛，曰诛，正其天讨。汤、武岂敢私哉。顾桀闻汤师之来，不拒而奔远窜，南服骀喙一邑，复何能为，故汤兵不穷其所至，因而放焉。义之尽，仁之至也。若纣则否，闻武王之来，方率其如林之旅，迎战于牧野，其心不但已也。胜则谓己有天命，而益逞其凶；不胜犹将挟其徒党，适所与国，为害未已。故武王誓师，犹有胜负之惧，有"除恶务本"之言。特曰"取彼凶残"，盖有欲遂其失前禽之义，而不可得者。此汤、武处桀、处纣之不同也。曰，然则，《史记》言，斩以黄钺，县其头大白之旗。先儒何以复非之，曰，纣既焚死，复戮之，则太甚矣，非圣人之心也。

金氏曰，于汤有光，谓吊民伐罪，止商之乱，亦汤之心，乃所以为汤之光也。武王伐其子孙，而谓"于汤有光"，前后圣人公天下为心，于此可见。按，谓止商之乱，亦汤之心，最为得之。昭烈谓武侯曰，嗣子如不可辅，君其自取。其勤劳一世，盖不为一己计，岂为子孙计哉？可以知汤之心矣。

22.（清）库勒纳等撰《日讲书经解义》卷六《周书·泰誓中》

（归善斋按，另见"天视自我民，视天听自我民听"）

我武惟扬，侵于之疆，取彼凶残，我伐用张，于汤有光。

此一节书是，表己伐商之公心也。扬，奋扬也。侵，入也。疆，谓疆界。凶残，指纣言。武王曰，我之伐商，既在所必往，则所以成武奋扬，以侵彼商受之疆界者，正以商受暴虐，天下患之。故欲取彼凶残，以拯民于水火之中，于以建永清之烈，于以成未集之勋，而杀伐之功，因以张大焉耳。昔汤之降黜夏命，由桀之弗克顺天，汤之心，固公天下之心矣。今我之取彼凶残，由受之罪浮于桀，则于汤之心，岂不益显于天下乎。夫武王伐汤之子孙，覆汤之宗社，谓之汤雠可也，而曰"于汤有光"，盖古之圣人，皆以公天下为心，类如此。

取彼凶残，我伐用张，于汤有光

1.（汉）孔氏传、（唐）陆德明音义、孔颖达疏《尚书注疏》卷十《周书·泰誓中》

取彼凶残，我伐用张，于汤有光。

传，桀流毒天下，汤黜其命；纣行凶残之德，我以兵取之，伐恶之道张设，比于汤又有光明。

音义：

疆，居良反。

疏：

正义曰，取彼为凶残之恶者，若得取而杀之，是我伐凶恶之事用张设矣。汤惟放逐，我能擒取，是比于汤又益有光明。

2. （宋）苏轼撰《书传》卷九《周书·泰誓中第二》

（归善斋按，见"天视自我民视，天听自我民听"）

3. （宋）林之奇《尚书全解》卷二十二《周书·泰誓中》

（归善斋按，见"惟天惠民，惟辟奉天"）

4. （宋）史浩《尚书讲义》卷十一《周书·泰誓中》

（归善斋按，见"天其以予乂民"）

5. （宋）夏僎《尚书详解》卷十六《周书·泰誓中》

（归善斋按，见"今朕必往，我武惟扬，侵于之疆"）

6. （宋）时澜《增修东莱书说》卷十五《周书·泰誓中第二》

（归善斋按，见"今朕必往，我武惟扬，侵于之疆"）

7. （宋）黄度《尚书说》卷四《周书·泰誓中》

（归善斋按，见"今朕必往，我武惟扬，侵于之疆"）

8. （宋）袁燮《絜斋家塾书钞》卷五《周书·泰誓中》

（归善斋按，见"今朕必往，我武惟扬，侵于之疆"）

9. （宋）蔡沈《书经集传》卷四《周书·泰誓中》

（归善斋按，见"今朕必往，我武惟扬，侵于之疆"）

10.（宋）黄伦《尚书精义》卷二十五《周书·泰誓中》

（归善斋按，见"今朕必往，我武惟扬，侵于之疆"）

11.（宋）陈经《尚书详解》卷二十一《周书·泰誓中》

（归善斋按，见"今朕必往，我武惟扬，侵于之疆"）

12.（宋）钱时《融堂书解》卷九《周书·泰誓中》

（归善斋按，见"今朕必往，我武惟扬，侵于之疆"）

13.（宋）魏了翁《尚书要义》卷十《泰誓》至《武成》

（归善斋按，未引）

14.（宋）陈大猷《书集传或问》卷上《泰誓》

（归善斋按，未解）

15.（宋）胡士行《尚书详解》卷六《周书·泰誓中第二》

（归善斋按，见"受有亿兆夷人，离心离德"）

16.（元）吴澄《书纂言》

（归善斋按，无此篇）

17.（元）陈栎《书集传纂疏》卷四上《朱子订定蔡氏集传周书·泰誓中》

（归善斋按，见"今朕必往，我武惟扬，侵于之疆"）

18.（元）许谦《读书丛说》卷六《周书·泰誓》

（归善斋按，未解）

19.（元）董鼎《书传辑录纂注》卷三《周书·泰誓中》

（归善斋按，见"今朕必往，我武惟扬，侵于之疆"）

20. （元）朱祖义《尚书句解》卷六《周书·泰誓中第二》

取彼凶残（取彼凶残之纣），我伐用张（以张大我伐功），于汤有光（纣既黜，则于汤之道，为有光，以纣丧失汤之道）。

21. （明）王樵《尚书日记》卷九《周书·泰誓中》

(归善斋按，见"今朕必往，我武惟扬，侵于之疆")

22. （清）库勒纳等撰《日讲书经解义》卷六《周书·泰誓中》

(归善斋按，见"今朕必往，我武惟扬，侵于之疆")

（元）陈师凯《书蔡氏传旁通》卷四上《周书·泰誓中》

武王吊民伐罪，于汤之心，为益明白于天下也。

于汤有光，此先字属成汤，非武王，尤光于成汤也。故蔡传云，汤之心为益明白。又云，汤之心验之武，而益显。武王吊伐，所以有光于汤者，盖言，成汤公天下之心，经六百年，其惭未解，至武王而始得明白，如云在今日，为他发潜德之幽光耳，非武王之夸辞也。

（元）王充耘《读书管见》卷下《泰誓》

于汤有光。

于汤有光，当从《孟子集注》传谓"于汤之心为益明白太过"。

（清）张英《书经衷论》卷三《周书·泰誓》

"于汤有光"，朱注但云，比于汤之伐桀，犹有光焉。蔡注则云，武之事质之汤，而无愧汤之心；验之武而益显，是则伐商之举，岂不于汤为有光。其意盖谓，桀无道，而成汤放之；纣无道，而武王伐之，皆以救天下为心。由武王今日之事观之，而成汤不得已之心益显明于天下而无疑。其说近于委曲回护，且未有伐其人之子孙，而反有光于其祖考者，不如朱子之说，为显明平易也。

勖哉夫子，罔或无畏，宁执非敌

1.（汉）孔氏传、（唐）陆德明音义、孔颖达疏《尚书注疏》卷十《周书·泰誓中》

勖哉夫子，罔或无畏，宁执非敌。

传，勖，勉也。夫子，谓将士。无敢有无畏之心，宁执非敌之志，伐之则克矣。

音义：

勖，许玉反。将，子匠反，下篇注同。

疏：

正义曰，取得纣，则功多于汤，宜勉力哉。夫子，将士等，呼将士，令勉力也。以兵伐人，当临事而惧，汝将士等，无敢有无畏轻敌之心，宁执守似前人之强，非己能敌之志以伐之，如是乃可克矣。

传正义曰，勖，勉，《释诂》文。呼将士而誓之，知夫子是将士也。《老子》云"祸莫大于轻敌"，故令将士无敢有无畏之心，令其必以前敌为可畏也。《论语》称，子路曰，子行三军，则谁与？孔子曰，必也，临事而惧，令军士等，不欲发意轻前人，宁执非敌之志，恐彼强多，非我能敌。执此志以伐之，则当克矣。

《尚书注疏》卷十《考证》

罔或无畏。

林之奇曰，此篇孔壁续出，孔氏为续古定，其间必有不能晓，而以意增损者，故与《孟子》不同。

2.（宋）苏轼撰《书传》卷九《周书·泰誓中第二》

勖哉夫子，罔或无畏，宁执非敌。百姓懔懔，若崩厥角。

勖，勉也，戒民无轻敌，宁执是心，曰我不足以敌纣。民畏纣之虐，若崩厥角也。

3.（宋）林之奇《尚书全解》卷二十二《周书·泰誓中》

(归善斋按，见"惟天惠民，惟辟奉天")

4.（宋）史浩《尚书讲义》卷十一《周书·泰誓中》

(归善斋按，见"天其以予乂民")

5.（宋）夏僎《尚书详解》卷十六《周书·泰誓中》

(归善斋按，见"今朕必往，我武惟扬，侵于之疆")

6.（宋）时澜《增修东莱书说》卷十五《周书·泰誓中第二》

勖哉夫子！罔或无畏，宁执非敌。

武王伐纣，无一毫之歉，则气塞乎天地矣，何以复警戒众士，不可谓无足畏，宁操持我不能敌之心，恐惧忧戚。若不能胜者，此胜敌之法也。学者宜通前后两段看，则此又当涵养其积，伏刚以柔，养明以晦，乃下工夫时也。此正曾子大勇之心，孟子浩然之气也。

7.（宋）黄度《尚书说》卷四《周书·泰誓中》

勖哉夫子！罔或无畏，宁执非敌。百姓懔懔，若崩厥角。

勖，勉。临事而惧，好谋而成，夫子以为行三军之道，宁执不敢敌之意。纣之威，百姓懔懔，若崩摧其角，如其以无道驱之，人犹为之赴敌，其可忽之乎。

8.（宋）袁燮《絜斋家塾书钞》卷五《周书·泰誓中》

勖哉夫子！罔或无畏，宁执非敌。百姓懔懔，若崩厥角。呜呼！乃一德一心，立定厥功，惟克永世。

用兵，天下至难之事也，稍不戒谨，便致败辱，岂可忽哉？所以宁怀非敌之忧，不可无所畏惮。一德一心者，盖用兵须是心德之一乃可。有一人心德之不一，三军之士便皆解体。观后世用兵，以心德不一而致败祸者，则圣人必严于誓师，其虑远矣。纣所以致败，只缘心德不一，观"前徒倒戈，攻于后以北"可见。

9.（宋）蔡沈《书经集传》卷四《周书·泰誓中》

勖哉夫子！罔或无畏，宁执非敌。百姓懔懔，若崩厥角。呜呼，乃一德一心，立定厥功，惟克永世。

勖，勉也。夫子，将士也。勉哉，将士，无或以纣为不足畏，宁执心以为非我所敌也。商民畏纣之虐，懔懔若崩摧其头角。然言人心危惧如此，汝当一德一心，立定厥功，以克永世也。

10.（宋）黄伦《尚书精义》卷二十五《周书·泰誓中》

（归善斋按，见"今朕必往，我武惟扬，侵于之疆"）

11.（宋）陈经《尚书详解》卷二十一《周书·泰誓中》

（归善斋按，见"今朕必往，我武惟扬，侵于之疆"）

12.（宋）钱时《融堂书解》卷九《周书·泰誓中》

（归善斋按，见"今朕必往，我武惟扬，侵于之疆"）

13.（宋）魏了翁《尚书要义》卷十《泰誓》至《武成》

十九、夫子，谓将士，勉以畏敌。

正义曰，勖，勉，《释诂》文，呼将士而誓之，知夫子是将士也。《老子》云，祸莫大于轻敌，故令将士无敢有无畏之心，令其必以前敌为可畏也。《论语》称，子路曰，子行三军，则谁与？孔子曰，必也，临事而惧，令军士等不欲发意轻前人，宁执非敌之志，恐彼强多，非我能敌。

14.（宋）陈大猷《书集传或问》卷上《泰誓》

（归善斋按，未解）

15.（宋）胡士行《尚书详解》卷六《周书·泰誓中第二》

勖（勉）哉夫子（将士）！罔或无畏（临事而惧），宁执（自处）非敌（恐不能敌彼者，乃所以制胜）。百姓懔懔（危急），若崩（摧）厥角（首也，畏纣之害）。呜呼！乃（汝）一德一心，立定厥功，惟克永世。

16.（元）吴澄《书纂言》

（归善斋按，无此篇）

17.（元）陈栎《书集传纂疏》卷四上《朱子订定蔡氏集传周书·泰誓中》

勖哉夫子！罔或无畏，宁执非敌。百姓懔懔，若崩厥角。呜呼！乃一德一心，立定厥功，惟克永世。

勖，勉也。夫子，将士也。勉哉，将士，无或以纣为不足畏，宁执心以为非我所敌也。商民畏纣之虐，懔懔若崩摧其头角。然言人心危惧如此，汝当一德一心，立定厥功，以克永世也。

纂疏：

林氏曰，考之《孟子》，其字大抵略同，而意旨有不同，疑彼此必有增损润色。盖《康诰》伏生所传，《泰誓》孔壁续出，其间必有不能晓而以意增损者，故今此二篇，与孟子所引不同者以此。

18.（元）许谦《读书丛说》卷六《周书·泰誓》

（归善斋按，未解）

19.（元）董鼎《书传辑录纂注》卷三《周书·泰誓中》

勖哉夫子！罔或无畏，宁执非敌。百姓懔懔，若崩厥角。呜呼！乃一德一心，立定厥功，惟克永世。

勖，勉也。夫子，将士也。勉哉，将士，无或以纣为不足畏，宁执心以为非我所敌也。商民畏纣之虐，懔懔若崩摧其头角。然言人心畏惧如此，汝当一德一心，立定厥功，以克永世也。

纂注：

《老子》，祸莫大于轻敌。

林氏曰，考之《孟子》，疑此二者必有所增损润色，其字大抵相同，其意旨则有不同者。盖《康诰》伏生所传，《泰誓》孔壁续《书》，孔氏为隶古定，其间必有不能晓，而以意增损者，则今《泰誓》《康诰》与《孟子》所举不同者，以此。

愚谓，"勖哉"数语，固不以至仁伐至不仁，而萌幸胜轻敌之心；亦不以群臣同心同德，而忘一德一心之戒。圣人之重用民命，临事而惧也如此。

20.（元）朱祖义《尚书句解》卷六《周书·泰誓中第二》

勖哉夫子！罔或无畏（勉将士，不可无畏惧之心），宁执非敌（宁执非我敢敌之志）。

21.（明）王樵《尚书日记》卷九《周书·泰誓中》

"勖哉夫子！罔或无畏"至"惟克永世"。

金氏曰，前言必克之理，又恐将士以忽心视之，故曰"罔或无畏，宁执非敌"，谓宁持我非彼敌之心。

董氏鼎曰，"勖哉"数语，固不以至仁伐不仁，而萌幸胜轻敌之心；亦不以群臣同心同德，而忘一德一心之戒。圣人之重民命，临事而惧也如此。

按，《大明》之诗，众心恐武王以众寡之不敌，而有所疑也，则勉之曰"上帝临汝，无贰尔心"；此篇武王恐众心以戎商之必克，而有所忽也，则勉之曰"乃一德一心，立定厥功，惟克永世"。

林氏曰，考之《孟子》，疑此二篇必有所增损润色。其字大抵皆同，其意旨则有不同者，盖《康诰》伏生所传，《泰誓》孔壁续出，孔氏为隶古定，其间必有不能晓，而以意增损者。今《康诰》《泰誓》与《孟子》不同者以此。

22.（清）库勒纳等撰《日讲书经解义》卷六《周书·泰誓中》

勖哉夫子！罔或无畏，宁执非敌。百姓懔懔，若崩厥角。呜呼！乃一德一心，立定厥功，惟克永世。

此一节书是，勉将士，图伐商之功也。勖，勉也。夫子，指众将士。武王曰，勉哉，尔等将士，无或以受为不足畏，宁执心以为非我所敌，常存戒惧之意可也。所以然者，何也？今商之百姓畏受之虐，懔懔乎若崩摧其头角。然人心危惧如此，所望者惟此一举，而可以忽心乘之乎？呜呼！尔等将士，其同以除暴救民为德，同以除暴救民为心，一战胜商，立定其功，则庶几民无懔懔之危，而得以久安于斯世矣。夫武王誓师，既曰"戎商必克"又曰"宁执非敌"，既曰"予有乱臣"，"同心同德"，又曰"乃一德一心"，圣人之重用民命，临事而惧如此。

百姓懔懔，若崩厥角

1.（汉）孔氏传、（唐）陆德明音义、孔颖达疏《尚书注疏》卷十《周书·泰誓中》

百姓懔懔，若崩厥角。
传，言民畏纣之虐，危惧不安，若崩摧其角，无所容头。
音义：
懔，力甚反。
疏：
传正义曰，懔懔是怖惧之意，言民畏纣之虐，危惧不安，其志懔懔然。以畜兽为喻民之怖惧，若似畜兽崩摧其头角然，无所容头。顾氏云，常如人之欲崩其角也。言容头无地。隐三年《谷梁传》曰，高曰崩，头角之称崩，体之高也。

2.（宋）苏轼撰《书传》卷九《周书·泰誓中第二》

(归善斋按，见"勖哉夫子，罔或无畏，宁执非敌")

3.（宋）林之奇《尚书全解》卷二十二《周书·泰誓中》

(归善斋按，见"惟天惠民，惟辟奉天")

4.（宋）史浩《尚书讲义》卷十一《周书·泰誓中》

(归善斋按，见"天其以予乂民")

5.（宋）夏僎《尚书详解》卷十六《周书·泰誓中》

(归善斋按，见"今朕必往，我武惟扬，侵于之疆")

6.（宋）时澜《增修东莱书说》卷十五《周书·泰誓中第二》

百姓懔懔，若崩厥角。

7.（宋）黄度《尚书说》卷四《周书·泰誓中》

(归善斋按，见"勖哉夫子！罔或无畏，宁执非敌")

8.（宋）袁燮《絜斋家塾书钞》卷五《周书·泰誓中》

(归善斋按，未解)

9.（宋）蔡沈《书经集传》卷四《周书·泰誓中》

(归善斋按，见"勖哉夫子！罔或无畏，宁执非敌")

10.（宋）黄伦《尚书精义》卷二十五《周书·泰誓中》

(归善斋按，见"今朕必往，我武惟扬，侵于之疆")

11.（宋）陈经《尚书详解》卷二十一《周书·泰誓中》

(归善斋按，见"今朕必往，我武惟扬，侵于之疆")

12. （宋）钱时《融堂书解》卷九《周书·泰誓中》

(归善斋按，见"今朕必往，我武惟扬，侵于之疆")

13. （宋）魏了翁《尚书要义》卷十《泰誓》至《武成》

(归善斋按，未引)

14. （宋）陈大猷《书集传或问》卷上《泰誓》

(归善斋按，未解)

15. （宋）胡士行《尚书详解》卷六《周书·泰誓中第二》

(归善斋按，见"勖哉夫子！罔或无畏，宁执非敌")

16. （元）吴澄《书纂言》

(归善斋按，无此篇)

17. （元）陈栎《书集传纂疏》卷四上《朱子订定蔡氏集传周书·泰誓中》

(归善斋按，见"勖哉夫子！罔或无畏，宁执非敌")

18. （元）许谦《读书丛说》卷六《周书·泰誓》

(归善斋按，未解)

19. （元）董鼎《书传辑录纂注》卷三《周书·泰誓中》

(归善斋按，见"勖哉夫子！罔或无畏，宁执非敌")

20. （元）朱祖义《尚书句解》卷六《周书·泰誓中第二》

百姓懔懔（今百姓罹纣虐政，懔懔危惧），若崩厥角（如崩摧其角，无所容顾）。

21.（明）王樵《尚书日记》卷九《周书·泰誓中》

(归善斋按，见"勖哉夫子！罔或无畏，宁执非敌")

22.（清）库勒纳等撰《日讲书经解义》卷六《周书·泰誓中》

(归善斋按，见"勖哉夫子！罔或无畏，宁执非敌")

呜呼！乃一德一心，立定厥功，惟克永世

1.（汉）孔氏传、（唐）陆德明音义、孔颖达疏《尚书注疏》卷十《周书·泰誓中》

呜呼！乃一德一心，立定厥功，惟克永世。
传，汝同心立功，则能长世以安民。

2.（宋）苏轼撰《书传》卷九《周书·泰誓中第二》

呜呼！乃一德一心，立定厥功，惟克永世。

3.（宋）林之奇《尚书全解》卷二十二《周书·泰誓中》

(归善斋按，见"惟天惠民，惟辟奉天")

4.（宋）史浩《尚书讲义》卷十一《周书·泰誓中》

(归善斋按，见"天其以予乂民")

5.（宋）夏僎《尚书详解》卷十六《周书·泰誓中》

(归善斋按，见"今朕必往，我武惟扬，侵于之疆")
言民害之急也。

6. （宋）时澜《增修东莱书说》卷十五《周书·泰誓中第二》

呜呼，乃一德一心，立定厥功，惟克永世。

誓言将毕，复提起"一德一心"之说，欲其用志不分，以成无疆之业。何者纣之所以亡，离心离德也；周之所以兴，同心同德也。前既曰"惟一心"，又曰"同心同德"，此复曰"一德一心"，恐人心无常，散失而不知勉也

7. （宋）黄度《尚书说》卷四《周书·泰誓中》

呜呼，乃一德一心，立定厥功，惟克永世。

8. （宋）袁燮《絜斋家塾书钞》卷五《周书·泰誓中》

（归善斋按，见"勖哉夫子！罔或无畏，宁执非敌"）

9. （宋）蔡沈《书经集传》卷四《周书·泰誓中》

（归善斋按，见"勖哉夫子！罔或无畏，宁执非敌"）

10. （宋）黄伦《尚书精义》卷二十五《周书·泰誓中》

呜呼！乃一德一心，立定厥功，惟克永世。

无垢曰，心德二三，则所向无成。盖古人先贵于谋，谋之既深，则利害成败，纤悉微茫，备豫防闲，已无遗策，如是举事，则规模于心，发用于德者，一皆决断而无疑矣。夫功，有一时之功，有万世之功。若武王伐纣，取涂炭之民，付之安平之地，立此法则，为万世人主之戒，岂非万世之功乎？"以克永世"，其意远哉。

史氏曰，天下有一战之气，作是气者，不可不严。人臣有万世之功，图是功者，不可不勉。夫以仁义之师，而伐暴虐之国，此心此德，天下当不约而同，建立厥家，安定厥邦，使其功世传，则又人臣之愿望也。商郊之誓，其辞甚严，勉之不及者，是欲作其一战之气，而为万世久远之图也欤。

吕氏曰，誓已毕，又再提起"一德一心"，说要其用志不分，以成无疆之业。纣之亡，只是"离心离德"。武王之兴，只是"同心同德"，是以前既说"惟一心"了。

又曰，同心同德了，到此复曰"一德一心"，再提起，分明说恐人懈惰散失而不知勉也。无"同"之之道，则众不如寡；无"亲"之之道，则亲不如疏。

11. （宋）陈经《尚书详解》卷二十一《周书·泰誓中》

（归善斋按，见"今朕必往，我武惟扬，侵于之疆"）

12. （宋）钱时《融堂书解》卷九《周书·泰誓中》

（归善斋按，见"今朕必往，我武惟扬，侵于之疆"）

13. （宋）魏了翁《尚书要义》卷十《泰誓》至《武成》

（归善斋按，未引）

14. （宋）陈大猷《书集传或问》卷上《泰誓》

（归善斋按，未解）

15. （宋）胡士行《尚书详解》卷六《周书·泰誓中第二》

（归善斋按，见"勖哉夫子！罔或无畏，宁执非敌"）

16. （元）吴澄《书纂言》

（归善斋按，无此篇）

17. （元）陈栎《书集传纂疏》卷四上《朱子订定蔡氏集传周书·泰誓中》

（归善斋按，见"勖哉夫子！罔或无畏，宁执非敌"）

18. （元）许谦《读书丛说》卷六《周书·泰誓》

（归善斋按，未解）

19.（元）董鼎《书传辑录纂注》卷三《周书·泰誓中》

(归善斋按，见"勖哉夫子！罔或无畏，宁执非敌")

20.（元）朱祖义《尚书句解》卷六《周书·泰誓中第二》

呜呼！乃一德一心（叹汝将士，当一其心德，人无异志），立定厥功（立定其功之必成），惟克永世（斯能为长世无穷之计）。

21.（明）王樵《尚书日记》卷九《周书·泰誓中》

(归善斋按，见"勖哉夫子！罔或无畏，宁执非敌")

22.（清）库勒纳等撰《日讲书经解义》卷六《周书·泰誓中》

(归善斋按，见"勖哉夫子！罔或无畏，宁执非敌")

周书　泰誓下第三

时厥明，王乃大巡六师，明誓众士

1.（汉）孔氏传、（唐）陆德明音义、孔颖达疏《尚书注疏》卷十《周书·泰誓下》

《泰誓下》。

时厥明，王乃大巡六师，明誓众士。

传，是其戊午明日，师出以律，三申令之，重难之义。众士，百夫长已上。

音义：

令，力政反。重，直用反。长，丁丈反。己，音以。上，时掌反。

疏：

传正义曰，上篇未次而誓，故略言大会；中篇既次乃誓，为文稍详，故言以师毕会；此篇最在其后，为文益详，故言大巡六师。巡绕周遍，大其事，故称大也。师者，众也，天子之行，通以六师为言。于时诸侯尽会，其师不啻六也。师出以律，《易·师卦》初六爻辞也。律，法也。行师以法，即誓敕赏劝事也。礼成于三，故为三篇之誓。三度申重号令，为重慎艰难之义也。《孙子兵法》"三令五申之"，此誓三篇亦为"三令"之事也。《牧誓》王所呼者，从上而下至百夫长而止，知此众士，是百夫长以上也。

2. （宋）苏轼撰《书传》卷九《周书·泰誓下第三》

时厥明。

戊午之明日也。

王乃大巡六师，明誓众士。王曰，呜呼！我西土君子，天有显道，厥类惟彰。天有明人之道明其类德者。

3. （宋）林之奇《尚书全解》卷二十二《周书·泰誓下》

时厥明，王乃大巡六师，明誓众士。王曰，呜呼我！西土君子。

此篇盖戊午之明日己未将发于孟津，既誓师而后行也。孟津之会友邦冢君，各以其师济河，然后进而陈于商邦，武王将帅之而行，则必"大巡六师，明誓众士"，告之所以伐纣吊民之意。其曰六师，史官之序述总其多而言之，盖泛指诸侯之师也，非谓周于此时已备六师之制也。案《周礼》，万二千五百人为军，王六军，大国三军，次国二军，小国一军。武王未克纣而有天下，尚为商之诸侯，但有大国三军之制耳。此云六师，盖指孟津之会所合诸侯之师而言之，亦犹《棫朴》之诗美文王能官人，而其诗曰"周王于迈，六师及之"，此指文王出师之时所合诸侯之师也。中篇曰"惟戊午，王次于河朔，群后以师毕会"，此篇曰"时厥明，王乃大巡六师，明誓众士"，辞虽不同，其实三篇之誓，皆是总告友邦冢君以及御事、庶士，但史官变其文耳。若谓中篇但告群后，下篇但告众士，则不可也。武王既"大巡六师，明誓众士"，于是嗟叹而呼之曰，"我西土君子"，盖当是时友邦冢君及御事、庶士之在孟津者，皆西土之人也。君子者，统上下而言。越王勾践伐吴，以其私卒君子六千人为中军，则是士卒，亦可以谓之君子。

4. （宋）史浩《尚书讲义》卷十一《周书·泰誓下》

时厥明，王乃大巡六师，明誓众士。王曰，呜呼！我西土君子天有显道，厥类惟彰。今商王受，狎侮五常，荒怠弗敬，自绝于天，结怨于民。

斫朝涉之胫，剖贤人之心，作威杀戮，毒痡四海，崇信奸回，放黜师、保，屏弃典刑，囚奴正士，郊社不修，宗庙不享，作奇技淫巧，以悦妇人。上帝弗顺，祝降时丧。尔其孜孜，奉予一人，恭行天罚。

《太誓》三篇，数纣之罪，始则略言之；中，则详言之；至其末也，益详矣。盖当其临阵，唯恐人无斗志，故悉数其实，以怒我众也。王者之征，六师并行，大巡而明誓，欲人人知其罪尔。夫天道福善祸淫，显显在人。人固一日不可不用也，是以"厥类惟彰"。今商王之罪，莫大于狎侮五常。五常既废，则君不君，臣不臣，父不父，子不子，虽形存而性亡矣，其与禽兽无异矣。自绝于天，结怨于民，作威杀戮，毒痡四海，奸回则崇信之，师、保则放黜之。先王之典刑不用，天下之正士悉戮。郊社不修，则天地神祇无所歆；宗庙不享，则祖宗之灵无所托。明而人伦，幽而鬼神，皆紊乱而失其叙，可谓近于禽兽矣。淫乱之行，不期而有。"上帝弗顺，祝降时丧"，亡无日矣。武王告西土君子，故举"狎侮五常"言之，盖惟君子足以语此。苟三纲五常绝，则天理灭矣，宜乎？上帝之弗顺也。又举其剖贤人，放师保，囚正士以告之西土君子，其不寒心以求武王为之依归乎？故曰"尔其孜孜，奉予一人，恭行天罚"也。然则，西土君子，其有不用命者乎。

5. （宋）夏僎《尚书详解》卷十六《周书·泰誓下》

时厥明，王乃大巡六师，明誓众士。王曰，呜呼！我西土君子，天有显道，厥类惟彰。今商王受，狎侮五常，荒怠弗敬，自绝于天，结怨于民，斫朝涉之胫，剖贤人之心，作威杀戮，毒痡四海，崇信奸回，放黜师、保，屏弃典刑，囚奴正士，郊社不修，宗庙不享，作奇技淫巧，以悦妇人。上帝弗顺，祝降时丧。尔其孜孜，奉予一人，恭行天罚。

此篇，盖戊午之明日己未，将自河北而发誓师之言也。故篇首言"时厥明王乃大巡六师明誓众士"。盖武王以戊午日渡孟津，次于河北，明日则自河北而发，趋于商郊，将行之际，于是武王亲巡行六军，而明誓众以今日伐纣吊民之意。三篇之书，其数纣罪，皆是悉数纣平日过恶，非有轻重详略于其间，但致其三令五申之意而已，不可谓纣三越夕而三变也。按《周礼》，王六军，大国三军。武王，是时尚为诸侯，必未备六军。此言"大巡六师",但泛指诸侯之师,故言"六师"以见其多也。史官既叙本始于上,故于是载王所以誓师之言于下,自"呜呼!我西土君子",即誓师之言也。呜呼,叹辞也。武王誓师必举西土君子而告之者,盖当时友邦冢君,及御事庶士之在孟津者,皆西土之人也。"天有显道厥类惟彰",此盖武王欲数纣罪,故先标二句于前,以绳纣罪武王之意。盖谓天道显明,吉凶祸福,各以类至,厥理甚彰彰而着见。而纣乃不知察此,于君臣父子兄弟夫妇朋友五常之道,皆轻狎而侮慢之。既轻狎而侮慢之,于是荒淫怠弃,而不肯率行,以此之故,遂自绝于天,而结怨于民,此所以见天道甚显,于吉凶祸福实不差也。

周希圣谓,天非绝纣,而纣自绝于天;民非怨纣,而纣自结怨于民。此盖言。其所以致天人之怒者。皆其自取也、自此以下。又论其自绝、结怨之实,谓纣所以自绝、结怨者,以其冬月见有朝涉水者,则谓其胫耐寒,斫斩而视之;见比干忠谏,则谓其心有异于人,剖开而视之。惟其忍于为此,故敢作为刑威以杀戮无辜,而其毒遍病于四海之人。非特如此,奸猾回邪之人,所当斥逐也,而纣则尊信之;师、保之官,所当亲密也,而纣则放弃而黜之;前世之典法,所当遵守也,而纣则屏去而弃之;忠正之士,所当显擢也,而纣乃拘囚而奴辱之。郊,所以礼天;社,所以祀地;宗庙,所以奉先王,当因时告祭也,而纣则郊社坏而不修,宗庙废而不享。其所以孜孜为不善,而惟日不足者,惟在于作奇异之技艺,凡巧于淫者,以悦妇人而已。《列女传》曰,纣膏铜柱,留灰火于下,令有罪者行其上,辄堕炭中,妲己乃笑。夫纣欲妲己之笑,至为炮烙之刑,则其为奇技淫巧以悦之者,宜无所不至矣。惟纣所以为暴虐如此之极,故上帝实知其所为不顺,于是绝之而降之以是丧亡之兆也。天既绝纣而"祝降时丧"。祝,断也。武王膺天、人之归,故武王于是数纣罪,遂勉之曰,尔众士须当孜孜不怠,助我一人之敬行天罚,以致讨于纣可也,故曰"尔其孜孜,奉予一人,恭行天罚"。

6.(宋)时澜《增修东莱书说》卷十五《周书·泰誓下第三》

汤伐桀止于《汤誓》一篇;武王伐纣,《泰誓》乃至三篇。汤伐桀之后，止于《汤诰》一篇；武王伐纣之后，《牧誓》《武成》五诰，非武王之德不如汤，风气之变也。且伊尹之放太甲，当时无有疑者。至成王之时，周公摄政，管蔡遂流言，世变之日流如此夫。

时厥明，王乃大巡六师，明誓众士。王曰，呜呼！我西土君子。

厥明，巡师而明誓，师行之誓也。巡而誓之，犹提耳而告之也。

天有显道，厥类惟彰。

天道甚显，初无容心，但因其类而彰之耳。作善降祥，作不善降殃，类相从也，又非作一善，天随而降之祥；作一不善，天随而降之殃。声气相感，祥自从善，殃自从恶，天于其上，司其道而已。"顾諟天之明命"，汤见天之明也。"天有显道"，武王见天之明也。不知天者，见天于恍惚渺茫之中，不可致诘。盖尽其心，则知其性；知其性，则知天矣。

7.（宋）黄度《尚书说》卷四《周书·泰誓下》

时厥明，王乃大巡六师，明誓众士。

时是厥明，戊午明日诸侯之师济河，犹各为营壁，今始分隶六师，王乃遍巡行，陈而誓之。

8.（宋）袁燮《絜斋家塾书钞》卷五《周书·泰誓下》

《泰誓下》。

时厥明，王乃大巡六师，明誓众士。王曰，呜呼！我西土君子。天有显道，厥类惟彰。今商王受，狎侮五常，荒怠弗敬。自绝于天，结怨于民，斫朝涉之胫，剖贤人之心，作威杀戮，毒痡四海，崇信奸回，放黜师、保，屏弃典刑，囚奴正士，郊社不修，宗庙不享，作奇技淫巧以悦妇人。上帝弗顺，祝降时丧。尔其孜孜，奉予一人，恭行天罚。

此是将交兵，故又从而誓之。武王之誓，一则是欲明吾所以用兵之意，一则是欲勉军士之心。其数纣之罪，则又欲明纣之所以得罪于天，不可不伐者也。"尔其孜孜，奉予一人，恭行天罚"，孜孜二字，有无穷之意，欲其勉勉不已也。武王之师，不是专尚勇敢。勇则固当勇矣，然其心不孜孜，则勇特一时，而不能继，岂必胜之道哉？故必戒之以孜孜，惟孜孜，所以恭行天罚。"祝降时丧"祝，断也，言天之丧商，盖断然也。

汤、武之征伐，以桀、纣既断然得罪于天，其丧无疑，然后用兵焉，若有一分尚可救，岂敢便用兵也。

9.（宋）蔡沈《书经集传》卷四《周书·泰誓下》

《泰誓下》。

时厥明，王乃大巡六师，明誓众士。

厥明，戊午之明日也。古者，天子六军，大国三军。是时武王未备六军，《牧誓》叙三卿，可见此曰六师者，史臣之词也。

10.（宋）黄伦《尚书精义》卷二十五《周书·泰誓下》

《泰誓下》。

时厥明，王乃大巡六师，明誓众士。王曰，呜呼！我西土君子，天有显道厥类惟彰。

无垢曰，三篇之誓，细读之，皆有次序。上篇言受"罔有悛心"，不可不伐之意；中篇言，既已渡河，不当中辍之意；下篇言，纣罪恶如此，不可不诛之意。其曰"时厥明"，谓戊午之次日，大明而誓也。大巡六师，以明誓之，则其意之所在，无不晓然知之也。

又曰，天道之于义，其吉凶祸福，各以其类而至，厥理甚明也。禹之征有苗，益赞于禹曰"满招损，谦受益"。时，乃天道，汤之伐桀，其诰多方曰"天道福善祸淫"，与此言"天道"，其意正同，但其辞有详略尔。

吕氏曰，古人见得天甚分明。汤之"顾諟天之明命"，此汤见天分明处。武王言"天有显道"，此武王见天分明处也。若夫不知天者，则见天于恍惚渺绵中，不可致诘。何者？惟尽其心，则知其性，知其性则知天。"厥类惟彰"，便是"显道"。大抵善恶各有其类。为善降之百祥，盖祥者，善之类；不善降之百殃；殃者；不善之类；是声气之相感召也。元不干天事，天未尝有意于赏善，罚不善，善自致祥，恶自致殃，未尝有心于作福威。因他有善而福之；因他有恶，而威之，所谓述之者天，作之者人也。

11. (宋)陈经《尚书详解》卷二十一《周书·泰誓下》

《泰誓下》。

时厥明，王乃大巡六师，明誓众士。王曰，呜呼！我西土君子，天有显道，厥类惟彰。

读此三篇书，有以见圣人临事而惧，不敢轻举。虽武王无慊于心，然师出以律，犹不敢废三令五申之意，所以师渡孟津而誓，次于河朔而誓，戊午之明日又誓。

"时厥明"，即戊午之次日也。王乃大巡六师，天子六军，大国三军，小国一军，谓之六师，则武王已有六卿矣。明誓众士，欲使众士显然知纣之可伐。知武王不得不伐，其辞切而明当乎。人心泠泠乎人耳，故史官因之，而书"明"之一字。观此篇之誓，亦毕萃于一字而止耳。此史官一字之法，所以为得其当也。军事以气为主故也。然而禹征有苗非无誓也，数言而已。汤之代桀非无誓也，一篇而已。汤比禹为已详。至武王三篇比汤为尤甚，此可以见风俗之变，简古而详复，圣人之用心则一，所以不同者因其时而已。

"王曰，呜呼！我西土君子"，当时从武王者亦多矣。武王之誓，中、下二篇只及于西土，盖腹心之众，不得不详。又有一说焉，当时之诸侯，皆已明知纣虐政，而更不待再三言之矣。至如西土之众，海涵春育于文王明德之中，不知有纣之汤，大想此举，未必不以武王为劳民，如汤之民以为"我后不恤我众"之意，故武王不得不惓惓西土之人。

"天有显道，厥类惟彰"，谓上天有昭然不可掩之理，常于人事中见之。为善者，应之以福；为不善者，应之以祸，此即人事之易见也。天之祸福，岂自外来也哉。善者福之类，恶者祸之类，善恶祸福，各以其类而应，岂非天道之显乎？常人求天于天，不知求天于己。求天于天者，是以高远视之邈乎，其不切于己者也。求天于己者，即己之善恶，为天之祸福，非人事之外别有天也。纣之恶如此至极，则天之祸所必及矣。

12. (宋)钱时《融堂书解》卷九《周书·泰誓下》

时厥明，王乃大巡六师，明誓众士。王曰，呜呼！我西土君子，天有显道，厥类惟彰。今商王受，狎侮五常，荒怠弗敬。自绝于天，结怨于民。斫朝涉之胫，剖贤人之心。作威杀戮，毒痛四海。崇信奸回，放黜师、保，屏弃典刑，囚奴正士。郊社不修，宗庙不享，作奇技淫巧，以悦妇人。上帝弗顺，祝降时丧。尔其孜孜，奉予一人，恭行天罚。

大巡者，亲行军而整肃之。渡河之后，既已徇师而誓，如何明日又誓，盖三令五申，所以重其事也。中篇止是渡河后，言商可必克，我今必往，不容但已之意。若此篇，则又将自河北启行矣，遂直言纣汝世仇，又明示厚赏显戮，与前书立言大不同。至于数纣之罪，则又益详于前书。其誓辞浅深，固自有次第也。然愚于此重有感焉。伐桀之时，只《汤誓》一篇，所以罪桀不过"率遏"、"率割"二语，而《汤诰》所言，乃作于黜夏之后。今武王作誓至三至四，而所以数纣之罪，极言殚述，不一而足，此非武王之德有歉于汤，盖亦世变至此，不容不尔，可为重叹也哉。中、下二篇，皆誓西土之将士也。如何称之曰"夫子"，又称之曰"君子"，此深有以见古者上下相敬之意。后世如驱犬豕就锋镝，安得有此气象。

13.（宋）魏了翁《尚书要义》卷十《泰誓》至《武成》

(归善斋按，未引)

14.（宋）陈大猷《书集传或问》卷上《泰誓》

(归善斋按，未解)

15.（宋）胡士行《尚书详解》卷六《周书·泰誓下第三》

《泰誓下第三》

时厥明（戊午明日，己未），王乃大巡六师，明誓众士。王曰，呜呼！我西土君子，天有显（明）道，厥类（善祥、恶殃，各以其类应，无有或爽）惟彰（明）。

武何心哉，天亦何心哉。

16.（元）吴澄《书纂言》

(归善斋按，无此篇)

17. (元)陈栎《书集传纂疏》卷四上《朱子订定蔡氏集传周书·泰誓下》

《泰誓下》。

时厥明,王乃大巡六师,明誓众士。

厥明,戊午之明日也。古者,天子六军,大国三军。是时武王未备六军。《牧誓》叙三卿可见。此曰"六师"者,史臣之辞也。

18. (元)许谦《读书丛说》卷六《周书·泰誓》

(归善斋按,未解)

19. (元)董鼎《书传辑录纂注》卷三《周书·泰誓下》

《泰誓下》。

时厥明,王乃大巡六师,明誓众士。

厥明,戊午之明日也。古者,天子六军,大国三军,是时武王未备六军。《牧誓》叙三卿,可见此曰六师者,史臣之辞也。

20. (元)朱祖义《尚书句解》卷六《周书·泰誓下第三》

《泰誓下第三》

时厥明时(戊午之明日己未),王乃大巡六师(武王自河北趋商郊,乃大巡六军),明誓众士(明明誓告众士)。

21. (明)王樵《尚书日记》卷九《周书·泰誓下》

《泰誓下》。

时厥明,王乃大巡六师,明誓众士。

孔氏曰,是其戊午明日。众士,百夫长以上。

22. (清)库勒纳等撰《日讲书经解义》卷六《周书·泰誓下》

《泰誓下》。

此《泰誓》下篇，史臣记武王伐纣，既渡河将趋商郊，誓师之辞。

时厥明，王乃大巡六师，明誓众士。王曰，呜呼！我西土君子，天有显道，厥类惟彰。今商王受，狎侮五常，荒怠弗敬，自绝于天，结怨于民。

此二节书是，叙武王将趋商郊，巡师誓众，而先言受之天弃、民怨也。厥明。是明日。大巡。周遍巡视也。六师，六军也。西土君子，指西方从征之将士。显道，明显之道，五常五伦也，即指显道言。史臣曰，武王既以戊午日，次于河朔，至于明日将趋商郊，去敌甚近，乃大巡六师，按行军垒，然后晓然发令誓，戒众士。叹息而言曰，呜呼！凡从我而来西方之君子，各宜知悉上天有明白显著之道，曰仁，曰义，曰礼，曰智，曰信。此五者之道，各有攸属，或以天合，或以人合，一伦一理，截然不混其类，甚为彰明。为君者，敬守此道，以为法于天下可也。今商王受，乃狎侮此五常之道，荒弃怠惰，全然不敬。上则自绝于天，而天弃之；下，则结怨于民，而民畔之。天怒民怨如此，我安得不奉天顺人，以讨之哉？

（元）陈师凯《书蔡氏传旁通》卷四上《周书·泰誓下》

《泰誓下》。

天子六军，大国三军，是时武王未备六军。《牧誓》叙"三卿"可见，此曰"六师"者，史臣之词也。

《周礼》云，万二千五百人为军。王六军，大国三军，次国二军，小国一军。军将皆命卿。二千五百人为师，师帅皆中大夫。五百人为旅，旅帅皆下大夫。百人为卒，卒长皆上士。二十五人为两，两司马，皆中士。五人为伍，伍皆有长。愚按，天子之国，六乡出正军七万五千人，六遂出副军，亦七万五千人。《司马法》，十井八十家，共出车一乘，一乘计七十五人，内甲士三人，步卒七十二人。万井，八万家，合出车千乘，甲士三千人，步卒七万二千人。其时武王未立六乡六遂之制，不应先为六军。且《孟子》言，武王之伐殷也，革车三百两，亦不合六军兵车之数。《牧誓》止言司徒、司马、司空，每一卿为一军，将合三万七千五百人，该车五百乘。《孟子》止言"三百两"者，盖兵士虽有三军之数，而其兵车尚阙二百乘,以见圣人之不恃力也如此。然此经文言。大巡六师。周礼以二千五百人为师。则是六师共一万五千人、蔡氏不以此训者。明知一万五千人,上不合大国三军之数;下不合小国一军之文。文王、武王相继为西伯,今日大举,必不止一万五千人也。故直以六师为六军。武王虽敌纣,其时未备天子之制,不应有六军,且有《牧誓》三卿为质,故以为史臣之词也。以三百计之,为二万二千五百人,孔疏不计甲士三人,只得二万一千六百人也。

(明)马明衡《尚书疑义》卷四《周书·泰誓下》

《泰誓下》。

六军者,天子之制。今称"大巡六师",蔡氏以为史臣之词,亦是。《大雅·棫朴》是文王之诗,亦曰"周王于迈,六师及之",文王,武王尚为诸侯,不应便有六军,或是史臣从后咏歌纪录之时,既称王,遂亦因称"六师"耳。但汤、武誓师,皆称"王曰",或如愚所论,举兵之时已正天子之礼,遂称"六师",前后足相发也。且其言已曰"奉予一人",曰"独夫受",他复何所嫌乎?然《周礼》万二千五百人为军,二千五百人为师,则五师乃为一军,六师未可谓之六军也。又《常武》之诗"整我六师",《瞻彼洛矣》之诗"以作六师",《孟子》云"六师移之"是皆天子之制,亦称师者,岂未有《周礼》之先,天子六军之制未立,诸侯称六师者,亦举众之通名耳。至周制天子六军,其后因习亦以六军为六师耳。春秋之兵,虽累万之众,亦称师可见。

王曰,呜呼!我西土君子。
天有显道,厥类惟彰

1. (汉)孔氏传、(唐)陆德明音义、孔颖达疏《尚书注疏》卷十《周书·泰誓下》

王曰,呜呼!我西土君子,天有显道,厥类惟彰。

传，言天有明道，其义类惟明，言王所宜法则。

疏：

传正义曰，《孝经》云"则天之明"，昭二十五年《左传》云"以象天明"，是治民之事皆法天之道。天有尊卑之序，人有上下之节。三正、五常，皆在于天，有其明道。此天之明道，其义类惟明，言明白可启王者。所宜法则之，将言商王不法天道，故先标二句于前，其下乃述商王违天之事，言其罪宜诛也。

2. （宋）苏轼撰《书传》卷九《周书·泰誓下第三》

（归善斋按，见"时厥明，王乃大巡六师，明誓众士"）

3. （宋）林之奇《尚书全解》卷二十二《周书·泰誓下》

（归善斋按，另见"时厥明，王乃大巡六师，明誓众士"）

天有显道，厥类惟彰。今商王受，狎侮五常，荒怠弗敬，自绝于天，结怨于民，斫朝涉之胫，剖贤人之心，作威杀戮，毒痡四海。

汉孔氏曰，言天有明道，其义类惟明。王所宜法则。唐孔氏遂举《孝经》"则天之明"，《左传》"以象天明"，以谓凡治民之事，皆法天之道。天有尊卑之序，人有上下之节，三正、五常皆在于天，有其明道，此天之明道，其义类惟明，言明白可效，王者所宜法则之。据二孔之意，盖欲与下文"狎侮五常"之义相属，然而其说迂回费力。此二句但谓，天道之于人，其吉凶祸福，各以其类，而至厥理甚明也。禹之征有苗，益赞于禹曰"满招损，谦受益，时乃天道"；汤之伐桀，其诰多方曰"天道福善祸淫"，与此言"天道"，其意正同。但其辞有详略尔。惟天之道，其祸福吉凶，如影响之应形声，无所僭差。而纣则"狎侮五常，荒怠弗敬，自绝于天，结怨于民"，此其所以为天道之所断弃也。《中庸》曰，天下有达道五，君臣也，父子也，兄弟也，夫妇也，朋友之交也。此五者，皆是人伦之常道，故谓之五典，亦谓之五常。今纣于此五者，狎侮而荒怠弗敬，是失人伦之常道也。《孟子》曰，"自暴者，不可与有言也；自弃者，不可与有为也言"。非礼义，谓之自暴也。吾身不能居仁由义，谓之自弃也。此云"狎侮五常"，即《孟子》所谓"自暴"也；"荒怠弗敬"，即

《孟子》所谓"自弃"也。此两句相因而成文。汉孔氏曰，轻狎五常之教，侮慢而不行之，大为怠惰，不敬天地鬼神，以此两句分为两意，则失之据。侮五常，但谓其狎，五常怠弃之而弗行，尔惟其自暴自弃，失人伦之常道，则是失其本矣，所以"自绝于天，结怨于民"也。

周希圣曰，天非绝纣，而纣自绝于天；民非怨纣，而纣自结怨于民。此说是也。伊尹曰，非天私我有商，惟天佑于一德；非商求于下民，惟民归于一德，与此言正相反，使纣不自绝于天，天其忍绝之乎？使纣不结怨于民，民其至于怨之乎？此盖言其所以致天、人之怒者，皆其所自取也。自此以下，又论其所以自绝、结怨之实也。天聪明，自我民聪明；天明畏，自我民明威。天之祸福吉凶，大抵因民而已。纣之结怨，是乃其所以为自绝也。故武王将论其罪恶贯盈，至于"上帝弗顺，祝降时丧"，则必先以其暴虐于民，以失四海之心者。"斫朝涉之胫"，谓冬月见朝涉水者，谓其胫耐寒，斫而视之；剖贤人之心，谓比干忠谏，以其心异于人，剖而视之。此二者其暴虐之最甚者也。故首以为言。盖朝涉而寒者，在人情之至可悯也，而乃斫其胫；贤人之忠谏，国家所赖以存者，而至于剖其心，是可忍也，孰不可忍也。惟其忍于此，作为刑威，以杀戮无辜，其毒痛遍于四海之人也，宜乎？纣之亡无足怪者。

4.（宋）史浩《尚书讲义》卷十一《周书·泰誓下》

（归善斋按，见"时厥明，王乃大巡六师，明誓众士"）

5.（宋）夏僎《尚书详解》卷十六《周书·泰誓下》

（归善斋按，见"时厥明，王乃大巡六师，明誓众士"）

6.（宋）时澜《增修东莱书说》卷十五《周书·泰誓下第三》

（归善斋按，见"时厥明，王乃大巡六师，明誓众士"）

7.（宋）黄度《尚书说》卷四《周书·泰誓下》

王曰，呜呼！我西土君子。天有显道，厥类惟彰。

作善降之百祥,不善降之百殃,惟其类也。

8. (宋)袁燮《絜斋家塾书钞》卷五《周书·泰誓下》

(归善斋按,见"时厥明,王乃大巡六师,明誓众士")

9. (宋)蔡沈《书经集传》卷四《周书·泰誓下》

王曰,呜呼!我西土君子,天有显道,厥类惟彰。今商王受,狎侮五常,荒怠弗敬,自绝于天,结怨于民。

天有至显之理,其义类甚明,至显之理,即典常之理也。纣于君臣、父子、兄弟、夫妇,典常之道,亵狎侮慢,荒弃怠惰,无所敬畏。上自绝于天,下结怨于民。结怨者,非一之谓。下文,自绝、结怨之实也。

10. (宋)黄伦《尚书精义》卷二十五《周书·泰誓下》

(归善斋按,见"时厥明,王乃大巡六师,明誓众士")

11. (宋)陈经《尚书详解》卷二十一《周书·泰誓下》

(归善斋按,见"时厥明,王乃大巡六师,明誓众士")

12. (宋)钱时《融堂书解》卷九《周书·泰誓下》

(归善斋按,见"时厥明,王乃大巡六师,明誓众士")

13. (宋)魏了翁《尚书要义》卷十《泰誓》至《武成》

(归善斋按,未引)

14. (宋)陈大猷《书集传或问》卷上《泰誓》

(归善斋按,未解)

15. (宋)胡士行《尚书详解》卷六《周书·泰誓下第三》

(归善斋按,见"时厥明,王乃大巡六师,明誓众士")

751

16. （元）吴澄《书纂言》

（归善斋按，无此篇）

17. （元）陈栎《书集传纂疏》卷四上《朱子订定蔡氏集传周书·泰誓下》

王曰，呜呼！我西土君子，天有显道，厥类惟彰。今商王受，狎侮五常，荒怠弗敬，自绝于天，结怨于民。

天有至显之理，其义类甚明。至显之理，即典常之理也。纣于君臣、父子、兄弟、夫妇，典常之道，亵狎、侮慢、荒弃、怠惰，无所敬畏。上自绝于天，下结怨于民。结怨者，非一之谓。下文，"自绝"、"结怨"之实也。

纂疏：

林氏曰，越王伐吴，以其私卒君子六千人为中军，则士卒亦可言君子。

张氏曰，天道福善祸淫，显然甚明。祸福之来，各以类至。其类亦甚彰。

陈氏经曰，五常，仁、义、礼、智、信。

愚案，以显道合五常言，不如张氏说得正意。讳子云，积善，积恶，殃庆自各以其类至，即此之谓。

18. （元）许谦《读书丛说》卷六《周书·泰誓》

（归善斋按，未解）

19. （元）董鼎《书传辑录纂注》卷三《周书·泰誓下》

王曰，呜呼！我西土君子，天有显道，厥类惟彰。今商王受，狎侮五常，荒怠弗敬，自绝于天，结怨于民。

天有至显之理，其义类甚明。至显之理，即典常之理也。纣于君臣、父子、兄弟、夫妇典常之道，亵狎侮慢，荒弃怠惰，无所敬畏。上自绝于天，下结怨于民。结怨者，非一之谓，下文，自绝、结怨之实也。

纂注：

林氏曰，君子，统上下而言。越王勾践，伐吴以其私卒君子六千人为中军，则士卒亦可言君子。益赞禹曰"满招损，谦受益，时乃天道"，汤亦曰"天道福善祸淫"，与此言"天道"意同。

张氏曰，天有福善祸淫之道，显然甚明。祸福之来，各以类至，其类亦甚彰。

新安陈氏曰，蔡氏以显道合五常言，不如张氏，得本文正意。

20.（元）朱祖义《尚书句解》卷六《周书·泰誓下第三》

王曰，呜呼（王叹而言）！我西土君子（我西土友邦冢君，御事、庶士在河北者皆君子），天有显道（天有显然不可揜之道），厥类惟彰（善恶祸福，各以类应，道甚彰明）。

21.（明）王樵《尚书日记》卷九《周书·泰誓下》

"王曰，呜呼！我西土君子，天有显道"至"恭行天罚"。

君子，称将士也。越王句践伐吴，以其私卒君子六千人，为中军，是士卒亦可称君子也。"天有显道"，指其昭然之体。"厥类惟彰"，言其厘然之用，有物有则，厘然而不可紊，是之曰类，此理呈露流行于日用之间，如日星之示人，岂有难知者哉？纣亦非不知，但狎侮之耳。五常，即道之显而类之彰者也。纣狎侮，弗信，荒怠，弗敬，所以行于君臣、父子、兄弟、夫妇之间者，无复知有天理之可畏。

斫，斫也。孔氏曰，冬月见朝涉水者，谓其胫耐寒，斫而视之。《史记》曰，比干强谏，纣怒曰，吾闻圣人心有七窍，遂剖比干观其心。

痡，病也。四海，言所及远。奸回，回邪也。囚奴正士，箕子也。

正义曰，不修，谓不扫治也，言不修，则不祀可知。

祝，断也，断绝其命，下是丧亡之诛。祝之训断，乃断绝之。断，音与"短"同。非断决之断，音与"煅"同也。蔡传云，断然降是丧亡，则是训为"断决"之"断"为煅音矣。

膏铜柱，下加炭，令有罪者行，辄堕炭中，妲己乃笑，此肆虐之事，非奇技淫巧之事，传引此以例之耳。

22.（清）库勒纳等撰《日讲书经解义》卷六《周书·泰誓下》

（归善斋按，见"时厥明，王乃大巡六师，明誓众士"）

（元）陈师凯《书蔡氏传旁通》卷四上《周书·泰誓下》

天有至显之理，其义类甚明。至显之理，即典常之理也。

典常之理，即仁、义、礼、智、信也。此皆天理之自然，人心之固有，谓之显道，犹言"明命"也。天以此命之于人，其义类甚明，如父子有亲，仁也；君臣有义，义也；夫妇有别，智也；长幼有序，礼也；朋友有信，信也。以五性而合之，五品之伦，义各有当，所谓"厥类惟彰"也。斯理斯类，出于天，而备于人。纣乃狎侮荒怠而弗敬焉，所以"自绝于天"，而"结怨于民"也。

（明）马明衡《尚书疑义》卷四《周书·泰誓下》

天有显道，厥类惟彰。

谓作善，降祥；作不善，降殃，此理昭然，不可得而昧也。纣之所为如此，安得不奉天命以行天罚哉？

（清）朱鹤龄《尚书埤传》卷九《周书·泰誓》

西土君子。

林之奇曰，君子统上下而言。勾践伐吴，以其私卒君子六千人为中军，则士卒，亦可言君子也。

今商王受，狎侮五常，荒怠弗敬

1.（汉）孔氏传、（唐）陆德明音义、孔颖达疏《尚书注疏》卷十《周书·泰誓下》

今商王受，狎侮五常，荒怠弗敬。

传，轻狎五常之教，侮慢不行，大为怠惰，不敬天地神明。

音义：

惰，徒卧反。

疏：

传正义曰，郑玄《论语》注云，狎，惯忽之言，惯见而忽也，意与侮同。传因文重而分之。五常，即五典，谓父义，母慈，兄友，弟恭，子孝。五者，人之常行，法天明道为之。轻狎五常之教，侮慢而不遵行之，是违天显也。训"荒"为大，大为怠惰不敬，谓不敬天地神明也。上篇云"不事上帝神祇"，知此不敬天地神明也。《礼》云"毋不敬"传，举天地以言，明每事皆不敬也。

2. （宋）苏轼撰《书传》卷九《周书·泰誓下第三》

今商王受，狎侮五常。

五常，五典也，狎侮五典，以人伦为戏也。

荒怠弗敬，自绝于天结怨于民。斫朝涉之胫，剖贤人之心。作威杀戮，毒痛四海。

痛，病也

3. （宋）林之奇《尚书全解》卷二十二《周书·泰誓下》

（归善斋按，见"王曰，呜呼！我西土君子，天有显道，厥类惟彰"）

4. （宋）史浩《尚书讲义》卷十一《周书·泰誓下》

（归善斋按，见"时厥明，王乃大巡六师，明誓众士"）

5. （宋）夏僎《尚书详解》卷十六《周书·泰誓下》

（归善斋按，见"时厥明，王乃大巡六师，明誓众士"）

6. （宋）时澜《增修东莱书说》卷十五《周书·泰誓下第三》

今商王受狎侮五常，荒怠弗敬。

五常者，纲维人心之道也。一有慢心，则为狎侮。武王推纣之恶，其本原在于"狎侮"也。夫五常，日用不可缺者。谁能出不由户，何莫由斯道也，为人所不为矣。太保作《旅獒》，亦谆谆于"狎侮"，见"狎侮"为众恶之原也。天下之理对立，有存，必有亡；有死，必有生。五常者，人恃以为生，以为存者。背其所生，则入于死；失其所存，则入于亡矣。所以"狎侮五常"者，又原于"荒怠弗敬"也。

7. （宋）黄度《尚书说》卷四《周书·泰誓下》

今商王受，狎侮五常，荒怠弗敬，自绝于天，结怨于民。

五常，仁、义、礼、智、信。不知德义之可尊，而狎侮之，夫是以荒怠弗复，居敬不循天理，日济其恶，故自绝于天，秽德彰闻，流毒天下，故结怨于民。

8. （宋）袁燮《絜斋家塾书钞》卷五《周书·泰誓下》

（归善斋按，见"时厥明，王乃大巡六师，明誓众士"）

9. （宋）蔡沈《书经集传》卷四《周书·泰誓下》

（归善斋按，见"王曰，呜呼！我西土君子，天有显道，厥类惟彰"）

10. （宋）黄伦《尚书精义》卷二十五《周书·泰誓下》

今商王受，狎侮五常，荒怠弗敬，自绝于天，结怨于民。斫朝涉之胫，剖贤人之心，作威杀戮，毒痡四海。崇信奸回，放黜师、保，屏弃典刑，囚奴正士。

无垢曰，狎，谓近而袭之。侮，谓玩而慢之。"狎侮五常"，是狎侮上天也，其为人可知矣。荒，谓惑乱；怠，谓懈惰。弗敬，荒怠之本也。

尊履五常，以敬行之，其心为如何，此人也。天之所与往来酬酢者也。"狎侮五常，荒怠弗敬"，岂天绝之哉，自绝于天而已。夫天，即五常也。五常，人人具有，是天未尝绝人也。纣乃狎侮之，自绝于天矣。夫人所以胥爱胥敬，固结而不可解者，以有五常为之造化也。狎侮五常，则上下尊卑，邈不相接，而胥戕胥虐，相憎怨而不已也。然则结怨于民，以其中无五常为之运用耳。朝涉者，有何罪？比干之谏为身谋耶？为天下国家计耶？斫观其胫剖，观其心，是以杀人残忍，为戏玩之具也。以德为威，则君子见其德，小人畏其威。作杀戮为威，则无辜者被其毒矣。纣"狎侮五常，荒怠弗敬"，德安在哉？知天下之不服也，乃作杀戮以威之，使天下不敢言而敢怒。武王一倡而四海和之，卒有燔身悬首之祸，是纣毒痛四海，而四海亦毒痛纣矣。出乎尔者，反乎尔，信哉。小人得志，此奸邪所以有崇信之荣。君子不肯顺，此师、保所以被放黜之辱也。于纣之时，而被崇信，可见其无耻；于纣之时，而被放黜，可见其所守。朝廷之上，奸邪充满，而有道有德者，乃无一人焉。心各有趣，趣在高明，则典刑乃吾施设，岂有一日而忘典刑者。正士乃吾亲友，岂有一日而忽正士者。趣在邪僻，则典刑乃若桎梏，此所以屏弃之；正士乃若仇仇，此所以囚奴之。盖典刑之士，每止人之纵恣，拂人之私欲，是以圣贤之君，常尊敬；淫暴之君常疾视也。纣心淫暴，宜其所趣向，至于如此。

周氏曰，天非绝纣，而纣自绝于天；民非怨纣，而纣自结怨于民。

吕氏曰，大抵天下之生，未尝无对。生者，死之对。存者，亡之对。有可以益人之生者，稍悖之，则入于死地；有可以固人之存者，稍悖之，则入于亡地。五常者，有生人之功，而又有可以固人国之理。纣既自避其所生、所存，自然入于死亡之域，而不自知。学者之于五常，固非所以避死而求生，避亡而求存。盖纣之所为如此，岂能一日生，正如鱼之失水，即入于死。五常者，所以纲维人之心，而敬所由存也。使纲维一有懈弛，如何知敬皇天。无亲，克敬惟亲，天之理也。纣既不知敬，自然绝天，是与天大段相远也。朝涉之胫则斫而不恤；贤人之心则剖而不顾。"作威杀戮"，言其恶念之炽；"毒痛四海"，言其恶念之广。此是纣为恶成熟处。纣终日去小人路上行，凡是小人机械，纣日日见之。奸回之人，自然崇信之。纣既为恶，见耆旧老成人，可以为师者，反视以为禁制纣者，必放黜之而后已。故视先王典刑。亦如拘系之物，必屏弃而后已。"囚奴正士"，专为箕子言，谓箕子虽有拳拳不忍离王室之心，兼是太师之尊，而至于为奴隶，纣之无忌惮可见。

11. （宋）陈经《尚书详解》卷二十一《周书·泰誓下》

今商王受，狎侮五常，荒怠弗敬，自绝于天，结怨于民。斫朝涉之胫，剖贤人之心，作威杀戮，毒痡四海，崇信奸回，放黜师、保，屏弃典刑，囚奴正士。郊社不修，宗庙不享，作奇技淫巧，以悦妇人。上帝弗顺，祝降时丧。尔其孜孜，奉予一人，恭行天罚。

上文既言天之显道，各以类应，故此章言纣之恶，不为人之所赦。五常者，仁、义、礼、智、信，达之于君臣，父子，夫妇，兄弟，朋友。此人道之常，天下所共由，而不可须臾离也。由乎此者，谓之人；不由乎此者，虽谓之人，盖形存而性亡矣。今也，纣于人道之常，则狎玩而侮慢之，故为荒，为怠，为不敬，皆自夫狎侮之心生。文王之所以为圣者，以其不敢侮。纣之所以为恶者，以其"狎侮"也。人苟有狎侮之心，则是无忌惮矣。亦何所不至哉。上则自绝于天。以天者，即五常之理也。下则结怨于民。以民者，即五常之理也。

朝涉，理所当恤；贤人，理所当敬。斫其胫，剖其心，则是反常矣。威者，有德之威，则人不言而自畏；以杀戮而作威，是逞其暴虐。故其毒为四海之病，此亦反乎常理。其害之广，至于四海也。奸诈回邪之人，不知有五常者也。自然而与纣相合，故尊崇之，信任之。师、保者，以五常之道而教其君者也。典刑者，五常之道寓于法，则制度之中，截然有不可逾者也。正士者，以五常之道自谨，敕其身而不为不善也，自然与纣不相合，故放黜之，屏弃之，囚奴之。

郊社，以事天地，此人之常理也。则不修。宗庙，以祀其先此人之常理也，则不享。奇技淫巧，悦妇人以为卑亵污秽之行，非人理之常也，则作意而为之。凡此，皆基于"狎侮五常"，不以常理而为之，乃反常悖理而为之，则是人道不立，形存性亡矣。上帝不顺其所为。祝，断也。降，下也。断绝降下之，而使之丧亡，岂非天有显道乎。"尔其孜孜，奉予一人，恭行天罚"，罚之者，天也；奉天者，人也。尔西土君子，当如孜孜黾勉，奉我以敬天罚。苟不知孜孜与恭行之理，则反蹈于侮狎之机矣，惟孜孜恭行，可以见天理。

12.（宋）钱时《融堂书解》卷九《周书·泰誓下》

（归善斋按，见"时厥明，王乃大巡六师，明誓众士"）

13.（宋）魏了翁《尚书要义》卷十《泰誓》至《武成》

（归善斋按，未引）

14.（宋）陈大猷《书集传或问》卷上《泰誓》

（归善斋按，未解）

15.（宋）胡士行《尚书详解》卷六《周书·泰誓下第三》

今商王受，狎侮五常，荒怠弗敬，自绝于天，结怨于民。斫朝涉之胫（冬月见朝涉者，谓其胫耐寒，斫而视之），剖贤人之心（比干忠谏，以其心异于人，剖而视之），作威杀戮，毒痡（病）四海。崇（重）信奸回（邪），放（逐）黜（弃）师、保（师、保之臣），屏（除）弃典（常）刑（法），囚（拘）奴（辱）正士（箕子）。郊（天）社（土）不修，宗庙（祖）不享（祭），作奇（怪）技（艺）淫（不正）巧，以悦（取悦）妇人（妲己。《列女传》曰，纣膏铜柱，置炭火于下，令有罪者行之，辄堕火中，妲己乃笑）。上帝弗顺，祝（断）降时丧。尔其孜孜，奉予一人，恭行天罚。古人有言曰，抚（安）我则后，虐我则仇（古人之言，非武王私言也）。独夫受（残贼之人，谓之独夫），洪（大）惟作威，乃汝世仇。树（立）德务滋（多长），除恶务本（去恶本）。肆予小子，诞以尔众士，殄（绝）歼乃仇。尔众士，其尚（庶）迪（进）果（致敬）毅（致果），以登（成）乃辟。功多有厚赏，不迪有显戮。呜呼！惟我文考，若日月之照临，光于四方，显于西土。惟我有周，诞受多方。予克受，非予武，惟朕文考无罪；受克予，非朕文考有罪，惟予小子无良。

此原我周受命之本，归之文王而不敢以已必伐纣之功也，可谓无必无我矣。

759

16. （元）吴澄《书纂言》

（归善斋按，无此篇）

17. （元）陈栎《书集传纂疏》卷四上《朱子订定蔡氏集传周书·泰誓下》

（归善斋按，见"王曰，呜呼！我西土君子，天有显道，厥类惟彰"）

18. （元）许谦《读书丛说》卷六《周书·泰誓》

（归善斋按，未解）

19. （元）董鼎《书传辑录纂注》卷三《周书·泰誓下》

（归善斋按，见"王曰，呜呼！我西土君子，天有显道，厥类惟彰"）

20. （元）朱祖义《尚书句解》卷六《周书·泰誓下第三》

今商王受，狎侮五常（今纣轻狎侮慢五常之道），荒怠弗敬（荒淫怠弃不以敬而行之）。

21. （明）王樵《尚书日记》卷九《周书·泰誓下》

（归善斋按，见"王曰，呜呼！我西土君子，天有显道，厥类惟彰"）

22. （清）库勒纳等撰《日讲书经解义》卷六《周书·泰誓下》

（归善斋按，见"时厥明，王乃大巡六师，明誓众士"）

自绝于天,结怨于民

1.(汉)孔氏传、(唐)陆德明音义、孔颖达疏《尚书注疏》卷十《周书·泰誓下》

自绝于天,结怨于民。
传,不敬天,自绝之;酷虐民,结怨之。

2.(宋)苏轼撰《书传》卷九《周书·泰誓下第三》

(归善斋按,未解)

3.(宋)林之奇《尚书全解》卷二十二《周书·泰誓下》

(归善斋按,见"王曰,呜呼!我西土君子,天有显道,厥类惟彰")

4.(宋)史浩《尚书讲义》卷十一《周书·泰誓下》

(归善斋按,见"时厥明,王乃大巡六师,明誓众士")

5.(宋)夏僎《尚书详解》卷十六《周书·泰誓下》

(归善斋按,见"时厥明,王乃大巡六师,明誓众士")

6.(宋)时澜《增修东莱书说》卷十五《周书·泰誓下第三》

自绝于天,结怨于民。斫朝涉之胫,剖贤人之心,作威杀戮,毒痡四海,崇信奸回,放黜师、保,屏弃典刑,囚奴正士,郊社不修,宗庙不享,作奇技淫巧,以悦妇人。上帝弗顺,祝降时丧。

"自绝于天",自绝者,天本不绝人,人自绝于天耳。"结怨于民",结者,言其非一恶,盘结于人心也。"斫朝涉之胫,剖贤人之心",纣至此天理已消尽矣。人所不敢为者，纣皆为之。"作威杀戮"，作者，作之有力也。"毒痛四海"者，其毒远及于四海也。奸回之人，非所当崇信，纣终日由于小人之路，与奸回之人，心同气协，故崇信之。师、保者，不顺已而相禁制者，宜其放黜也。典刑者，与已异而相束缚者，宜其屏弃也。正士，箕子也。箕子有爱君之心，又有太师之尊，至于囚而为奴隶，可见其无忌惮矣。郊，祭天；社，祭地；宗庙，所以报本反始也。纣上不知有天，下不知有地，中不知祖宗。心无所用，惟知作奇技淫巧，以悦妇人。盖心既不用于郊社，宗庙，惟恐技之不奇，巧之不淫耳。上帝不顺，所谓不顺者，天之于人君，犹父之于子，岂有不爱，但人君作恶，与天道既背，不得而顺之也。"祝降时丧"，祝者，断也。天用是断然降是丧亡于纣。逆天者，亡也。公羊言子路死，孔子曰"天祝予"，何休注，祝，断也。

7. （宋）黄度《尚书说》卷四《周书·泰誓下》

（归善斋按，见"今商王受，狎侮五常，荒怠弗敬"）

8. （宋）袁燮《絜斋家塾书钞》卷五《周书·泰誓下》

（归善斋按，见"时厥明，王乃大巡六师，明誓众士"）

9. （宋）蔡沈《书经集传》卷四《周书·泰誓下》

（归善斋按，见"王曰，呜呼！我西土君子，天有显道，厥类惟彰"）

10. （宋）黄伦《尚书精义》卷二十五《周书·泰誓下》

（归善斋按，见"今商王受，狎侮五常，荒怠弗敬"）

11. （宋）陈经《尚书详解》卷二十一《周书·泰誓下》

（归善斋按，见"今商王受，狎侮五常，荒怠弗敬"）

12.（宋）钱时《融堂书解》卷九《周书·泰誓下》

(归善斋按，见"时厥明，王乃大巡六师，明誓众士")

13.（宋）魏了翁《尚书要义》卷十《泰誓》至《武成》

(归善斋按，未引)

14.（宋）陈大猷《书集传或问》卷上《泰誓》

(归善斋按，未解)

15.（宋）胡士行《尚书详解》卷六《周书·泰誓下第三》

(归善斋按，见"今商王受，狎侮五常，荒怠弗敬")

16.（元）吴澄《书纂言》

(归善斋按，无此篇)

17.（元）陈栎《书集传纂疏》卷四上《朱子订定蔡氏集传周书·泰誓下》

(归善斋按，见"王曰，呜呼！我西土君子，天有显道，厥类惟彰")

18.（元）许谦《读书丛说》卷六《周书·泰誓》

(归善斋按，未解)

19.（元）董鼎《书传辑录纂注》卷三《周书·泰誓下》

(归善斋按，见"王曰，呜呼！我西土君子，天有显道，厥类惟彰")

20.（元）朱祖义《尚书句解》卷六《周书·泰誓下第三》

自绝于天（皆纣自绝于天，非天绝纣），结怨于民（纣自结怨于民，非民怨㫋)。

21.（明）王樵《尚书日记》卷九《周书·泰誓下》

（归善斋按，见"王曰，呜呼！我西土君子，天有显道，厥类惟彰"）

22.（清）库勒纳等撰《日讲书经解义》卷六《周书·泰誓下》

（归善斋按，见"时厥明，王乃大巡六师，明誓众士"）

（清）张英《书经衷论》卷三《周书·泰誓》

（归善斋按，见"惟天地，万物父母，惟人，万物之灵"）

斫朝涉之胫，剖贤人之心

1.（汉）孔氏传、（唐）陆德明音义、孔颖达疏《尚书注疏》卷十《周书·泰誓下》

斫朝涉之胫，剖贤人之心。

传，冬月见朝涉水者，谓其胫耐寒，斩而视之。比干忠谏，谓其心异于人，剖而观之，酷虐之甚。

音义：

斫，侧略反，又士略反。朝，陟遥反。胫，户定反。剖，普口反。耐，乃代反。

疏：

传正义曰，《释器》云"鱼曰斫之"；樊光云，斫，斫也；《说文》云，斫，斩也。斩朝涉水之胫，必有所由，知冬月见朝涉水者，谓其胫耐寒，疑其骨髓有异，斩而视之。其事或当有所出也。《殷本纪》云，微子既去，比干曰，为人臣者，不得不以死争，乃强谏。纣怒曰，吾闻圣人心有七窍，遂剖比干，观其心，是纣谓比干心异于人，剖而观之，言酷虐之甚。

2.（宋）苏轼撰《书传》卷九《周书·泰誓下第三》

（归善斋按，未解）

3.（宋）林之奇《尚书全解》卷二十二《周书·泰誓下》

（归善斋按，见"王曰，呜呼！我西土君子，天有显道，厥类惟彰"）

4.（宋）史浩《尚书讲义》卷十一《周书·泰誓下》

（归善斋按，见"时厥明，王乃大巡六师，明誓众士"）

5.（宋）夏僎《尚书详解》卷十六《周书·泰誓下》

（归善斋按，见"时厥明，王乃大巡六师，明誓众士"）

6.（宋）时澜《增修东莱书说》卷十五《周书·泰誓下第三》

（归善斋按，见"自绝于天，结怨于民"）

7.（宋）黄度《尚书说》卷四《周书·泰誓下》

斫朝涉之胫，剖贤人之心，作威杀戮，毒痡四海，崇信奸回，放黜师保，屏弃典刑，囚奴正士。
纣多怒而喜杀，党邪而疾正，习与性成，迷而不反。

8.（宋）袁燮《絜斋家塾书钞》卷五《周书·泰誓下》

（归善斋按，见"时厥明，王乃大巡六师，明誓众士"）

9.（宋）蔡沈《书经集传》卷四《周书·泰誓下》

斫朝涉之胫，剖贤人之心，作威杀戮，毒痡四海，崇信奸回，放黜师、保,屏弃典刑,囚奴正士,郊社不修,宗庙不享,作奇技淫巧,以悦妇人。上帝弗顺,祝降时丧。尔其孜孜,奉予一人,恭行天罚。

斫,侧略反。痡,音铺。斫,斫也。孔氏曰,冬月见朝涉水者,谓其胫耐寒,斫而视之。《史记》云,比干强谏,纣怒曰,吾闻圣人心有七窍,遂剖比干观其心。痡,病也。作刑威以杀戮为事,毒病四海之人,言其祸之所及者,远也。回,邪也。正士,箕子也。郊,所以祭天;社,所以祭地。奇技,谓奇异技能;淫巧,为过度之巧。《列女传》,纣膏铜柱,下加炭,命有罪者行辄堕炭中,妲己乃笑。夫欲妲己之笑,至为炮烙之刑,则其奇技淫巧以悦之者,宜无所不至矣。祝,断也,言纣于奸邪,则尊信之;师、保,则放逐之。屏弃先王之法,囚奴中正之士,轻废奉祀之礼,专意污亵之行,悖乱天常,故天弗顺而断然降是丧亡也。尔众士,其勉力不怠,奉我一人而敬行天罚乎。

10.（宋）黄伦《尚书精义》卷二十五《周书·泰誓下》

（归善斋按,见"今商王受,狎侮五常,荒怠弗敬"）

11.（宋）陈经《尚书详解》卷二十一《周书·泰誓下》

（归善斋按,见"今商王受,狎侮五常,荒怠弗敬"）

12.（宋）钱时《融堂书解》卷九《周书·泰誓下》

（归善斋按,见"时厥明,王乃大巡六师,明誓众士"）

13.（宋）魏了翁《尚书要义》卷十《泰誓》至《武成》

（归善斋按,未引）

14.（宋）陈大猷《书集传或问》卷上《泰誓》

（归善斋按,未解）

15.（宋）胡士行《尚书详解》卷六《周书·泰誓下第三》

（归善斋按,见"今商王受,狎侮五常,荒怠弗敬"）

16. （元）吴澄《书纂言》

（归善斋按，无此篇）

17. （元）陈栎《书集传纂疏》卷四上《朱子订定蔡氏集传周书·泰誓下》

斮朝涉之胫，剖贤人之心，作威杀戮，毒痡四海，崇信奸回，放黜师、保，屏弃典刑，囚奴正士，郊社不修，宗庙不享，作奇技淫巧，以悦妇人。上帝弗顺，祝降时丧。尔其孜孜，奉予一人，恭行天罚。

斮，斫也。孔氏曰，冬月见朝涉水者，谓其胫耐寒，斮而视之。《史记》云，比干强谏，纣怒曰，吾闻圣人心有七窍，遂剖比干观其心。痡，病也。作刑威，以杀戮为事，毒病四海之人，言其祸之所及者远也。回，邪也。正士，箕子也。郊，所以祭天；社，所以祭地。奇技，谓奇异技能。淫巧，为过度之巧。《列女传》，纣膏铜柱，下加炭，令有罪者行，辄堕炭中，妲己乃笑。夫欲妲己之笑，至为炮烙之刑，则其奇技淫巧以悦之者，宜无所不至矣。祝，断也，言纣于奸邪，则尊信之；师、保则放逐之。屏弃先王之法，囚奴忠正之士。轻废奉祀之礼，专意污亵之行，悖乱天常，故天弗顺而断然降是丧亡也。尔众士其勉力不怠，奉我一人而敬行天罚乎。

18. （元）许谦《读书丛说》卷六《周书·泰誓》

（归善斋按，未解）

19. （元）董鼎《书传辑录纂注》卷三《周书·泰誓下》

斮朝涉之胫，剖贤人之心，作威杀戮，毒痡四海，崇信奸回，放黜师、保，屏弃典刑，囚奴正士，郊社不修，宗庙不享，作奇技淫巧，以悦妇人。上帝弗顺，祝降时丧。尔其孜孜，奉予一人，恭行天罚。

斮，斫也。孔氏曰，冬月见朝涉水者，谓其胫耐寒，斮而视之。《史记》云，比干强谏，纣怒曰，吾闻圣人心有七窍，遂剖比干，观其心。痡，病也。作刑威以杀戮为事，毒病四海之人，言其祸之所及者远也。

回,邪也。正士,箕子也。郊,所以祭天;社,所以祭地。奇技,谓奇异技能。淫巧,为过度之巧。《列女传》,纣膏铜柱,下加炭,令有罪者行,辄堕炭中,妲己乃笑。夫欲妲己之笑,至为炮烙之刑,则其奇技淫巧以悦之者,宜无所不至矣。祝,断也。言纣于奸邪,则尊信之,师、保则放逐之,屏弃先王之法,囚奴中正之士,轻废奉祀之礼,专意污亵之行,悖乱天常,故天弗顺,而断然降是丧亡也。尔众士,其勉力不怠,奉我一人,而敬行天罚乎。

纂注:

《公羊传》哀十四年,子路死,子曰,天祝予。何休注,祝,断也。

20.（元）朱祖义《尚书句解》卷六《周书·泰誓下第三》

斫朝涉之胫（纣见冬月有朝涉水者,谓其胫耐寒,斫胫视之。斫,斫;胫,踁）,剖贤人之心（见比干忠谏,谓其心异于人,剖开而视之）。

21.（明）王樵《尚书日记》卷九《周书·泰誓下》

（归善斋按,见"王曰,呜呼!我西土君子,天有显道,厥类惟彰"）

22.（清）库勒纳等撰《日讲书经解义》卷六《周书·泰誓下》

斫朝涉之胫,剖贤人之心,作威杀戮,毒痛四海。崇信奸回,放黜师、保,屏弃典刑,囚奴正士。郊社不修,宗庙不享,作奇技淫巧,以悦妇人。上帝弗顺,祝降时丧。尔其孜孜,奉予一人,恭行天罚。

此一节书是,述纣狎侮五常,自绝于天之事也。斫,砍断也。朝涉,清晨渡水也,胫,脚骨也。贤人,指比干。痛,病也。奸回,奸邪之人也。正人,指箕子。妇人,指妲己。祝,解作"断"。武王曰,商王受,于冬月见人早晨涉水,疑其胫何故耐寒,乃斫而观之。恶贤人比干强谏,怒曰,吾闻圣人心有七窍,遂剖比干之心而观之。大作刑威,任意杀戮,以毒病四海之人。其所崇信者,皆是奸邪小人;其所放黜者,乃在师、保重臣。先王之典章法度,则屏弃之而不用。正士,如箕子者,则拘囚之,

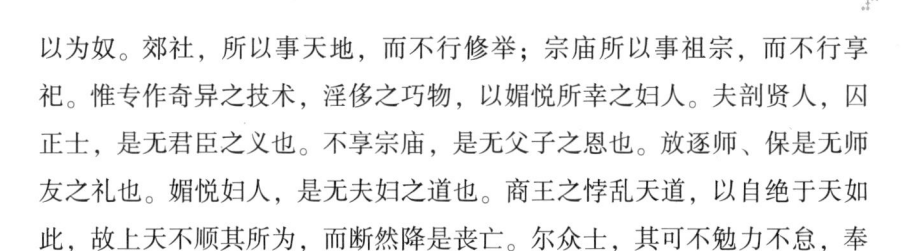

以为奴。郊社，所以事天地，而不行修举；宗庙所以事祖宗，而不行享祀。惟专作奇异之技术，淫侈之巧物，以媚悦所幸之妇人。夫剖贤人，囚正士，是无君臣之义也。不享宗庙，是无父子之恩也。放逐师、保是无师友之礼也。媚悦妇人，是无夫妇之道也。商王之悖乱天道，以自绝于天如此，故上天不顺其所为，而断然降是丧亡。尔众士，其可不勉力不怠，奉我一人，以敬行天罚哉。

（清）朱鹤龄《尚书埤传》卷九《周书·泰誓》

斫朝涉之胫，祝降时丧。

孔传，纣见冬月涉水者，谓其胫耐寒，斫而视之。李石续《博物志》云，老人晨渡朝歌水而怯。纣曰，老者髓不实故晨寒，因斫胫以视髓。此说与孔小异。

邹季友曰，孔传，祝，断也。天恶纣逆道，断绝其命。《陆氏音释》，丁管反。祝之训"断"，乃断绝之断，音与短同；非断决之断，音与煅同也。蔡传，既从孔云"祝，断也"，又云"断然降是丧亡"，是读断决之断，为"短"音矣。宜定从一。

作威杀戮，毒痡四海

1.（汉）孔氏传、（唐）陆德明音义、孔颖达疏《尚书注疏》卷十《周书·泰誓下》

作威杀戮，毒痡四海。

传，痡，病也，言害所及远。

音义：

痡，徐音敷，又普吴反。

疏：

传正义曰，痡，病，《释诂》文。纣之毒害未必遍及夷狄，而云病四海者，言害所及者远也。

2. （宋）苏轼撰《书传》卷九《周书·泰誓下第三》

（归善斋按，见"今商王受，狎侮五常"）

3. （宋）林之奇《尚书全解》卷二十二《周书·泰誓下》

（归善斋按，见"王曰，呜呼！我西土君子，天有显道，厥类惟彰"）

4. （宋）史浩《尚书讲义》卷十一《周书·泰誓下》

（归善斋按，见"时厥明，王乃大巡六师，明誓众士"）

5. （宋）夏僎《尚书详解》卷十六《周书·泰誓下》

（归善斋按，见"时厥明，王乃大巡六师，明誓众士"）

6. （宋）时澜《增修东莱书说》卷十五《周书·泰誓下第三》

（归善斋按，见"自绝于天，结怨于民"）

7. （宋）黄度《尚书说》卷四《周书·泰誓下》

（归善斋按，见"斫朝涉之胫，剖贤人之心"）

8. （宋）袁燮《絜斋家塾书钞》卷五《周书·泰誓下》

（归善斋按，见"时厥明，王乃大巡六师，明誓众士"）

9. （宋）蔡沈《书经集传》卷四《周书·泰誓下》

（归善斋按，见"斫朝涉之胫，剖贤人之心"）

10. （宋）黄伦《尚书精义》卷二十五《周书·泰誓下》

（归善斋按，见"今商王受，狎侮五常，荒怠弗敬"）

11.（宋）陈经《尚书详解》卷二十一《周书·泰誓下》

(归善斋按,见"今商王受,狎侮五常,荒怠弗敬")

12.（宋）钱时《融堂书解》卷九《周书·泰誓下》

(归善斋按,见"时厥明,王乃大巡六师,明誓众士")

13.（宋）魏了翁《尚书要义》卷十《泰誓》至《武成》

(归善斋按,未引)

14.（宋）陈大猷《书集传或问》卷上《泰誓》

(归善斋按,未解)

15.（宋）胡士行《尚书详解》卷六《周书·泰誓下第三》

(归善斋按,见"今商王受,狎侮五常,荒怠弗敬")

16.（元）吴澄《书纂言》

(归善斋按,无此篇)

17.（元）陈栎《书集传纂疏》卷四上《朱子订定蔡氏集传周书·泰誓下》

(归善斋按,见"斫朝涉之胫,剖贤人之心")

18.（元）许谦《读书丛说》卷六《周书·泰誓》

(归善斋按,未解)

19.（元）董鼎《书传辑录纂注》卷三《周书·泰誓下》

(归善斋按,见"斫朝涉之胫,剖贤人之心")

20.（元）朱祖义《尚书句解》卷六《周书·泰誓下第三》

作威杀戮（作为刑威,杀戮无辜）,毒痡四海（而其毒遍病于四海。

痈，铺）。

21.（明）王樵《尚书日记》卷九《周书·泰誓下》

(归善斋按，见"王曰，呜呼！我西土君子，天有显道，厥类惟彰")

22.（清）库勒纳等撰《日讲书经解义》卷六《周书·泰誓下》

(归善斋按，见"斫朝涉之胫，剖贤人之心")

崇信奸回，放黜师、保

1.（汉）孔氏传、（唐）陆德明音义、孔颖达疏《尚书注疏》卷十《周书·泰誓下》

崇信奸回，放黜师、保。
传，回，邪也，奸邪之人，反尊信之；可法以安者，反放退之。
音义：
邪，似嗟反。

2.（宋）苏轼撰《书传》卷九《周书·泰誓下第三》

崇信奸回，放黜师、保，屏弃典刑，囚奴正士，郊社不修，宗庙不享。作奇技淫巧，以悦妇人。上帝弗顺，祝降时丧。
祝，断也。

3.（宋）林之奇《尚书全解》卷二十二《周书·泰誓下》

崇信奸回，放黜师、保，屏弃典刑，囚奴正士。郊社不修，宗庙不享。作奇技淫巧，以悦妇人。上帝弗顺，祝降时丧。尔其孜孜，奉予一人，恭行天罚。古人有言曰，抚我则后，虐我则仇。独夫受，洪惟作威，乃汝世仇。

崇信奸回之人而用之；放黜师、保之官而远之。屏弃前世之典刑，囚奴国家之正士。宗庙、社稷之所赖以存者，惟在老成人之与典刑耳，今纣既崇信小人，则于此二者，皆弃之，而莫之顾。于郊社之礼，则坏之而不修；于宗庙之祀，则废之而不享。故其所以孜孜惟日不足而为之者，则惟在于作奇技淫巧，以悦妇人。妇人，妲己之类是也。《列女传》曰，纣膏铜柱，加炭火其下，令有罪者行焉，辄堕炭中，妲己乃笑。夫纣之欲妲己之悦，至为炮烙之刑，以致其一笑，则其所以为奇技淫巧以悦之者，宜无所不至矣。纣之暴虐，至于此极，则失天下之心，而民怨于下。民怨于下，则天怒于上。于是"上帝弗顺，祝降时丧"，使纣之必亡也。时丧，犹所谓"时日曷丧"。祝，断也，谓断弃其命，而降之殃罚，使之丧亡于此时也。天既绝纣，而"祝降时丧"，我国家适当天命之所归，则尔不可不孜孜然助予一人以，恭行天之罚，而致讨于纣也。

"古人有言曰，抚我则后，虐我则仇。独夫受，洪惟作威，乃汝世仇"，此又举其所闻于古人之言为之证也。盖民之叛服无常也，抚之则戴之以为后；虐之则视之以为仇。一则以为后，一则以为仇，惟在于抚之、虐之之间耳。盖天生民而立之君，使司牧之，以天下之大，而统之于一人。夫岂一人之力，足以胜此亿兆之势哉。恃人心以为固尔。故人君而能抚民，则虽以一人而临天下，而有不可动之势。苟不能抚其民而虐之，则失其所恃以为固者，而一人之势孤；一人之势孤，则是一人矣。以一人而与亿兆之人为仇，岂能一朝居焉，故曰"独夫受，洪惟作威，乃汝世仇"，言纣作威而杀戮无辜，以与一世之人为仇，则斯民无有戴之为君矣，是独夫耳，独夫者，失其所恃之势，与匹夫无异。与匹夫无异，而且与一世之人为仇，是自取灭亡之祸也。齐宣王问于孟子曰，汤放桀，武王伐纣，有诸？孟子对曰，于传有之曰，臣弑其君可乎？曰贼人者，谓之贼；贼义者，谓之残。残贼之人，谓之一夫。闻诛一夫纣矣，未闻弑其君也。其言盖出于此。苟不能抚民而虐之，则是仇也，非后也。举天下之人，而仇一独夫，岂为弑君哉。

4.（宋）史浩《尚书讲义》卷十一《周书·泰誓下》

（归善斋按，见"时厥明，王乃大巡六师，明誓众士"）

5.（宋）夏僎《尚书详解》卷十六《周书·泰誓下》

（归善斋按，见"时厥明，王乃大巡六师，明誓众士"）

6.（宋）时澜《增修东莱书说》卷十五《周书·泰誓下第三》

（归善斋按，见"自绝于天，结怨于民"）

7.（宋）黄度《尚书说》卷四《周书·泰誓下》

（归善斋按，见"斫朝涉之胫，剖贤人之心"）

8.（宋）袁燮《絜斋家塾书钞》卷五《周书·泰誓下》

（归善斋按，见"时厥明，王乃大巡六师，明誓众士"）

9.（宋）蔡沈《书经集传》卷四《周书·泰誓下》

（归善斋按，见"斫朝涉之胫，剖贤人之心"）

10.（宋）黄伦《尚书精义》卷二十五《周书·泰誓下》

（归善斋按，见"今商王受，狎侮五常，荒怠弗敬"）

11.（宋）陈经《尚书详解》卷二十一《周书·泰誓下》

（归善斋按，见"今商王受，狎侮五常，荒怠弗敬"）

12.（宋）钱时《融堂书解》卷九《周书·泰誓下》

（归善斋按，见"时厥明，王乃大巡六师，明誓众士"）

13.（宋）魏了翁《尚书要义》卷十《泰誓》至《武成》

（归善斋按，未引）

14．（宋）陈大猷《书集传或问》卷上《泰誓》

（归善斋按，未解）

15．（宋）胡士行《尚书详解》卷六《周书·泰誓下第三》

（归善斋按，见"今商王受，狎侮五常，荒怠弗敬"）

16．（元）吴澄《书纂言》

（归善斋按，无此篇）

17．（元）陈栎《书集传纂疏》卷四上《朱子订定蔡氏集传周书·泰誓下》

（归善斋按，见"斫朝涉之胫，剖贤人之心"）

18．（元）许谦《读书丛说》卷六《周书·泰誓》

（归善斋按，未解）

19．（元）董鼎《书传辑录纂注》卷三《周书·泰誓下》

（归善斋按，见"斫朝涉之胫，剖贤人之心"）

20．（元）朱祖义《尚书句解》卷六《周书·泰誓下第三》

崇信奸回（尊信奸猾回邪之人），放黜师、保（放弃退黜师、保之任）。

21．（明）王樵《尚书日记》卷九《周书·泰誓下》

（归善斋按，见"王曰，呜呼！我西土君子，天有显道，厥类惟彰"）

22．（清）库勒纳等撰《日讲书经解义》卷六《周书·泰誓下》

（归善斋按，见"斫朝涉之胫，剖贤人之心"）

（明）梅鷟《尚书考异》卷四《泰誓下》

崇信奸回，放黜师、保，屏弃典刑，囚奴正士。

《牧誓》是崇是长，是信是使。摘取"崇信"二字。襄十四年，刘定公曰，师保万民，正义引《泰誓》云"放黜师、保"。《诗》"咨尔殷商，虽无老成人，尚有典刑"。《史记》纣囚箕子为奴。

崇信奸回，放黜师、保，屏弃典刑，囚奴正士。

宣四年，王孙满曰，"商纣暴虐"，其下又有"奸回昏乱"之句。襄二十三年，闵马父曰，奸回不轨，祸倍下民可也。

屏弃典刑，囚奴正士

1. （汉）孔氏传、（唐）陆德明音义、孔颖达疏《尚书注疏》卷十《周书·泰誓下》

屏弃典刑，囚奴正士。

传，屏弃常法而不顾，箕子正谏而以为囚奴。

2. （宋）苏轼撰《书传》卷九《周书·泰誓下第三》

（归善斋按，未解）

3. （宋）林之奇《尚书全解》卷二十二《周书·泰誓下》

（归善斋按，见"崇信奸回，放黜师、保"）

4. （宋）史浩《尚书讲义》卷十一《周书·泰誓下》

（归善斋按，见"时厥明，王乃大巡六师，明誓众士"）

5. （宋）夏僎《尚书详解》卷十六《周书·泰誓下》

（归善斋按，见"时厥明，王乃大巡六师，明誓众士"）

6.（宋）时澜《增修东莱书说》卷十五《周书·泰誓下第三》

（归善斋按，见"自绝于天，结怨于民"）

7.（宋）黄度《尚书说》卷四《周书·泰誓下》

（归善斋按，见"斫朝涉之胫，剖贤人之心"）

8.（宋）袁燮《絜斋家塾书钞》卷五《周书·泰誓下》

（归善斋按，见"时厥明，王乃大巡六师，明誓众士"）

9.（宋）蔡沈《书经集传》卷四《周书·泰誓下》

（归善斋按，见"斫朝涉之胫，剖贤人之心"）

10.（宋）黄伦《尚书精义》卷二十五《周书·泰誓下》

（归善斋按，见"今商王受，狎侮五常，荒怠弗敬"）

11.（宋）陈经《尚书详解》卷二十一《周书·泰誓下》

（归善斋按，见"今商王受，狎侮五常，荒怠弗敬"）

12.（宋）钱时《融堂书解》卷九《周书·泰誓下》

（归善斋按，见"时厥明，王乃大巡六师，明誓众士"）

13.（宋）魏了翁《尚书要义》卷十《泰誓》至《武成》

（归善斋按，未引）

14.（宋）陈大猷《书集传或问》卷上《泰誓》

（归善斋按，未解）

15.（宋）胡士行《尚书详解》卷六《周书·泰誓下第三》

（归善斋按，见"今商王受，狎侮五常，荒怠弗敬"）

16. （元）吴澄《书纂言》

（归善斋按，无此篇）

17. （元）陈栎《书集传纂疏》卷四上《朱子订定蔡氏集传周书·泰誓下》

（归善斋按，见"斫朝涉之胫，剖贤人之心"）

18. （元）许谦《读书丛说》卷六《周书·泰誓》

（归善斋按，未解）

19. （元）董鼎《书传辑录纂注》卷三《周书·泰誓下》

（归善斋按，见"斫朝涉之胫，剖贤人之心"）

20. （元）朱祖义《尚书句解》卷六《周书·泰誓下第三》

屏弃典刑（屏去弃绝前世常法），囚奴正士（拘囚奴戮正直之士）。

21. （明）王樵《尚书日记》卷九《周书·泰誓下》

（归善斋按，见"王曰，呜呼！我西土君子，天有显道，厥类惟彰"）

22. （清）库勒纳等撰《日讲书经解义》卷六《周书·泰誓下》

（归善斋按，见"斫朝涉之胫，剖贤人之心"）

（元）陈师凯《书蔡氏传旁通》卷四上《周书·泰誓下》

正士，箕子也。

知正士为箕子者，经言"囚奴正士"，即箕子为之奴也。

郊社不修，宗庙不享，作奇技淫巧，以悦妇人

1.（汉）孔氏传、（唐）陆德明音义、孔颖达疏《尚书注疏》卷十《周书·泰誓下》

郊社不修，宗庙不享，作奇技淫巧，以悦妇人。

传，言纣废至尊之敬，营卑亵恶事，作过制技巧，以恣耳目之欲。

音义：

技，其绮反。亵，息列反。

疏：

正义曰，不修，谓不扫治也。不享，谓不祭祀也。与上篇"不事上帝神祇，遗厥先宗庙弗祀"，其事一也，重言之耳。奇技，谓奇异技能；淫巧，谓过度工巧。二者大同，但技据人身，巧指器物为异耳。

2.（宋）苏轼撰《书传》卷九《周书·泰誓下第三》

（归善斋按，未解）

3.（宋）林之奇《尚书全解》卷二十二《周书·泰誓下》

（归善斋按，见"崇信奸回，放黜师、保"）

4.（宋）史浩《尚书讲义》卷十一《周书·泰誓下》

（归善斋按，见"时厥明，王乃大巡六师，明誓众士"）

5.（宋）夏僎《尚书详解》卷十六《周书·泰誓下》

（归善斋按，见"时厥明，王乃大巡六师，明誓众士"）

6. （宋）时澜《增修东莱书说》卷十五《周书·泰誓下第三》

（归善斋按，见"自绝于天，结怨于民"）

7. （宋）黄度《尚书说》卷四《周书·泰誓下》

郊社不修，宗庙不享，作奇技淫巧，以悦妇人。

淫亵是图，而至尊之敬犹不恤，谁能与易之。禹曰"无若丹朱傲，惟慢游是好，傲虐是作，罔昼夜额额，罔水行舟，朋淫于家，用殄厥世"。纣罪亦不出傲慢淫虐。朱之恶，未及民，尧知其为不肖，而禅舜，朱遂以殄厥世。桀、纣毒民已甚，汤、武正其罪而放杀之，汤、武遂有天下，而夏、商之世亦绝，皆天道也。

8. （宋）袁燮《絜斋家塾书钞》卷五《周书·泰誓下》

（归善斋按，见"时厥明，王乃大巡六师，明誓众士"）

9. （宋）蔡沈《书经集传》卷四《周书·泰誓下》

（归善斋按，见"斫朝涉之胫，剖贤人之心"）

10. （宋）黄伦《尚书精义》卷二十五《周书·泰誓下》

郊社不修，宗庙不享，作奇技淫巧，以悦妇人。上帝弗顺，祝降时。尔其孜孜，奉予一人，恭行天罚。

无垢曰，心各有所重，重于此，则轻于彼。重于道义，则必轻于邪僻，是以敬天地，尊鬼神，而于妇人女子，常恐其污己焉，何暇与之周旋乎？重于邪僻，则必轻于道义，此纣所以区区作奇技淫巧，以悦一妇人。而郊社至于不修，宗庙至于不享也。

又曰，上帝之于人主也，犹父之于子也。子有所欲，其有不顺者乎。其或所为叛道，所行不义，上帝亦未遽至于断绝其命，下丧亡之诛于纣，岂得已哉，以其穷凶极恶，须暇之五年而不改也，故决然相武王以诛绝之。

又曰，至是知武王之意，以顺天，则在腹心之士，孜孜奉我一人，以行天罚耳。盖武王率西土之众，而西土之众率四海之众，孜孜以奉武王，则四海皆孜孜随西土，以奉武王行天罚矣，是则化四海，止在吾左右前后耳。左右前后不从，而欲率四海，岂理也哉。

张氏曰，纣之为恶，至于此极，此上帝所以弗顺，降是丧亡，于是假手于我，有命则我之诛纣，盖亦"奉将天罚"者也。

吕氏曰，大抵人立乎天地之间，郊所以祀天；社所以祀地；宗庙所以报本反始，是谓能尽人道。纣于人道既亡，则上不知有天，下不知有地，中不知有宗庙，方且荡然夷居，故奢侈之心日渐月加，技则日欲其奇，巧则日欲其淫，至于以悦妇人。自恶念至此，而自不知已。所谓瞽者善听，聋者善视，类绝一源，用力百倍，何故？瞽者既不能视，则专于听。聋者既不能听，则专于视。纣之心既不在于郊社宗庙之事，自然于奇技淫巧这一边下工夫。

又曰，当时西土之众，八百国之诸侯，其初从武王，亦是无私意，皆所以应天顺人，讨纣不容已也。使有一毫怠心，则便失天心。失天心便不是天讨。大率人之心于临事之时，最易怠惰。当武王交兵之时，所谓十乱之人，固不敢有私焉。然武王恐众士工夫未到者，前见大敌，有畏怯，便是私意。前见货宝皆欲贪争，便是私意。前见胜捷，横欲杀人，便是私意。大抵人最不要临时失了本心，须常使元初心接续，不畏怯，不杀戮，只曰我能伐纣，便失了本心。何故益天伐纣，不是周伐纣。如曰周伐纣，而不曰天伐纣，周如何以伐纣，又要去孜孜欤。"恭"字须看。

11. （宋）陈经《尚书详解》卷二十一《周书·泰誓下》

（归善斋按，见"今商王受，狎侮五常，荒怠弗敬"）

12. （宋）钱时《融堂书解》卷九《周书·泰誓下》

（归善斋按，见"时厥明，王乃大巡六师，明誓众士"）

13. （宋）魏了翁《尚书要义》卷十《泰誓》至《武成》

（归善斋按，未引）

14. （宋）陈大猷《书集传或问》卷上《泰誓》

（归善斋按，未解）

15. （宋）胡士行《尚书详解》卷六《周书·泰誓下第三》

（归善斋按，见"今商王受，狎侮五常，荒怠弗敬"）

16. （元）吴澄《书纂言》

（归善斋按，无此篇）

17. （元）陈栎《书集传纂疏》卷四上《朱子订定蔡氏集传周书·泰誓下》

（归善斋按，见"斫朝涉之胫，剖贤人之心"）

18. （元）许谦《读书丛说》卷六《周书·泰誓》

（归善斋按，未解）

19. （元）董鼎《书传辑录纂注》卷三《周书·泰誓下》

（归善斋按，见"斫朝涉之胫，剖贤人之心"）

20. （元）朱祖义《尚书句解》卷六《周书·泰誓下第三》

郊社不修（郊祀天，社祀地，纣则坏而不修），宗庙不享（宗庙以奉先王，纣则废而不享），作奇技淫巧（但作奇异伎艺，凡巧于为淫者），以悦妇人（以悦妲己）。

21. （明）王樵《尚书日记》卷九《周书·泰誓下》

（归善斋按，见"王曰，呜呼！我西土君子，天有显道，厥类惟彰"）

22.（清）库勒纳等撰《日讲书经解义》卷六《周书·泰誓下》

（归善斋按，见"斫朝涉之胫，剖贤人之心"）

（元）陈师凯《书蔡氏传旁通》卷四上《周书·泰誓下》

郊，所以祭天。

古者，天子于国之南郊，筑圜丘之坛，冬日至而祭天之主宰者，是为昊天上帝于郊，故谓之郊。

社，所以祭地。

社，土神。古天子、诸侯于公宫之右，为坛以祭之。

淫巧，为过度之巧。

淫，训"过"，淫巧，过于巧者也。

（明）梅鷟《尚书考异》卷四《泰誓下》

作奇技淫巧，以悦妇人

《王制》曰，作淫声、异服、奇技、奇器，以疑众，杀。《月令》"毋或作为淫巧以荡上心"。《汉书·礼乐志》曰，书序殷纣断弃祖宗之乐，乃作淫声，用变乱正声，以悦妇人。

上帝弗顺，祝降时丧

1.（汉）孔氏传、（唐）陆德明音义、孔颖达疏《尚书注疏》卷十《周书·泰誓下》

上帝弗顺，祝降时丧。

传，祝，断也。天恶纣逆道，断绝其命，故下是丧亡之诛。

音义：

丧，苏浪反。断，丁管反。恶，乌路反。

疏：

传正义曰，哀十四年《公羊传》云，子路死，子曰，天祝予何休？云祝，断也，是相传训也。

2.（宋）苏轼撰《书传》卷九《周书·泰誓下第三》

（归善斋按，见"崇信奸回，放黜师、保"）

3.（宋）林之奇《尚书全解》卷二十二《周书·泰誓下》

（归善斋按，见"崇信奸回，放黜师、保"）

4.（宋）史浩《尚书讲义》卷十一《周书·泰誓下》

（归善斋按，见"时厥明，王乃大巡六师，明誓众士"）

5.（宋）夏僎《尚书详解》卷十六《周书·泰誓下》

（归善斋按，见"时厥明，王乃大巡六师，明誓众士"）

6.（宋）时澜《增修东莱书说》卷十五《周书·泰誓下第三》

（归善斋按，见"自绝于天，结怨于民"）

7.（宋）黄度《尚书说》卷四《周书·泰誓下》

上帝弗顺，祝降时丧。尔其孜孜，奉予一人，恭行天罚。古人有言曰，抚我则后，虐我则仇。独夫受，洪惟作威，乃汝世仇。

祝，断。众非，元后何戴，"抚我则后"也。后非，众罔与守邦，"虐我则仇"也。舜、禹、汤、武之言同，天下畔之，是为独夫。纣大惟作威，以酷害其民。凡其民之子孙，皆得仇之，故谓之"世仇"。伍员复仇，义出此。王师将临其国都，于是正君臣名义，称之曰"独夫"，见其为当诛也。《孟子》曰"闻诛一夫纣矣，未闻弑君也"。父子有亲，君臣有义。亲一隆而不变，义有合有离。

8.（宋）袁燮《絜斋家塾书钞》卷五《周书·泰誓下》

（归善斋按，见"时厥明，王乃大巡六师，明誓众士"）

9.（宋）蔡沈《书经集传》卷四《周书·泰誓下》

（归善斋按，见"斫朝涉之胫，剖贤人之心"）

10.（宋）黄伦《尚书精义》卷二十五《周书·泰誓下》

（归善斋按，见"郊社不修，宗庙不享，作奇技淫巧，以悦妇人"）

11.（宋）陈经《尚书详解》卷二十一《周书·泰誓下》

（归善斋按，见"今商王受，狎侮五常，荒怠弗敬"）

12.（宋）钱时《融堂书解》卷九《周书·泰誓下》

（归善斋按，见"时厥明，王乃大巡六师，明誓众士"）

13.（宋）魏了翁《尚书要义》卷十《泰誓》至《武成》

（归善斋按，未引）

14.（宋）陈大猷《书集传或问》卷上《泰誓》

（归善斋按，未解）

15.（宋）胡士行《尚书详解》卷六《周书·泰誓下第三》

（归善斋按，见"今商王受，狎侮五常，荒怠弗敬"）

16.（元）吴澄《书纂言》

（归善斋按，无此篇）

17.（元）陈栎《书集传纂疏》卷四上《朱子订定蔡氏集传周书·泰誓下》

（归善斋按，见"斫朝涉之胫，剖贤人之心"）

18.（元）许谦《读书丛说》卷六《周书·泰誓》

（归善斋按，未解）

19.（元）董鼎《书传辑录纂注》卷三《周书·泰誓下》

（归善斋按，见"斫朝涉之胫，剖贤人之心"）

20.（元）朱祖义《尚书句解》卷六《周书·泰誓下第三》

上帝弗顺（故上天不顺其所为），祝降时丧（于是断绝降下丧亡之非于纣）。

21.（明）王樵《尚书日记》卷九《周书·泰誓下》

（归善斋按，见"王曰，呜呼！我西土君子，天有显道，厥类惟彰"）

22.（清）库勒纳等撰《日讲书经解义》卷六《周书·泰誓下》

（归善斋按，见"斫朝涉之胫，剖贤人之心"）

（元）陈师凯《书蔡氏传旁通》卷四上《周书·泰誓下》

祝，断也。
《公羊传》哀十四年，子路死，子曰，天祝予。何休云，祝，断也。

（清）朱鹤龄《尚书埤传》卷九《周书·泰誓》

（归善斋按，见"斫朝涉之胫，剖贤人之心"）

尔其孜孜，奉予一人，恭行天罚

1.（汉）孔氏传、（唐）陆德明音义、孔颖达疏《尚书注疏》卷十《周书·泰誓下》

尔其孜孜，奉予一人，恭行天罚。
传，孜孜，劝勉不怠。
音义：
孜，音滋。

2.（宋）苏轼撰《书传》卷九《周书·泰誓下第三》

尔其孜孜，奉予一人，恭行天罚。古人有言曰，抚我则后，虐我则仇。独夫受，洪惟作威，乃汝世仇。树德务滋，除恶务本。
滋，广也，言止取纣也。

3.（宋）林之奇《尚书全解》卷二十二《周书·泰誓下》

（归善斋按，见"崇信奸回，放黜师、保"）

4.（宋）史浩《尚书讲义》卷十一《周书·泰誓下》

（归善斋按，见"时厥明，王乃大巡六师，明誓众士"）

5.（宋）夏僎《尚书详解》卷十六《周书·泰誓下》

（归善斋按，见"时厥明，王乃大巡六师，明誓众士"）

6.（宋）时澜《增修东莱书说》卷十五《周书·泰誓下第三》

尔其孜孜，奉予一人，恭行天罚。
至于临利害之际，又不得不戒临事之时。初心易失。方纣之为恶，夫人将一心以奉天讨。苟当强敌在前，有畏怯之心，亦是失初心。苟见货之多欲，有所图，亦是失初心；见他人获首虏之多，而肆其杀戮，亦是失初心。三者虽皆无之，苟说是我欲伐纣，亦非初心，当于"孜孜"二字，及"恭"字观之。孜孜者，承续而不间也。恭者，收敛而不散也。西土君子，与乱臣十人，固不至此，而八百国之众，不得不丁宁也。

7.（宋）黄度《尚书说》卷四《周书·泰誓下》

（归善斋按，见"上帝弗顺，祝降时丧"）

8.（宋）袁燮《絜斋家塾书钞》卷五《周书·泰誓下》

（归善斋按，见"时厥明，王乃大巡六师，明誓众士"）

9.（宋）蔡沈《书经集传》卷四《周书·泰誓下》

（归善斋按，见"斫朝涉之胫，剖贤人之心"）

10.（宋）黄伦《尚书精义》卷二十五《周书·泰誓下》

（归善斋按，见"郊社不修，宗庙不享，作奇技淫巧，以悦妇人"）

11.（宋）陈经《尚书详解》卷二十一《周书·泰誓下》

（归善斋按，见"今商王受，狎侮五常，荒怠弗敬"）

12.（宋）钱时《融堂书解》卷九《周书·泰誓下》

（归善斋按，见"时厥明，王乃大巡六师，明誓众士"）

13.（宋）魏了翁《尚书要义》卷十《泰誓》至《武成》

（归善斋按，未引）

14.（宋）陈大猷《书集传或问》卷上《泰誓》

（归善斋按，未解）

15.（宋）胡士行《尚书详解》卷六《周书·泰誓下第三》

(归善斋按，见"今商王受，狎侮五常，荒怠弗敬")

16.（元）吴澄《书纂言》

(归善斋按，无此篇)

17.（元）陈栎《书集传纂疏》卷四上《朱子订定蔡氏集传周书·泰誓下》

(归善斋按，见"斫朝涉之胫，剖贤人之心")

18.（元）许谦《读书丛说》卷六《周书·泰誓》

(归善斋按，未解)

19.（元）董鼎《书传辑录纂注》卷三《周书·泰誓下》

(归善斋按，见"斫朝涉之胫，剖贤人之心")

20.（元）朱祖义《尚书句解》卷六《周书·泰誓下第三》

尔其孜孜（尔众士当孜孜不怠），奉予一人（助我一人），恭行天罚（敬行大罚讨纣）。

21.（明）王樵《尚书日记》卷九《周书·泰誓下》

(归善斋按，见"王曰，呜呼！我西土君子，天有显道，厥类惟彰")

22.（清）库勒纳等撰《日讲书经解义》卷六《周书·泰誓下》

(归善斋按，见"斫朝涉之胫，剖贤人之心")

古人有言曰，抚我则后，虐我则仇

1.（汉）孔氏传、（唐）陆德明音义、孔颖达疏《尚书注疏》卷十《周书·泰誓下》

古人有言曰，抚我则后，虐我则仇。
传，武王述古言以明义，言非惟今恶纣。

2.（宋）苏轼撰《书传》卷九《周书·泰誓下第三》

（归善斋按，未解）

3.（宋）林之奇《尚书全解》卷二十二《周书·泰誓下》

（归善斋按，见"崇信奸回，放黜师、保"）

4.（宋）史浩《尚书讲义》卷十一《周书·泰誓下》

古人有言曰，抚我则后，虐我则仇。独夫受，洪惟作威，乃汝世仇。树德务滋，除恶务本。肆予小子，诞以尔众士，殄歼乃仇。尔众士，其尚迪果毅，以登乃辟。功多有厚赏，不迪有显戮。呜呼！惟我文考，若日月之照临，光于四方，显于西土。惟我有周，诞受多方。予克受，非予武，惟朕文考无罪；受克予，非朕文考有罪，惟予小子无良。

武王既陈纣之酷虐，使西土之君子皆知无所容身矣，于此又引古人之言，谓纣何有于我哉，抚我则为后，虐我则为仇。夫使民情至此，则君之恶可知矣。盖武王既已合其众于商郊，一不胜，则岂徒尔众涂地，天下生灵愈受其弊矣。是以不得不极言其恶，以激西土之人也。独夫者，孟子所谓"残贼之人，谓之一夫"是也。纣既不务德，而唯威是作，非汝世仇而何？"树德务滋"，日以增长也。"除恶务本"，既伐而必胜可也。我以尔有众殄歼独夫之仇，惟克果毅，乃能必胜。《春秋传》曰，杀敌为果，致果为毅。于是又以赏罚诱之。尔能奉乃辟，功多者厚赏；不迪者显戮，谕之以赏罚矣。又恐其志之或怠也，乃引文王之德，以镇服之。其曰若日月之照临，光于四方。夫日月有明，容光必照，无不及者，是文考之灵，无乎不在，况又显于西土。汝西土之人，常若文考临之在上。兹伐也，可不助我，以徼文考之福乎？况我有周大受多方于天命，不可不为此举也。予克受，非予武；受克予，予无良，皆非文考之罪。观武王始以文王而驱诸侯之战，出于一时之权，其心实未安。今将胜矣，当以正论而立天下之义，故不敢归罪于文王，以是见文王初无伐纣之心。武王借此以为资藉章章矣。学者可不深详之乎。

5. （宋）夏僎《尚书详解》卷十六《周书·泰誓下》

古人有言曰，抚我则后，虐我则仇。独夫受，洪惟作威，乃汝世仇。树德务滋，除恶务本。肆予小子，诞以尔众士，殄歼乃仇。尔众士，其尚迪果毅，以登乃辟。功多有厚赏，不迪有显戮。

武王上既欲众士同心戮力伐纣，故此遂言，所闻于古人之言，以证纣之不可不伐也。盖民心叛服，初不可常。抚恤之，则戴上为君；酷虐之，则视上为仇仇。一为后，一为仇，在上之人抚之、虐之如何耳。今纣为君，乃不能抚恤其民，而大作威虐以害之，是与汝世也为仇敌者，斯民岂肯戴之为后哉。故武王所以既言"抚我则后，虐我则仇"，而必继之曰"独夫受洪惟作威乃汝世仇"也。方是时，纣尚为君，而武王言独夫者，盖得丘民而为天子，所谓天子者以其得民耳。今纣虽为天子，而民心已离。民心既离，则巍巍在上，特一夫耳，谁与为俦哉？此所以谓之独夫也。武王既言纣作威虐民，与民作仇，不能抚民，使戴为后，故此又言，植德去恶，以见纣之不可不诛，而我之不可不附也。盖有德之人，当植封之，故谓之"树德"。树德，则必灌溉而使之繁滋。罪恶之人，当剪除之，谓之"除恶"。除恶，则必芟夷蕴崇，绝其根本，勿使再植。今纣所谓天下至恶之根本也，故我小子所以伐商者，乃大与众士，殄绝歼灭尔众虐我之仇，而务去恶本者也。我既欲与汝众除恶去仇，尔众士庶几，各导迪其果敢勇毅，而期于必行，以成汝君之功可也，故曰"以登乃辟"。一说谓，登，陟也，登乃辟，使汝君陟元后也。武王自未渡孟津，至既渡而次，既次而行，凡三出誓，所谓三令五申，反复备至也。至是将欲趋纣之郊，以决生民之命于商。周之胜负，其事迫矣。故不可无赏罚以惩劝之，故遂戒之曰"功多有厚赏，不迪有显戮"，盖谓尔众士，今日能用命却敌，奏功而多，则我有厚赏。谓之厚赏，则不特一爵一级而已。若不用命，而不能迪而果毅，遂至畏却致败者，则我有显戮。显戮者，则肆诸市朝也。

6.（宋）时澜《增修东莱书说》卷十五《周书·泰誓下第三》

古人有言曰，抚我则后，虐我则仇。

古人有言，非武王之言也。天尊地卑，君臣定位。若抚我者，即以之为后，虐我者即以之为仇，则君臣，反复手之间可变。古人之言，何谓也？天佑下民，作之君，抚我者，乃为君之职；虐我者，则于君职反矣。反乎君职，则是仇也。抚与虐为对，后与仇为对，古人于君之义，指其对立之理而言之，非于民之义而发也。况抚者后之道，虐者仇之事也。

7.（宋）黄度《尚书说》卷四《周书·泰誓下》

（归善斋按，见"上帝弗顺，祝降时丧"）

8.（宋）袁燮《絜斋家塾书钞》卷五《周书·泰誓下》

古人有言曰，抚我则后，虐我则仇。独夫受，洪惟作威，乃汝世仇。树德务滋，除恶务本。肆予小子，诞以尔众士，殄歼乃仇。尔众士，其尚迪果毅，以登乃辟。功多有厚赏，不迪有显戮。

纣在上，严刑峻法，重赋厚敛，所以虐民者多矣，故曰"乃汝世仇"。"尚迪果毅"，迪，蹈也。凡书中言"迪"，皆训"蹈"，蹈者，践履之谓也。若心知其当果毅而不能行，何以为迪。看《泰誓》三篇，须当看他次第、节目。三篇之书，至此方说赏罚，盖未用兵之时，无用赏罚，到交兵之际，赏罚不可不严。驱三军冒矢石之下，不有厚赏，谁肯向前；不有显戮，谁不退避。汤之征桀曰"予则孥戮汝，罔有攸赦"，亦此意也。

9.（宋）蔡沈《书经集传》卷四《周书·泰誓下》

古人有言曰，抚我则后，虐我则仇。独夫受，洪惟作威，乃汝世仇。树德务滋，除恶务本。肆予小子，诞以尔众士，殄歼乃仇。尔众士其尚迪果毅，以登乃辟功。多有厚赏，不迪有显戮。

洪，大也。独夫，言天命已绝，人心已去，但一独夫耳。《孟子》曰，残贼之人，谓之一夫。武王引古人之言，谓抚，我则我之君也；虐我，则我之仇也。今独夫受，大作威虐，以残害于尔百姓，是乃尔之世仇也。务，专力也。植德，则务其滋长；去恶，则务绝根本。两句意亦古语，喻纣为众恶之本，在所当去。故我小子，大以尔众士，而殄绝歼灭汝之世仇也。迪，蹈；登，成也。杀敌为果，致果为毅。尔众士，其庶几蹈行果毅，以成汝君。若功多，则有厚赏，非特一爵一级而已。不迪果毅，则有显戮，谓之显戮，则必肆诸市朝，以示众庶。

10.（宋）黄伦《尚书精义》卷二十六《周书·泰誓下》

古人有言曰，抚我则后，虐我则仇。独夫受，洪惟作威，乃汝世仇。树德务滋，除恶务本。

无垢曰，夫行德，则天下归之，天下归之者，天子也。暴虐，则天下叛之，天下叛之，茕茕然拥虚器，以在人上，岂非独夫乎。天下叛之矣，不知畏惧，大惟作威，以杀戮贤人君子。不修郊社宗祀，则天下视之，又甚世之仇敌矣。

又曰，德欲广及，恶欲知几。故立德者，务滋欲，其延蔓不已也。除恶者务本，欲其萌芽绝去也。然则，天下之恶，皆萌芽于纣。欲除天下之恶，当除纣一人而已。纣既灭绝，则天下之恶，脉理皆断矣。脉理皆断，善端自然发见焉。

张氏曰，《诗》云"惠而好我，携手同归"，此抚我则后之谓也。《汤誓》曰"夏王率遏众力，率割夏邑，有众率怠弗协，曰，予及汝皆亡"，此虐我则仇之谓也。"独夫受，洪惟作威，乃汝世仇"者，谓之"独夫受"，以其孤危寡独，丧其君人之道也。

吕氏曰，君臣之间，如天尊地卑，自有定分。其所以相与固结者，皆天理自然如此。若其抚则后，虐则仇，如是容易，是君不君，乃反掌之间耳。此盖未知君臣之礼，须当看古人有为而言，亦当知武王有为而举。武王说天之所以设君者，本不是居九重之尊，这便是后。盖受天之寄为天子，以抚养百姓，这始是后。若是纵暴肆虐，失其君道，这是民之仇。盖天之立君，本是抚育百姓，今失天之职，肆虐于民，便是仇。

又曰，大抵广德滋长，则天下之人皆到可封之地位。若除恶当就本根上除。何故？大抵恶岂人之所愿为，若不幸而为，污俗所染，人君安可举世除之，除一人，则天下之恶自除矣。

11. （宋）陈经《尚书详解》卷二十一《周书·泰誓下》

古人有言曰，抚我则后，虐我则仇。独夫受，洪惟作威，乃汝世仇。树德务滋，除恶务本。肆予小子，诞以尔众士，殄歼乃仇。尔众士其尚迪果毅，以登乃辟。功多有厚赏，不迪有显戮。

此章专以仇视纣，而不以君视纣，盖以君视纣，则君臣之分，天尊地卑，而不敢伐；以仇视纣，则但见武王伐仇敌之人，理所不容恕。亦如《孟子》称"汤非富天下也，为匹夫、匹妇复仇也"同意。然则，纣虽不道，其位则君也；武王虽有道，其位则臣也。纣何尝以犬马待武王，而武王乃以寇仇视纣也耶，非惟理势有所不顺，而纣，武王谓之仇，亦可乎？盖古人常有言曰，抚之者即君，以其君之职在于抚民也；虐之则仇，以失其君之职，则在于虐民也。贵为天子，富有四海，乃天下之人，共推尊仰戴之，冀其安我也，岂以富贵而为虐民之具哉。武王举古人之言，则见非武王之私意如此。

"独夫受，洪惟作威，乃汝世仇"，所贵乎君者，以其善群也；所以谓之王者，以其为天下之归往也。纣不能善群，不能为天下所归往，则是一匹之夫，与凡人等也，岂有天位神器，而使一匹之凡夫，据其上哉。惟人主，为天下所归往，则生杀予夺，谁敢以为怨。人心离散，既为独夫矣，惟大作威虐，其谁不以为仇哉。谓之仇，即己之敌也。此则不以尊卑论，而以曲直论矣。"树德务滋，除恶务本"，善则欲使蔓延；恶则芟夷蕴崇，绝其本根，勿使长植。纣乃天下为恶之根本也。恶之本不去，则武王之善，无自而滋蔓于天下。

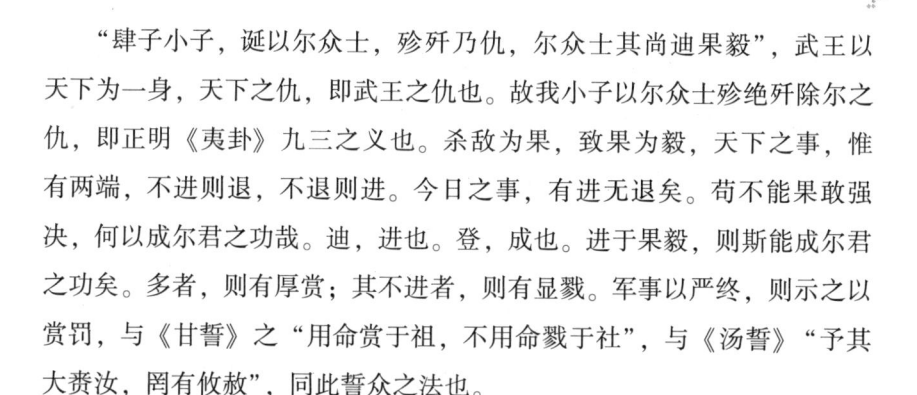

"肆予小子，诞以尔众士，殄歼乃仇，尔众士其尚迪果毅"，武王以天下为一身，天下之仇，即武王之仇也。故我小子以尔众士殄绝歼除尔之仇，即正明《夷卦》九三之义也。杀敌为果，致果为毅，天下之事，惟有两端，不进则退，不退则进。今日之事，有进无退矣。苟不能果敢强决，何以成尔君之功哉。迪，进也。登，成也。进于果毅，则斯能成尔君之功矣。多者，则有厚赏；其不进者，则有显戮。军事以严终，则示之以赏罚，与《甘誓》之"用命赏于祖，不用命戮于社"，与《汤誓》"予其大赉汝，罔有攸赦"，同此誓众之法也。

12.（宋）钱时《融堂书解》卷九《周书·泰誓下》

古人有言曰，抚我则后，虐我则仇。独夫受，洪惟作威，乃汝世仇。树德务滋，除恶务本。肆予小子，诞以尔众士，殄歼乃仇。尔众士，其尚迪果毅，以登乃辟。功多有厚赏，不迪有显戮。

上节止是概举纣众恶，以见其得罪于天，至此复提出"作威"一事，切众士之心而言。"洪惟作威"与"作威杀戮"正相应，此节专主一"仇"字，武王前面都不及赏罚，至此将临敌，不可不知所劝戒，方正赏罚以示之。

13.（宋）魏了翁《尚书要义》卷十《泰誓》至《武成》

（归善斋按，未引）

14.（宋）陈大猷《书集传或问》卷上《泰誓》

（归善斋按，未解）

15.（宋）胡士行《尚书详解》卷六《周书·泰誓下第三》

（归善斋按，见"今商王受，狎侮五常，荒怠弗敬"）

16.（元）吴澄《书纂言》

（归善斋按，无此篇）

17.（元）陈栎《书集传纂疏》卷四上《朱子订定蔡氏集传周书·泰誓下》

　　古人有言曰，抚我则后，虐我则仇。独夫受，洪惟作威，乃汝世仇。树德务滋，除恶务本。肆予小子，诞以尔众士，殄歼乃仇。尔众士，其尚迪果毅，以登乃辟。功多有厚赏，不迪有显戮。

　　洪，大也。独夫，言天命已绝，人心已去，但一独夫耳。《孟子》曰"残贼之人谓之一夫"。武王引古人之言，谓抚我，则我之君也；虐我，则我之仇也。今独夫受，大作威虐，以残害于尔百姓，是乃尔之世仇也。务，专力也。植德，则务其滋长；去恶，则务绝根本。两句意亦古语，喻纣为众恶之本，在所当去，故我小子大，以尔众士而殄绝歼灭汝之世仇也。迪，蹈；登，成也。杀敌为果，致果为毅。尔众士，其庶几蹈行果毅，以成汝君。若功多，则有厚赏，非特一爵一级而已。不迪果毅，则有显戮，谓之显戮，则必肆诸市朝，以示众庶。

18.（元）许谦《读书丛说》卷六《周书·泰誓》

（归善斋按，未解）

19.（元）董鼎《书传辑录纂注》卷三《周书·泰誓下》

　　古人有言曰，抚我则后，虐我则仇。独夫受，洪惟作威，乃汝世仇。树德务滋，除恶务本。肆予小子，诞以尔众士，殄歼乃仇。尔众士，其尚迪果毅，以登乃辟。功多有厚赏，不迪有显戮。

　　洪，大也。独夫，言天命已绝，人心已去，但一独夫耳。《孟子》曰"残贼之人，谓之一夫"。武王引古人之言，谓抚我则我之君也；虐我则我之仇也。今独夫受，大作威虐，以残害于尔百姓，是乃尔之世仇也。务，专力也。植德则务其滋长；去恶则务绝根本。两句意亦古语，喻纣为众恶之本，在所当去，故我小子，大以尔众士，而殄绝歼灭汝之世仇也。迪，蹈；登，成也。杀敌为果，致果为毅。尔众士，其庶几蹈行果毅，以成汝君。若功多，则有厚赏，非特一爵一级而已。不迪果毅，则有显戮，谓之显戮，则必肆诸市朝，以示众庶。

纂注：

真氏曰，武王举古人之言，以明民之常情如此，若君民之分，岂以虐我而遂仇之哉？然君民之分不可恃，而民之常情，不可不察。

20.（元）朱祖义《尚书句解》卷六《周书·泰誓下第三》

古人有言曰（尝闻古人之言），抚我则后，虐我则仇（民心无常，抚恤我则戴为君，虐害我则视为仇）。

21.（明）王樵《尚书日记》卷九《周书·泰誓下》

"古人有言曰，抚我则后"至"不迪有显戮"。

真氏曰，"抚则后，虐则仇"，武王举古人之言，以明民之常情如此。若君民之分，岂以虐我而遂仇之哉，然君民之分不可恃，而民之常情不可不察。

独夫，《孟子》曰残贼之人，谓之一夫，言人心皆去，其势位不复能系属于天下，直一夫耳。"洪惟作威"，言虐甚，见其不君也。仇，谓之世者，孤人之子，寡人之妻，独人父母仇，不一身而已也。

"树德务滋"，言培其本，又拥护之，令其蕃殖也。"除恶务本"，言当绝其本根。除恶不除本，如恶草遗种，少焉复生矣，言纣为恶本，当殄歼之。

迪，蹈也。杀敌为果，致果为毅。登，成也，成汝君之功。

金氏曰，纣之恶，固毒痛四海，然自其忌恶文王，则所以施于周人者独虐。此篇专誓周师，故曰殄歼乃仇，其怨深；曰登，乃辟，其分尊；曰有显戮，其辞严，与上、中二誓不同。

22.（清）库勒纳等撰《日讲书经解义》卷六《周书·泰誓下》

古人有言曰，抚我则后，虐我则雠。独夫受，洪惟作威，乃汝世雠。树德务滋，除恶务本。肆予小子，诞以尔众士，殄歼乃雠。尔众士，其尚迪果毅，以登乃辟。功多有厚赏，不迪有显戮。

此一节书是，言纣结怨于民，而勉将士之尽力也。后，君也。独夫，谓孤立无助之人，指纣言。"树德务滋，除恶务本"二句，亦古语也。肆，发语词。诞，大也。殄，绝也。歼，灭也。"迪"字，解作"蹈"字。杀敌谓之果，致果谓之毅。登，成也。乃辟，汝君也。武王曰，我闻古人有言曰，小民之情，向背无常，以恩抚我，则爱戴之为君上；以威虐我，则疾视之如寇雠。由此言观之，今孤立无助，如商王受者，大作威虐，以残害于尔百姓，是乃尔之世雠也。宁复可为汝君乎？我又闻古人曰，欲树立人之德，则务其滋长；欲除去人之恶，则务绝根本。今商王受，正众恶之本，所当急去者也。故我小子，大以尔等众士，问受之罪，务殄绝歼灭尔之世雠。尔等众士其蹈行果毅，无有畏避，无有中止，以成尔君吊民伐罪之功可也。尔若功绩众多，则我有厚赏，非特一爵一级而已。尔若不蹈行果毅，则必有显戮，以示众庶。尔等可不思策勋定难，以自免于罪戾哉？

（明）梅鷟《尚书考异》卷四《泰誓下》

古人有言曰，抚我则后，虐我则雠。独夫受，洪惟作威，乃汝世雠。

《荀子议兵》篇，暴国之君，其民之视我，欢若父母，反顾其上若仇雠。又曰，汤、武之诛桀、纣，若诛独夫。故《泰誓》曰，独夫纣，此之谓也。

《淮南子·道广训》尹佚曰，四海之内，善之则吾畜也。不善，则吾雠也。昔夏、商之民，反雠桀、纣，而臣汤、武。

《淮南子·兵略训》决狱无辜，杀戮无罪。又曰，武王伐纣，东南而迎岁。至汜而水，至共头而坠，彗星出，而授殷人其柄。当战之时，十日乱于上，风雨击于中。

独夫受，洪惟作威，乃汝世仇

1.（汉）孔氏传、（唐）陆德明音义、孔颖达疏《尚书注疏》卷十《周书·泰誓下》

独夫受，洪惟作威，乃汝世仇。

传,言独夫,失君道也。大作威杀无辜,乃是汝累世之仇,明不可不诛。

2. (宋) 苏轼撰《书传》卷九《周书·泰誓下第三》

(归善斋按,未解)

3. (宋) 林之奇《尚书全解》卷二十二《周书·泰誓下》

(归善斋按,见"崇信奸回,放黜师、保")

4. (宋) 史浩《尚书讲义》卷十一《周书·泰誓下》

(归善斋按,见"古人有言曰,抚我则后,虐我则仇")

5. (宋) 夏僎《尚书详解》卷十六《周书·泰誓下》

(归善斋按,见"古人有言曰,抚我则后,虐我则仇")

6. (宋) 时澜《增修东莱书说》卷十五《周书·泰誓下第三》

独夫受,洪惟作威,乃汝世仇。树德务滋,除恶务本。肆予小子,诞以尔众士,殄歼乃仇。尔众士,其尚迪果毅,以登乃辟。

纣天命已绝,人心已去,一独夫耳。方拥虚位,大作其威于民,乃汝之世仇。人君政令,或有不善,以及于民,安可即仇其君。君,天也,天可仇乎?世仇之言,因独夫而发也。自"古人有言"以下,辞旨峻厉,天地之化,阴阳之气,和,则翔之以风,润之以雨,霏微霡霂,而物无不遂;戾,则偃之以疾风,轰之以迅雷,凌厉震动,而物无不肃。圣人,天也。树德必务其滋长,至于比屋可封之域;除恶只务其本,歼厥渠魁,殄歼乃仇而已。"尔众士其尚迪果毅,以登乃辟",而成其大功。祭祀思敬,军旅思严,众士当勉进其果毅。杀敌,为果;致果,为毅,果毅者,军旅之主也。如此,则可以成乃君。

7. (宋) 黄度《尚书说》卷四《周书·泰誓下》

(归善斋按,见"上帝弗顺,祝降时丧")

8.（宋）袁燮《絜斋家塾书钞》卷五《周书·泰誓下》

（归善斋按，见"古人有言曰，抚我则后，虐我则仇"）

9.（宋）蔡沈《书经集传》卷四《周书·泰誓下》

（归善斋按，见"古人有言曰，抚我则后，虐我则仇"）

10.（宋）黄伦《尚书精义》卷二十六《周书·泰誓下》

（归善斋按，见"古人有言曰，抚我则后，虐我则仇"）

11.（宋）陈经《尚书详解》卷二十一《周书·泰誓下》

（归善斋按，见"古人有言曰，抚我则后，虐我则仇"）

12.（宋）钱时《融堂书解》卷九《周书·泰誓下》

（归善斋按，见"古人有言曰，抚我则后，虐我则仇"）

13.（宋）魏了翁《尚书要义》卷十《泰誓》至《武成》

（归善斋按，未引）

14.（宋）陈大猷《书集传或问》卷上《泰誓》

（归善斋按，未解）

15.（宋）胡士行《尚书详解》卷六《周书·泰誓下第三》

（归善斋按，见"今商王受，狎侮五常，荒怠弗敬"）

16.（元）吴澄《书纂言》

（归善斋按，无此篇）

17.（元）陈栎《书集传纂疏》卷四上《朱子订定蔡氏集传周书·泰誓下》

（归善斋按，见"古人有言曰，抚我则后，虐我则仇"）

18. （元）许谦《读书丛说》卷六《周书·泰誓》

(归善斋按，未解)

19. （元）董鼎《书传辑录纂注》卷三《周书·泰誓下》

(归善斋按，见"古人有言曰，抚我则后，虐我则仇")

20. （元）朱祖义《尚书句解》卷六《周书·泰誓下第三》

独夫受（今纣寡助孤立，谓之独夫），洪惟作威（方大为威虐以害民），乃汝世仇（乃与汝民世世为仇）。

21. （明）王樵《尚书日记》卷九《周书·泰誓下》

(归善斋按，见"古人有言曰，抚我则后，虐我则仇")

22. （清）库勒纳等撰《日讲书经解义》卷六《周书·泰誓下》

(归善斋按，见"古人有言曰，抚我则后，虐我则仇")

树德务滋，除恶务本

1. （汉）孔氏传、（唐）陆德明音义、孔颖达疏《尚书注疏》卷十《周书·泰誓下》

树德务滋，除恶务本。
传，立德务滋长，去恶务除本，言纣为天下恶本。

2. （宋）苏轼撰《书传》卷九《周书·泰誓下第三》

(归善斋按，见"尔其孜孜，奉予一人，恭行天罚")

3.（宋）林之奇《尚书全解》卷二十二《周书·泰誓下》

树德务滋，除恶务本。肆予小子，诞以尔众士，殄歼乃仇。尔众士，其尚迪果毅，以登乃辟。功多有厚赏，不迪有显戮。呜呼！惟我文考，若日月之照临，光于四方，显于西土。惟我有周，诞受多方，予克受，非予武，惟朕文考无罪；受克予，非朕文考有罪，惟予小子无良。

此又从而为之喻以见意也。树德，若植嘉禾，必以雨露灌溉之；去恶，如除蔓草必，芟夷蕴崇之，绝其本根，然后不至于滋蔓。武王言此者，盖谓尔邦君庶士，于我国家，则当如树德务滋，必封植愈固，然后斯民永享其利；于殷也，则当如除恶务本，必去纣之虐，然后其恶可得而绝。故继之曰"肆予小子，诞以尔众士，殄歼乃仇"，言尚与汝务本以除恶也。

"尔众士，其尚迪果毅，以登乃辟"，此则言，汝众士当务滋以树我国家之有德也。《孟子》论汤之伐葛曰，为其杀是童子而征之，四海之内皆曰，非富天下也，为匹夫匹妇复仇也。汤之于葛，但有匹夫匹妇之仇，而犹且兴兵以复之。今也，纣既"洪惟作威，毒痡四海"，以与一世之人为仇，武王岂得恝然无所恻怛于其心哉？故我小子，当与尔卿士，殄歼乃仇盖我能与汝去纣之恶，则是抚汝，而可以为汝之君矣。汝众士，当进其果毅，以成汝之君。盖为灭纣而胜之，则将长为汝之君而抚汝矣。汝不可不一德一心，以翊戴之也。武王所以三令而五申，谆复告戒，以致其所以吊民伐罪之意者，可谓尽矣。

至是将欲趋纣之郊，以决生民之命于商周之胜负，则其所以用其众士也，不可无赏罚，以惩劝之。故遂戒之曰"功多有厚赏，不迪有显戮"，盖欲其众之用命，则必欲示之赏罚之必信也。《汤誓》曰"尔无不信，朕不食言。汝不从誓言，予则孥戮汝，罔有攸赦"，大抵行阵肃师，谨重其事，其言不得不出于此，非诱之以重赏，动之以严刑，以冀其从己也。既告之以赏刑之必信，于是遂嗟叹而言，其临事而惧，不敢自宁之意而已。惟我文考之德也，若日月之照临在上，近而西土，远而四方，无所不被文考之德，其光显于天下也。既已如此，则我有周，诞受多方，以有天下，是我周家之于纣，盖有必胜之理矣。所不可知者，我小子之德如何耳。使此行也，而我遂克纣，非我小子之能用武，以卒伐功也，以我文考无罪，故我国家得以膺上天之休命，而集其勋。使此行也，受克予，则非朕文考之有罪，乃我小子无良善之德，故我国家所以应天顺人者，不克终，而斯民复蹈于涂炭之中，而莫之拯救。此盖其兢兢业业，志不忘于夙夜，故虽有必胜之理，而反躬自责，惟恐其不胜也。此与汤之诰多方曰"俾予一人，辑宁尔邦家，兹朕未知获戾于上下，栗栗危惧，若将陨于深渊"，皆是圣人至诚畏惧之心充实于中，则发之于言自然如此，无一毫诈伪于其间。而先儒引此为汤、武假设以求众心之辞，此说大害义理。《孟子》曰，"至诚而不动者未之有也；不诚，未有能动者也"。汤、武以臣伐君，皆本天、人之证。至于东征西怨，箪食壶浆，以迎王师者，惟其至诚为能动故也。使其誓诰多方之言，非出于中心之诚然者，而设为恐惧之辞，以求众心，则不诚莫大焉。既不诚矣，其何能动哉。齐威公责楚曰，尔贡包茅不入，王祭不供，无以缩酒，寡人是征；昭王南征而不复，寡人是问。此则假设求众心之辞，盖其心本不如是，而徒以权谲济一时之宜，所以不能动人，使之必信。使威公之此言，出于中心之至诚，则其伐楚也，将无异于周公之东征矣，其功烈岂至如是之卑哉。故论圣人之事，以为有所矫情而为之者，皆浅丈夫也。

4. （宋）史浩《尚书讲义》卷十一《周书·泰誓下》

（归善斋按，见"古人有言曰，抚我则后，虐我则仇"）

5. （宋）夏僎《尚书详解》卷十六《周书·泰誓下》

（归善斋按，见"古人有言曰，抚我则后，虐我则仇"）

6. （宋）时澜《增修东莱书说》卷十五《周书·泰誓下第三》

（归善斋按，见"独夫受，洪惟作威，乃汝世仇"）

7. （宋）黄度《尚书说》卷四《周书·泰誓下》

树德务滋，除恶务本。肆予小子，诞以尔众士，殄歼乃仇。

"取彼凶残"，"殄歼乃仇"，皆见其罪为不可赦。

8. （宋）袁燮《絜斋家塾书钞》卷五《周书·泰誓下》

（归善斋按，见"古人有言曰，抚我则后，虐我则仇"）

9. （宋）蔡沈《书经集传》卷四《周书·泰誓下》

（归善斋按，见"古人有言曰，抚我则后，虐我则仇"）

10. （宋）黄伦《尚书精义》卷二十六《周书·泰誓下》

（归善斋按，见"古人有言曰，抚我则后，虐我则仇"）

11. （宋）陈经《尚书详解》卷二十一《周书·泰誓下》

（归善斋按，见"古人有言曰，抚我则后，虐我则仇"）

12. （宋）钱时《融堂书解》卷九《周书·泰誓下》

（归善斋按，见"古人有言曰，抚我则后，虐我则仇"）

13. （宋）魏了翁《尚书要义》卷十《泰誓》至《武成》

（归善斋按，未引）

14. （宋）陈大猷《书集传或问》卷上《泰誓》

（归善斋按，未解）

15. （宋）胡士行《尚书详解》卷六《周书·泰誓下第三》

（归善斋按，见"今商王受，狎侮五常，荒怠弗敬"）

16. （元）吴澄《书纂言》

（归善斋按，无此篇）

17.（元）陈栎《书集传纂疏》卷四上《朱子订定蔡氏集传周书·泰誓下》

(归善斋按，见"古人有言曰，抚我则后，虐我则仇")

18.（元）许谦《读书丛说》卷六《周书·泰誓》

(归善斋按，未解)

19.（元）董鼎《书传辑录纂注》卷三《周书·泰誓下》

(归善斋按，见"古人有言曰，抚我则后，虐我则仇")

20.（元）朱祖义《尚书句解》卷六《周书·泰誓下第三》

树德务滋（大抵封殖有德之人，如殖树，必栽培灌溉，使之繁滋），除恶务本（除去罪恶之人，如除草，必芟夷蕴崇，务绝根本）。

21.（明）王樵《尚书日记》卷九《周书·泰誓下》

(归善斋按，见"古人有言曰，抚我则后，虐我则仇")

22.（清）库勒纳等撰《日讲书经解义》卷六《周书·泰誓下》

(归善斋按，见"古人有言曰，抚我则后，虐我则仇")

（明）梅鷟《尚书考异》卷四《泰誓下》

树德务滋，去恶务本。

哀元年，伍员曰，臣闻之，树德莫如滋，去疾莫如尽又。《战国策》秦客卿造曰，《诗》云"树德莫如滋，除害莫如尽"。

肆予小子，诞以尔众士，殄歼乃仇

1. （汉）孔氏传、（唐）陆德明音义、孔颖达疏《尚书注疏》卷十《周书·泰誓下》

肆予小子，诞以尔众土，殄歼乃仇。
传。言欲行除恶之义。绝，尽纣。
音义：
殄，徒典反。歼，子廉反。
音义：
毅，牛既反。

2. （宋）苏轼撰《书传》卷九《周书·泰誓下第三》

肆予小子，诞以尔众士，殄歼乃仇。尔众土，其尚迪果毅，以登乃辟。功多有厚赏，不迪有显戮。呜呼！惟我文考，若日月之照临，光于四方，显于西土。惟我有周，诞受多方。予克受，非予武，惟朕文考无罪；受克予，非朕文考有罪，惟予小子无良。
兵，凶事也，以武王与纣犹有胜负之忧，为文王羞，是以先王重用兵也。

3. （宋）林之奇《尚书全解》卷二十二《周书·泰誓下》

（归善斋按，见"树德务滋，除恶务本"）

4. （宋）史浩《尚书讲义》卷十一《周书·泰誓下》

（归善斋按，见"古人有言曰，抚我则后，虐我则仇"）

5. （宋）夏僎《尚书详解》卷十六《周书·泰誓下》

（归善斋按，见"古人有言曰，抚我则后，虐我则仇"）

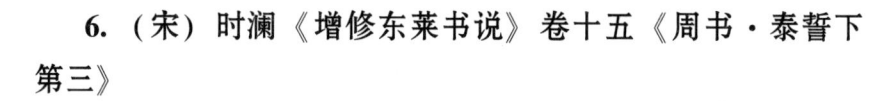

6.（宋）时澜《增修东莱书说》卷十五《周书·泰誓下第三》

（归善斋按，见"独夫受，洪惟作威，乃汝世仇"）

7.（宋）黄度《尚书说》卷四《周书·泰誓下》

（归善斋按，见"树德务滋，除恶务本"）

8.（宋）袁燮《絜斋家塾书钞》卷五《周书·泰誓下》

（归善斋按，见"古人有言曰，抚我则后，虐我则仇"）

9.（宋）蔡沈《书经集传》卷四《周书·泰誓下》

（归善斋按，见"古人有言曰，抚我则后，虐我则仇"）

10.（宋）黄伦《尚书精义》卷二十六《周书·泰誓下》

肆予小子，诞以尔众士，殄歼乃仇。尔众士，其尚迪果毅，以登乃辟。功多有厚赏，不迪有显戮。

无垢曰，纣为天下寇仇，乃天下所同疾，特无有倡之者耳。武王一倡，则天下皆应之。然则，武王之，倡非私怒也。孟子识此意，曰"武王一怒而安天下之民"。夫天下皆视纣如寇仇而欲殄歼之，则纣之为人主，可谓失其所操持矣。

又曰，迪，进也；登，成也。夫未举事之前，以谋为主；既举事之后，以决为主。故曰老者之智，壮者之决。武王之谋已无遗策矣，今既渡河，有进无退，正用决之时也。故其告如此，以为尔众士，庶几进于果决，必取商纣，以成我为辟之道。

又曰，赏以进之，则人皆知进；戮以惩之，则人不敢退。战功曰多，以多为胜也。功多则赏厚，士卒其有自足之心乎。不进则有显戮，士卒其有反顾之心乎。

11. (宋)陈经《尚书详解》卷二十一《周书·泰誓下》

(归善斋按,见"古人有言曰,抚我则后,虐我则仇")

12. (宋)钱时《融堂书解》卷九《周书·泰誓下》

(归善斋按,见"古人有言曰,抚我则后,虐我则仇")

13. (宋)魏了翁《尚书要义》卷十《泰誓》至《武成》

(归善斋按,未引)

14. (宋)陈大猷《书集传或问》卷上《泰誓》

(归善斋按,未解)

15. (宋)胡士行《尚书详解》卷六《周书·泰誓下第三》

(归善斋按,见"今商王受,狎侮五常,荒怠弗敬")

16. (元)吴澄《书纂言》

(归善斋按,无此篇)

17. (元)陈栎《书集传纂疏》卷四上《朱子订定蔡氏集传周书·泰誓下》

(归善斋按,见"古人有言曰,抚我则后,虐我则仇")

18. (元)许谦《读书丛说》卷六《周书·泰誓》

(归善斋按,未解)

19. (元)董鼎《书传辑录纂注》卷三《周书·泰誓下》

(归善斋按,见"古人有言曰,抚我则后,虐我则仇")

20. (元)朱祖义《尚书句解》卷六《周书·泰誓下第三》

肆予小子,诞以尔众士(故我大以尔众士),殄歼乃仇(殄绝歼灭汝世仇。歼,音尖)。

21. (明)王樵《尚书日记》卷九《周书·泰誓下》

(归善斋按,见"古人有言曰,抚我则后,虐我则仇")

22. (清)库勒纳等撰《日讲书经解义》卷六《周书·泰誓下》

(归善斋按,见"古人有言曰,抚我则后,虐我则仇")

尔众士,其尚迪果毅,以登乃辟

1. (汉)孔氏传、(唐)陆德明音义、孔颖达疏《尚书注疏》卷十《周书·泰誓下》

尔众士,其尚迪果毅,以登乃辟。
传,迪,进也。杀敌为果;致果为毅;登,成也,成汝君之功。
音义:
毅,牛既反。
疏:
传正义曰,迪,进;登,成,皆《释诂》文。杀敌为果,致果为毅,宣二年《左传》文。果,谓果敢;毅,谓强决。能杀敌人谓之为果,言能果敢以除贼。致此果敢,是名为毅,言能强决,以立功,皆言其心不犹豫也。军法以杀敌为上,故劝令果毅成功也。

2. (宋)苏轼撰《书传》卷九《周书·泰誓下第三》

(归善斋按,未解)

3. (宋)林之奇《尚书全解》卷二十二《周书·泰誓下》

(归善斋按,见"树德务滋,除恶务本")

4.（宋）史浩《尚书讲义》卷十一《周书·泰誓下》

（归善斋按，见"古人有言曰，抚我则后，虐我则仇"）

5.（宋）夏僎《尚书详解》卷十六《周书·泰誓下》

（归善斋按，见"古人有言曰，抚我则后，虐我则仇"）

6.（宋）时澜《增修东莱书说》卷十五《周书·泰誓下第三》

（归善斋按，见"独夫受，洪惟作威，乃汝世仇"）

7.（宋）黄度《尚书说》卷四《周书·泰誓下》

尔众士，其尚迪果毅，以登乃辟。功多有厚赏，不迪有显戮。

迪，蹈。杀敌为果，致果为毅。登，成；辟，君。武王于是而有天下，三誓而后及赏罚。行陈既立，始以军法临之。

8.（宋）袁燮《絜斋家塾书钞》卷五《周书·泰誓下》

（归善斋按，见"古人有言曰，抚我则后，虐我则仇"）

9.（宋）蔡沈《书经集传》卷四《周书·泰誓下》

（归善斋按，见"古人有言曰，抚我则后，虐我则仇"）

10.（宋）黄伦《尚书精义》卷二十六《周书·泰誓下》

（归善斋按，见"肆予小子，诞以尔众士，殄歼乃仇"）

11.（宋）陈经《尚书详解》卷二十一《周书·泰誓下》

（归善斋按，见"古人有言曰，抚我则后，虐我则仇"）

12.（宋）钱时《融堂书解》卷九《周书·泰誓下》

（归善斋按，见"古人有言曰，抚我则后，虐我则仇"）

13. （宋）魏了翁《尚书要义》卷十《泰誓》至《武成》

（归善斋按，未引）

14. （宋）陈大猷《书集传或问》卷上《泰誓》

（归善斋按，未解）

15. （宋）胡士行《尚书详解》卷六《周书·泰誓下第三》

（归善斋按，见"今商王受，狎侮五常，荒怠弗敬"）

16. （元）吴澄《书纂言》

（归善斋按，无此篇）

17. （元）陈栎《书集传纂疏》卷四上《朱子订定蔡氏集传周书·泰誓下》

（归善斋按，见"古人有言曰，抚我则后，虐我则仇"）

18. （元）许谦《读书丛说》卷六《周书·泰誓》

（归善斋按，未解）

19. （元）董鼎《书传辑录纂注》卷三《周书·泰誓下》

（归善斋按，见"古人有言曰，抚我则后，虐我则仇"）

20. （元）朱祖义《尚书句解》卷六《周书·泰誓下第三》

尔众士，其尚迪果毅（尔众士，庶几各进于果敢勇毅之地），以登乃辟（以成汝君之功）。

21. （明）王樵《尚书日记》卷九《周书·泰誓下》

（归善斋按，见"古人有言曰，抚我则后，虐我则仇"）

22.（清）库勒纳等撰《日讲书经解义》卷六《周书·泰誓下》

（归善斋按，见"古人有言曰，抚我则后，虐我则仇"）

（元）陈师凯《书蔡氏传旁通》卷四上《周书·泰誓下》

杀敌为果，致果为毅。
见《左氏传》宣二年。

（明）梅鷟《尚书考异》卷四《泰誓下》

尔众士，其尚迪果毅，以登乃辟，功多有厚赏，不迪有显戮。
宣二年，君子曰，戎昭果毅以听之之谓。《礼》杀敌为果，致果为毅，易之戮也。易之，即"不迪"之别名也。

功多有厚赏，不迪有显戮

1.（汉）孔氏传、（唐）陆德明音义、孔颖达疏《尚书注疏》卷十《周书·泰誓下》

功多有厚赏，不迪有显戮。
传，赏以劝之，戮以威之。

2.（宋）苏轼撰《书传》卷九《周书·泰誓下第三》

（归善斋按，未解）

3.（宋）林之奇《尚书全解》卷二十二《周书·泰誓下》

（归善斋按，见"树德务滋，除恶务本"）

4.（宋）史浩《尚书讲义》卷十一《周书·泰誓下》

（归善斋按，见"古人有言曰，抚我则后，虐我则仇"）

5.（宋）夏僎《尚书详解》卷十六《周书·泰誓下》

（归善斋按，见"古人有言曰，抚我则后，虐我则仇"）

6.（宋）时澜《增修东莱书说》卷十五《周书·泰誓下第三》

功多有厚赏，不迪有显戮。

以赏罚警众士也。

7.（宋）黄度《尚书说》卷四《周书·泰誓下》

（归善斋按，见"尔众士，其尚迪果毅，以登乃辟"）

8.（宋）袁燮《絜斋家塾书钞》卷五《周书·泰誓下》

（归善斋按，见"古人有言曰，抚我则后，虐我则仇"）

9.（宋）蔡沈《书经集传》卷四《周书·泰誓下》

（归善斋按，见"古人有言曰，抚我则后，虐我则仇"）

10.（宋）黄伦《尚书精义》卷二十六《周书·泰誓下》

（归善斋按，见"肆予小子，诞以尔众士，殄歼乃仇"）

11.（宋）陈经《尚书详解》卷二十一《周书·泰誓下》

（归善斋按，见"古人有言曰，抚我则后，虐我则仇"）

12.（宋）钱时《融堂书解》卷九《周书·泰誓下》

（归善斋按，见"古人有言曰，抚我则后，虐我则仇"）

13. （宋）魏了翁《尚书要义》卷十《泰誓》至《武成》

（归善斋按，未引）

14. （宋）陈大猷《书集传或问》卷上《泰誓》

（归善斋按，未解）

15. （宋）胡士行《尚书详解》卷六《周书·泰誓下第三》

（归善斋按，见"今商王受，狎侮五常，荒怠弗敬"）

16. （元）吴澄《书纂言》

（归善斋按，无此篇）

17. （元）陈栎《书集传纂疏》卷四上《朱子订定蔡氏集传周书·泰誓下》

（归善斋按，见"古人有言曰，抚我则后，虐我则仇"）

18. （元）许谦《读书丛说》卷六《周书·泰誓》

（归善斋按，未解）

19. （元）董鼎《书传辑录纂注》卷三《周书·泰誓下》

（归善斋按，见"古人有言曰，抚我则后，虐我则仇"）

20. （元）朱祖义《尚书句解》卷六《周书·泰誓下第三》

功多有厚赏（奏功多，则我有厚赏），不迪有显戮（不进，则我肆诸市朝，有显明之戮）。

21. （明）王樵《尚书日记》卷九《周书·泰誓下》

（归善斋按，见"古人有言曰，抚我则后，虐我则仇"）

22.（清）库勒纳等撰《日讲书经解义》卷六《周书·泰誓下》

（归善斋按，见"古人有言曰，抚我则后，虐我则仇"）

呜呼！惟我文考，若日月之照临，光于四方，显于西土

1.（汉）孔氏传、（唐）陆德明音义、孔颖达疏《尚书注疏》卷十《周书·泰誓下》

呜呼！惟我文考，若日月之照临，光于四方，显于西土。
传，称父以感众也，言其明德充塞四方，明着岐周。

2.（宋）苏轼撰《书传》卷九《周书·泰誓下第三》

（归善斋按，未解）

3.（宋）林之奇《尚书全解》卷二十二《周书·泰誓下》

（归善斋按，见"树德务滋，除恶务本"）

4.（宋）史浩《尚书讲义》卷十一《周书·泰誓下》

（归善斋按，见"古人有言曰，抚我则后，虐我则仇"）

5.（宋）夏僎《尚书详解》卷十六《周书·泰誓下》

呜呼，惟我文考，若日月之照临，光于四方，显于西土。惟我有周，诞受多方。予克受，非予武，惟朕文考无罪；受克予，非朕文考有罪，惟予小子无良。

武王上既以赏罚之必信，故此又嗟叹而复称述文王之盛德，得天人之心如此，则我今日胜纣，非我之能，乃文王之德；如其不胜，则罪不在文

王，乃我之不善也。盖文王之德，显显在上，若日月之照临，远而四方，近而西土，无所不被。惟其德之光显如此，故我有周，所以能受多方之归，往而有天下也。武王言此，盖谓我国家于纣有必胜之理，但不知我小子之德如何耳。使此行也，而我克纣，则非我小子之能用武，以卒其伐功，乃我文考之德，未尝得罪于天，故我国家所以得膺上天之休命，而集其大勋，故曰"非予武，惟朕文考无罪"；使此行也，受反胜我，则非我文考有罪，乃我小子无良善之德，故我国家所以不能克终其令绪，故曰"非朕文考有罪，惟予小子无良"。武王言此，盖谓文王之德如此，实可得天下。今我若胜，则实赖文王之功；如其不胜，则乃我之罪，非文王之德未至也。此皆圣人至诚畏惧之心，充实于中，则发之于言，自然如此，其非有一毫作伪于其间也。

6.（宋）时澜《增修东莱书说》卷十五《周书·泰誓下第三》

呜呼，惟我文考，若日月之照临，光于四方，显于西土。惟我有周，诞受多方。予克受，非予武，惟朕文考无罪；受克予，非朕文考有罪，惟予小子无良。

叹息而言，我周受命之本也。文王之德，若日月之照临，光于四方，显于西土，与尧之"光宅天下"，舜之"重华"一也。但文王未尝中天下而立耳。西土者，所治之地近，而尤显光华所自发也。文王之德，既如此，惟我有周，所以大受多方。文王盛德之光华，武王继之甚难，故常有不自坚之心。文王仰无愧，俯无怍，实有克受之道。若受胜我，非文王德不至，乃我不善继耳。观此可以知武王之毋，必毋我也。以武王伐纣，尚以纣对言，"予克受"，"受克予"，可谓毋必矣。以文考为言，不敢归之于己，可谓毋我矣。苟以为可必，而萌有我之心，即非天心；非天心，则非天讨也。

7.（宋）黄度《尚书说》卷四《周书·泰誓下》

呜呼！惟我文考，若日月之照临，光于四方，显于西土。惟我有周，诞受多方。予克受，非予武，惟朕文考无罪；受克予，非朕文考有罪，惟予小子无良。

此论父子继述之义，盖不独文、武之事为然，故《中庸》以武王对舜。舜为大孝，谓其能谐瞽也。武王为达孝，谓其能继文也。而又有父为大夫，子为士；父为士，子为大夫之论，天下万世之公言也。周诞受多方，皆文王明德致之，若武王不能克纣，事势一变，议论转移，或且上累文王，故誓师终篇，反复于文王无罪有罪，然则，其事诚重矣。汤、武之事，后世或疑于君臣之际，而不知父子之间，更有所难也。孟子曰"圣人人伦之至也"，非圣人，奚能尽其道哉。

8.（宋）袁燮《絜斋家塾书钞》卷五《周书·泰誓下》

呜呼，惟我文考，若日月之照临，光于四方，显于西土。惟我有周，诞受多方。予克受，非予武，惟朕文考无罪；受克予，非朕文考有罪，惟予小子无良。

文王有光显之德，自当诞受天命。我今日伐纣而胜，则是我文考之力；若伐而不胜，却无预我文考事，乃予一人之不善也。以武王伐纣，安有不胜之理，然万一不胜，则是予一人无良。汝军之众，其可不自勉，而使吾遗无良之责哉。

9.（宋）蔡沈《书经集传》卷四《周书·泰誓下》

呜呼！惟我文考，若日月之照临，光于四方，显于西土。惟我有周，诞受多方。

若日月照临，言其德之辉光也。光于四方，言其德之远被也。显于西土，言其德，尤着于所发之地也。文王之地，止于百里，文王之德，达于天下。多方之受，非周其谁。受之文王之德，实天命人心之所归，故武王于誓师之末，叹息而言之。

10.（宋）黄伦《尚书精义》卷二十六《周书·泰誓下》

呜呼！惟我文考，若日月之照临，光于四方，显于西土。惟我有周，诞受多方。予克受，非予武，惟朕文考无罪；受克予，非朕文考有罪，惟予小子无良。

无垢曰，纣所以暴虐者，以昏；文王所以"光于四方，显于西土"者，以明。其明如何，若日月之照临，明岂有既乎，日煜乎昼，月煜乎夜。昼夜常明，想见文王心地无一毫之滓矣。昼而思想。皆无失念；夜而梦寐，皆无失路。况事至乎。前物形于眹，其有不灼知其所从来，而鉴观其所往乎。

又曰，昏，为暴虐，故有臣亿万，惟亿万心；明，为仁圣，故以西土之地，而诞受多方也。三分天下有其二，其是之谓欤。以此知明德之尊，虽无意于天下，而天下当自归。昏德之贱，虽贵为天子，富有天下，不免为一独夫而已。

又曰，文王仁圣，诞受多方，则克纣者，乃文王积德深仁，感动天下之力，岂独武王今日之武哉。夫以臣伐君，虽以武王伐纣，不免于有罪。使武王胜纣，仅能免文王之罪而已。文王三分天下有其二，以服事殷，有何罪哉？诗序以谓武王能广文王之声，卒其伐功，则伐纣者，乃文王之心乎。使武王不克纣，文王能免罪乎？

又曰，夫克纣，则以文王为无罪；不胜纣，则以小子为无良，以善归亲，引恶归己。武王用心忠厚如此，其肯贪位，苟得为伐纣之举哉。举天命、人心所迫，不得不然也。

张氏曰，《易》曰"垂象着明莫大乎日月"，又曰"日月相推而明生焉"，则明之至者，莫明乎日月。文王有明德，而诗人谓之"明明在上"，故于此喻之"若日月之照临"也，宜矣，照以言其明，临以言其高。惟其如日月之照临，故远足以光于四方，近足以显于西土。四方外也，故言"光"；西土内也，故言"显"。

吕氏曰，文王盛德，光华如此。武王以眇然一身，继其后为甚难，故武王常有不足之心。使我克受，非我之能，乃文王之德无愆。文王仰不愧，俯不怍，故武王得承藉余休，所以能克受。若受胜我，非文王盛德之不至，乃是我无良，不能继文王耳。这一段最见武王之心。武王奉行天罚，以纣为独夫，自然战必胜，攻必取。不知武王才说了"必"之一字，便不是天心，便不是天讨。武王言自会伐纣，便是有我，便非无心，非无心，便非天讨。武王到此，尚把纣来计较胜负，见得武王无"必"。"予克受，非予武"，见得武王无我。此见得武王与天同心，益见得武王无

"必"。

11.（宋）陈经《尚书详解》卷二十一《周书·泰誓下》

呜呼！惟我文考，若日月之照临，光于四方，显于西土。惟我有周，诞受多方。予克受，非予武，惟朕文考无罪；受克予，非朕文考有罪，惟予小子无良。

末章专言文考，先儒以为称父以感众。盖西土之人，被文王之化深，则信文王也亦深。武王称"文考"以誓众，庶几有以耸动之也。又况武王此举，亦非其私意，广文王之声，而卒其伐功也。然则，文王果有心于得天下乎，非也。文王之心在于救民，武王能终其事，救民于水火之中，此即文王之志也。惟我文考，如日月照临于中天，无所不被也。光于四方，显于西土，亦光也。此光为尤着。四方，至远者也，故以"光"言；西土近，文王之都，故以"显"言。圣人之心，一视同仁，安有远近之间。然地理有远近，亦不能无辞。《诗》曰"惠此中国，以绥四方"，中国言"惠"，四方言"绥"，亦犹西土言"显"，四方言"光"也。此品节之法也。惟我有周，诞受多方之众，昔文王受命作周，三分天下有其二之时也。

"予克受，非予武"武王不敢以武功自居，而推其美于文王。我之所以胜纣者，非我之武能如此，惟朕文考上不得罪于天下，不得罪于民，所以我有功也。"受克予，非朕文考有罪"，武王以过归己，而不致归咎于父，以谓受若胜我，则我无良善之德，自取其败，岂文考之有罪哉。然则，武王以至仁伐至不仁，有不战，战必胜矣。而复以为"受克予"者，此有以见圣人有不敢必之心。此章当与"今朕必往"一句对观之。"今朕必往"者，义所当为，可必者在己也。此章乃不敢以胜自必，盖其不可必者在彼故也。学者知圣人之谓必，又知圣人之有所不可必，可与读圣经矣。

12.（宋）钱时《融堂书解》卷九《周书·泰誓下》

呜呼！惟我文考，若日月之照临，光于四方，显于西土。惟我有周，诞受多方。予克受，非予武，惟朕文考无罪；受克予，非朕文考有罪，惟予小子无良。

上文言赏罚，辞旨已尽，于是复原文王盛德，所以得天下之由。盖三分天下有其二，实文王以之我有周，诞受多方，非今日之故也。推此一节，最有力言，光于四方，固无不在此"照临"中矣。如何又说"显于西土"，西土，岐周也。西伯职分所得为者，独西土耳。故其政教又特显于西土也。惟文王盛德如此，故我有周为天命人心所归，大受多方焉。我今日特因文王见成事体，卒其成功耳。专就文王事体上说，数语之间反复抑扬，不惟足以感动人心，抑见周有天下已定于文王之日，非我今日创为此举。圣人辞气，包蓄极有意味，岂徒推功于父，引咎归己而已哉？

13.（宋）魏了翁《尚书要义》卷十《泰誓》至《武成》

（归善斋按，未引）

14.（宋）陈大猷《书集传或问》卷上《泰誓》

（归善斋按，未解）

15.（宋）胡士行《尚书详解》卷六《周书·泰誓下第三》

（归善斋按，见"今商王受，狎侮五常，荒怠弗敬"）

16.（元）吴澄《书纂言》

（归善斋按，无此篇）

17.（元）陈栎《书集传纂疏》卷四上《朱子订定蔡氏集传周书·泰誓下》

呜呼！惟我文考，若日月之照临，光于四方，显于西土。惟我有周，诞受多方。

"若日月照临"，言其德之辉光也。"光于四方"，言其德之远被也。"显于西土"，言其德尤着于所发之地也。文王之地，止于百里，文王之德达于天下，多方之受，非周其谁。受之文王之德，实天命人心之所归，故武王于誓师之末，叹息而言之。

18. （元）许谦《读书丛说》卷六《周书·泰誓》

（归善斋按，未解）

19. （元）董鼎《书传辑录纂注》卷三《周书·泰誓下》

呜呼！惟我文考，若日月之照临，光于四方，显于西土。惟我有周，诞受多方。

"若日月照临"，言其德之辉光也。"光于四方"，言其德之远被也。"显于西土"，言其德尤着于所发之地也。文王之地，止于百里；文王之德，达于天下，多方之受，非周其谁。受之文王之德，实天命、人心之所归，故武王于誓师之末，叹息而言之。

20. （元）朱祖义《尚书句解》卷六《周书·泰誓下第三》

呜呼（嗟叹）！惟我文考（惟我文德之父文王），若日月之照临（德如日月之照临），光于四方，显于西土（远则光四方，近则显西土）。

21. （明）王樵《尚书日记》卷九《周书·泰誓下》

"呜呼！惟我文考，若日月之照临"至"惟予小子无良"。

上三节，详商受之恶，为天人之所去，见亡商之有由；此节，述文王之德，为天、人之所归，见造周之有本。"若日月之照临"就德之发用上说，"光"字广而浅，"显"字狭而深，皆于及人上见之。四方，非文考所统之地，谓之光者，德之旁及，所谓"厥邦时叙"也。西土，乃文考所兴之地，谓之显者，德之深入，所谓"西土怙冒"也。

文王之德宜受多方，而大勋未集，今日之事，所以承文考之德，克，则藉文考之诒；不克，则予小子无良之咎。

前篇末举汤，此篇末举文考，盖以万古大义，则武王于汤任再起之责者也；以一家世德，则武王于文王任成终之责者也。远，则欲无愧于汤；近，则欲无忝于文考，武王所以临事而惧也。

"天有显道，厥类惟彰"，而纣，以狎侮荒怠而失之。文王之德，所以"光于四方，显于西土"者，无他，亦曰敬而已。为人君，止于仁；

为人臣，止于敬，为人子止于孝，为人父止于慈，敬德之实也。治成于国中，而化行于南国，由西土而四方，敬德之效也。纣惟狎侮荒怠，故为君，则"作威杀戮"，"放黜师、保"，"囚奴正士"，而君臣之义绝。为人嗣子，则"昏弃厥肆祀弗答，昏弃厥遗王父母弟弗迪"，而孝友之恩亡。以刑家，则惟妇言是用，作奇技淫巧以悦妇人，而夫妇之道乖。盖一念之敬、肆既殊，而圣狂、理乱，遂相悬绝，可不戒哉？

22.（清）库勒纳等撰《日讲书经解义》卷六《周书·泰誓下》

呜呼！惟我文考，若日月之照临，光于四方，显于西土。惟我有周，诞受多方。

此一节书是，述文王之德，为天人之所归也。西土，指岐周丰镐之地。多方，万方也。武王曰，商王受之恶，天人共弃之如此，有必亡之势矣。尔等亦知我周有必兴之理乎。呜呼！当商之季，惟我文考，能率典以敬天，修政以仁民，其德之辉光，譬如日月之明照临，下土，东西朔南之远，光无不被，而岐周丰镐，地为至近，故其德为尤显。文考之德，其所及如此，是以人心戴之，天命归之。惟我有周，宜其大受多方而有天下也。夫我有文考之德，为之凭借，天下之大，自不能舍而他适矣。尔众之辅我伐商也，又何疑哉？

（元）陈悦道《书义断法》卷四《周书·泰誓下》

《泰誓下》。

惟我文考，若日月之照临，光于四方，显于西土。

日月之照，则有光。光之极者，则为显。文王之盛德，与日月并明。然光四方者，明之普明；显西土者，明之遍及。"虞、芮之质成"，江汉汝坟之被化，中天而照四方者也。岐山丰镐之建都，发政施仁之先后，肇国而在于西土者也。显西土，照者愈光；光四方，则愈远。武王述文考之德，以誓师，可谓善言德行矣。

(明) 马明衡《尚书疑义》卷四《周书·泰誓下》

武王誓师，必称文考者，盖文王在位五十年，其德入人之深，天下之归周者，寔皆由于文王。武王之意，以为今日终文王之事，而又惧其为文王羞者，此圣人至意，恻怛之心也。

(元) 王充耘《书义矜式》卷四《周书·泰誓》

惟我文考，若日月之照临，光于四方，显于西土。惟我有周，诞受多方。

圣德之著，既无间于远迩。故王业之开，亦无间于远迩。盖有圣人之德者，然后可以开兴王之业。德无不著，则业亦无不广焉。昔在文王，其圣德之光辉，如日月之照临也，以言其远，则光于四方矣；以言其迩，则显于西土焉。文王之地，虽止于百里，而多方之受，则皆在于有周。夫文王非有期于德之著，而其盛自有所不容揜。文王虽无心于多方之受，而其归自有所不容辞。文王之天命、人心既如此，而文王则未尝一日有之焉，宜武王所以拳拳述之于誓师之际也。尝谓，文王由方百里起，何以其德之著于天下哉？文王为诸侯于西土，而又何有于多方之受哉？盖文王之心，知所以修德，而不期于圣德之著也。知所以治其国，而不期于王业之兴也。然其昭升敷闻，自有所不能掩，而天命民归，自有所不容辞者矣。人徒知伐殷之举，在我武王，而不知多方之众，文王已有以受之也。人徒知多方之受，在于文王，而不知耿光之著者，皆文王之德也。武王誓师而及乎此，良有以欤。今夫天之悬象，莫大于日月也。惟我文考之德，则与日月合其明也。照临下土，莫大于日月之明也，惟我文考之德，则如日月之无不照临也。远而四方，此德之光无不被；近而西土，此德之光为甚显。"迪见冒闻于上"，文王之德光于四方也。"惟时怙冒"，文王之德，尤显于西土也，是则，文王之居岐，虽不过于百里之地，而文德之光显，则无间于远迩之殊。地有远迩也，而德无远迩也。文王之德，如斯其盛，则有周之兴，其不基于此，于是多方之受，非我有周而谁哉？是以大邦畏其力，小邦怀其德。近而虞、芮之质成；远而化行于江汉，则所谓修和有夏，不止于岐丰之百里矣。受有殷命，不惟三分天下有二矣，则是殷之功，虽成于武王，而多方之归，实受于文王矣。圣德之着，既有以为王业之本，而王业之兴，则莫非圣德之效也。故武王誓师，不曰受命文考，则曰其承厥志，则多方之师，信在于文王，而武王特卒其伐功而已。

抑又论之建邦启土，则后稷之封殖也；克笃前烈，肇基王迹，则有公刘、太王焉；其勤王家，则又有王季焉。我周之兴，明德远矣。多方之受，盖有自来矣。夫以积累之勤，非一朝；根本之深厚，非一世。又有文王之圣以继之，而文王，则守其事君之小心，未尝一日有之焉。此文王所以为至德也。至于武王，则天命之归，人心之怀，虽欲却之，而有不可得者矣。此武王所以善继志述事也。此武王所以为达孝矣。呜呼！盛哉。

惟我有周，诞受多方

1.（汉）孔氏传、（唐）陆德明音义、孔颖达疏《尚书注疏》卷十《周书·泰誓下》

惟我有周，诞受多方。
传，言文王德大，故受众方之国，三分天下而有其二。

2.（宋）苏轼撰《书传》卷九《周书·泰誓下第三》

（归善斋按，未解）

3.（宋）林之奇《尚书全解》卷二十二《周书·泰誓下》

（归善斋按，见"树德务滋，除恶务本"）

4.（宋）史浩《尚书讲义》卷十一《周书·泰誓下》

（归善斋按，见"古人有言曰，抚我则后，虐我则仇"）

5.（宋）夏僎《尚书详解》卷十六《周书·泰誓下》

（归善斋按，见"呜呼，惟我文考，若日月之照临，光于四方，显于

西土")

6.（宋）时澜《增修东莱书说》卷十五《周书·泰誓下第三》

（归善斋按，见"呜呼，惟我文考，若日月之照临，光于四方，显于西土"）

7.（宋）黄度《尚书说》卷四《周书·泰誓下》

（归善斋按，见"呜呼，惟我文考，若日月之照临，光于四方，显于西土"）

8.（宋）袁燮《絜斋家塾书钞》卷五《周书·泰誓下》

（归善斋按，见"呜呼，惟我文考，若日月之照临，光于四方，显于西土"）

9.（宋）蔡沈《书经集传》卷四《周书·泰誓下》

（归善斋按，见"呜呼，惟我文考，若日月之照临，光于四方，显于西土"）

10.（宋）黄伦《尚书精义》卷二十六《周书·泰誓下》

（归善斋按，见"呜呼，惟我文考，若日月之照临，光于四方，显于西土"）

11.（宋）陈经《尚书详解》卷二十一《周书·泰誓下》

（归善斋按，见"呜呼，惟我文考，若日月之照临，光于四方，显于西土"）

12.（宋）钱时《融堂书解》卷九《周书·泰誓下》

（归善斋按，见"呜呼，惟我文考，若日月之照临，光于四方，显于西土"）

13.（宋）魏了翁《尚书要义》卷十《泰誓》至《武成》

（归善斋按，未引）

14.（宋）陈大猷《书集传或问》卷上《泰誓》

（归善斋按，未解）

15.（宋）胡士行《尚书详解》卷六《周书·泰誓下第三》

（归善斋按，见"今商王受，狎侮五常，荒怠弗敬"）

16.（元）吴澄《书纂言》

（归善斋按，无此篇）

17.（元）陈栎《书集传纂疏》卷四上《朱子订定蔡氏集传周书·泰誓下》

（归善斋按，见"呜呼，惟我文考，若日月之照临，光于四方，显于西土"）

18.（元）许谦《读书丛说》卷六《周书·泰誓》

（归善斋按，未解）

19.（元）董鼎《书传辑录纂注》卷三《周书·泰誓下》

（归善斋按，见"呜呼，惟我文考，若日月之照临，光于四方，显于西土"）

20.（元）朱祖义《尚书句解》卷六《周书·泰誓下第三》

惟我有周，诞受多方（故我周，大受多方之归往而有天下）。

21.（明）王樵《尚书日记》卷九《周书·泰誓下》

（归善斋按，见"呜呼，惟我文考，若日月之照临，光于四方，显于

西土")

22.（清）库勒纳等撰《日讲书经解义》卷六《周书·泰誓下》

（归善斋按，见"呜呼，惟我文考，若日月之照临，光于四方，显于西土"）

（元）王充耘《书义矜式》卷四《周书·泰誓》

（归善斋按，见"呜呼，惟我文考，若日月之照临，光于四方，显于西土"）

予克受，非予武，惟朕文考无罪

1.（汉）孔氏传、（唐）陆德明音义、孔颖达疏《尚书注疏》卷十《周书·泰誓下》

予克受，非予武，惟朕文考无罪。
传，推功于父，言文王无罪于天下，故天佑之，人尽其用。

2.（宋）苏轼撰《书传》卷九《周书·泰誓下第三》

（归善斋按，见"尔其孜孜，奉予一人，恭行天罚"）

3.（宋）林之奇《尚书全解》卷二十二《周书·泰誓下》

（归善斋按，见"树德务滋，除恶务本"）

4.（宋）史浩《尚书讲义》卷十一《周书·泰誓下》

（归善斋按，见"古人有言曰，抚我则后，虐我则仇"）

827

5. （宋）夏僎《尚书详解》卷十六《周书·泰誓下》

（归善斋按，见"呜呼，惟我文考，若日月之照临，光于四方，显于西土"）

6. （宋）时澜《增修东莱书说》卷十五《周书·泰誓下第三》

（归善斋按，见"呜呼，惟我文考，若日月之照临，光于四方，显于西土"）

7. （宋）黄度《尚书说》卷四《周书·泰誓下》

（归善斋按，见"呜呼，惟我文考，若日月之照临，光于四方，显于西土"）

8. （宋）袁燮《絜斋家塾书钞》卷五《周书·泰誓下》

（归善斋按，见"呜呼，惟我文考，若日月之照临，光于四方，显于西土"）

9. （宋）蔡沈《书经集传》卷四《周书·泰誓下》

予克受，非予武惟朕文考无罪；受克予，非朕文考有罪，惟予小子无良。

无罪，犹言无过也。无良，犹言无善也。商、周之不敌久矣。武王犹有胜负之虑，恐为文王羞者，圣人临事而惧也如此。

10. （宋）黄伦《尚书精义》卷二十六《周书·泰誓下》

（归善斋按，见"呜呼，惟我文考，若日月之照临，光于四方，显于西土"）

11. （宋）陈经《尚书详解》卷二十一《周书·泰誓下》

（归善斋按，见"呜呼，惟我文考，若日月之照临，光于四方，显于

西土"）

12.（宋）钱时《融堂书解》卷九《周书·泰誓下》

（归善斋按，见"呜呼，惟我文考，若日月之照临，光于四方，显于西土"）

13.（宋）魏了翁《尚书要义》卷十《泰誓》至《武成》

（归善斋按，未引）

14.（宋）陈大猷《书集传或问》卷上《泰誓》

（归善斋按，未解）

15.（宋）胡士行《尚书详解》卷六《周书·泰誓下第三》

（归善斋按，见"今商王受，狎侮五常，荒怠弗敬"）

16.（元）吴澄《书纂言》

（归善斋按，无此篇）

17.（元）陈栎《书集传纂疏》卷四上《朱子订定蔡氏集传周书·泰誓下》

予克受，非予武，惟朕文考无罪；受克予，非朕文考有罪，惟予小子无良。

无罪，犹言无过也。无良，犹言无善也。商、周之不敌久矣，武王犹有胜负之虑，恐为文王羞者，圣人临事而惧也如此。

18.（元）许谦《读书丛说》卷六《周书·泰誓》

（归善斋按，未解）

19.（元）董鼎《书传辑录纂注》卷三《周书·泰誓下》

予克受，非予武，惟朕文考无罪；受克予，非朕文考有罪，惟予小子无良。

无罪，犹言无过也。无良，犹言无善也。商、周之不敌久矣。武王犹有胜负之虑，恐为文王羞者。圣人临事而惧也如此。

纂注：

林氏曰，圣人至诚畏惧之心，充实于中，则发于言，自然如此，非有一毫作伪于其间也。

愚谓，事幸而集，则文考之功；不幸不集，则予小子之过。善则称亲，过则归己，礼所当然也。又案三篇，三数纣之恶，发舒万民之气。天怒已极，人怨已深，不待牧野之战，而天下已无商矣。呜呼！岂非万世之永监哉。

20. （元）朱祖义《尚书句解》卷六《周书·泰誓下第三》

予克受，非予武（今我胜纣，非我能武），惟朕文考无罪（惟我文考未尝得罪于天，天佑助我周家）。

21. （明）王樵《尚书日记》卷九《周书·泰誓下》

（归善斋按，见"呜呼，惟我文考，若日月之照临，光于四方，显于西土"）

22. （清）库勒纳等撰《日讲书经解义》卷六《周书·泰誓下》

予克受，非予武，惟朕文考无罪；受克予，非朕文考有罪，惟予小子无良。

此一节书是，善则称亲，过则归己，圣人之临事而惧也。武王曰，我文考之德，既足以兴类，今日之事惟凭借先德而已。故我能胜受，非我之威武足以取天下也，乃惟我文考有德无罪，故为天所佑，而庇及后人耳。若不幸而受能胜我，非我文考之有罪，不足以得天下也，乃惟我小子德薄无良，故为天所谴而辱及前人耳。我与尔众士，其共勉之哉？

《泰誓》中篇之末称汤，下篇之末称文考，盖论万古大义，则武王于汤，任再起之责者也；论一家世德，则武王于文王，任成终之责也。远则欲无愧于汤,近则欲无忝于文考,武王所以临事而惧也。

(明)梅鷟《尚书考异》卷四《泰誓下》

予克受,非予武,惟朕文考无罪;受克予,非朕文考有罪,惟予小子无良。

《坊记》子云,善则称亲,过则称己,则民作孝。《泰誓》曰"予克"云云,但二"受"字皆作"纣"。

受克予,非朕文考有罪,惟予小子无良

1.(汉)孔氏传、(唐)陆德明音义、孔颖达疏《尚书注疏》卷十《周书·泰誓下》

受克予,非朕文考有罪,惟予小子无良。
传,若纣克我,非我父罪,我之无善之致。
疏:
传正义曰,言克受乃是文王之功,若受克予,非是文王之罪。而言非我父罪,我之无善之致者,其意言,胜非我功,败非父咎。崇孝罪己,以求众心耳。

2.(宋)苏轼撰《书传》卷九《周书·泰誓下第三》

(归善斋按,见"尔其孜孜,奉予一人,恭行天罚")

3.(宋)林之奇《尚书全解》卷二十二《周书·泰誓下》

(归善斋按,见"树德务滋,除恶务本")

4.(宋)史浩《尚书讲义》卷十一《周书·泰誓下》

(归善斋按,见"古人有言曰,抚我则后,虐我则仇")

5. （宋）夏僎《尚书详解》卷十六《周书·泰誓下》

（归善斋按，见"呜呼，惟我文考，若日月之照临，光于四方，显于西土"）

6. （宋）时澜《增修东莱书说》卷十五《周书·泰誓下第三》

（归善斋按，见"呜呼，惟我文考，若日月之照临，光于四方，显于西土"）

7. （宋）黄度《尚书说》卷四《周书·泰誓下》

（归善斋按，见"呜呼，惟我文考，若日月之照临，光于四方，显于西土"）

8. （宋）袁燮《絜斋家塾书钞》卷五《周书·泰誓下》

（归善斋按，见"呜呼，惟我文考，若日月之照临，光于四方，显于西土"）

9. （宋）蔡沈《书经集传》卷四《周书·泰誓下》

（归善斋按，见"予克受，非予武惟朕文考无罪"）

10. （宋）黄伦《尚书精义》卷二十六《周书·泰誓下》

（归善斋按，见"呜呼，惟我文考，若日月之照临，光于四方，显于西土"）

11. （宋）陈经《尚书详解》卷二十一《周书·泰誓下》

（归善斋按，见"呜呼，惟我文考，若日月之照临，光于四方，显于西土"）

12.（宋）钱时《融堂书解》卷九《周书·泰誓下》

(归善斋按，见"呜呼，惟我文考，若日月之照临，光于四方，显于西土")

13.（宋）魏了翁《尚书要义》卷十《泰誓》至《武成》

(归善斋按，未引)

14.（宋）陈大猷《书集传或问》卷上《泰誓》

(归善斋按，未解)

15.（宋）胡士行《尚书详解》卷六《周书·泰誓下第三》

(归善斋按，见"今商王受，狎侮五常，荒怠弗敬")

16.（元）吴澄《书纂言》

(归善斋按，无此篇)

17.（元）陈栎《书集传纂疏》卷四上《朱子订定蔡氏集传周书·泰誓下》

(归善斋按，见"予克受，非予武惟朕文考无罪")

18.（元）许谦《读书丛说》卷六《周书·泰誓》

(归善斋按，未解)

19.（元）董鼎《书传辑录纂注》卷三《周书·泰誓下》

(归善斋按，见"予克受，非予武惟朕文考无罪")

20.（元）朱祖义《尚书句解》卷六《周书·泰誓下第三》

受克予（纣若胜我），非朕文考有罪（非我文考得罪于天），惟予小子无良（惟我小子无良善之德，所以我国家不能克终其令绪）。

21.（明）王樵《尚书日记》卷九《周书·泰誓下》

（归善斋按，见"呜呼，惟我文考，若日月之照临，光于四方，显于西土"）

22.（清）库勒纳等撰《日讲书经解义》卷六《周书·泰誓下》

（归善斋按，见"予克受，非予武惟朕文考无罪"）

（元）陈师凯《书蔡氏传旁通》卷四上《周书·泰誓下》

商、周之不敌

见《左氏传》桓十一年。

（明）梅鷟《尚书考异》卷四《泰誓下》

（归善斋按，见"予克受，非予武惟朕文考无罪"）

周书　牧誓第四

武王戎车三百两

1.（汉）孔氏传、（唐）陆德明音义、孔颖达疏《尚书注疏》卷十《周书·牧誓》

序，武王戎车三百两。

传，兵车，百夫长所载，车称两，一车步卒七十二人，凡二万一千人，举全数。

音义：

车，音居。《释名》云，古者，声如居，所以居人也。今曰车，声近舍，车舍也。韦昭《辩释名》云，古皆尺遮反，汉始有音居。长，丁丈反。卒，子忽反。

疏：

正义曰，武王以兵戎之车三百。

(归善斋按，另见后文"虎贲三百人")

2.（宋）苏轼撰《书传》卷九《周书·牧誓第四》

武王戎车三百两，虎贲三百人。

虎贲猛士也，若虎之奔兽

3.（宋）林之奇《尚书全解》卷二十三《周书·牧誓》

武王戎车三百两，虎贲三百人，与受战于牧野，作《牧誓》。

《牧誓》。

武王以戊午之明日己未发于孟津，越四日，癸亥，周师陈于商郊。明日甲子，武王乃至将与受战于牧野。师既定矣，于是杖黄钺，秉白旄而誓之，以肃其进退击刺之节，而示之以吊伐，弗迓克奔之意。盖其所誓者，又在于《泰誓》三篇之外不可以无别也。史官以其誓师于牧野，遂以"牧誓"二字为篇名，正与"费誓"同，皆是指其所誓之地也。"戎车三百两，虎贲三百人"，此盖周师陈于牧野之全数也。《史记》《孟子》皆作三千人，诸儒多以《史记》《孟子》之言为信，而以此序为误。其意盖以谓戎车三百两，不应但有虎贲三百人也。某窃以为当从此序之所载。古者，虎贲之士必择其骁勇有力之人为之，朝夕在王之左右，以为宿卫兵也。《周官》虎贲氏，"掌先后王，而趋以卒伍"，其属有虎士八百人。当周之盛时才有虎士八百人，则其伐殷之时，而有三百人，固其理也。成王崩，太保命仲桓、南宫毛俾爰齐侯吕伋，以二干戈，虎贲百人逆子钊于南门之外，则是虎贲之士。盖其宿卫之官，所以辅从乘舆者也。牧野之战而至有虎贲三百人已为盛矣。则其文虽与戎车三百两相接，其实在戎车之外也。非戎车所载之人也。其戎车所载之人，其步卒则已在三百两之中矣。古者兵车一乘甲士三人，步卒七十二人，言戎车三百两，则甲士与其步卒，皆可见其数矣。而虎贲三百人，则是王之爪牙勇力之士，在王左右以为之辅卫，其有三百人已为多矣，安得尚以其少而以为有三千人邪？以是知《史记》《孟子》之言误矣。汉孔氏曰，一车步卒七十二人，凡二万一千人。据其数，当有二万一千六百人。不言六百者，盖古者记载之辞，惟总其数，而略其小。犹《诗》有三百六篇，但言《诗》三百也。据举全数而云二万一千人者，此盖出于汉孔氏之意，从古文而云尔。而今文，孔氏注于二万一千人之下，乃加"举全数"三字，此盖出于后世儒者之所笺注，以发明孔氏之意，非其本文也。而后世传写者，误以相属，遂以为先儒之语，何不思之甚邪。夫孔氏省六百字，而乃加"举全数"三字以释其义，此必无是理也。唐孔氏又以谓，《司马法》六十四井为甸，计有五百七十六夫，共出长毂，一乘甲士三人，步卒七十二人，至于临敌对战，布阵之间，则依六卿之法，五人为伍，五伍为两，四两为卒，五卒为旅，五旅为师，五师为军。则一车七十二人者，自计元科兵之数，科兵既至，临时配割其车，虽在其人，分散前配车之人，临战不得还属本车，当更以虎贲、甲士配车而战，故有百人。此盖欲缘饰先儒异同之文而为之说尔。是说未可轻从也。二孔氏其意，盖以谓虎贲三百人者，即兵车所载之长也。此盖谓尝深考虎贲氏以为宿卫官，徒以三百人数而配合之牧野之战，诸侯各以其师来会，而此但言"戎车三百两，虎贲三百人"，但举周师之数，而不及诸侯之师者，盖牧野之战，以周师为主故也。而苏氏曰，春秋时，晋与齐战，皆七八百乘，武王能以三百乘克纣者，其德与政皆胜，且诸侯之兵助之者众也。此说是也。夫周师为主而才有"戎车三百两，虎贲三百人"，则是诸侯以兵来会者，亦不多也。武王能鸠合诸侯寡少之师，以执纣如林之众，岂与之较其区区之力哉？故作序者，举周师之全数，而继之曰"与受战于牧野"，以见其在德，不在力也。

4.（宋）史浩《尚书讲义》卷十一《周书·牧誓》

武王戎车三百两，虎贲三百人，与受战于牧野，作《牧誓》。

商郊之战，考之《太誓》曰"有臣三千"，又曰"有乱臣十人"，《牧誓》则曰"戎车三百两，虎贲三千人"，其数不同如此。说者谓车有两辖，故曰"两"也。勇士若虎之奔，故曰"虎贲"也。以《司马法》考之，车有七十二人，三百两，当二万一千六百人，则与三千之说异矣。以《周官》考之，虎贲氏之官，其属有虎贲士八百人，则与三百人之说抑又异矣。以意逆之，实纪一时之数，不必尽如司马法、《周官》之书也。然以三百人之虎贲，当三百两之车，乃车以一人而为之主尔。则三千一心，十乱同德，又其外也。春秋列国，晋、楚、齐秦之战，皆七八百乘，而武王能以三百两，胜若林之师，非天人助顺，畴能尔耶？

5.（宋）夏僎《尚书详解》卷十六《周书·牧誓》

武王戎车三百两，虎贲三百人，与受战于牧野，作《牧誓》。

837

《牧誓》。

时甲子昧爽，王朝至于商郊牧野，乃誓。王左杖黄钺，右秉白旄以麾，曰，逖矣，西土之人。王曰，嗟！我友邦冢君，御事，司徒、司马、司空、亚旅、师氏、千夫长、百夫长，及庸、蜀、羌、髳、微、卢、彭、濮人，称尔戈，比尔干，立尔矛。予其誓。

此甲子，戊午后之甲子也。先儒以历推之，是周二月四日，不言二月甲子，而直言"时甲子昧爽"者，以上《泰誓》言"一月戊午"，又言"时厥明"，故此遂连上文，直言"甲子"，则知其必是戊午后之甲子也。昧者，暗也。爽者，明也，谓之明爽，则将明未明之时也。盖武王以甲子之日，将明未明之时启行，诘朝而至于商郊之牧野，于是誓众。时周师于癸亥日已陈于牧野矣，故王于是甲子昧爽至于商郊也。牧野，纣之近郊也。王将誓众，于是左手杖黄钺，右秉白旄以麾，率于众曰，"逖矣，西土之人"。逖，远也。盖慰劳其行役之远也。汉孔氏谓，黄钺以黄金饰斧，左手杖钺，示无事于诛；右手秉旄，示有事于教。然此说，近似穿凿。不若苏氏谓，王无自用钺之理，以为仪耳，故左手杖钺。军中指麾，白则见远。麾，非右手不能，故"右秉白旄"。此事理之常，本无异说。此说尽之。武王既杖钺、秉旄，指麾于军中，而慰劳众士以行役之意，于是各呼其人而誓之。"友邦冢君"，指同志之诸侯也。"御事，司徒、司马、司空"，则指治事之三卿也。大国三卿，武王时尚为诸侯，故只有三卿。亚，次也。旅，众也，谓众大夫之次于卿者也。师氏，则《周官》所谓师氏，王举则从者也。千夫长，则统千人之帅也。百夫长，则统百人之帅也。庸、蜀、羌、髳、微、卢、彭、濮，则此指西南八国之在会也。盖文王国于岐，化行于江汉之域，故此八国，皆属于周，而预伐纣之役也。武王既历举所誓之人，于是使其称其戈，比其干，立其矛，以听誓命，盖使之各执器械听誓，欲其严肃也。戈，戟也。干，楯也。矛，亦戟之属，长二丈。唐孔氏谓，戈短，人执则举之，故言"称"；楯则相并以扞敌，故言"比"；矛，长执则立之于地，故言"立"。

6.（宋）时澜《增修东莱书说》卷十六《周书·牧誓第四》

武王戎车三百两，虎贲三百人，与受战于牧野，作《牧誓》。

"武王戎车三百两"，周车乘之数也。"虎贲三百人"，左右卫士，武夫也。如《周礼》，虎贲氏掌先后王以趋者。武王伐纣，八百诸侯实从之，止云"戎车三百两"者，记其实也。盖八百诸侯，虽同伐，而牧野之阵，受约束而战者，惟西土之人，独当其危耳。

7.（宋）黄度《尚书说》卷四《周书·牧誓》

武王戎车三百两，虎贲三百人，与受战于牧野，作《牧誓》。

戎车，五戎，戎、广、阙、屏、轻。车称两，正副合。《周官·虎贲氏》虎士八百人，掌先后王，而趋以卒伍。《孟子》武王虎贲三千人，《史记》同。序之传恐误，武王曰"予有臣三千"，中坚当驰道者也。牧野，在卫州汲县商近郊。

8.（宋）袁燮《絜斋家塾书钞》卷五《周书·牧誓》

武王戎车三百两，虎贲三百人，与受战于牧野，作《牧誓》。

古者，兵车一乘，甲士三人，步卒七十二人。其外又有守衣装者十人，樵子五人，汲子五人，炊子五人，总为百人。三百两，则三万人也。注家只举步卒之数，以为凡二万一千人，失之矣。于三万人之外，又有虎贲三百人，所谓如虎，如貔，如熊，如罴，直是有力如虎者也。此是人主左右之人。观《立政》所言"王左右，常伯、常任、准人、缀衣、虎贲"，则其为左右之人也明矣。

9.（宋）蔡沈《书经集传》卷四《周书·牧誓》

（归善斋按，未解）

10.（宋）黄伦《尚书精义》卷二十六《周书·牧誓》

武王戎车三百两，虎贲三百人，与受战于牧野，作《牧誓》。

无垢曰，合天下蛮夷之师，岂止戎车三百两，虎贲三百人哉。此止谓，武王西土之众腹心之师也。武王为倡，以率西土；西土为倡，以率天下。故与武王同心死生者，止在西土尔。其余辅赞之师，虽尽力于武王，武王不尽责以必死也。此躬自厚而不责人之意。至于总誓诸侯与蛮夷曰，尔所不勖，其于尔躬有戮，此亦为之大门耳。

　　胡氏曰，乘车既是虎贲，左右必须勇士，岂但有虎贲，而无左右哉。百夫长既乘戎车，千夫长必非徒步，何从有车而乘哉。兵车甲士、步卒，共七十五人。孔氏惟言步卒，而不数甲士。岂虎贲人犹御一车，而不战斗邪。以七十二人步卒，计三百两之戎车，总二万一千六百人，不言六百人，而言举全数举。全数者，乃自解注文，非释经也。以"举全数"三字，易六百人之三字，于文不畅，岂如言二万一千六百人哉。

　　张氏曰，必记戎车虎贲之数者，盖言明殷商之众，其会如林，而武王所以胜之，在德，不在众也。易野则以车为主，险野则以人为主。戎车，即兵车是也，虎贲即武勇之士也。《诗》曰"有力如虎"，谓之虎贲者，取其有力而已。

　　吕氏曰，大抵誓师有誓于军门之外者，有交刃而誓者，故《司马法》曰，三王誓于军中，欲民先成其虑也；或誓于军门之外，欲民先意以待事也；或将交刃而誓，致民志也。武王此誓，乃是交刃而誓也。

11．（宋）陈经《尚书详解》卷二十二《周书·牧誓》

　　武王戎车三百两，虎贲三百人，与受战于牧野，作《牧誓》。

　　戎车，兵车也。百夫之长，一人而乘一车，虎贲，即百夫长也，故车有三百两，虎贲亦三百人。虎贲，言其猛如虎。然一车谓之一辆，车有两轮故也。古者，井田之赋，六十四井，为甸，计有五百七十六，夫共出长毂一乘，甲士三人，步卒七十二人。三百乘，当有三万一千六百人。一车既有七十二人，而此云一车，百夫长所载何也，盖七十二人者，计元科兵之数，至于临敌对战，则依六卿军法，五人为伍，五伍为两，四两为卒，五卒为旅，五旅为师，五师为军。其车虽在，其人分散。武王与受战，诸侯之师八百国，而止云戎车三百辆，虎贲三百人，以武王腹心之兵故也。

12.（宋）钱时《融堂书解》卷九《周书·牧誓》

武王戎车三百两，虎贲三百人，与受战于牧野，作《牧誓》。

牧，在纣近郊三十里。"武王戎车三百两，虎贲三百人"，所以纪王者之师以德，而不以力也。

13.（宋）魏了翁《尚书要义》卷十《泰誓》至《武成》

二十、一车七十二人，孔以百夫长所载释之。

"武王戎车三百辆"，兵车，百夫长所载，车称辆。一车，步卒七十二人，凡二万一千人，举全数。虎贲三百人，勇士称也，若虎贲兽，言其勐也。皆百夫长。"与受战于牧野，作《牧誓》"，《牧誓》，至牧地而誓众。正义曰，孔以虎贲三百人，与戎车数同。王于誓时，所呼有百夫长，因谓虎贲，即是百夫之长，一人而乘一车，故云"兵车，百夫长所载"也。数车之法。一车谓之"一两"。《诗》云"百两迓之"，是车称"两"也。《风俗通》说，车有两轮，故称为两，犹屦有两只，亦称为两。《诗》云"葛屦五两"，即其类也。一车步卒七十二人，《司马法》文也。车有七十二人，三百乘，凡二万一千人，计车有七十二人，三百乘当有二万一千六百人。孔略六百，而不言，故云举全数。顾氏亦同此解。孔既用《司马法》一车七十二人，又云兵车百夫长所载，又下传以百夫长为卒帅，是实领百人，非惟七十二人。依《周礼·大司马法》，天子六军，出自六乡，凡起徒役，无过家一人，故一乡出一军，乡为正，遂为副，若乡遂不足，则征兵于邦国，则《司马法》六十四井为甸，计有五百七十六，夫共出长毂一乘，甲士三人，步卒七十二人。至于临敌对战布阵之时，则依六乡军法，五人为伍，五伍为两，四两为卒，五卒为旅，五旅为师，五师为军。故《左传》云，先偏后伍，又云广有一卒，卒偏之两，非直人数如此，车数亦然。故《周礼》云，乃会车之卒伍。郑云，车亦有卒伍。《左传》"战于繻葛"杜注云，车二十五乘为偏，是车亦为卒伍之数也，则一车七十二人者，自计元科兵之数。科兵既至，临时配割。其车虽在，其人分散，前配车之人，临战不得还属本车，当更以虎贲甲士配车而战。孔举七十二人，元科兵数者，欲总明三百两人之大数。云兵车百夫长所载

841

者，欲见临敌，实一车有百人，既虎贲与车数相当，又经称百夫长，故孔为此说。

14.（宋）陈大猷《书集传或问》卷上《牧誓》

（归善斋按，未解）

15.（宋）胡士行《尚书详解》卷六《周书·牧誓第四》

《牧誓第四》。

武王戎（兵）车三百两（一车两轮），虎贲（骁勇之士，如虎贲物）三百人，与受战于牧野，作牧誓。

16.（元）吴澄《书纂言》卷四上《周书·牧誓》

（归善斋按，未解）

17.（元）陈栎《书集传纂疏》卷四上《朱子订定蔡氏集传周书·牧誓》

（归善斋按，未解）

18.（元）许谦《读书丛说》卷六《周书·牧誓》

（归善斋按，未解）

19.（元）董鼎《书传辑录纂注》卷三《周书·牧誓》

（归善斋按，未解）

20.（元）朱祖义《尚书句解》卷六《周书·牧誓第四》

武王戎车三百两（戎车，兵车也。一车两轮，考车以两言。古者，兵车一乘，甲士三人，步卒七十二人，三百乘，则共二万二千五百人，此指武王之师，非兼言诸侯之师也）。

21.（明）王樵《尚书日记》卷九《周书·牧誓》

（归善斋按，未解）

22.（清）库勒纳等撰《日讲书经解义》卷六《周书·牧誓》

（归善斋按，未解）

虎贲三百人

1.（汉）孔氏传、（唐）陆德明音义、孔颖达疏《尚书注疏》卷十《周书·牧誓》

虎贲三百人。

传，勇士称也，若虎贲兽，言其猛也，皆百夫长。

音义：

贲，音奔。称，尺证反。

疏：

正义曰，两虎贲之士三百人。

传正义曰，孔以虎贲三百人，与戎车数同。王于誓时，所呼有百夫长，因谓虎贲即是百夫之长，一人而乘一车，故云，兵车百夫长所载也。数车之法，一车谓之一两。《诗》云"百两迓之"，是车称两也。《风俗通》说车有两轮，故称为两，犹履有两只，亦称为两。《诗》云"葛屦五两"，即其类也。一车步卒七十二人，《司马法》文也。车有七十二人，三百乘，凡二万一千人。计车有七十二人，三百乘，当有二万一千六百人。孔略六百而不言，故云举全数。顾氏亦同此解。孔既用《司马法》一车七十二人，又云"兵车百夫长所载"，又下传以百夫长为卒帅，是实领百人，非惟七十二人。依《周礼·大司马法》，天子六军，出自六乡，凡起徒役，无过家一人，故一乡出一军，乡为正，遂为副。若乡遂不足，则征法于邦国，则《司马法》六十四井为甸，计有五百七十六夫，共出长毂一乘，甲士三人，步卒七十二人。至于临敌对战布陈之时，则依六乡军法，五人为伍，五伍为两，四两为卒，五卒为旅，五旅为师，五师为军。故《左传》云"先偏后伍"。又云"广有一卒",卒偏之两,非直人数如此,车数亦然。故《周礼》云"乃会车之卒伍",郑云,车亦有卒伍。《左传》"战于繻葛"杜注云,车二十五乘为偏,是车亦为卒伍之数也。则一车七十二人者,自计元科兵之数。科兵既至,临时配割其车,虽在其人,分散前配车之人,临战不得还属本车,当更以虎贲甲士配车而战。孔举七十二人,元科兵数者,欲总明三百两人之大数。云兵车百夫长所载者,欲见临敌实一车有百人。既虎贲与车数相当,又经称百夫长,故孔为此说。《周礼》虎贲氏之官,其属有虎士八百人,是虎贲为勇士称也。若虎之贲走逐兽,言其猛也。此虎贲必是军内骁勇选而为之,当时谓之虎贲。《乐记》云"虎贲之士说剑",谓此也。孔意虎贲即是经之百夫长,故云"皆百夫长"也。

《尚书注疏》卷十《考证》

《牧誓》序"虎贲三百人"。

臣召南按,《孟子》言三千人,疑此序误。然孔传解戎车三百两,既云戎车百夫长所载,解此句又云皆百夫长,则小序自作三百人,与孟子异,非字画讹也。

"疏正义曰"。

此文监本误刊后标目之下,今改正。

2. (宋)苏轼撰《书传》卷九《周书·牧誓第四》

(归善斋按,见"武王戎车三百两")

3. (宋)林之奇《尚书全解》卷二十三《周书·牧誓》

(归善斋按,见"武王戎车三百两")

4. (宋)史浩《尚书讲义》卷十一《周书·牧誓》

(归善斋按,见"武王戎车三百两")

5. (宋)夏僎《尚书详解》卷十六《周书·牧誓》

(归善斋按,见"武王戎车三百两")

6. （宋）时澜《增修东莱书说》卷十六《周书·牧誓第四》

（归善斋按，见"武王戎车三百两"）

7. （宋）黄度《尚书说》卷四《周书·牧誓》

（归善斋按，见"武王戎车三百两"）

8. （宋）袁燮《絜斋家塾书钞》卷五《周书·牧誓》

（归善斋按，见"武王戎车三百两"）

9. （宋）蔡沈《书经集传》卷四《周书·牧誓》

（归善斋按，未解）

10. （宋）黄伦《尚书精义》卷二十六《周书·牧誓》

（归善斋按，见"武王戎车三百两"）

11. （宋）陈经《尚书详解》卷二十二《周书·牧誓》

（归善斋按，见"武王戎车三百两"）

12. （宋）钱时《融堂书解》卷九《周书·牧誓》

（归善斋按，见"武王戎车三百两"）

13. （宋）魏了翁《尚书要义》卷十《泰誓》至《武成》

（归善斋按，见"武王戎车三百两"）

14. （宋）陈大猷《书集传或问》卷上《牧誓》

《牧誓》。

或问，《孟子》《史记》皆言"虎贲三千人"，诸儒皆从之，而以书序为误，如何？林氏曰，虎贲之士必择其骁勇绝人者为之，在王左右以为宿卫。《周礼》虎贲氏八百人。成王崩时，以虎贲百人，逆子钊。当成周全盛时，其数不过如此。武王戎车三百两，则甲士步卒皆在焉，而虎贲则在王左右以为辅卫，其有三百人已为多矣，安得尚疑其少而以为三千人邪？盖《史记》《孟子》之书误矣。

15.（宋）胡士行《尚书详解》卷六《周书·牧誓第四》

（归善斋按，见"武王戎车三百两"）

16.（元）吴澄《书纂言》卷四上《周书·牧誓》

（归善斋按，未解）

17.（元）陈栎《书集传纂疏》卷四上《朱子订定蔡氏集传周书·牧誓》

（归善斋按，未解）

18.（元）许谦《读书丛说》卷六《周书·牧誓》

（归善斋按，未解）

19.（元）董鼎《书传辑录纂注》卷三《周书·牧誓》

（归善斋按，未解）

20.（元）朱祖义《尚书句解》卷六《周书·牧誓第四》

虎贲三百人（兵车外，又有虎贲三百人，乃骁勇之士，其猛如虎之奔，盖在王左右为侍卫者）。

21.（明）王樵《尚书日记》卷九《周书·牧誓》

（归善斋按，未解）

22.（清）库勒纳等撰《日讲书经解义》卷六《周书·牧誓》

（归善斋按，未解）

与受战于牧野,作《牧誓》

1.（汉）孔氏传、（唐）陆德明音义、孔颖达疏《尚书注疏》卷十《周书·牧誓》

与受战于牧野,作《牧誓》。

疏：

正义曰,与受战于商郊牧地之野,将战之时,王设言以誓众,史叙其事作《牧誓》。

2.（宋）苏轼撰《书传》卷九《周书·牧誓第四》

与受战于牧野,作《牧誓》。

《春秋》晋与楚战,皆七八百乘。武王能以三百乘,三百人克纣者,其德与政皆胜,且诸侯之兵助之者众也。

3.（宋）林之奇《尚书全解》卷二十三《周书·牧誓》

（归善斋按,见"武王戎车三百两"）

4.（宋）史浩《尚书讲义》卷十一《周书·牧誓》

（归善斋按,见"武王戎车三百两"）

5.（宋）夏僎《尚书详解》卷十六《周书·牧誓》

（归善斋按,见"武王戎车三百两"）

6.（宋）时澜《增修东莱书说》卷十六《周书·牧誓第四》

（归善斋按,见"武王戎车三百两"）

7.（宋）黄度《尚书说》卷四《周书·牧誓》

（归善斋按，见"武王戎车三百两"）

8.（宋）袁燮《絜斋家塾书钞》卷五《周书·牧誓》

（归善斋按，见"武王戎车三百两"）

9.（宋）蔡沈《书经集传》卷四《周书·牧誓》

（归善斋按，未解）

10.（宋）黄伦《尚书精义》卷二十六《周书·牧誓》

（归善斋按，见"武王戎车三百两"）

11.（宋）陈经《尚书详解》卷二十二《周书·牧誓》

（归善斋按，见"武王戎车三百两"）

12.（宋）钱时《融堂书解》卷九《周书·牧誓》

（归善斋按，见"武王戎车三百两"）

13.（宋）魏了翁《尚书要义》卷十《泰誓》至《武成》

（归善斋按，见"武王戎车三百两"）

14.（宋）陈大猷《书集传或问》卷上《牧誓》

（归善斋按，未解）

15.（宋）胡士行《尚书详解》卷六《周书·牧誓第四》

（归善斋按，见"武王戎车三百两"）

16.（元）吴澄《书纂言》卷四上《周书·牧誓》

（归善斋按，未解）

17.（元）陈栎《书集传纂疏》卷四上《朱子订定蔡氏集传周书·牧誓》

（归善斋按，未解）

18.（元）许谦《读书丛说》卷六《周书·牧誓》

（归善斋按，未解）

19.（元）董鼎《书传辑录纂注》卷三《周书·牧誓》

（归善斋按，未解）

20.（元）朱祖义《尚书句解》卷六《周书·牧誓第四》

与受战于牧野，作《牧誓》（临战遂作此书）。

21.（明）王樵《尚书日记》卷九《周书·牧誓》

（归善斋按，未解）

22.（清）库勒纳等撰《日讲书经解义》卷六《周书·牧誓》

（归善斋按，未解）

（清）孙之騄辑《尚书大传》卷二《周书·牧誓传》

武王伐纣，战于牧野。纣之卒，辐分纣之车，瓦裂纣之甲，如鳞下，贺于武王也（《选注》引《大传》）。

（清）蒋廷锡《尚书地理今释·周书·牧誓》

《牧誓》。

牧野（一作"坶"）孔传云，纣近郊三十里，地名牧。《括地志》云，今卫州城，即殷牧野之地。周武王伐纣筑也。《水经注》云，鼋水东南，历坶野，自朝歌以南，南暨清水，土地平衍，据皋跨泽，悉坶野矣。按，纣都妹土，在朝歌北。隋置卫县于此。唐武德时，为卫州治，即今之淇县也。牧野，当在今淇县南迤逦以至汲县，故《九域志》谓，汲城亦牧野之地也。

《牧誓》

（汉）孔氏传、（唐）陆德明音义、孔颖达疏《尚书注疏》卷十《周书·牧誓》

《牧誓》。
传，至牧地而誓众。
音义：
牧，如字，徐一音茂。《说文》作"坶"，云地名，在朝歌南七十里，《字林》音母。

（宋）蔡沈《书经集传》卷四《周书·牧誓》

《牧誓》。
牧，地名，在朝歌南，即今卫州治之南也。武王军于牧野，临战誓众。前既有《泰誓》三篇，因以地召别之。今文、古文皆有。

（宋）陈经《尚书详解》卷二十二《周书·牧誓》

此篇至牧而誓，故谓之《牧誓》。《泰誓》三篇未已也，又有《牧誓》之篇圣人之重于用兵也。如此诚以冒白刃，涉锋镝，驱民于万死一生之地，其器则凶，其事则危，圣人岂敢轻乎？《牧誓》，乃临敌之时也。读典、谟之书，如鼓春风，雍容于揖逊之中，而有不自知者。读《汤誓》《泰誓》《牧誓》之篇，如睹秋风之肃杀，使人有战栗而不已者。春与秋气象虽不侔，刑赏虽不均，而天之所以生物，则一圣人之心，亦岂有二致时焉而已。

（元）吴澄《书纂言》卷四上《周书·牧誓》

《周书》。
周自后稷封邰，其后公刘，居邠。大王，始迁于岐山之下，曰周，武王因以为有天下之号。

《牧誓》。

牧，地名，在纣都朝歌之南近郊三十里，文王为西方诸侯伯，三分天下有其二，以服事殷。武王嗣为西伯，亦如之。及十有三年纣恶已极，遂率西方诸侯伐纣，师自孟津渡河，诸侯不期而会者，八百国。师进至牧野，誓于将战之时。

（元）陈栎《书集传纂疏》卷四上《朱子订定蔡氏集传周书·牧誓》

《牧誓》。

牧，地名，在朝歌南，即今卫州治之南也。武王军于牧野，临战誓众。前既有《泰誓》三篇，因以地名别之。今文、古文皆有。

纂疏：

孔氏曰，纣近郊三十里，地名牧。

陈氏曰，禹征苗誓只数语，《甘誓》《汤誓》则一篇，武王誓至四篇，世愈降，而文愈繁也。

（元）董鼎《书传辑录纂注》卷三《周书·牧誓》

《牧誓》。

牧，地名，在朝歌南，即今卫州治之南也。武王军于牧野，临战誓众。前既有《泰誓》三篇，因以地名别之。今文、古文皆有。

纂注：

陈氏曰，禹征苗，誓只数语。《甘誓》《汤誓》则一篇。武王之誓，至四篇。世愈降，而文愈繁也。

（元）朱祖义《尚书句解》卷六《周书·牧誓第四》

《牧誓第四》（牧野乃誓，临战之时也。读典、谟，如鼓春风雍容于揖逊之中；读诸誓如睹秋气肃杀，使人为之战栗。夫春与秋气象虽不侔，而天所以生物则一，圣人之心亦岂有二，致时焉而已矣）。

《牧誓》（史官标题）。

（清）库勒纳等撰《日讲书经解义》卷六《周书·牧誓》

《牧誓》。

史臣记武王伐纣兵至牧野，临战誓师之辞，以"牧誓"名篇。

（元）陈师凯《书蔡氏传旁通》卷四上《周书·牧誓》

《牧誓》。

牧，地名，在朝歌南，即今卫州治之南也。

卫州，今卫辉路也，属河东山西道。云在朝歌南，又云州治之南者，非朝歌，即州治。盖州治，正牧野地。武王陈兵在其少南，相去不远，而纣都朝歌，则在州之东北七十三里，是州治在朝歌之南，而陈兵又在州治之南也。

（清）朱鹤龄《尚书埤传》卷九《周书·牧誓》

《牧誓》。

孔传，牧，在朝歌南三十里。

（清）张英《书经衷论》卷三《周书·牧誓》

《牧誓》（凡三条）。

先儒谓，《牧誓》一篇，严肃而温厚，与汤誓、诰相表里，盖谓其数商王之罪，但云"惟妇言是用"，"惟四方之多罪逋逃"，崇、长、信、使，"俾暴虐于百姓"，未尝明言商纣之恶，故谓之温厚。"今予发"以下三节，戒其轻进，妄杀，杀降故，谓之严肃。愚谓，《牧誓》之言，特《泰誓》三篇之所未发者，举而言之耳。《泰誓》但云"作奇技淫巧以悦妇人"，至此方云"惟妇言是用"也。《泰誓》但云"尚迪果毅"，至此乃将战之时，训之以步伐、止齐之事，究竟与《泰誓》，亦非有差别也。

戊午河朔之师，重于数商之罪。盖以臣伐君，义近于不顺，非明于虐，我则雠之义，则何以鼓友邦冢君之气，而坚微、卢、彭、濮之心。故《泰誓》三章重在声罪致讨，援天命、祖德以告之。至甲子商郊之陈，则

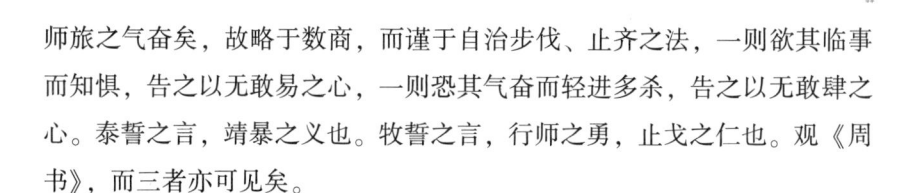

师旅之气奋矣,故略于数商,而谨于自治步伐、止齐之法,一则欲其临事而知惧,告之以无敢易之心,一则恐其气奋而轻进多杀,告之以无敢肆之心。泰誓之言,靖暴之义也。牧誓之言,行师之勇,止戈之仁也。观《周书》,而三者亦可见矣。

(清)孙之騄辑《尚书大传》卷二《周书·牧誓传》

《牧誓传》。

唯四月,太子发上祭于毕,下至于盟津之上,乃告于司马、司徒、司空,诸节亢才,予无知,以先祖先父之有德之臣,左右小子。予受先公,戮力赏罚,以定厥功,明于先祖之遗。太子发渡于中流,白鱼入于舟,王跪取以燎,群公咸曰休哉(今文《尚书》)。

郑玄曰,燔鱼以祭,变礼也。

武王入殷,表商容之闾,归倾宫之女。

武王杀纣,继公子禄父。

郑玄曰,继者,以武庚为商后也。

武王伐纣都,洛邑未成,阴寒大雪,深丈余。甲子旦,不知何,五大夫乘马车从两骑,止于门外,王使师尚父谢宾,幸临之。尚父使人持一器粥出,进五车两骑军,使者具以告。尚父曰五车两骑,四海之神,与河伯雨师耳。尚父各以其名进之,五神皆惊,相视而叹。

时甲子昧爽

1.(汉)孔氏传、(唐)陆德明音义、孔颖达疏《尚书注疏》卷十《周书·牧誓》

时甲子昧爽。

传,是克纣之月甲子之日,二月四日。昧,冥;爽,明,早旦。

音义:

昧,音妹;爽,明也。昧爽,谓早旦也。马云,昧,未旦也。

疏：

传正义曰，《春秋》主书，动事编次，为文于法，日、月、时、年，皆具。其有不具，史阙耳。《尚书》惟记言语，直指设言之日，上篇"戊午次于河朔"，《洛诰》"戊辰，王在新邑"，与此甲子，皆言有日无月，史意不为编次，故不具也。是克纣之月甲子之日，是周之二月四日，以历推而知之也。《释言》云，晦，冥也。昧，亦"晦"义，故为冥也。冥是夜，爽是明，夜而未明，谓早旦之时，盖鸡鸣后也。为下"朝至"发端。朝，即"昧爽"时也。

2.（宋）苏轼撰《书传》卷九《周书·牧誓第四》

时甲子昧爽，王朝至于商郊。

牧野，在朝歌南。

乃誓，王左杖黄钺，右秉白旄以麾。

黄钺，以金饰也。军中指麾，白则见远。王无自用钺之理，以为仪耳。故左杖黄钺；麾非右手不能；故右秉白旄。此事理之常，本无异说，而学者妄相附致，张为议论，皆非其实，凡若此者不取。

3.（宋）林之奇《尚书全解》卷二十三《周书·牧誓》

时甲子昧爽，王朝至于商郊牧野乃誓。王左杖黄钺，右秉白旄以麾，曰，逖矣，西土之人。

甲子者，戊午后之甲子也。先儒以历推之，盖是周之一月四日，此言日而不言时者，上本《泰誓》之文也。昧爽，将明而未明之时也。武王于甲子之日将明而未明之时，盖诘朝而至商郊之牧野，盖周师所次之地。汉孔氏曰，纣近郊三十里。皇甫谧曰，在朝歌七十里。二者不同，未知孰是。师既陈于牧野，牧野乃与纣战，将战而誓，必在于未战时，于是"左杖黄钺，右秉白旄以麾"，盖所以示其将战也。汉孔氏曰，钺以黄金饰斧，左手杖钺，示无事于诛；右手握旄，示有事于教。据先儒解经，但存大体，未尝故为凿说。至于此说，不免于凿尔。盖杖钺、秉旄，但是所执之物，各从其便，岂屑屑然寓意于其间哉？孔氏之说既以凿矣，王氏之说抑又甚焉。其说有曰，钺所以诛，旄所以教。黄者信也，白者义也。诛以信，故黄钺；教以义，故白旄。无事于诛，故左杖黄钺；有事于教，故右秉白旄。王氏之说，经未尝，肯从先儒之说，至于此说，则从非徒从之，又从而推广之，惟其喜凿故也。以其喜凿故。于《君子阳阳》之诗曰"左执簧，左执翿"，以为簧所以为声，翿所以为容，将隐而无所事于声容，故在左也。信如此说，则《简兮》之诗亦是贤者不遇而作，而曰"左手执龠"，为其无事于声可也。至于"右手秉翟"，则为有事于容乎？王氏于此，则无说，以其说之不通故也。故苏氏于此篇，则并与先儒而讥之，以谓黄钺以金饰也。军中指麾，白则见远。王无自用钺之理，以为仪耳，故左杖黄钺。秉麾非右手不能，故右秉白旄。此事理之常，本无异说。而学者妄相附致，张为议论，皆非其实。凡若此者不取。苏氏此说，可谓尽之矣。武王既"左杖黄钺，右秉白旄"，于是誓之曰"逖矣，西土之人"，逖，远也，称其行役之远，以劳来其来也。

4.（宋）史浩《尚书讲义》卷十一《周书·牧誓》

《牧誓》。

时甲子昧爽，王朝至于商郊牧野，乃誓。王左杖黄钺，右秉白旄以麾，曰，逖矣，西土之人。王曰，嗟！我友邦冢君，御事，司徒、司马、司空，亚旅、师氏，千夫长，百夫长，及庸、蜀、羌、髳、微、卢、彭、濮人，称尔戈，比尔干，立尔矛。予其誓。

杖钺、秉旄，以身先众人者，盖当是时，唯武王为切也。既已为此，一不成，则祸莫大焉。此不得不尔也。逖者，远也。司徒、司马、司空在列，而不备六卿者，窃意从行、居守各有攸职，是以不备言也。亚旅，亚卿；师氏，大夫长，乃队伍之长。庸、蜀以下八国，皆附庸，或蛮夷君长，以此知会孟津者，不独中国之诸侯，虽夷狄亦不附纣也。植干戈，以听誓言，奋勇之发，盖可以想而见矣。

5.（宋）夏僎《尚书详解》卷十六《周书·牧誓》

（归善斋按，见"武王戎车三百两"）

855

6. （宋）时澜《增修东莱书说》卷十六《周书·牧誓第四》

时甲子昧爽。

纣与武王两军相向之时也。甲子昧爽，武王之师已先一日而陈，何以知之？后言"癸亥，陈于商郊"，至甲子，纣始率如林之众，与之战耳。

7. （宋）黄度《尚书说》卷四《周书·牧誓》

《牧誓》。

时甲子昧爽，王朝至于商郊牧野，乃誓。

甲子，二月四日。昧，冥；爽，明。早旦。古者，国郊置关，师旅不入。乃誓，言遂战矣。

8. （宋）袁燮《絜斋家塾书钞》卷五《周书·牧誓》

《牧誓》。

时甲子昧爽，王朝至于商郊牧野，乃誓。王左杖黄钺，右秉白旄以麾，曰，逖矣，西土之人。王曰，嗟！我友邦冢君，御事，司徒、司马、司空，亚旅、师氏，千夫长，百夫长，及庸、蜀、羌、髳、微、卢、彭、濮人，称尔戈，比尔干，立尔矛，予其誓。

三军之众，由中军之指麾，或进或退，或左或右，皆视中军而为之。逖，远也，远矣，西土之人劳来之也。友邦冢君，诸侯也。司徒、司马、司空，三卿也。天子六军，故六卿；大国三军，故三卿；次国二军，则二卿；小国一军则一卿尔。亚，谓亚于三卿者；旅，众也，此又亚者之旅也。行军之法，即井田之法，五人为伍，五伍为两，四两为一卒，一百人，则有为之长者，就十长之中，又择一人为千夫之长，此即比、闾、族、党之法，而推之尔。《泰誓上》一篇兼告友邦冢君，中、下二篇，只及西土，至此，则虽庸、蜀、羌、髳、微、卢、彭、濮小国之诸侯，亦并誓焉。盖陈于牧野，两军交锋，万民所系，其中有一人不齐心并力，便足以致败，此岂小事哉，所以须着都用誓。

9. (宋)蔡沈《书经集传》卷四《周书·牧誓》

时甲子昧爽，王朝至于商郊牧野，乃誓。王左杖黄钺，右秉白旄以麾，曰，逖矣，西土之人。

甲子，二月四日也。昧，冥；爽，明也。昧爽，将明未明之时也。钺，斧也，以黄金为饰。王无自用钺之理，左杖以为仪耳。旄军中指麾，白则见远，麾非右手不能，故右秉白旄也。按《武成》言，癸亥陈于商郊，则癸亥之日，周师已陈牧野矣。甲子昧爽，武王始至而誓师焉。曰者，武王之言也。逖，远也，以其行役之远，而慰劳之也。

10. (宋)黄伦《尚书精义》卷二十六《周书·牧誓》

《牧誓》。

时甲子昧爽，王朝至于商郊牧野，乃誓。王左杖黄钺，右秉白旄以麾，曰，逖矣，西土之人。

无垢曰，逖，远也，以温言劳之，曰，远矣，西土之人，以言其跋涉之劳征行之苦，使其心悦于上之见知也。

胡氏曰，礼称人道尚右，戎事尚左。《记》曰"进退有度，左右有局，各司其局"。然而男子尚左，女子尚右，阴阳之义也。偏将军处左，上将军处右。生杀之义也。是则小戴之文，未有定据。老聃之说，独立玄言，岂以一经一句以为准哉。白旄者，取其易见也。夫以色之易见者，莫鲜于赤，故朱干朱户，以章其礼；赤绂赤舄，以异其数。旄不以赤，而以白者，周之车服、旌旗、器械皆尚赤，则所麾之旄必以白。白者，金之正色，甲兵之事，故异于赤，而易见者，谓以此也。

张氏曰，钺所以诛，黄中也，所以为信；旄所以教，白西也，所以为义。钺用黄，诛之必以信故也；旄用白，教之必以义故也。武王杖信秉义，足以致其来。曰"逖矣，西土之人"者，叙其情，悯其劳，而劳其来之远也。

吕氏曰，武王自临战，与士卒同其劳苦，以钺与旄任地指麾说，道是逖矣。西土之人，观此气象，至诚恻怛，恁不敢不勉。士卒见此，自然不顾其矢石之劳，亡其霜露之苦，亦皆领武王之和。

11.（宋）陈经《尚书详解》卷二十二《周书·牧誓》

时甲子昧爽，王朝至于商郊牧野，乃誓。王左杖黄钺，右秉白旄以麾，曰，逖矣！西土之人。王曰，嗟！我友邦冢君，御事，司徒、司马、司空，亚旅、师氏，千夫长，百夫长，及庸、蜀、羌、髳、微、卢、彭、濮人，称尔戈，比尔干，立尔矛，予其誓。

甲子昧爽时，克纣之月甲子日也。《春秋》主书纪事，编次为文，于法，日月时年，皆具。其有不具，史阙耳。《尚书》惟记言语，直指设言之日。上篇"戊午次河朔"，《洛诰》"戊辰，王在新邑"，与此甲子皆有日，无月，史意不为编次也。昧，冥也。爽，明也，将明未明之时，王朝至于商郊牧野，纣近郊三十里，地名牧。癸亥既陈，甲子之朝，临战时，复誓。"王左杖黄钺，右秉白旄以麾"，钺，斧也，饰之以金，曰黄钺。白旄者，旗之名，白色使远处可望。右秉白旄，便以指麾。"曰逖矣，西土之人"，西土乃武王心腹之众，故先举西土。逖，远也，言西土之人来此路远，得无跋涉之劳乎，所以劳来慰抚之言，此见圣人至诚之意，浃洽于下。

"王曰，嗟！我友邦冢君"，《泰誓上》篇及"友邦君"，中、下篇只及"西土"，至此又合"友邦君"而告之。"御事，司徒、司马、司空"，此即诸侯治事之三卿也。亚旅者，众大夫，次于卿者也。师氏，大夫以兵守门者也。千夫之长，师帅也。百夫之长，卒帅也。"及庸、蜀、羌、髳、微、卢、彭、濮人"，八国，乃西南夷，与江汉之夷也。文王为西伯，化行乎江汉，自北而南，故八国皆来助。武王伐纣，举其远，则其近之诸侯，不言可知矣。夫以八国诸侯，与夫蛮夷之国，不期而自至，则武王所感格，亦可见矣。纣之暴虐，不得人心，亦可见矣。"称尔戈，比尔干，立尔矛。予其誓"，戈，即戟也。干，即楯也，亦兵器也。戈，则人执以举之，谓之"称"。干，则并以捍敌，故曰"比"矛长立于地，故曰"立"，凡此皆是军中之器械，各以预备，然后听我一人之誓，使之人心齐一也。

12.（宋）钱时《融堂书解》卷九《周书·牧誓》

时甲子昧爽，王朝至于商郊牧野，乃誓。王左杖黄钺，右秉白旄以麾，曰，逖矣，西土之人。王曰，嗟！我友邦冢君，御事，司徒、司马、司空、亚旅、师氏、千夫长、百夫长，及庸、蜀、羌、髳、微、卢、彭、濮人。称尔戈，比尔干，立尔矛。予其誓。

《泰誓》中、下二篇，所以誓西土者详矣，何故？武王又费辞如是，每疑焉。今观"逖矣，西土之人"，与"弗迓克奔，以役西土"二语，乃知此书专为誓诸侯，及外夷之众而作。夫西土之人，熟于武王之节制，固不待临时谆谕，况上二篇誓戒之已详乎，况当时诸侯外夷，乃厌纣之恶，慕义向化，翕然来归者，一时临战未必皆如圣人之节制也。至此岂可不警饬而明告之。又况，《泰誓上》篇，告友邦冢君等，则自称曰"予小子发"，此篇下文亦自称曰"今予发"，至中、下二篇，告西土则皆不名矣。此义坦然甚明。"左杖黄钺"，特军旅之容，非亲用以战也。右手秉白旄而麾之曰，"逖矣西土之人"，麾之，使远，所以进友邦诸夷之众而誓之也。故下文特书"王曰"以别之。自嗟我友邦，以至微、卢、彭、濮人，直是逐一指名头项，各使之整揖器械，悚然斋肃，而始申之曰"予其誓"，则其非誓西土也明矣。先儒往往谓"逖矣，西土之人"，为慰劳其征行之远跋涉之劳，此大不然。安有八百诸侯及外夷君长咸在，而武王独首私一语于其属以示恩，圣人必不如此。细观上下文，意及白旄以麾，情状灼知，其非慰劳西土也。

13.（宋）魏了翁《尚书要义》卷十《泰誓》至《武成》

二一、此篇"甲子"，犹《洛诰》"戊辰"，皆无月。

上篇"戊午，次于河朔"，《洛诰》"戊辰，王在新邑"，与此"甲子"，皆言有日无月，史意不为编次，故不具也，是克纣之月甲子之日，是周之二月四日，以历推而知之也。

14.（宋）陈大猷《书集传或问》卷上《牧誓》

（归善斋按，未解）

15.（宋）胡士行《尚书详解》卷六《周书·牧誓第四》

《牧誓》。

时甲子（癸亥已陈，甲子王至而誓）昧爽（将明未明之时），王朝至于商（纣）郊（近郊）牧野（地名），乃誓。王左（左手）杖（持）黄（金）钺（斧），右（手）秉（执）白旄（牛尾）以麾（指麾），曰，逖（远）矣，西土之人。王曰，嗟！我友（顺）邦冢（大）君，御（治）事，司徒、司马、司空（三卿），亚（次）旅（众大夫，次于卿）、师氏（《周官》所谓王举则从者），千夫长（统千人帅）、百夫长，及庸、蜀、羌、髳、微、卢、彭、濮人（八国之人，举小则大者可知），称（举）尔戈（戟短），比（相并）尔干（楯以扞敌），立（立之地）尔矛（戟属长），予其誓。王曰，古人有言曰，牝（雌）鸡无晨（鸣晨）。牝鸡之晨，惟家之索（穷尽）。今商王受，惟妇（妲己）言是用，昏弃厥肆（肆）祀弗答，昏弃厥遗（遗胤）王父（祖）、母弟（王父之弟同母之弟）不迪（教）。乃惟四方之多罪逋逃（亡），是崇（重）是长（尊），是信是使，是以为大夫、卿士，俾暴虐于百姓，以奸宄于商邑。今予发，惟恭行天之罚。今日之事，不愆（过）于六步、七步（坐作进退之节），乃止（不全追）齐焉。夫子勖（勉）哉！不愆于四伐、五伐、六伐、七伐（攻刺击战之节），乃止（不贪杀）齐焉？勖哉夫子！尚（庶）桓桓（武也。师直为壮），如虎，如貔，如熊，如罴（四猛兽）于商郊。弗迓（迎击）克奔（不敌来奔），以役（劳）西土。勖哉夫子！尔所弗勖，其于尔躬有戮。

16.（元）吴澄《书纂言》卷四上《周书·牧誓》

时甲子昧爽，王朝至于商郊牧野，乃誓。王左杖黄钺，右秉白旄以麾，曰，逖矣，西土之人。

甲子，二月四日也。昧，冥；爽，明也。昧爽，将明未明之时也。钺，大斧也，以黄金饰之。杖钺，示诛有罪；左手杖之，示不必用。旄，犀牛尾，使指麾三军进退，右手秉之以麾，则有力。逖，远也，言自西土至纣都，道里遥远，行力劳苦，抚慰之之辞也。

17. （元）陈栎《书集传纂疏》卷四上《朱子订定蔡氏集传周书·牧誓》

时甲子昧爽，王朝至于商郊牧野，乃誓。王左杖黄钺，右秉白旄以麾，曰，逖矣，西土之人。

甲子，二月四日也。昧，冥；爽，明也。昧爽，将明未明之时也。钺，斧也。以黄金为饰。王无自用钺之理，左杖以为仪耳。旄，军中指麾，白则见远。麾非右手不能，故右秉白旄也。案，《武成》言"癸亥陈于商郊"，则癸亥之日周师已陈牧野矣。甲子昧爽，武王始至而誓师焉。"曰"者，武王之言也。逖，远也，以其行役之远，而慰劳之也。

18. （元）许谦《读书丛说》卷六《周书·牧誓》

（归善斋按，未解）

19. （元）董鼎《书传辑录纂注》卷三《周书·牧誓》

时甲子昧爽，王朝至于商郊牧野，乃誓。王左杖黄钺，右秉白旄以麾，曰，逖矣，西土之人。

甲子，二月四日也。昧，冥；爽，明也。昧爽，将明未明之时也。钺，斧也，以黄金为饰。王无自用钺之理，左杖以为仪耳。旄，军中指麾，白则见远。麾非右手不能，故右秉白旄也。案《武成》言"癸亥陈于商郊"，则癸亥之日，周师已陈牧野矣。甲子昧爽，武王始至而誓师焉。"曰"者武王之言也。逖。远也。以其行役之远。而慰劳之也、

纂注：

林氏曰，言日不言月，上本《泰誓》文也。

孔氏曰，牧野，纣近郊三十里也。

20.（元）朱祖义《尚书句解》卷六《周书·牧誓第四》

时甲子昧爽（武王以戊午明日己未发自河北，次五日甲子暗昧未分之际，将明未明之时）。

21.（明）王樵《尚书日记》卷九《周书·牧誓》

《牧誓》。

"时甲子昧爽"至"逖矣西土之人"。

甲子，二月四日也。昧爽，甲旦也。朝，即昧爽时也。《武成》言癸亥陈（去声）于商郊，盖癸亥夜陈，甲子朝至而誓焉。钺，以黄金饰斧。杀戮用右手，左杖者，示不用，特以为仪耳。旄，旄牛尾，军中指麾用之。白取见远也。"曰"，武王之言也。逖，远也，以其行役之远，而慰劳之。

22.（清）库勒纳等撰《日讲书经解义》卷六《周书·牧誓》

时甲子昧爽，王朝至于商郊牧野，乃誓。王左杖黄钺，右秉白旄以麾，曰，逖矣，西土之人。

此一节书是，叙武王军于牧野将誓师，而先慰劳之也。甲子，是二月初四日。昧爽，天将明未明之时也。牧，地名，在商之郊外，即今河南卫辉府城南。钺，斧也。黄钺，以黄金为饰者也。逖，远也。史臣曰，时二月四日甲子黎明之时，武王至于商郊牧野之地，乃发誓命以戒勉将士。武王左手持黄金所饰之钺，右手持白旄以指麾军中，曰，尔等皆西土之人，我以伐暴救民之故，率尔至此，其行亦已远矣。武王此言，盖慰众之劳，而启其听誓之心也。

（元）陈师凯《书蔡氏传旁通》卷四上《周书·牧誓》

甲子，二月四日也。

以一月为辛卯朔，大尽则二月当辛酉朔，而甲子在初四。

王朝至于商郊牧野，乃誓

1.（汉）孔氏传、（唐）陆德明音义、孔颖达疏《尚书注疏》卷十《周书·牧誓》

王朝至于商郊牧野，乃誓。

传，纣近郊三十里，地名牧，癸亥夜陈，甲子朝誓，将与纣战。

音义：

陈，直刃反。

疏：

传正义曰，传言在纣近郊三十里，或当有所据也。皇甫谧云，在朝歌南七十里，不知出何书也。言至于商郊牧野，知牧是郊上之地。战在平野，故言野耳。《诗》云，于牧之野。《礼记大传》云，牧之野，武王之大事。继"牧"言"野"，明是牧地。而郑玄云，郊外曰野，将战于郊，故至牧野而誓。案，经"至于商郊牧野，乃誓"，岂王行已至于郊，乃复倒退适野，誓讫而更进兵乎？何不然之甚也。《武成》云"癸亥夜陈未毕而雨"，是癸亥夜已布陈，故甲子朝而誓众，将与纣战，故戒敕之。

《尚书注疏》卷十《考证》

"王朝至于商郊牧野"疏"《武成》云，癸亥夜陈未毕而雨"。

臣召南按，《周语》伶州鸠曰，王以二月癸亥夜陈未毕而雨以夷，则之上宫毕之。《武成》无此文也，疏误引耳。

2.（宋）苏轼撰《书传》卷九《周书·牧誓第四》

（归善斋按，见"时甲子昧爽"）

3.（宋）林之奇《尚书全解》卷二十三《周书·牧誓》

（归善斋按，见"时甲子昧爽"）

4.（宋）史浩《尚书讲义》卷十一《周书·牧誓》

（归善斋按，见"时甲子昧爽"）

5.（宋）夏僎《尚书详解》卷十六《周书·牧誓》

（归善斋按，见"武王戎车三百两"）

6.（宋）时澜《增修东莱书说》卷十六《周书·牧誓第四》

王朝至于商郊牧野，乃誓。

大抵誓师有誓于军中者，有誓于军门之外者，有交刃而誓者。故《司马法》曰，三王誓于军中，欲民先成其虑也。或誓于军门之外，欲民先意以待事也。或将交刃而誓，致民志也。武王此誓，以交刃而誓也。

7.（宋）黄度《尚书说》卷四《周书·牧誓》

（归善斋按，见"时甲子昧爽"）

8.（宋）袁燮《絜斋家塾书钞》卷五《周书·牧誓》

（归善斋按，见"时甲子昧爽"）

9.（宋）蔡沈《书经集传》卷四《周书·牧誓》

（归善斋按，见"时甲子昧爽"）

10.（宋）黄伦《尚书精义》卷二十六《周书·牧誓》

（归善斋按，见"时甲子昧爽"）

11.（宋）陈经《尚书详解》卷二十二《周书·牧誓》

（归善斋按，见"时甲子昧爽"）

12. （宋）钱时《融堂书解》卷九《周书·牧誓》

(归善斋按，见"时甲子昧爽")

13. （宋）魏了翁《尚书要义》卷十《泰誓》至《武成》

二二、牧野，近郊三十里，夜陈朝誓。

"王朝至于商郊牧野，乃誓"，纣近郊三十里，地名牧。癸亥夜陈，甲子朝誓，将与纣战。正义曰，传言，在纣近郊三十里，或当有所据也。皇甫谧云，在朝歌南七十里，不知出何书也。言至于商郊牧野，知牧是郊上之地，战在平野，故言野耳。《诗》云"于牧之野"，《礼记·大传》云牧之野，武王之大事，继牧言野，明是牧地。而郑云，郊外曰野，将战于郊，故至牧野而誓。按经"至于商郊牧野乃誓"，岂王行已至于郊，乃复倒退适野誓讫，而更进兵乎？何不然之甚也。《武成》云"癸亥夜陈未毕而雨"，是癸亥夜已布陈，故甲子朝而誓众。

14. （宋）陈大猷《书集传或问》卷上《牧誓》

或问，汉孔氏谓，朝歌去河四百里，牧野在朝歌南三十里，武王渡河五日而至赴敌宜速。诸儒为师行三十里，武王仁义节制之，师不应速于趋利如此。皇甫谧云，牧野去朝歌七十里，然自河至此，亦计三百三十里，亦非五日所能至。夫谓牧野去朝歌三十里七十里，盖据近郊三十里，远郊七十里而言也。然汉孔氏谓河去朝歌四百里，则其所谓亲见而非臆说。诸儒求其说而不得何也？曰，予以《禹贡》河行之道推，尧时，河自碣石入海，盖在东北之极；至汉时，则河流入海，在青齐之间；至近世，则河流愈南而近汴泗。大抵河流自古至今，自北而愈南。窃意武王时，河北距朝歌必切近。自孔氏去武王时，河行之道变矣。

或曰，河行南北，信有之矣。然说者谓，朝歌在今卫州，孟津在今孟州，河流虽改易，而孟津之至卫，则未尝改易也。曰，世代寥远，地里迁易不常。汉武帝东移函谷关七百里，而亦谓之函谷关。秦时会稽治在今吴县，与今会稽县相去亦数百里，则古今地里之远近，岂易以名拘。要之，武王之师，决不应以五日而行三百余里也。

15.（宋）胡士行《尚书详解》卷六《周书·牧誓第四》

（归善斋按，见"时甲子昧爽"）

16.（元）吴澄《书纂言》卷四上《周书·牧誓》

（归善斋按，见"时甲子昧爽"）

17.（元）陈栎《书集传纂疏》卷四上《朱子订定蔡氏集传周书·牧誓》

（归善斋按，见"时甲子昧爽"）

18.（元）许谦《读书丛说》卷六《周书·牧誓》

（归善斋按，未解）

19.（元）董鼎《书传辑录纂注》卷三《周书·牧誓》

（归善斋按，见"时甲子昧爽"）

20.（元）朱祖义《尚书句解》卷六《周书·牧誓第四》

王朝至于商郊牧野（武王早朝至商郊之牧野），乃誓（誓众）。

21.（明）王樵《尚书日记》卷九《周书·牧誓》

（归善斋按，见"时甲子昧爽"）

22.（清）库勒纳等撰《日讲书经解义》卷六《周书·牧誓》

（归善斋按，见"时甲子昧爽"）

王左杖黄钺，右秉白旄以麾，曰，逖矣，西土之人

1. （汉）孔氏传、（唐）陆德明音义、孔颖达疏《尚书注疏》卷十《周书·牧誓》

王左杖黄钺，右秉白旄以麾，曰，逖矣，西土之人。

传，钺以黄金饰斧，左手杖钺，示无事于诛；右手把旄，示有事于教。逖，远也。远矣，西土之人劳苦之。

音义：

杖，徐直亮反。钺，音越，本又作戉。旄，音毛，马云，白旄旄牛尾。麾，许危反。逖，他历反。

疏：

传正义曰，太公《六韬》云，大柯斧，重八斤，一名天钺。《广雅》云，钺，斧也。斧称黄钺，故知以黄金饰斧也。钺以杀戮，杀戮用右手，用左手杖钺，示无事于诛。右手把旄，示有事于教。其意言，惟教军人不诛杀也。把旄，何以白旄，用白者，取其易见也。逖，远，《释诂》文。

2. （宋）苏轼撰《书传》卷九《周书·牧誓第四》

(归善斋按，另见"时甲子昧爽")

曰，逖矣，西土之人。

逖，远也。

3. （宋）林之奇《尚书全解》卷二十三《周书·牧誓》

(归善斋按，见"时甲子昧爽")

4. （宋）史浩《尚书讲义》卷十一《周书·牧誓》

(归善斋按，见"时甲子昧爽")

5.（宋）夏僎《尚书详解》卷十六《周书·牧誓》

（归善斋按，见"武王戎车三百两"）

6.（宋）时澜《增修东莱书说》卷十六《周书·牧誓第四》

王左杖黄钺，右秉白旄以麾曰。

所谓黄钺、白旄，左杖、右秉，不必深求。旧说，左手杖钺，示无事于杀；右手秉旄，示有事于教，亦近于过。但杖钺、秉旄，武王自临战阵，与士卒同劳苦，以钺与旄，指麾三军之耳目耳。

逖矣，西土之人。

观此言至诚恻怛，不敢自安，士卒闻之，其冒矢石之劳，忘霜露之苦必矣。春秋时，楚庄伐萧，军人多寒，王巡抚之，皆如挟纩。楚王岂能养其诚心，于未战之先，一时慰劳，尚如挟纩，况武王至诚恻怛，养之有素，西土之人，其如何哉。

7.（宋）黄度《尚书说》卷四《周书·牧誓》

王左杖黄钺，右秉白旄以麾，曰，逖矣，西土之人。

《伊耆氏》"军旅授有爵者杖"，王以黄金饬斧为杖，白旄以号令。逖，远，言其至此远矣，上下同劳苦之，且励之也。

8.（宋）袁燮《絜斋家塾书钞》卷五《周书·牧誓》

（归善斋按，见"时甲子昧爽"）

9.（宋）蔡沈《书经集传》卷四《周书·牧誓》

（归善斋按，见"时甲子昧爽"）

10.（宋）黄伦《尚书精义》卷二十六《周书·牧誓》

（归善斋按，见"时甲子昧爽"）

11.（宋）陈经《尚书详解》卷二十二《周书·牧誓》

(归善斋按，见"时甲子昧爽")

12.（宋）钱时《融堂书解》卷九《周书·牧誓》

(归善斋按，见"时甲子昧爽")

13.（宋）魏了翁《尚书要义》卷十《泰誓》至《武成》

(归善斋按，未引)

14.（宋）陈大猷《书集传或问》卷上《牧誓》

(归善斋按，未解)

15.（宋）胡士行《尚书详解》卷六《周书·牧誓第四》

(归善斋按，见"时甲子昧爽")

16.（元）吴澄《书纂言》卷四上《周书·牧誓》

(归善斋按，见"时甲子昧爽")

17.（元）陈栎《书集传纂疏》卷四上《朱子订定蔡氏集传周书·牧誓》

(归善斋按，见"时甲子昧爽")

18.（元）许谦《读书丛说》卷六《周书·牧誓》

(归善斋按，未解)

19.（元）董鼎《书传辑录纂注》卷三《周书·牧誓》

(归善斋按，见"时甲子昧爽")

20. (元)朱祖义《尚书句解》卷六《周书·牧誓第四》

王左杖黄钺,右秉白旄以麾(武王左手杖黄钺,右手执白旄以指麾而言,所以肃其进退刺击之节),曰,逖矣,西土之人(言远矣,诸侯众士,皆西土之人,以慰劳其行役之远)。

21. (明)王樵《尚书日记》卷九《周书·牧誓》

(归善斋按,见"时甲子昧爽")

22. (清)库勒纳等撰《日讲书经解义》卷六《周书·牧誓》

(归善斋按,见"时甲子昧爽")

(元)陈师凯《书蔡氏传旁通》卷四上《周书·牧誓》

王无自用钺之理。

古注云,左手杖钺,示无事于诛;右手把旄,示有事于教。疏引太公《六韬》云大柯斧,重八斤,一名天钺。蔡氏云,王无自用钺之理者,以《史记》言,武王以黄钺斩纣头,此事必非圣人,所为而徒为武王万世之累,故特于此因"左杖"之文,直书曰"王无自用钺之理",以破司马迁之诬,况经无其事乎?

(清)朱鹤龄《尚书埤传》卷九《周书·牧誓》

王左杖黄钺。

马缟《中华古今注》,金斧,黄钺也。铁斧,玄钺也。三代通用之。斩,断。今以黄钺为乘舆之饰。玄钺,诸公得建之。武王以黄钺斩纣,故王者以为戒。太公以玄钺斩妲己,故妇人以为戒。

王曰，嗟！我友邦冢君

1.（汉）孔氏传、（唐）陆德明音义、孔颖达疏《尚书注疏》卷十《周书·牧誓》

王曰，嗟！我友邦冢君。
传，同志为友，言志同灭纣。

2.（宋）苏轼撰《书传》卷九《周书·牧誓第四》

王曰，嗟我友邦冢君，御事，司徒、司马、司空。
御事，治事也，指此三卿也。六卿止言三，古者官不必备，或三公兼之。

3.（宋）林之奇《尚书全解》卷二十三《周书·牧誓》

王曰，嗟！我友邦冢君，御事，司徒、司马、司空，亚旅、师氏，千夫长、百夫长，及庸、蜀、羌、髳、微、卢、彭、濮人，称尔戈，比尔干，立尔矛，予其誓。王曰，古人有言曰，牝鸡无晨。牝鸡之晨，惟家之索。今商王受，惟妇言是用，昏弃厥肆祀弗答，昏弃厥遗王父母弟不迪，乃惟四方之多罪逋逃，是崇是长，是信是使，是以为大夫、卿士，俾暴虐于百姓，以奸宄于商邑。今予发，惟恭行天之罚。

友邦冢君，谓同志之诸侯。御事，司徒、司马、司空，则是同与治事之三卿。当是时，周尚为诸侯，未有天子六卿，故其行也，但有此三卿而已。汉孔氏曰，治事三卿，司徒主民，司马主兵，司空主土，指誓战者。唐孔氏曰，于时已称王，而有六师，亦应已置六卿。今呼治事惟三卿者，司徒主民，治徒庶之政令；司马主兵，治军旅之誓戒；司空主土，治垒壁以营军，是指誓军者，故不及太宰、太宗、司寇也。据二孔之意谓，《泰誓》之篇有"王乃大巡六师"之言，故有此说。某窃以为不然。康叔封于卫，盖诸侯之大国也，而《酒诰》曰"圻父薄违，农父若保，宏父定辟"，圻父，司马也；农父，司徒也；宏父，司空也，则是古者诸侯之国，降杀于天子六卿之制者，则有此三卿。周既未为天子，则其但有三卿，复何疑哉。"王乃大巡六师"，盖指诸侯之师而言之。某尝详论之于《泰誓》矣。亚，次也。旅，众也。《周礼》曰，施法于官府，乃建其正，立其贰，设其考，陈其殷，置其辅。亚，即所谓"立其贰"也，小司徒、小司、马小司空是也。旅，即所谓陈其殷殷众士也。师氏，若《大诰》所谓"尹氏"，而《洪范》曰"卿士惟月，师尹惟日"，师尹，盖又在卿士之下也。千夫长，百夫长，盖主兵者。汉孔氏云，师帅、卒帅也。据《司马法》，百人为卒，以卒师，为百夫长。诚是也。二千五百人为师，以师帅，为千夫长，则不可。要之，千夫长、百夫长皆是主兵之人，但不可以合《司马法》所载之言也。

庸、蜀、羌、髳、微、卢、彭、濮人，皆西南夷也。唐孔氏曰，文王国在于西，故西南夷先属焉。苏氏曰，楚饥，庸与百濮伐之。庸，即上庸县；濮，即百濮也。又，楚伐罗，罗与卢戎两军之，盖南蛮之属楚者。羌，即先零罕开之属；彭，今属武阳县。髳、微阙。观苏氏此说，则知此数国者，盖是西南极边之蛮夷也。汉孔氏以为在巴蜀，未知是否。文王国于岐而化行于江汉之域，故此数国者，盖服属于周，而预于伐纣之役也。

既历举所善之人，于是使之"称尔戈，比尔干，立尔矛"，盖王既杖钺、秉旄以誓，则使听誓者，称戈、比干、立矛，以听誓而战，故其仪如此。称，举也。戈，戟；干，楯也。矛，亦戟之属，长二丈。唐孔氏曰，戈短，人执以举之，故言称；楯则并以捍敌，故言比；矛长立之于地，故言立。此盖随宜相配而为文也。武王既使陈于牧野之人，咸称戈、比干、立矛以听誓矣，于是遂誓之以所以伐纣之意，而举古人之言曰"牝鸡无晨，牝鸡之晨惟家之索"，盖此篇数纣之恶，惟论其用妇人之言，以乱天下者，故举古人之言以谓牝鸡无鸣晨之理，使牝鸡而鸣晨，则其反常，而妖孽，家有此不祥则将索然而尽，亦犹妇人而与于政事，是亦不祥而丧国之道也。今商王受乃不悟牝鸡鸣晨之为不祥，而其为国则惟妇言是用。用妇人之言，遂至于为其所蛊惑，聪明既丧，无所不昏。于是神弃其所陈之祀而弗答。苏氏曰，祭所以报本也，故谓之答。昏于亲亲，故弃其遗王父母弟不迪。苏氏曰，王父弟及母弟，皆先王之遗胤，遇之不以其道，此二

者皆有家之所甚重，而纣皆昏弃之而不迪。鬼神当钦而不钦，九族当亲而不亲，则是于所厚者薄，故惟四方多罪逋逃之人崇之，长之，信之，使之，或为大夫，或为卿士，使得以在高位，而暴虐于百姓，而奸宄于商邑。于所薄者反厚焉。夫既曰崇，又曰信，又曰使，又曰长，盖言其好用小人也。自古无道之主，将肆其残贼，则必招纳多罪逋逃，与之同恶相济。楚灵王为章华台，纳亡人以实之，盖不仁之君，其所好尚皆如此。然而纳亡人以实之，犹未至于登而用之。而纣则使为大夫、卿士而居于民上，此其所以肆其暴虐奸宄，以重失斯民之心也。纣之罪恶至于此极，而推原其本，则惟在用妇人之言，故武王举以誓师，以见其"牝鸡鸣晨"之祸为至惨也。惟其平日惟妇言是用，天怒于上，民怨于下，则武王不可不应天顺人，以恭行天之罚于纣，而兴此牧野之师也。

4.（宋）史浩《尚书讲义》卷十一《周书·牧誓》

(归善斋按，见"时甲子昧爽")

5.（宋）夏僎《尚书详解》卷十六《周书·牧誓》

(归善斋按，见"武王戎车三百两")

6.（宋）时澜《增修东莱书说》卷十六《周书·牧誓第四》

王曰，嗟！我友邦冢君，御事，司徒、司马、司空。

司徒、司马、司空，诸侯三卿也。《春秋》昭公四年，叔孙穆子赐路，使三官书之，季孙为司徒，实书名；叔孙为司马，与工正书服；孟孙为司空，以书勋。用，见司徒，司马，司空，为诸侯之三卿明矣。武王既受天命，行天罚，而纣尚拱虚位，故不敢行天子之事，止用三卿。圣人于君臣之分，毫厘有所必计，汤用玄牡之意也。

7.（宋）黄度《尚书说》卷四《周书·牧誓》

王曰，嗟！我友邦冢君，御事，司徒、司马、司空、亚旅、师氏，千夫长，百夫长，及庸、蜀、羌、髳、微、卢、彭、濮人。

自诸侯至庸、蜀诸蛮，皆军师长，历数而誓之，军法责帅也。御，治，三卿治国事也。《泰誓》六师，此惟三卿者，周本三军，诸侯以师会于孟津，至河朔，始以王者之制，合为六师。其三师，盖摄欤。亚，次；旅，众，次于卿之众大夫，二千五百人之师帅也。师氏，王举则从使其属帅，四夷之隶，各以其兵服守王之门外，是为王卫者，五百人为旅，旅有帅，本一党五百人之长。州、党、族、闾、比，皆有联。千夫长，盖联二党而置一长。百夫长，卒长也。庸、蜀、羌、髳、微、卢、彭、濮，蛮夷属周者。庸，今房州竹山县，古庸国。蜀，今利州，春秋战国时，为蜀，侯国。羌，本姜姓，三苗之后，居三危。春秋允姓瓜州之戎，入居中国。秦汉间，氐羌错居西方。今迭、岩、松诸州，皆羌地。周初未必然也。濮，多种，《左氏》称百濮，尝与麋、庸叛楚。麋，在今荆门军当阳县，濮当在今江陵界。此庸、蜀、羌、濮之见于书传可考者。髳、微、卢、彭，则难考矣。或曰，唐姚州有微水蛮，戎州，羁縻有微、髳二州，今泸州，古巴子国。又今雅州，有卢山县。彭，今眉州彭山县，有彭祖冢及祠。凡此名称，虽同未必是。惟泸以泸水得名，春秋，巴尝与秦楚灭庸，亦大国，或恐本卢改巴，不可必也。

8. （宋）袁燮《絜斋家塾书钞》卷五《周书·牧誓》

（归善斋按，见"时甲子昧爽"）

9. （宋）蔡沈《书经集传》卷四《周书·牧誓》

王曰，嗟！我友邦冢君，御事，司徒、司马、司空，亚旅、师氏，千夫长，百夫长。

司徒，司马，司空，三卿也。武王是时，尚为诸侯，故未备六卿。唐孔氏曰，司徒，主民治，徒庶之政令；司马，主兵治，军旅之誓戒；司空主土治，垒壁以营军。亚，次；旅，众也。大国三卿，下大夫五人，士二十七人。亚者，卿之贰，大夫是也。旅者，卿之属士是也。师氏以兵守门者，犹《周礼》师氏，王举则从者也。千夫长，统千人之帅，百夫长统，百人之帅也。

10.（宋）黄伦《尚书精义》卷二十六《周书·牧誓》

王曰，嗟！我友邦冢君，御事，司徒、司马、司空，亚旅、师氏，千夫长，百夫长，及庸、蜀、羌、髳、微、卢、彭、濮人。称尔戈，比尔干，立尔矛。予其誓。

无垢曰，前言"逖矣西土之人"，此誓武王之师也。今曰"嗟！我友邦冢君"，此誓诸侯之众也。今誓至于旅，则诸侯之官尽在于此矣。师氏，谓军中以兵守门者。千夫长，谓一师之帅也。百夫长，谓一卒之长也。戈，戟也。戟，柄既长，可以言"称"矣。想武王之时，指戟为戈耳。《方言》干，又云楯。自关而东，或谓之楯，或谓之干。关西谓楯，是干、楯为一也。此特辨戈戟、干楯之名耳。至于曰称，曰比，曰立，此又见行阵之法，而威仪之壮也。想象称戈、比干、立矛之时，森严缜密，其何可犯乎？

又曰，八国皆蛮夷也，文王为西伯，故西南夷来助；文王美化行乎江汉之域，故江汉之夷来助。纣为无道，非特诸侯欲伐之，虽西南夷、江汉夷，亦欲伐之矣。失人心如此，尚欲君天下乎？

张氏曰，武王之伐纣，六卿莫不具在，而特举司徒、司马、司空者，盖徒众之令，则听之司徒；军旅之令，则听之司马；营垒之令，则听之司空。此其誓，所以特先于三卿也。

又曰，庸、蜀、羌、髳、微、卢、彭、濮人，此皆西南之酋长也。当是之时，皆会于牧野之地，故举而誓之。此所谓"华夏蛮貊，罔不率俾"者也。君子临事而惧，故虽将战而犹誓之也。

吕氏曰，武王到临阵之时，不止誓西土之人，至于小大远近诸国，皆誓之。武王尝言，来归者八百国诸侯之众，何独止言庸、蜀、羌、髳、微、卢、彭、濮人，此亦是史官序事之法，举远而知近，举小而知大，举微而知著。此言军威须当办备，各各恁地整顿精神，听我一人誓命。

11.（宋）陈经《尚书详解》卷二十二《周书·牧誓》

（归善斋按，见"时甲子昧爽"）

12. （宋）钱时《融堂书解》卷九《周书·牧誓》

（归善斋按，见"时甲子昧爽"）

13. （宋）魏了翁《尚书要义》卷十《泰誓》至《武成》

二三、孔云，三卿，指誓战者时有六师，有六卿。

"王曰，嗟！我友邦冢君"，同志为友，言志同灭纣。"御事，司徒，司马，司空"，治事三卿，司徒主民，司马主兵，司空主土，指誓战者。正义曰，孔以于时已称王，而有六师，亦应已置六卿，今呼治事惟三卿，指誓战者，故不及太宰，太宗，司寇也。其时六卿具否，不可得知。

14. （宋）陈大猷《书集传或问》卷上《牧誓》

（归善斋按，未解）

15. （宋）胡士行《尚书详解》卷六《周书·牧誓第四》

（归善斋按，见"时甲子昧爽"）

16. （元）吴澄《书纂言》卷四上《周书·牧誓》

王曰，嗟！我友邦冢君，御事，司徒、司马、司空，亚旅、师氏，千夫长、百夫长，及庸、蜀、羌、髳、微、卢、彭、濮人，称尔戈，比尔干，立尔矛。予其誓。

友邦，亲之也。冢君，尊之也。御事，治事之臣也。司徒、司马、司空，三卿也。大国三卿，下大夫五人，士二十七人。亚，次也，卿之贰，大夫是也。旅，众也，卿之属士是也。师氏，以兵守门者。千夫长，千人之帅；百夫长，百人之帅。庸、濮在江汉之南；蜀，西蜀；羌，西羌；髳、微，在巴蜀；卢、彭，在西北。当时诸侯不期而会者，八百国。友邦冢君，诸夏大国也。此八国，远方小国也。称，举；戈，戟；干，楯；矛，戟之属，长二丈。戈短，人执以举之，故言"称"。楯，则相并捍敌，故言"比"。矛长，立之于地，故言"立"。

17.（元）陈栎《书集传纂疏》卷四上《朱子订定蔡氏集传周书·牧誓》

王曰，嗟！我友邦冢君，御事，司徒、司马、司空，亚旅、师氏，千夫长，百夫长。

司徒、司马、司空，三卿也。武王是时尚为诸侯，故未备六卿。唐孔氏曰，司徒主民，治徒庶之政令；司马主兵，治军旅之誓戒；司空主土，治垒壁以营军。亚，次；旅，众也。大国三卿，下大夫五人，士二十七人。亚者，卿之贰，大夫是也。旅者，卿之属，士是也。师氏以兵守门者，犹《周礼》师氏，王举则从者也。千夫长，统千人之帅。百夫长，统百人之帅也。

纂疏：

孔氏曰，同志为友，言志同灭纣。

或曰，友顺之邦，如友民。

18.（元）许谦《读书丛说》卷六《周书·牧誓》

（归善斋按，未解）

19.（元）董鼎《书传辑录纂注》卷三《周书·牧誓》

王曰，嗟！我友邦冢君，御事，司徒、司马、司空，亚旅、师氏，千夫长，百夫长。

司徒、司马、司空，三卿也。武王是时，尚为诸侯，故未备六卿。

唐孔氏曰，司徒主民，治徒庶之政令；司马主兵，治军旅之誓戒；司空主土，治垒壁以营军。亚，次；旅，众也。大国三卿，下大夫五人，士二十七人。亚者，卿之贰，大夫是也。旅者，卿之属，士是也。师氏，以兵守门者，犹《周礼·师氏》，王举则从者也。千夫长，统千人之帅。百夫长，统百人之帅也。

20.（元）朱祖义《尚书句解》卷六《周书·牧誓第四》

王曰，嗟！我友邦冢君（嗟叹我同志之诸侯）。

21. （明）王樵《尚书日记》卷九《周书·牧誓》

"王曰，嗟！我友邦冢君"至"予其誓"。

孔氏曰，治事三卿，司徒主民，司马主兵，司空主土，指誓战者。

正义曰，孔以于时已称王，而有六师，今呼治事惟三卿者，司徒，主民治徒庶之政令；司马，主兵治军旅之誓戒；司空，主土治垒壁以营军，是指誓战者，故不及太宰、太宗、司寇也。其时六卿具否，不可知。此御事，指三卿，不通于亚旅以下。

金氏曰，亚，次；旅，众也。亚者，卿之贰大夫是也。旅，卿之属士是也。师氏，以兵守王门，王举则从者也。千夫长，统千人之帅也。百夫长，一卒之正也。庸、濮在江汉之南。《左传》所谓庸与百濮伐楚者也。羌，西羌。蜀、髳、微，皆巴蜀之国。卢，亦在江汉之间。《左传》所谓卢戎也。彭，今彭州。或云，今上庸。蔡氏曰，八国近周，素所服役。

戈，柲，六尺有六寸。戟，长丈有六尺。矛，长二丈。三者长短异，而形制同。干，楯，所以扞敌。言比，则并列而密布也。

正义曰，戈短人执以举之，故言"称"。楯，则并以扞敌，故言"比"。矛长立之于地，故言"立"。

22. （清）库勒纳等撰《日讲书经解义》卷六《周书·牧誓》

王曰，嗟我友邦冢君，御事，司徒、司马、司空、亚旅、师氏，千夫长，百夫长，及庸、蜀、羌、髳、微、卢、彭、濮人。称尔戈，比尔干，立尔矛。予其誓。

此三节书是，武王历呼从征之人，而欲其听之审也。友邦，相邻交好之国。冢君，各国嗣立之君。御事，执事之人。司徒、司马、司空，为三卿。亚，大夫也，以其为卿之次，故谓之"亚"。"旅"，士也，以其人众，故谓之旅。师氏，官名，掌扈从宿卫之事。千夫长，统千人之帅。百夫长，统百人之帅也。庸、蜀、羌、髳、微、卢、彭、濮，西南夷八国名。称，举也。戈，矛，皆枪，模拟并列也。干，盾也，即今之遮牌。武王曰，嗟哉！我邻国之诸侯，与我本国治事之臣，司徒、司马、司空、亚

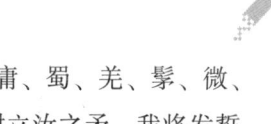

大夫，众士，师氏之官，千夫之长，百夫之长，及庸、蜀、羌、髳、微、卢、彭、濮八国之人，皆执汝之戈，排列汝之干，树立汝之矛，我将发誓命，以告汝，宜审听之。夫武王伐纣，本仁义之师，而又器械严整，士气精明，于誓师之时已可以不战而屈人矣。

御事，司徒、司马、司空

1.（汉）孔氏传、（唐）陆德明音义、孔颖达疏《尚书注疏》卷十《周书·牧誓》

御事，司徒、司马、司空。

传，治事三卿，司徒主民，司马主兵，司空主土，指誓战者。

疏：

传正义曰，孔以于时已称王，而有六师，亦应已置六卿。今呼治事，惟三卿者，司徒主民，治徒庶之政令；司马主兵，治军旅之誓戒；司空主土，治壘壁以营军，是指誓战者，故不及大宰、大宗、司寇也。其时六卿具否，不可得知，但据此三卿为说耳。此御事之文，指三卿而说，是不通于亚旅已下。

2.（宋）苏轼撰《书传》卷九《周书·牧誓第四》

(归善斋按，见"王曰，嗟我友邦冢君")

3.（宋）林之奇《尚书全解》卷二十三《周书·牧誓》

(归善斋按，见"王曰，嗟我友邦冢君")

4.（宋）史浩《尚书讲义》卷十一《周书·牧誓》

(归善斋按，见"时甲子昧爽")

5.（宋）夏僎《尚书详解》卷十六《周书·牧誓》

（归善斋按，见"武王戎车三百两"）

6.（宋）时澜《增修东莱书说》卷十六《周书·牧誓第四》

（归善斋按，见"王曰，嗟我友邦冢君"）

7.（宋）黄度《尚书说》卷四《周书·牧誓》

（归善斋按，见"王曰，嗟我友邦冢君"）

8.（宋）袁燮《絜斋家塾书钞》卷五《周书·牧誓》

（归善斋按，见"时甲子昧爽"）

9.（宋）蔡沈《书经集传》卷四《周书·牧誓》

（归善斋按，见"王曰，嗟我友邦冢君"）

10.（宋）黄伦《尚书精义》卷二十六《周书·牧誓》

（归善斋按，见"王曰，嗟我友邦冢君"）

11.（宋）陈经《尚书详解》卷二十二《周书·牧誓》

（归善斋按，见"时甲子昧爽"）

12.（宋）钱时《融堂书解》卷九《周书·牧誓》

（归善斋按，见"时甲子昧爽"）

13.（宋）魏了翁《尚书要义》卷十《泰誓》至《武成》

（归善斋按，见"王曰，嗟我友邦冢君"）

14.（宋）陈大猷《书集传或问》卷上《牧誓》

（归善斋按，未解）

15.（宋）胡士行《尚书详解》卷六《周书·牧誓第四》

（归善斋按，见"时甲子昧爽"）

16.（元）吴澄《书纂言》卷四上《周书·牧誓》

（归善斋按，见"王曰，嗟我友邦冢君"）

17.（元）陈栎《书集传纂疏》卷四上《朱子订定蔡氏集传周书·牧誓》

（归善斋按，见"王曰，嗟！我友邦冢君"）

18.（元）许谦《读书丛说》卷六《周书·牧誓》

（归善斋按，未解）

19.（元）董鼎《书传辑录纂注》卷三《周书·牧誓》

（归善斋按，见"王曰，嗟！我友邦冢君"）

20.（元）朱祖义《尚书句解》卷六《周书·牧誓第四》

御事，司徒、司马、司空（治事之三卿）。

21.（明）王樵《尚书日记》卷九《周书·牧誓》

（归善斋按，见"王曰，嗟！我友邦冢君"）

22.（清）库勒纳等撰《日讲书经解义》卷六《周书·牧誓》

（归善斋按，见"王曰，嗟！我友邦冢君"）

（元）陈师凯《书蔡氏传旁通》卷四上《周书·牧誓》

司徒、司马、司空，三卿也。武王是时，尚为诸侯，故未备六卿。司徒，掌教；司马，掌兵；司空，掌事。如冢宰、宗伯、司寇，虽无其人，事不可废，盖三卿兼摄之，而不备官也。

司徒主民，治徒庶之政令；司马主兵，治军旅之誓戒，司空主土，治垒壁以营军。

此据注疏，盖专主从军而言。《大司徒职》曰，大军旅，大田役，以旗致万民，而治其徒庶之政令。《大司马职》曰，群吏听誓于陈前，斩牲以左右徇陈，曰，不用命者斩之。《周官》篇曰，司空，掌邦土，居四民，时地利，其治垒壁，亦匠人之职也。愚按，蔡氏以此三卿，即为三军之将，而孔疏所释，又各掌一事，非若军将之所为，何也？盖天子六乡，大国三乡，每乡卿一人，统一万二千五百家。大军旅，则即以为军将，所谓军将，皆命卿者也。蔡氏于《甘誓》言之详矣。盖大国三乡，其三卿率其三军之众，而总属于大司马。大司马自与司徒、司空总治三军之事，故司徒治徒庶，司马治誓戒，司空治营垒，如疏所云也。所谓军将，在亚旅之中矣。

（明）马明衡《尚书疑义》卷四《周书·牧誓》

《牧誓》。

司徒、司马、司空，亚旅，此皆《周礼》未定时制，或犹仍其旧也。虽称王以誓众，而于此等制度，未必尽备。但《周官》六卿，周公所制，亦不知殷人之制何如？《甘誓》"乃召六卿"，孔注与蔡氏，皆以为六乡之卿，非各率其属之六卿也。不知夏制亦六卿否？《洪范》八政，只有司空、司徒、司寇，则商时，亦未必是周之制也。《周官》云，唐虞稽古，建官惟百，夏、商官倍，亦克用乂。至周有三百六十，则周制，与夏、商不同多矣。孔氏以时已称王。而有六师。亦应已置六卿、此特以司徒主徒庶，司马主军旅，司空主壁垒，盖特呼治事之三卿耳，是亦未可知也。

（明）陈泰交《尚书注考》

《牧誓》训司空主土治垒壁，以营军。《洪范》训司空掌土，所以安其居。

（清）朱鹤龄《尚书埤传》卷九《周书·牧誓》

司徒、司马、司空。

蔡传，武王尚为诸侯，未备六卿。程伯圭曰，前篇言大巡六师，是已备天子之六卿。此举三卿，乃举友邦治事之臣，且不遗其卑贱而悉告之也。首言西土之人，指周之臣民，次言友邦之君，及其治事大小之臣，又次言远方小国其序当然也。

亚旅、师氏

1.（汉）孔氏传、（唐）陆德明音义、孔颖达疏《尚书注疏》卷十《周书·牧誓》

亚旅、师氏。

传，亚，次；旅，众也，众大夫，其位次卿。师氏，大夫，官以兵守门者。

疏：

传正义曰，亚，次，《释言》文。旅，众，《释诂》文。此及《左传》皆卿下言亚旅，知是大夫其位次卿而数众，故以亚次名之，谓诸是四命之大夫，在军有职事者也。师氏，亦大夫，其官掌以兵守门，所掌尤重，故别言之。《周礼师氏》中大夫使其属帅四夷之隶，各以其兵服守王之门外；朝在野外，则守内列。郑玄云，内列，蕃营之在内者也，守之，如守王宫。

2.（宋）苏轼撰《书传》卷九《周书·牧誓第四》

亚旅、师氏。

亚旅，众大夫，其位次卿。师氏，亦大夫，主以兵守门。

3.（宋）林之奇《尚书全解》卷二十三《周书·牧誓》

（归善斋按，见"王曰，嗟我友邦冢君"）

4.（宋）史浩《尚书讲义》卷十一《周书·牧誓》

（归善斋按，见"时甲子昧爽"）

5.（宋）夏僎《尚书详解》卷十六《周书·牧誓》

（归善斋按，见"武王戎车三百两"）

6.（宋）时澜《增修东莱书说》卷十六《周书·牧誓第四》

亚旅、师氏，千夫长，百夫长，及庸、蜀、羌、髳、微、卢、彭、濮人。

武王临陈誓，不止于西土，小大远近诸国，皆誓之也。当时，归武王者，八百国，何止言，庸、蜀、羌、髳、微、卢、彭、濮人。此序书之法。举远而知近；举小而知大，举微而知着也。

7.（宋）黄度《尚书说》卷四《周书·牧誓》

（归善斋按，见"王曰，嗟我友邦冢君"）

8.（宋）袁燮《絜斋家塾书钞》卷五《周书·牧誓》

（归善斋按，见"时甲子昧爽"）

9.（宋）蔡沈《书经集传》卷四《周书·牧誓》

（归善斋按，见"王曰，嗟我友邦冢君"）

10.（宋）黄伦《尚书精义》卷二十六《周书·牧誓》

（归善斋按，见"王曰，嗟我友邦冢君"）

11.（宋）陈经《尚书详解》卷二十二《周书·牧誓》

(归善斋按，见"时甲子昧爽")

12.（宋）钱时《融堂书解》卷九《周书·牧誓》

(归善斋按，见"时甲子昧爽")

13.（宋）魏了翁《尚书要义》卷十《泰誓》至《武成》

二四、亚旅，众大夫；师氏，亦大夫。

此及《左传》皆卿下言亚旅，知是大夫，其位次卿而数众，故以亚次名之。谓诸是四命之大夫，在军有执事者也。师氏，亦大夫，其官掌以兵守门，所掌尤重，故别言之。《周礼》，师氏，中大夫，使其属帅四夷之隶，各以其兵服守王之门外，朝在野外，则守内列。郑玄云，内列，蕃营之在内者也，守之如守王宫。

14.（宋）陈大猷《书集传或问》卷上《牧誓》

(归善斋按，未解)

15.（宋）胡士行《尚书详解》卷六《周书·牧誓第四》

(归善斋按，见"时甲子昧爽")

16.（元）吴澄《书纂言》卷四上《周书·牧誓》

(归善斋按，见"王曰，嗟我友邦冢君")

17.（元）陈栎《书集传纂疏》卷四上《朱子订定蔡氏集传周书·牧誓》

(归善斋按，见"王曰，嗟我友邦冢君")

18.（元）许谦《读书丛说》卷六《周书·牧誓》

(归善斋按，未解)

19. （元）董鼎《书传辑录纂注》卷三《周书·牧誓》

（归善斋按，见"王曰，嗟！我友邦冢君"）

20. （元）朱祖义《尚书句解》卷六《周书·牧誓第四》

亚旅（众大夫之次于卿者）、师氏（大夫以兵守门者）。

21. （明）王樵《尚书日记》卷九《周书·牧誓》

（归善斋按，见"王曰，嗟！我友邦冢君"）

22. （清）库勒纳等撰《日讲书经解义》卷六《周书·牧誓》

（归善斋按，见"王曰，嗟！我友邦冢君"）

（元）陈师凯《书蔡氏传旁通》卷四上《周书·牧誓》

师氏，以兵守门者，犹《周礼·师氏》，王举，则从者也。《周礼·师氏》云，凡祭祀，宾客，会同，丧纪，军旅，王举则从。使其属帅四夷之隶，各以其兵服，守王之门外；且跸，朝在野外，则守内列。愚按，此师氏，即《周礼》师氏，故古注及疏，皆引以为说。而蔡氏乃曰犹《周礼·师氏》，则是本不同，何也？盖《周礼》乃天子制度，武王，此时未宜有此，虽设师氏，亦未尽如《周礼》之制，故蔡氏以"犹"字言之，所以着当时之实迹，发后世之新义，有功于名教者，皆若此。然论师氏之职，则文、武时已有之，后来周公修六典，始备天子之制也。

（明）马明衡《尚书疑义》卷四《周书·牧誓》

（归善斋按，见"御事，司徒、司马、司空"）

（明）陈泰交《尚书注考》

《牧誓》师氏，训"以兵守门者"。《顾命》师氏，训"大夫官"。

千夫长、百夫长

1. （汉）孔氏传、（唐）陆德明音义、孔颖达疏《尚书注疏》卷十《周书·牧誓》

千夫长、百夫长。
传，师帅、卒帅。
音义：
帅，色类反，下同。
疏：
传正义曰，《周礼》二千五百人为师，师帅，皆中大夫。百人为卒，卒长，皆上士。孔以帅虽二千五百人，举全数亦得为千夫长。长与帅其义同，是千夫长亦可以称帅，故以千夫长为师帅，百夫长为卒帅。王肃云，师长、卒长，意与孔同，顺经文而称长耳。郑玄以为师帅、旅帅也，与孔不同。

2. （宋）苏轼撰《书传》卷九《周书·牧誓第四》

千夫长、百夫长，及庸、蜀、羌、髳、微、卢、彭、濮人。
《春秋传》"楚饥，庸与百濮伐之"，庸，上庸县；濮，即百濮也。又，楚伐罗，罗与卢戎两军之。盖南蛮之属。楚者，羌，先零罕开之属。彭，今属武阳。有彭亡，髳、微阙，则知此数国，皆西南之夷。

3. （宋）林之奇《尚书全解》卷二十三《周书·牧誓》

（归善斋按，见"王曰，嗟我友邦冢君"）

4. （宋）史浩《尚书讲义》卷十一《周书·牧誓》

（归善斋按，见"时甲子昧爽"）

5.（宋）夏僎《尚书详解》卷十六《周书·牧誓》

（归善斋按，见"武王戎车三百两"）

6.（宋）时澜《增修东莱书说》卷十六《周书·牧誓第四》

（归善斋按，见"亚旅、师氏"）

7.（宋）黄度《尚书说》卷四《周书·牧誓》

（归善斋按，见"王曰，嗟我友邦冢君"）

8.（宋）袁燮《絜斋家塾书钞》卷五《周书·牧誓》

（归善斋按，见"时甲子昧爽"）

9.（宋）蔡沈《书经集传》卷四《周书·牧誓》

（归善斋按，见"王曰，嗟我友邦冢君"）

10.（宋）黄伦《尚书精义》卷二十六《周书·牧誓》

（归善斋按，见"王曰，嗟我友邦冢君"）

11.（宋）陈经《尚书详解》卷二十二《周书·牧誓》

（归善斋按，见"时甲子昧爽"）

12.（宋）钱时《融堂书解》卷九《周书·牧誓》

（归善斋按，见"时甲子昧爽"）

13.（宋）魏了翁《尚书要义》卷十《泰誓》至《武成》

（归善斋按，未引）

14.（宋）陈大猷《书集传或问》卷上《牧誓》

（归善斋按，未解）

15.（宋）胡士行《尚书详解》卷六《周书·牧誓第四》

(归善斋按,见"时甲子昧爽")

16.（元）吴澄《书纂言》卷四上《周书·牧誓》

(归善斋按,见"王曰,嗟我友邦冢君")

17.（元）陈栎《书集传纂疏》卷四上《朱子订定蔡氏集传周书·牧誓》

(归善斋按,见"王曰,嗟我友邦冢君")

18.（元）许谦《读书丛说》卷六《周书·牧誓》

(归善斋按,未解)

19.（元）董鼎《书传辑录纂注》卷三《周书·牧誓》

(归善斋按,见"王曰,嗟！我友邦冢君")

20.（元）朱祖义《尚书句解》卷六《周书·牧誓第四》

千夫长（统千人之帅）,百夫长（统百人之帅）。

21.（明）王樵《尚书日记》卷九《周书·牧誓》

(归善斋按,见"王曰,嗟！我友邦冢君")

22.（清）库勒纳等撰《日讲书经解义》卷六《周书·牧誓》

(归善斋按,见"王曰,嗟！我友邦冢君")

（元）陈师凯《书蔡氏传旁通》卷四上《周书·牧誓》

千夫长。统千人之帅。
周之军制,无专统千人者,惟有二千五百人为师,师帅皆中大夫,故古注以千夫长为师帅。

百夫长，统百人之帅。

《周礼》云，百人为卒，卒长皆上士。蔡氏不据之者，以《周礼》为天子之制，恐不同耳。然六军、三军，虽不同，而各军之制，自军将以下，至五人为伍，则皆同也。

及庸，蜀、羌、髳、微、卢、彭、濮人

1.（汉）孔氏传、（唐）陆德明音义、孔颖达疏《尚书注疏》卷十《周书·牧誓》

及庸、蜀、羌、髳、微、卢、彭、濮人。

传，八国，皆蛮、夷、戎、狄属文王者国名，羌在西；蜀叟、髳、微在巴蜀；卢、彭在西北；庸、濮，在江汉之南。

音义：

羌，徐起良反，《说文》云，西戎牧羊人。髳，茂侯反。濮，音卜。叟，所求反，又苏走反。

疏：

传正义曰，九州岛之外，四夷大名，则东夷、西戎、南蛮、北狄，其在当方，或南有戎，而西有夷。此八国并非华夏，故大判言之，皆蛮、夷、戎、狄属文王者国名也。此八国，皆西南夷也。文王国在于西，故西南夷先属焉。大刘以蜀是蜀郡，显然可知。孔不说，又退"庸"就"濮"解之，故以次先解羌，云羌在西。蜀叟者，汉世西南之夷。蜀名为大，故传据蜀而说。左思《蜀都赋》云，三蜀之豪，时来时往，是蜀都分为三，羌在其西，故云西。蜀叟，叟者，蜀夷之别名。故《后汉书》兴平元年，马腾、刘范谋诛李傕，益州牧刘焉遣叟兵五千人助之，是蜀夷有名叟者也。髳、微在巴蜀者巴在蜀之东遍，汉之巴郡所治江州县也。卢、彭在西北者，在东蜀之西北也。文十六年《左传》称庸与百濮伐楚，楚遂灭庸，是庸、濮在江汉之南。

2.（宋）苏轼撰《书传》卷九《周书·牧誓第四》

（归善斋按，见"千夫长、百夫长"）

3.（宋）林之奇《尚书全解》卷二十三《周书·牧誓》

（归善斋按，见"王曰，嗟我友邦冢君"）

4.（宋）史浩《尚书讲义》卷十一《周书·牧誓》

（归善斋按，见"时甲子昧爽"）

5.（宋）夏僎《尚书详解》卷十六《周书·牧誓》

（归善斋按，见"武王戎车三百两"）

6.（宋）时澜《增修东莱书说》卷十六《周书·牧誓第四》

（归善斋按，见"亚旅、师氏"）

7.（宋）黄度《尚书说》卷四《周书·牧誓》

（归善斋按，见"王曰，嗟我友邦冢君"）

8.（宋）袁燮《絜斋家塾书钞》卷五《周书·牧誓》

（归善斋按，见"时甲子昧爽"）

9.（宋）蔡沈《书经集传》卷四《周书·牧誓》

及庸、蜀、羌、髳、微、卢、彭、濮人。

羌，驱羊反。髳，莫侯反。《左传》庸与百濮伐楚庸。濮，在江汉之南；羌，在西蜀。髳、微在巴蜀；卢、彭在西北。武王伐纣，不期会者，八百国。今誓师，独称八国者，盖八国近周西都，素所服役，乃受约束以战者。若上文所言，友邦冢君，则泛指诸侯而誓者也。

10. （宋）黄伦《尚书精义》卷二十六《周书·牧誓》

（归善斋按，见"王曰，嗟我友邦冢君"）

11. （宋）陈经《尚书详解》卷二十二《周书·牧誓》

（归善斋按，见"时甲子昧爽"）

12. （宋）钱时《融堂书解》卷九《周书·牧誓》

（归善斋按，见"时甲子昧爽"）

13. （宋）魏了翁《尚书要义》卷十《泰誓》至《武成》

二五、庸、蜀等八国，西南夷，属文王者

"及庸、蜀、羌、髳、微、卢、彭、濮人"，八国皆蛮、夷、戎、狄，属文王者国名。羌在西，髳、髳、微，在巴蜀。卢、彭在西北，庸、濮在江汉之南。正义曰，八国并非华夏，故大判言之，皆蛮、夷、戎、狄属文王者国名也。此八国，皆西南夷也。文王国在于西，故西南蛮先属焉。大刘以蜀是蜀郡，显然可知，故孔不说，又退"庸"就"濮"解之，故以次先解羌，云羌在西，蜀叟者，汉世西南之夷，蜀名为大，故传据蜀而说。左思《蜀都赋》云"三蜀之豪，时来时往"是蜀都分为三，羌在其西，故云西。蜀叟，叟者，蜀夷之别名，故《后汉书》兴平元年，马腾、刘范谋诛李傕，益州牧刘焉遣叟兵五千人助之，是蜀夷有名叟者也。髳、微，在巴蜀者，巴在蜀之东偏，汉之巴郡，所治江州县也。卢、彭在西北者，在东蜀之西北也，文十六年《左传》称庸与百濮伐楚，楚遂灭庸，是庸、濮在江汉之南。

14. （宋）陈大猷《书集传或问》卷上《牧誓》

（归善斋按，未解）

15. （宋）胡士行《尚书详解》卷六《周书·牧誓第四》

（归善斋按，见"时甲子昧爽"）

16. （元）吴澄《书纂言》卷四上《周书·牧誓》

（归善斋按，见"王曰，嗟我友邦冢君"）

17. （元）陈栎《书集传纂疏》卷四上《朱子订定蔡氏集传周书·牧誓》

及庸、蜀、羌、髳、微、卢、彭、濮人。

《左传》，庸与百濮伐楚。庸、濮在江汉之南，羌在西蜀，髳微在巴蜀，卢、彭在西北。武王伐纣，不期会者，八百国。今誓师，独称八国者，盖八国近周西都，素所服役，乃受约束以战者。若上文所言"友邦冢君"，则泛指诸侯而誓者也。

纂疏：

陈氏曰，八国，西南夷与江汉之夷化行。江汉八国来助，举远，则近者可知。

苏氏曰，庸，上庸县。濮，百濮。楚伐罗，罗与卢戎两军之，盖南蛮之属楚者。羌，先零、罕开之属。彭，今属武阳，有彭亡，髳、微缺。此数国，皆西南之夷。

18. （元）许谦《读书丛说》卷六《周书·牧誓》

（归善斋按，未解）

19. （元）董鼎《书传辑录纂注》卷三《周书·牧誓》

及庸、蜀、羌、髳、微、卢、彭、濮人。

《左传》庸与百濮伐楚。庸、濮在江汉之南，羌在西蜀，髳、微在巴蜀，卢、彭在西北。武王伐纣，不期会者，八百国。今誓师，独称八国者，盖八国近周西都，素所服役，乃受约束以战者。若上文所言，友邦冢君，则泛指诸侯而誓者也。

纂注：

陈氏曰，文王化行江汉，自北而南，故八国皆来助。举其远，则近者可知。苏氏曰，楚饥，庸与百濮伐之。庸，上庸县。濮即百濮。又楚伐罗，罗与卢、戎两军之，盖南蛮之属楚者。羌，先零、罕开之属。彭，今属武阳，有彭亡、髳、微、阏，则知此数国，皆西南之夷。

20.（元）朱祖义《尚书句解》卷六《周书·牧誓第四》

及庸、蜀、羌、髳、微、卢、彭、濮人（及此八国之人，乃西南夷，与江汉之夷。文王为西伯，化行江汉之域，故来助周伐纣）。

21.（明）王樵《尚书日记》卷九《周书·牧誓》

（归善斋按，见"王曰，嗟！我友邦冢君"）

22.（清）库勒纳等撰《日讲书经解义》卷六《周书·牧誓》

（归善斋按，见"王曰，嗟！我友邦冢君"）

（元）陈师凯《书蔡氏传旁通》卷四上《周书·牧誓》

庸、濮在江汉之南。

《寰宇记》云，房州竹山县，本汉上庸县，古之庸国也，今为襄阳路支郡。罗氏《路史·国名记》云，濮，熊姓，在峡外为楚害，楚灭之。杜预云，建宁郡，南濮夷地，建故县，今为镇隶石首。以多曰"百濮"。

羌，在西蜀。

《诗》疏云，氐羌之种，汉世犹存，在秦陇之西。愚按，今之西和州，即故岷州，其地亦古西羌地，属巩昌便宜都总帅府。《韵会》云，《后汉光武纪》注，羌有百五十四种，在西蜀者。疏云，羌在蜀西，故云西蜀。苏氏注云，羌先零、罕开之属。

髳、微在巴蜀。

疏云，巴在蜀之东偏，汉巴郡所治也。愚按，巴郡，今重庆忠州、合州涪州万州等处，皆是。诸家皆未能详髳、微之所在。《路史·国名记》，微，在扶风合阳，今岐之郿县，有郿乡，即微也。

卢、彭在西北。

疏云，在东蜀之西北也。苏氏注，卢，即《左传》"罗与卢戎两军

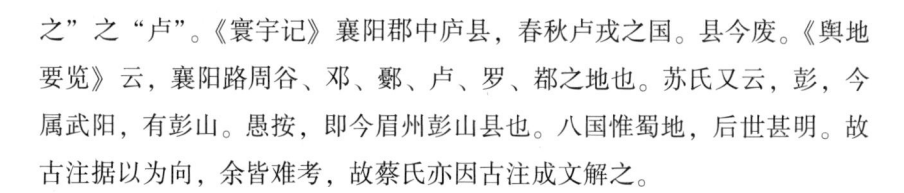

之"之"卢"。《寰宇记》襄阳郡中庐县，春秋卢戎之国。县今废。《舆地要览》云，襄阳路周谷、邓、鄾、卢、罗、鄀之地也。苏氏又云，彭，今属武阳，有彭山。愚按，即今眉州彭山县也。八国惟蜀地，后世甚明。故古注据以为向，余皆难考，故蔡氏亦因古注成文解之。

（清）王夫之《尚书稗疏》卷四上《周书·牧誓》

《牧誓》。

庸、蜀、羌、髳、微、卢、彭、濮。

按此八国，传注多有疏失。今考，庸，上庸也，在今郧阳竹溪县西。蜀，国本在成都，帝喾支庶，所封世为侯国。羌者，参狼白马之羌，汉为武都之羌道，今文县千户所，其地也。髳，按《说文》云，《汉令》有髳长，大县曰令，小县曰长。今考《汉郡国志》无髳县，惟蜀郡属国，有旄牛县。《华阳国志》云，旄地也，在今黎州安抚司。微者，《华阳国志》上庸郡之微阳县也，计其为国，当在竹山房县之间。卢者，《汉郡国志》南郡有中卢县，襄阳耆旧，传曰，古卢戎也。《春秋传》"罗与卢、戎两军"之"卢"地，近罗。罗在宜城西山中，今南漳县地，则卢戎之国当在谷城、保康之间矣。彭，苏氏以为武阳之彭亡聚，则是眉州之彭山县。《唐元和志》云，周末彭祖居此而死，《汉志》亦云有彭祖冢，乃彭祖为殷大夫，而殷固有彭国，不因彭祖得名，则苏说非也。又《一统志》以成都之彭县为古彭国，乃天彭门之号，创于李冰，亦非古国名。而经文与卢、濮并举，不与羌蜀相连，则亦非也。《春秋传》云，伐绞之役，楚师分涉于彭，今酉阳平茶，有彭水，于地太远，故杜预曰，彭水在新城昌魏县。昌魏在房县北，则彭之为国，滨于彭水，当在上津县之南也。濮与麋为邻，故《春秋传》云麋人率百濮聚于选。麋，今郧阳府治，其东则楚也。其西，则濮也，是濮之为国，夹汉水而处，居郧阳之上流，在白河之东南矣。在周之西南者，由庸而蜀，由蜀而羌，由羌而髳，皆以自东而西为序；在周之东南者，由微而卢，由卢而彭，由彭而濮，皆以自南而北为序。而庸、蜀、羌、髳互处千里之外，微、卢、彭、濮聚于数百里之境，则大小远近，固有不齐。要则，诗序所谓南国也。庸，宜连微、卢以纪，而连蜀者，或以其国之大，而先之，或以庸居七国之中而为之统率也。传注谓，微在巴蜀，彭在西北，濮在江汉之南，羌为先零、罕开，彭，为彭亡聚，同归于误。

（清）朱鹤龄《尚书埤传》卷九《周书·牧誓》

庸、蜀、羌、髳、微、卢、彭、濮。

按，《左传》，楚饥，庸与百濮伐之。庸，今上庸县；濮，即百濮。又，楚伐罗，罗与卢、戎两军之。盖南蛮之属楚者。蜀地甚广，疏引大刘云，蜀郡，今成都也。《括地志》，岷洮等州以西，为古羌国；以南，为古髳国。《诗》"如蛮如髳"是也。彭，苏氏云，属武阳，今彭县也。微国，未详。孔传云，髳、微在巴蜀，盖微近髳也。八国，皆西南夷。

王柏曰，牧野一役，诸侯之师，皆期而来会。惟庸、蜀、羌、髳、微、卢、彭、濮，则不期而来会者也。彼八国，皆小国，且远夷也。不责其会者，周家之仁，闻风自来者，八国之义。后世遂谓，孟津之师，不期而会者八百国，殆因此侈言之与。

（清）张英《书经衷论》卷三《周书·牧誓》

庸、蜀、羌、髳、微、卢、彭、濮。

蔡注谓，八国近周西都，素所服役，乃受约束以战者。《大全》陈氏谓，文王化行江汉，自此而南，故八国皆来助，举其远，则近者可知。二说不同，予观其文势，盖在友邦冢君之外，举蛮夷小国之君，而并及之耳。故于"千夫长，百夫长"之下，而以"及"字连络之，谓之曰"人"，所以别异于"友邦冢君"之称也。羌、髳、微，在西蜀，在周千里之外，恐不可言近。庸、濮，在江汉之南，亦不可谓远也。

（清）蒋廷锡《尚书地理今释·周书·牧誓》

庸，杜预云，今上庸县上庸，今湖广郧阳府竹山县，是。

蜀，正义云，大刘以蜀是蜀郡，今四川成都府，是。

羌，正义云，蜀都分为三羌，其在西，故云西蜀。苏氏云，先零、枹罕之属，当在今陕西甘肃，以西南接蜀汉塞外也。

髳、微，正义云，孔传，髳、微，在巴蜀者。巴在蜀之东偏，汉之巴郡所治江州县也。江州县，今巴县北，属四川重庆府。

卢，古卢戎国，今湖广襄阳府南漳县东北中卢故城是。文十六年《左传》楚伐唐，自庐以往。杜预云，楚庐邑，今中庐县。《水经注》云，沔水过中庐县东，县即春秋卢戎之国也。

彭，正义云，在东蜀之西北。苏氏曰，属武阳县，有彭亡。武阳，今四川眉州州北。废彭山县有彭亡城，是其地也。

濮，按《左传》文十六年，庸人、麇人率百濮伐楚。《疏》孔安国云，庸、濮在江汉之南，是濮为西南夷也。《释例》曰，建宁郡南有濮夷，无君长，各以邑落自聚，故称百濮。建宁故城在今湖广荆州府石首县，其地要在石首之南也。

称尔戈，比尔干，立尔矛，予其誓

1.（汉）孔氏传、（唐）陆德明音义、孔颖达疏《尚书注疏》卷十《周书·牧誓》

称尔戈，比尔干，立尔矛，予其誓。
传，称，举也。戈，戟；干，楯也。
音义：
比，徐扶志、毗志二反。楯，食准反，又音允。
疏：
传正义曰，称，举，《释言》文。《方言》云，戟，楚谓之干，吴扬之间谓之戈，是戈即戟也。《考工记》云，戈秘六尺有六寸，车戟常。郑云，八尺曰寻，倍寻曰常。然则，戈戟长短异名，而云戈者即戟，戈戟长短虽异，其形制则同。此云举戈，宜举其长者，故以戈为戟也。《方言》又云，楯自关而东，或谓之楯，或谓之干。关西谓之楯，是十楯为一也。戈短，人执以举之，故言称；楯则并以扞敌，故言比；矛长，立之于地，故言立也。

2.（宋）苏轼撰《书传》卷九《周书·牧誓第四》

称尔戈，比尔干，立尔矛，予其誓。王曰，古人有言曰，牝鸡无晨。牝鸡之晨，惟家之索。今商王受，惟妇言是用。昏弃厥肆祀弗答。

肆，祀所陈祭祀也。祀，所以报也，故谓之答。

3.（宋）林之奇《尚书全解》卷二十三《周书·牧誓》

（归善斋按，见"王曰，嗟我友邦冢君"）

4.（宋）史浩《尚书讲义》卷十一《周书·牧誓》

（归善斋按，见"时甲子昧爽"）

5.（宋）夏僎《尚书详解》卷十六《周书·牧誓》

（归善斋按，见"武王戎车三百两"）

6.（宋）时澜《增修东莱书说》卷十六《周书·牧誓第四》

称尔戈，比尔干，立尔矛。予其誓。
言军威各当称其物，严整精神，以听予一人之誓命也。

7.（宋）黄度《尚书说》卷四《周书·牧誓》

称尔戈，比尔干，立尔矛，予其誓。
警肃之，使听誓。称，举；戈，戟；比，合；干，盾。

8.（宋）袁燮《絜斋家塾书钞》卷五《周书·牧誓》

（归善斋按，见"时甲子昧爽"）

9.（宋）蔡沈《书经集传》卷四《周书·牧誓》

称尔戈，比尔干，立尔矛，予其誓。
称，举；戈，戟；干，楯；矛，亦戟之属，长二丈。唐孔氏曰，戈短人执以举之,故言称。楯,则并以扞敌,故言比。矛长立之于地,故言立。器械严整,则士气精明,然后能听誓命。

10.（宋）黄伦《尚书精义》卷二十六《周书·牧誓》

（归善斋按,见"王曰,嗟我友邦冢君"）

11.（宋）陈经《尚书详解》卷二十二《周书·牧誓》

（归善斋按,见"时甲子昧爽"）

12.（宋）钱时《融堂书解》卷九《周书·牧誓》

（归善斋按,见"时甲子昧爽"）

13.（宋）魏了翁《尚书要义》卷十《泰誓》至《武成》

二六、戈、戟,长短异,形制同。干,即楯。

"称尔戈,比尔干,立尔矛。予其誓",称,举也。戈,戟;干,楯也。正义曰,《方言》,戟,楚谓之干,吴扬之间谓之戈,是戈即戟也。《考工记》云,戈柲六尺有六寸,车戟常,郑云,八尺曰寻,倍寻曰常。然则,戈、戟长短异名,而云戈者,即戟。戈、戟长短虽异,其形制则同。此云举,戈宜举其长,故以戈为戟也。《方言》又云,楯,自关而东,或谓之楯,或谓之干;关西谓之楯,是干、楯为一也。

14.（宋）陈大猷《书集传或问》卷上《牧誓》

（归善斋按,未解）

15.（宋）胡士行《尚书详解》卷六《周书·牧誓第四》

（归善斋按,见"时甲子昧爽"）

16.（元）吴澄《书纂言》卷四上《周书·牧誓》

（归善斋按,见"王曰,嗟我友邦冢君"）

899

17.（元）陈栎《书集传纂疏》卷四上《朱子订定蔡氏集传周书·牧誓》

称尔戈，比尔干，立尔矛。予其誓。

称，举；戈，戟；干，楯。矛，亦戟之属，长二丈。唐孔氏曰，戈短，人执以举之，故言"称"；楯，则并以扞敌，故言"比"；矛长，立之于地，故言"立"。器械严整，则士气精明，然后能听誓命。

18.（元）许谦《读书丛说》卷六《周书·牧誓》

《牧誓》。

车上五兵，戈、殳、戟、酋矛、夷矛。戈长六尺六寸，次殳长寻有四尺，自是而上，各益四尺，至于夷矛，则长二丈四尺。

19.（元）董鼎《书传辑录纂注》卷三《周书·牧誓》

称尔戈，比尔干，立尔矛。予其誓。

称，举；戈，戟；干，楯；矛，亦戟之属，长二丈。

唐孔氏曰，戈短，人执以举之，故言"称"；楯，则并以扞敌，故言"比"；矛长，立之于地，故言"立"。器械严整，则士气精明，然后能听誓命。

20.（元）朱祖义《尚书句解》卷六《周书·牧誓第四》

称尔戈（武王既历众所誓人，于是使之举尔之戈），比尔干（近尔之盾），立尔矛（矛亦戟之属，长二丈，执之以立于地）。予其誓（听我誓告汝士）。

21.（明）王樵《尚书日记》卷九《周书·牧誓》

（归善斋按，见"王曰，嗟！我友邦冢君"）

22.（清）库勒纳等撰《日讲书经解义》卷六《周书·牧誓》

（归善斋按，见"王曰，嗟！我友邦冢君"）

王曰，古人有言曰，牝鸡无晨

1.（汉）孔氏传、（唐）陆德明音义、孔颖达疏《尚书注疏》卷十《周书·牧誓》

王曰，古人有言曰，牝鸡无晨。
传，言无晨鸣之道。
音义：
牝，频引反，徐扶忍反。

2.（宋）苏轼撰《书传》卷九《周书·牧誓第四》

（归善斋按，未解）

3.（宋）林之奇《尚书全解》卷二十三《周书·牧誓》

（归善斋按，见"王曰，嗟我友邦冢君"）

4.（宋）史浩《尚书讲义》卷十一《周书·牧誓》

王曰，古人有言曰，牝鸡无晨，牝鸡之晨，惟家之索。今商王受，惟妇言是用，昏弃厥肆祀弗答，昏弃厥遗王父母弟不迪，乃惟四方之多罪逋逃，是崇是长，是信是使，是以为大夫、卿士，俾暴虐于百姓，以奸宄于商邑。今予发，惟恭行天之罚。今日之事，不愆于六步、七步，乃止齐焉。夫子勖哉！不愆于四伐、五伐、六伐、七伐，乃止齐焉。勖哉夫子！尚桓桓，如虎、如貔、如熊、如罴于商郊。弗迓克奔，以役西土。勖哉夫子！尔所弗勖，其于尔躬有戮。

《泰誓》言悦妇人而已，此推其极至于惟妇言是用，故昏弃先王之祀而不知其报；昏弃三仁之属而不迪其亲，皆用妇言故也。妲己之罪，于是始着。不愆云者，不特见其整肃，抑又知其行军之不暴也。伐，刺也。六步至七步，四伐至七伐而止，复整阵而进。当时之师，雍容不迫，其所谓诡道奇计，未尝用也。呜呼！此其为王者之师欤。《诗》之《大明》初言武王"燮伐燮和"也。至于牧野，"其会如林"，"檀车煌煌，驷騵彭彭"，则肆伐之功出于"维师尚父，时维鹰扬"故也。然则，使之如虎，如貔，如熊，如罴，以奔商人者，岂武王之志哉，太公之谋实然也。观此，则无疑于《泰誓》之为"太"也。武王伐殷，往伐归兽，识其政事，作《武成》。此篇或疑其有脱简，以其语之不伦，殊不知史氏之记，先其凡例，而后其事实也。何谓"武成"，《诗》曰"文王受命，有此武功于，时始用武，功以伐崇"也。至"一戎衣，天下大定"，方可谓之武功之成也。桃林、华阳之畜，不用之畜也。故曰"往伐归兽"，下车之后，凡所设施，无非政事识记也，记其政事，而为此书也。

5.（宋）夏僎《尚书详解》卷十六《周书·牧誓》

王曰，古人有言曰，牝鸡无晨。牝鸡之晨，惟家之索。今商王受，惟妇言是用，昏弃厥肆祀弗答，昏弃厥遗王父母弟不迪。乃惟四方之多罪逋逃，是崇是长，是信是使，是以为大夫、卿士，俾暴虐于百姓，以奸宄于商邑，今予发，惟恭行天之罚。

武王既使陈牧野之人，称戈，比干，立矛以听誓言，于是遂誓以伐纣之意，而举古人之言曰，"牝鸡无晨，牝鸡之晨，惟家之索"，盖此篇数纣之恶，惟论其用妇人之言，以乱天下，故举古人之言，以谓牝鸡无鸣晨之理，使牝鸡而鸣晨，则反常为孽，家必索而尽，亦如妇人与政，亦是反常，故足丧国。今商王受，乃不悟牝鸡鸣晨为不祥，而其为国则惟妇人之言是用。妇人，盖指妲己也。按《列女传》，纣不离妲己，妲己所举者赏之，所憎者诛之。妲己谓罚轻诛薄，则为炮烙之刑，皆惟妇言是用也。既用妇言，则有所蛊惑，聪明日昏，故昏于事神，则弃其所当陈之祭祀，而皆不答祭所以报本，故谓之答。不答，谓弃。其祭祀而不答其先祖也。昏于亲亲，则弃其王父弟与同母之弟，皆遇之不以其道，故曰"不迪"。王

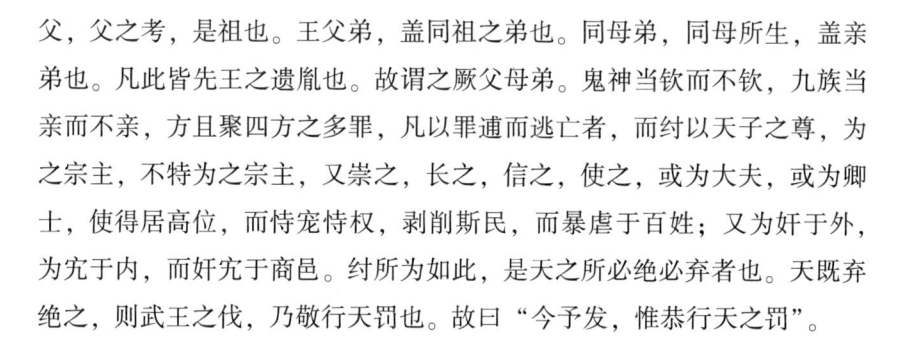

父,父之考,是祖也。王父弟,盖同祖之弟也。同母弟,同母所生,盖亲弟也。凡此皆先王之遗胤也。故谓之厥父母弟。鬼神当钦而不钦,九族当亲而不亲,方且聚四方之多罪,凡以罪逋而逃亡者,而纣以天子之尊,为之宗主,不特为之宗主,又崇之、长之、信之、使之,或为大夫,或为卿士,使得居高位,而恃宠恃权,剥削斯民,而暴虐于百姓;又为奸于外,为宄于内,而奸宄于商邑。纣所为如此,是天之所必绝必弃者也。天既弃绝之,则武王之伐,乃敬行天罚也。故曰"今予发,惟恭行天之罚"。

6. (宋)时澜《增修东莱书说》卷十六《周书·牧誓第四》

王曰,古人有言曰,牝鸡无晨。牝鸡之晨,惟家之索。

此天地易位,古今之大变也。天地之中,各有定位。君倡而臣和,男外而女内,夫行而妇随,皆不可易者。牝鸡至于司晨,阴阳缪戾,则一家之索可知矣。言天本无心,纣先自易其位,故天从而易之耳。

7. (宋)黄度《尚书说》卷四《周书·牧誓》

王曰,古人有言曰,牝鸡无晨。牝鸡之晨,惟家之索。今商王受,惟妇言是用。

纣之酗虐,尽出妲己,遂至于亡。通国之人怨怒之,故牧野誓师,指以为罪首,顺人心也。《史记》武王斩纣,太公斩妲己。

8. (宋)袁燮《絜斋家塾书钞》卷五《周书·牧誓》

王曰,古人有言曰,牝鸡无晨。牝鸡之晨,惟家之索。今商王受惟妇言是用,昏弃厥肆祀弗答,昏弃厥遗王父母弟不迪,乃惟四方之多罪逋逃,是崇是长,是信是使,是以为大夫、卿士。俾暴虐于百姓。以奸宄于商邑、今予发,惟恭行天之罚。

此言商王专是淫于女色,大抵人心不过昏与明尔。清心寡欲,则此心常明,迨丁声色,则此心安得不昏。商王既惟妇言是用,故到处皆昏弃,肆祀而弗答,亦昏也;遗王父母弟而不迪,亦昏也,所以都下一"昏"字。

9.（宋）蔡沈《书经集传》卷四《周书·牧誓》

王曰，古人有言曰，牝鸡无晨。牝鸡之晨，惟家之索。

索，萧索也。牝鸡而晨，则阴阳反常，是为妖孽，而家道索矣。将言纣惟妇言是用，故先发此。

10.（宋）黄伦《尚书精义》卷二十六《周书·牧誓》

王曰，古人有言曰，牝鸡无晨。牝鸡之晨，惟家之索。

无垢曰，盖鸡之为物，雄鸣雌哺，此常理也。使雌代雄鸣，乃恶气所感，其家必有不祥事。

又曰，家以牝鸡司晨，卜不祥；国以妇人专政，卜不祥。将言纣用妲己之言，故引古占卜为训。

张氏曰，男正位乎外，女正位乎内。内外异位，则妇人故无预于外事矣。妇人预于外事，鲜不败乱，是犹牝鸡之晨，其惩遂至，惟家之索也。

吕氏曰，大抵天地中，各自有定位，如君唱而臣和，男外而女内。夫行而妇随，此皆不可易者。至如牝鸡司晨，阴阳缪盭，则一家索矣。言天本不曾与纣易位，以纣先自易位，故天亦从而易之。

11.（宋）陈经《尚书详解》卷二十二《周书·牧誓》

王曰，古人有言曰，牝鸡无晨。牝鸡之晨，惟家之索。今商王受，惟妇言是用，昏弃厥肆祀弗答，昏弃厥遗王父母弟不迪。乃惟四方之多罪逋逃，是崇是长，是信是使，是以为大夫、卿士，俾暴虐于百姓，以奸宄于商邑。今予发，惟恭行天之罚。

此章言纣所为，皆是君臣、夫妇、兄弟，天理倒置。所贵乎人伦者，以其男正乎外，女正乎内，亲其亲，长其长。君子在位，小人在野，如此，则为各止其所各，当其分也。今也，纣之所为一切相反，使妇人预政事，以妇人之喜怒为赏罚，是则牝鸡而司晨者也。此岂男女、夫妇之正理乎。肆，陈也，所陈之祭祀，谓宗庙之祀也，以昏乱而弃其所陈之祭祀，而不能享鬼神，是不知有亲。王父者，祖之昆弟也。母弟者，同母之弟也。遗，弃也。迪，道也。以昏弃而遗其祖之昆弟，与同母之弟，而不以道接之，是不知有长。此岂亲亲长长之理乎。四方之多罪而逋走逃亡者，纣之资质，与此等人合，故崇之，长之，信之，使之，又以大夫、卿士之官而用之，使此等人，肆暴虐于百姓，为奸为宄于商之都邑。是小人在位，君子在野。此岂君臣之理乎？凡人理之常，一切更变倒置至此，则天罚之所必加也。故予小子发，得以恭敬而行上天之罚。

12.（宋）钱时《融堂书解》卷九《周书·牧誓》

王曰，古人有言曰，牝鸡无晨，牝鸡之晨，惟家之索。今商王受，惟妇言是用，昏弃厥肆祀弗答，昏弃厥遗王父母弟不迪，乃惟四方之多罪逋逃，是崇是长，是信是使，是以为大夫、卿士，俾暴虐于百姓，以奸宄于商邑。

上文既言"予其誓"，于是复书"王曰"，以明此下之为誓辞也。武王此誓，专以用妇言数纣之罪，故首举此古语以为证。王父，祖也。王父弟者，同祖之弟也。母弟者，同母之弟也。遗，犹孤遗也，盖父母亡而幼弱未能自立者也。不迪，不知所以训"迪"也。禹数苗，只是个"昏迷"；汤数桀，只是个"昏德"；武王数纣亦是个"昏弃"既昏之后，事事颠倒，何所不有吁可畏哉。

13.（宋）魏了翁《尚书要义》卷十《泰誓》至《武成》

二七、牝鸡无晨，若贤如文母，则非此喻。

"牝鸡之晨，惟家之索"，索，尽也，喻妇人知外事，雌代雄鸣，则家尽；妇夺夫政，则国亡。正义曰，妇人不当政，是别内外之分，若使贤如文母，可以兴助国家，则非牝鸡之喻矣。

14.（宋）陈大猷《书集传或问》卷上《牧誓》

（归善斋按，未解）

15.（宋）胡士行《尚书详解》卷六《周书·牧誓第四》

（归善斋按，见"时甲子昧爽"）

16.（元）吴澄《书纂言》卷四上《周书·牧誓》

王曰，古人有言曰牝鸡无晨。牝鸡之晨，惟家之索。今商王受，惟妇言是用，昏弃厥肆祀弗答，昏弃厥遗王父母弟不迪，乃惟四方之多罪逋逃，是崇是长，是信是使，是以为大夫、卿士，俾暴虐于百姓，以奸宄于商邑。今予发，惟恭行天之罚。

晨鸡鸣，戒晓也。索，尽也。牝鸡而晨，反常之妖，其家必败。妇，妲己也。妇言是用，犹"牝鸡司晨"也，国必亡矣。昏，昧也，盖纣为妲己所蔽惑，故凡皆昏昧也。肆，祭名，未详其义。《周官》以"肆"献裸享先王。郑读为他历反。或曰，肆，陈也，陈设以祀也。答，犹"报"也，不答，废宗庙之礼，不知报本也，遗先王之遗胤也。王父、母弟，王之诸父、诸母、诸弟也。迪，犹"道"也。不迪，绝族亲之义，待之不以道也。逋，亡也。卿士，卿也。四方多罪之人，逃亡而归纣者，乃尊宠而任用之，以之居显位，俾毒民为恶也。此言纣反人道之常，天罚所宜加也。

17.（元）陈栎《书集传纂疏》卷四上《朱子订定蔡氏集传周书·牧誓》

王曰，古人有言曰，牝鸡无晨。牝鸡之晨，惟家之索。

索，萧索也。牝鸡而晨，则阴阳反常，是为妖孽，而家道索矣。将言纣惟妇言是用，故先发此。

18.（元）许谦《读书丛说》卷六《周书·牧誓》

（归善斋按，未解）

19.（元）董鼎《书传辑录纂注》卷三《周书·牧誓》

王曰，古人有言曰，牝鸡无晨。牝鸡之晨，惟家之索。

索，萧索也。牝鸡而晨，则阴阳反常，是为妖孽，而家道索矣，将言纣惟妇言是用，故先发此。

20.（元）朱祖义《尚书句解》卷六《周书·牧誓第四》

王曰（誓曰），古人有言曰，牝鸡无晨（古人言，母鸡无鸣晨之理）。

21.（明）王樵《尚书日记》卷九《周书·牧誓》

"王曰古人有言曰牝鸡无晨"至"以奸宄于商邑"。

索，尽也，言牝鸡无晨鸣之道，喻妇人知外事。妇，妲己也。《列女传》云，纣好酒淫乐，不离妲己，妲己所举者贵之，所憎者诛之。王父、母弟，注疏以王父为祖之昆弟。今按文势，盖谓王父弟与母弟耳。王父弟即从兄弟也。纣以昏乱，弃其所当陈之祭祀而不报，弃先君之遗胤而不接之以道，废宗庙之礼无宗族之义。乃惟四方多罪逋逃之人，是崇长，是信使，是以为大、夫卿士，使之为暴，为奸于都邑之中也。崇，尊之也。长，居人之上也。信任而使令之，是皆左右便辟用事者，又甚则，使之有位，而居大夫、卿士之任。

孙氏曰，《泰誓》言纣之恶，终于悦妇人；《牧誓》言纣之恶，始于用妇言，岂非纣之终始出于此乎？按经文"惟妇言是用"，下连用两"昏弃"字，显是纣之病根。蔡传体贴甚醒。

22.（清）库勒纳等撰《日讲书经解义》卷六《周书·牧誓》

王曰，古人有言曰，牝鸡无晨。牝鸡之晨，惟家之索。今商王受，惟妇言是用，昏弃厥肆祀弗答，昏弃厥遗王父母弟不迪，乃惟四方之多罪逋逃，是崇是长，是信是使是，以为大夫、卿士，俾暴虐于百姓，以奸宄于商邑。

此二节书是，引古语以声商王之恶也。牝鸡，是母鸡。晨，报晓也。索，谓萧索。妇，指妲己。肆，陈也。答，报也。王父，祖也。母弟，同母之弟。迪，道也。武王誓师曰，我闻古人有言曰，牝鸡无晨鸣之理，若牝鸡晨鸣，其家必至破败萧索，可见阴阳有定分，内外有定体。妇人不可以预外事，亦犹牝鸡不可司晨也。今商王受，乃惑于妲己，好恶赏罚，惟其言是用。所谓牝鸡司晨也。因此颠倒昏乱，弃其所当陈之祭祀，而不知报答；弃其先王所遗同祖之弟，与同母之弟，而不能以道善遇之。乃惟四方多罪逃亡之人，尊崇而长养之；亲信而任使之，以是人为大夫、卿士，使胁权肆毒，加暴虐于百姓，倚势犯法，作奸宄于商邑。牝鸡晨而家索，妇言用而国亡，其理盖有必然者矣。

牝鸡之晨，惟家之索

1. （汉）孔氏传、（唐）陆德明音义、孔颖达疏《尚书注疏》卷十《周书·牧誓》

牝鸡之晨，惟家之索。

传，索，尽也，喻妇人知外事。雌代雄鸣，则家尽；妇夺夫政，则国亡。

音义：

索，西各反。

疏：

传正义曰，《礼记·檀弓》曰"吾离群而索居"，则索居为散义。郑玄云，索，散也。物散，则尽，故索为散也。牝鸡，雌也。《尔雅》"飞"曰雌雄，"走"曰牝牡。而此言牝鸡者，《毛诗》《左传》称雄狐，是亦飞、走通也。此以牝鸡之鸣，喻妇人知外事，故重申喻意，云雌代雄鸣，则家尽，妇夺夫政则国亡。家总贵贱为文，言家以对国耳。将陈纣用妇言，故举此古人之语。纣直用妇言耳，非能夺其政。举此言者，专用其言赏罚由妇，即是夺其政矣。妇人不当知政，是别外内之分。若使贤如文母，可以兴助国家，则非牝鸡之喻矣。

2. （宋）苏轼撰《书传》卷九《周书·牧誓第四》

（归善斋按，未解）

3.（宋）林之奇《尚书全解》卷二十三《周书·牧誓》

（归善斋按，见"王曰，嗟我友邦冢君"）

4.（宋）史浩《尚书讲义》卷十一《周书·牧誓》

（归善斋按，见"王曰，古人有言曰，牝鸡无晨"）

5.（宋）夏僎《尚书详解》卷十六《周书·牧誓》

（归善斋按，见"王曰，古人有言曰，牝鸡无晨"）

6.（宋）时澜《增修东莱书说》卷十六《周书·牧誓第四》

（归善斋按，见"王曰，古人有言曰，牝鸡无晨"）

7.（宋）黄度《尚书说》卷四《周书·牧誓》

（归善斋按，见"王曰，古人有言曰，牝鸡无晨"）

8.（宋）袁燮《絜斋家塾书钞》卷五《周书·牧誓》

（归善斋按，见"王曰，古人有言曰，牝鸡无晨"）

9.（宋）蔡沈《书经集传》卷四《周书·牧誓》

（归善斋按，见"王曰，古人有言曰，牝鸡无晨"）

10.（宋）黄伦《尚书精义》卷二十六《周书·牧誓》

（归善斋按，见"王曰，古人有言曰，牝鸡无晨"）

11.（宋）陈经《尚书详解》卷二十二《周书·牧誓》

（归善斋按，见"王曰，古人有言曰，牝鸡无晨"）

12.（宋）钱时《融堂书解》卷九《周书·牧誓》

（归善斋按，见"王曰，古人有言曰，牝鸡无晨"）

13.（宋）魏了翁《尚书要义》卷十《泰誓》至《武成》

（归善斋按，见"王曰，古人有言曰，牝鸡无晨"）

14.（宋）陈大猷《书集传或问》卷上《牧誓》

（归善斋按，未解）

15.（宋）胡士行《尚书详解》卷六《周书·牧誓第四》

（归善斋按，见"时甲子昧爽"）

16.（元）吴澄《书纂言》卷四上《周书·牧誓》

（归善斋按，见"王曰，古人有言曰，牝鸡无晨"）

17.（元）陈栎《书集传纂疏》卷四上《朱子订定蔡氏集传周书·牧誓》

（归善斋按，见"王曰，古人有言曰，牝鸡无晨"）

18.（元）许谦《读书丛说》卷六《周书·牧誓》

（归善斋按，未解）

19.（元）董鼎《书传辑录纂注》卷三《周书·牧誓》

（归善斋按，见"王曰，古人有言曰，牝鸡无晨"）

20.（元）朱祖义《尚书句解》卷六《周书·牧誓第四》

牝鸡之晨，惟家之索（母鸡鸣晨，则物反常为妖，家必索而尽）。

21.（明）王樵《尚书日记》卷九《周书·牧誓》

（归善斋按，见"王曰，古人有言曰，牝鸡无晨"）

22.（清）库勒纳等撰《日讲书经解义》卷六《周书·牧誓》

（归善斋按，见"王曰，古人有言曰，牝鸡无晨"）

（元）陈师凯《书蔡氏传旁通》卷四上《周书·牧誓》

牝鸡而晨，则阴阳反常，是为妖孽。
疏云，以牝鸡之鸣，喻妇人知外事。

今商王受，惟妇言是用

1.（汉）孔氏传、（唐）陆德明音义、孔颖达疏《尚书注疏》卷十《周书·牧誓》

今商王受，惟妇言是用。
传，妲己惑纣，纣信用之。
音义：
妲，丹达反。己，音纪，纣妻也。
疏：
传正义曰，《晋语》云，殷辛伐有苏氏，苏氏以妲己女焉，妲己有宠而亡殷。《殷本纪》云，纣嬖于妇人，爱妲己，惟妲己之言是从。《列女传》云，纣好酒淫乐，不离妲己。妲己所与言者，贵之；妲己所憎者，诛之。为长夜饮，妲己好之。百姓怨望，而诸侯有叛者。妲己曰，罚轻诛薄，威不立耳。纣乃重刑辟，为炮烙之法，妲己乃笑。武王伐纣，斩妲己头悬之于小白旗上，以为亡纣者此女也。

2.（宋）苏轼撰《书传》卷九《周书·牧誓第四》

（归善斋按，未解）

3.（宋）林之奇《尚书全解》卷二十三《周书·牧誓》

（归善斋按，见"王曰，嗟我友邦冢君"）

4.（宋）史浩《尚书讲义》卷十一《周书·牧誓》

（归善斋按，见"王曰，古人有言曰，牝鸡无晨"）

5.（宋）夏僎《尚书详解》卷十六《周书·牧誓》

（归善斋按，见"王曰，古人有言曰，牝鸡无晨"）

6.（宋）时澜《增修东莱书说》卷十六《周书·牧誓第四》

今商王受，惟妇言是用，昏弃厥肆祀弗答。

尊有常尊。纣"昏弃厥肆祀弗答"，是不能尊其常尊也。

7.（宋）黄度《尚书说》卷四《周书·牧誓》

（归善斋按，见"王曰，古人有言曰，牝鸡无晨"）

8.（宋）袁燮《絜斋家塾书钞》卷五《周书·牧誓》

（归善斋按，见"王曰，古人有言曰，牝鸡无晨"）

9.（宋）蔡沈《书经集传》卷四《周书·牧誓》

今商王受，惟妇言是用，昏弃厥肆祀弗答，昏弃厥遗王父母弟不迪，乃惟四方之多罪逋逃，是崇是长，是信是使，是以为大夫、卿士俾，暴虐于百姓，以奸宄于商邑。

妇，房缶反。肆，陈；答，报也。妇，妲己也。《列女传》云，纣好酒淫乐，不离妲己。妲己所举者贵之，所憎者诛之。惟妲己之言是用，故颠倒昏乱。祭，所以报本也，纣以昏乱，弃其所当陈之祭祀而不报。昆弟，先王之胤也，纣以昏乱，弃其王父母弟，而不以道遇之，废宗庙之礼，无宗族之义。乃惟四方多罪逃亡之人，尊崇而信使之，以为大夫、卿士，使暴虐于百姓，奸宄于商邑，盖纣惑于妲己之嬖，背常乱理，遂至流毒如此也。

10. （宋）黄伦《尚书精义》卷二十六《周书·牧誓》

今商王受，惟妇言是用，昏弃厥肆祀弗；答昏弃厥遗王父母弟不迪。

无垢曰，放黜师、保，囚奴正士，焚炙忠良，而惟妇人言是用，此逆天理者也。以牝鸡之说卜之，国之将亡也必矣。家生败子，则有牝鸡之晨；国出乱君，则惟妇言是用。此皆不祥之兆矣。

又曰，肆，陈也。答，报也。祭，有祈焉，有报焉。《载芟》"春祈社稷"之诗，《良耜》"秋报社稷"之诗，以至蜡之祭，迎猫，为其食田鼠；迎虎，为其食田豕，此皆报之之谓也。纣惟妇言是用，无往不昏，使人神皆不得其所。郊天祭地，四时享庙，皆人道之常也。纣以昏，故弃其陈祀，不敬天地、鬼神，非特不敬而已，凡当报答之祭，亦皆弃之。

又曰，纣惟妇言是用，无往不昏。同王父、同母昆弟，人之所爱敬也，今皆弃而遗之，不知待以昆弟之道，是不复知有骨肉矣。此岂人理也哉。夫不敬天地鬼神。不知有王父母弟。安得有吉祥事乎？

吕氏曰，所谓尊有常尊，纣昏弃肆祀弗答，是不能尊其常尊；所谓亲有常亲，纣昏弃王父母弟不迪，是不能亲其常亲。

11. （宋）陈经《尚书详解》卷二十二《周书·牧誓》

（归善斋按，见"王曰，古人有言曰，牝鸡无晨"）

12. （宋）钱时《融堂书解》卷九《周书·牧誓》

（归善斋按，见"王曰，古人有言曰，牝鸡无晨"）

13. （宋）魏了翁《尚书要义》卷十《泰誓》至《武成》

（归善斋按，未引）

14. （宋）陈大猷《书集传或问》卷上《牧誓》

（归善斋按，未解）

15. (宋) 胡士行《尚书详解》卷六《周书·牧誓第四》

(归善斋按，见"时甲子昧爽")

16. (元) 吴澄《书纂言》卷四上《周书·牧誓》

(归善斋按，见"王曰，古人有言曰，牝鸡无晨")

17. (元) 陈栎《书集传纂疏》卷四上《朱子订定蔡氏集传周书·牧誓》

今商王受，惟妇言是用，昏弃厥肆祀弗答，昏弃厥遗王父母弟不迪，乃惟四方之多罪逋逃，是崇是长，是信是使，是以为大夫、卿士，俾暴虐于百姓，以奸宄于商邑。

肆，陈；答，报也。妇，妲己也。《列女传》云，纣好酒淫乐，不离妲己。妲己所举者贵之，所憎者诛之，惟妲己之言是用，故颠倒昏乱。祭所以报本也，纣以昏乱，弃其所当陈之祭祀而不报；昆弟先王之胤也，纣以昏乱，弃其王父、母弟而不以道遇之。废宗庙之理，无宗族之义。乃惟四方多罪逃亡之人，尊崇而信，使之以为大夫、卿士，使暴虐于百姓，奸宄于商邑。盖纣惑于妲己之嬖，背常乱理，遂至流毒如此也。

纂疏：

苏氏曰，祀所以报本，故曰"答"。

愚谓，厥遗王父母弟，如《左传》所谓"先君之遗姑姊妹"。

18. (元) 许谦《读书丛说》卷六《周书·牧誓》

(归善斋按，未解)

19. (元) 董鼎《书传辑录纂注》卷三《周书·牧誓》

今商王受，惟妇言是用，昏弃厥肆祀弗答；昏弃厥遗王父母弟不迪。乃惟四方之多罪逋逃，是崇是长，是信是使，是以为大夫、卿士，俾暴虐于百姓，以奸宄于商邑。

肆，陈；答，报也。妇，妲己也。《列女传》云，纣好酒淫乐，不离妲己。妲己所举者，贵之；所憎者，诛之。惟妲己之言是用，故颠倒昏乱。祭所以报本也，纣以昏乱，弃其所当陈之祭祀而不报；昆弟，先王之胤也，纣以昏乱，弃其王父母弟，而不以道遇之。废宗庙之礼，无宗族之义，乃惟四方多罪逃亡之人，尊崇而信使之，以为大夫、卿士，使暴虐于百姓，奸宄于商邑。盖纣惑于妲己之嬖，背常乱理，遂至流毒如此也。

纂注：

孙氏曰，《泰誓》言纣之恶，终于悦妇人；《牧誓》言纣之恶，始于用妇言，岂非纣之终始，出于此乎？

20. （元）朱祖义《尚书句解》卷六《周书·牧誓第四》

今商王受，惟妇言是用（纣惟妲己之言是用，是牝鸡而鸣晨）。

21. （明）王樵《尚书日记》卷九《周书·牧誓》

（归善斋按，见"王曰，古人有言曰，牝鸡无晨"）

22. （清）库勒纳等撰《日讲书经解义》卷六《周书·牧誓》

（归善斋按，见"王曰，古人有言曰，牝鸡无晨"）

（元）陈师凯《书蔡氏传旁通》卷四上《周书·牧誓》

妇，妲己也。

疏引《晋语》云，殷辛伐有苏氏，以妲己女焉。

（明）马明衡《尚书疑义》卷四《周书·牧誓》

此篇专指妲己而言，盖纣之恶，由于妲己，废宗庙，弃宗族，任罪慝，以暴虐百姓，只此数言已足以致天讨矣，何必多哉？观此篇与《泰誓》之言真有不同。

昏弃厥肆祀弗答

1. （汉）孔氏传、（唐）陆德明音义、孔颖达疏《尚书注疏》卷十《周书·牧誓》

昏弃厥肆祀弗答。

传，昏，乱；肆，陈；答，当也。乱弃其所陈，祭祀不复当享鬼神。

音义：

复，扶又反。

疏：

传正义曰，昏暗者于事必乱，故昏为乱也。《诗》云"肆筵设席"，肆者，陈设之意。毛传亦以"肆"为"陈"也。对答相当之事，故"答"为"当"也。纣身昏乱。弃其宜所陈设。"祭祀不复当享鬼神"，与上"郊社不修，宗庙不享"，亦一也。不事神祇。恶之大者，故《泰誓》及此三言之。

2. （宋）苏轼撰《书传》卷九《周书·牧誓第四》

（归善斋按，见"称尔戈，比尔干，立尔矛，予其誓"）

3. （宋）林之奇《尚书全解》卷二十三《周书·牧誓》

（归善斋按，见"王曰，嗟我友邦冢君"）

4. （宋）史浩《尚书讲义》卷十一《周书·牧誓》

（归善斋按，见"王曰，古人有言曰，牝鸡无晨"）

5. （宋）夏僎《尚书详解》卷十六《周书·牧誓》

（归善斋按，见"王曰，古人有言曰，牝鸡无晨"）

6.（宋）时澜《增修东莱书说》卷十六《周书·牧誓第四》

（归善斋按，见"今商王受，惟妇言是用"）

7.（宋）黄度《尚书说》卷四《周书·牧誓》

昏弃厥肆祀弗答；昏弃厥遗王父母弟不迪，乃惟四方之多罪逋逃，是崇是长，是信是使，是以为大夫、卿士，俾暴虐于百姓，以奸宄于商邑。

纣淫酗，而昏弃其祭祀，弗躬弗亲，虽陈设，而鬼神弗答；弃其宗室遗老，王父之母弟不以恩礼接之，使不能蹈其常。王父母弟，属尊且亲，似指箕子。而惟多罪逋逃，崇长任使，为大夫、卿士，使为暴虐奸宄。此皆箕子、微子之所以或去，或囚，而比干之所以死也。岂有一语诋诬之哉。牧野誓师，语简而旨严。妲己当诛，逋逃害义，暴民甚者，恶来飞廉之属当诛。故特见之。《记》曰，仁者人也，亲亲为大义者，宜也。尊贤为大。起罪纣于淫昏，始不敬，终不仁不义。多罪逋逃为大夫、卿士，《立政》所谓"无义民，桀德弗作往任"，是惟暴德者也。

8.（宋）袁燮《絜斋家塾书钞》卷五《周书·牧誓》

（归善斋按，见"王曰，古人有言曰，牝鸡无晨"）

9.（宋）蔡沈《书经集传》卷四《周书·牧誓》

（归善斋按，见"今商王受，惟妇言是用"）

10.（宋）黄伦《尚书精义》卷二十六《周书·牧誓》

（归善斋按，见"今商王受，惟妇言是用"）

11.（宋）陈经《尚书详解》卷二十二《周书·牧誓》

（归善斋按，见"王曰，古人有言曰，牝鸡无晨"）

12.（宋）钱时《融堂书解》卷九《周书·牧誓》

（归善斋按，见"王曰，古人有言曰，牝鸡无晨"）

13.（宋）魏了翁《尚书要义》卷十《泰誓》至《武成》

（归善斋按，未引）

14.（宋）陈大猷《书集传或问》卷上《牧誓》

（归善斋按，未解）

15.（宋）胡士行《尚书详解》卷六《周书·牧誓第四》

（归善斋按，见"时甲子昧爽"）

16.（元）吴澄《书纂言》卷四上《周书·牧誓》

（归善斋按，见"王曰，古人有言曰，牝鸡无晨"）

17.（元）陈栎《书集传纂疏》卷四上《朱子订定蔡氏集传周书·牧誓》

（归善斋按，见"今商王受，惟妇言是用"）

18.（元）许谦《读书丛说》卷六《周书·牧誓》

（归善斋按，未解）

19.（元）董鼎《书传辑录纂注》卷三《周书·牧誓》

（归善斋按，见"今商王受，惟妇言是用"）

20.（元）朱祖义《尚书句解》卷六《周书·牧誓第四》

昏弃厥肆祀弗答（宜其昏于事神，则弃其所常陈之祭祀，而其不能报本）。

21.（明）王樵《尚书日记》卷九《周书·牧誓》

(归善斋按，见"王曰，古人有言曰，牝鸡无晨")

22.（清）库勒纳等撰《日讲书经解义》卷六《周书·牧誓》

(归善斋按，见"王曰，古人有言曰，牝鸡无晨")

昏弃厥遗王父母弟不迪

1.（汉）孔氏传、（唐）陆德明音义、孔颖达疏《尚书注疏》卷十《周书·牧誓》

昏弃厥遗王父、母弟不迪。
传，王父，祖之昆弟，母弟，同母弟，言弃其骨肉，不接之以道。
疏：
传正义曰，《释亲》云，父之考为王父，则王父是祖也。纣无亲祖可弃，故为祖之昆弟。弃其祖之昆弟，则父之昆弟亦弃之矣。《春秋》之例，母弟称弟，凡《春秋》称弟，皆是母弟也。母弟，谓同母之弟。同母尚弃，别生者必弃矣。举尊亲以见卑疏也。遗，亦弃也，言纣之昏乱，弃其所遗骨肉之亲，不接之以道。经先言弃祀、弃亲者，郑玄云，誓首言此者，神怒民怨，纣所以亡也。

2.（宋）苏轼撰《书传》卷九《周书·牧誓第四》

昏弃厥遗王父母弟不迪。
王父母及母弟，皆先王之遗胤，不以道遇之也。

3.（宋）林之奇《尚书全解》卷二十三《周书·牧誓》

(归善斋按，见"王曰，嗟我友邦冢君")

4. （宋）史浩《尚书讲义》卷十一《周书·牧誓》

（归善斋按，见"王曰，古人有言曰，牝鸡无晨"）

5. （宋）夏僎《尚书详解》卷十六《周书·牧誓》

（归善斋按，见"王曰，古人有言曰，牝鸡无晨"）

6. （宋）时澜《增修东莱书说》卷十六《周书·牧誓第四》

昏弃厥遗王父母弟不迪。

亲有常亲，纣"昏弃王父母弟"是不能亲其常亲也。

7. （宋）黄度《尚书说》卷四《周书·牧誓》

（归善斋按，见"昏弃厥肆祀弗答用"）

8. （宋）袁燮《絜斋家塾书钞》卷五《周书·牧誓》

（归善斋按，见"王曰，古人有言曰，牝鸡无晨"）

9. （宋）蔡沈《书经集传》卷四《周书·牧誓》

（归善斋按，见"今商王受，惟妇言是用"）

10. （宋）黄伦《尚书精义》卷二十六《周书·牧誓》

（归善斋按，见"今商王受，惟妇言是用"）

11. （宋）陈经《尚书详解》卷二十二《周书·牧誓》

（归善斋按，见"王曰，古人有言曰，牝鸡无晨"）

12. （宋）钱时《融堂书解》卷九《周书·牧誓》

（归善斋按，见"王曰，古人有言曰，牝鸡无晨"）

13. (宋)魏了翁《尚书要义》卷十《泰誓》至《武成》

二八、弃王父弟及母弟,举尊亲,以见卑疏

"昏弃厥遗王父母弟不迪",王父,祖之昆弟;母弟,同母弟。言弃其骨肉,不接之以道。正义曰,《释亲》云父之考为王父,则王父是祖也,纣无亲祖可弃,故为祖之昆弟,弃其祖之昆弟,则父之昆弟亦弃之矣。《春秋》之例,母弟称弟。凡春秋称弟,皆是母弟也。母弟,谓同母之弟。同母尚弃,别生者必弃矣。举尊亲,以见卑疏也。

14. (宋)陈大猷《书集传或问》卷上《牧誓》

(归善斋按,未解)

15. (宋)胡士行《尚书详解》卷六《周书·牧誓第四》

(归善斋按,见"时甲子昧爽")

16. (元)吴澄《书纂言》卷四上《周书·牧誓》

(归善斋按,见"王曰,古人有言曰,牝鸡无晨")

17. (元)陈栎《书集传纂疏》卷四上《朱子订定蔡氏集传周书·牧誓》

(归善斋按,见"今商王受,惟妇言是用")

18. (元)许谦《读书丛说》卷六《周书·牧誓》

(归善斋按,未解)

19. (元)董鼎《书传辑录纂注》卷三《周书·牧誓》

(归善斋按,见"今商王受,惟妇言是用")

20. (元)朱祖义《尚书句解》卷六《周书·牧誓第四》

昏弃厥遗王父母弟不迪(王父,母之昆弟;母弟,同母弟,皆弃其骨肉不案之以道)。

21.（明）王樵《尚书日记》卷九《周书·牧誓》

(归善斋按，见"王曰，古人有言曰，牝鸡无晨")

22.（清）库勒纳等撰《日讲书经解义》卷六《周书·牧誓》

(归善斋按，见"王曰，古人有言曰，牝鸡无晨")

（元）陈师凯《书蔡氏传旁通》卷四上《周书·牧誓》

昆弟，先王之胤也。纣以昏乱，弃其王父母弟，而不以道遇之。

古注云，王父，祖之昆弟；母弟，同母弟。愚按，纣有同祖之弟，又有同母亲弟，故经言"王父母弟"，同一"弟"字，省文也。蔡氏言先王之胤，则包之矣。疏引《尔雅》云，父之考为王父，则王父是祖也。《春秋》之例，母弟称弟，母弟，谓同母弟也。

（清）朱鹤龄《尚书埤传》卷九《周书·牧誓》

王父母弟。

孔传，王父，祖之昆弟；母弟，同母弟。疏云，《释亲》云，父之考为王父，弃其祖之昆弟，则父之昆弟可知矣。《春秋》之例，母弟称弟，同母尚弃，则别生者可知矣。陈师凯曰，厥遗王父母弟，如《左传》所谓"先君之遗姑姊妹"。

乃惟四方之多罪逋逃，是崇是长

1.（汉）孔氏传、（唐）陆德明音义、孔颖达疏《尚书注疏》卷十《周书·牧誓》

乃惟四方之多罪逋逃，是崇是长。

传,言纣弃其贤臣,而尊长逃亡罪人信用之。

2.（宋）苏轼撰《书传》卷九《周书·牧誓第四》

乃惟四方之多罪逋逃,是崇是长,是信是使,是以为大夫、卿士,俾暴虐于百姓,以奸宄于商邑。今予发,惟恭行天之罚。今日之事,不愆于六步、七步,乃止齐焉。夫子勖哉!不愆于四伐、五伐、六伐、七伐,乃止齐焉。

孙武言,用兵其势险,其节短,故不过六步、七步,四伐、五伐、六伐、七伐必少,休而整齐之。伐,击刺也。

3.（宋）林之奇《尚书全解》卷二十三《周书·牧誓》

(归善斋按,见"王曰,嗟我友邦冢君")

4.（宋）史浩《尚书讲义》卷十一《周书·牧誓》

(归善斋按,见"王曰,古人有言曰,牝鸡无晨")

5.（宋）夏僎《尚书详解》卷十六《周书·牧誓》

(归善斋按,见"王曰,古人有言曰,牝鸡无晨")

6.（宋）时澜《增修东莱书说》卷十六《周书·牧誓第四》

乃惟四方之多罪逋逃,是崇是长,是信是使,是以为大夫、卿士,俾暴虐于百姓,以奸宄于商邑。

皆所谓易位也。乃男内而女外,妇倡而夫,随小人在位,君子在野也。是以暴虐于百姓,奸宄于商邑。

7.（宋）黄度《尚书说》卷四《周书·牧誓》

(归善斋按,见"昏弃厥肆祀弗答用")

923

8. （宋）袁燮《絜斋家塾书钞》卷五《周书·牧誓》

（归善斋按，见"王曰，古人有言曰，牝鸡无晨"）

9. （宋）蔡沈《书经集传》卷四《周书·牧誓》

（归善斋按，见"今商王受，惟妇言是用"）

10. （宋）黄伦《尚书精义》卷二十六《周书·牧誓》

乃惟四方之多罪逋逃，是崇是长，是信是使，是以为大夫、卿士，俾暴虐于百姓，以奸宄于商邑。今予发，惟恭行天之罚。

无垢曰，暴虐百姓，奸宄商邑，正纣之心，亦四方多罪逋逃之心。有此心，而又有此才，此纣所以"是崇是长，是信是使，是以为大夫、卿士"也，言暴虐，则有残民害物之事；言奸宄，则有踪迹诡秘之事。多罪逋逃有此才，而纣能使之，可谓同恶相济矣。天将亡商，故生纣，又生多罪逋逃，以破坏残灭之伤哉。

张氏曰，夫惟幽，不能钦神；明，不能爱亲，乃"惟四方之多罪逋逃"者，"是崇是长，是信是使，是以为大夫、卿士"，则所与同于厥邦者，皆羞刑暴德之人，所与同于厥政者，皆庶习逸德之人，如是则纣孰与为善哉。是崇者，尊其道也。是长者，长其恶也。是信者，信其言也。是使者，用其力也。"是崇是长"，则以为之卿士，而承之者也。"是信是使"，则以为大夫，庸之者也。

11. （宋）陈经《尚书详解》卷二十二《周书·牧誓》

（归善斋按，见"王曰，古人有言曰，牝鸡无晨"）

12. （宋）钱时《融堂书解》卷九《周书·牧誓》

（归善斋按，见"王曰，古人有言曰，牝鸡无晨"）

13. （宋）魏了翁《尚书要义》卷十《泰誓》至《武成》

（归善斋按，未引）

14. （宋）陈大猷《书集传或问》卷上《牧誓》

（归善斋按，未解）

15. （宋）胡士行《尚书详解》卷六《周书·牧誓第四》

（归善斋按，见"时甲子昧爽"）

16. （元）吴澄《书纂言》卷四上《周书·牧誓》

（归善斋按，见"王曰，古人有言曰，牝鸡无晨"）

17. （元）陈栎《书集传纂疏》卷四上《朱子订定蔡氏集传周书·牧誓》

（归善斋按，见"今商王受，惟妇言是用"）

18. （元）许谦《读书丛说》卷六《周书·牧誓》

崇，尊之也。长，居人之上也。信任而使令之，是皆左右便辟用事者，又甚，则使之有位，而居大夫卿士之任。

19. （元）董鼎《书传辑录纂注》卷三《周书·牧誓》

（归善斋按，见"今商王受，惟妇言是用"）

20. （元）朱祖义《尚书句解》卷六《周书·牧誓第四》

乃惟四方之多罪逋逃（乃聚四方之多罪，而逋走逃亡者）。

21. （明）王樵《尚书日记》卷九《周书·牧誓》

（归善斋按，见"王曰，古人有言曰，牝鸡无晨"）

22. （清）库勒纳等撰《日讲书经解义》卷六《周书·牧誓》

（归善斋按，见"王曰，古人有言曰，牝鸡无晨"）

是信是使，是以为大夫、卿士

1.（汉）孔氏传、（唐）陆德明音义、孔颖达疏《尚书注疏》卷十《周书·牧誓》

是信是使，是以为大夫、卿士。
传，士，事也。用为卿大夫，典政事。

2.（宋）苏轼撰《书传》卷九《周书·牧誓第四》

(归善斋按，未解)

3.（宋）林之奇《尚书全解》卷二十三《周书·牧誓》

(归善斋按，见"王曰，嗟我友邦冢君")

4.（宋）史浩《尚书讲义》卷十一《周书·牧誓》

(归善斋按，见"王曰，古人有言曰，牝鸡无晨")

5.（宋）夏僎《尚书详解》卷十六《周书·牧誓》

(归善斋按，见"王曰，古人有言曰，牝鸡无晨")

6.（宋）时澜《增修东莱书说》卷十六《周书·牧誓第四》

(归善斋按，见"乃惟四方之多罪逋逃，是崇是长")

7.（宋）黄度《尚书说》卷四《周书·牧誓》

(归善斋按，见"昏弃厥肆祀弗答用")

8.（宋）袁燮《絜斋家塾书钞》卷五《周书·牧誓》

(归善斋按，见"王曰，古人有言曰，牝鸡无晨")

9.（宋）蔡沈《书经集传》卷四《周书·牧誓》

(归善斋按，见"今商王受，惟妇言是用")

10.（宋）黄伦《尚书精义》卷二十六《周书·牧誓》

(归善斋按，见"乃惟四方之多罪逋逃，是崇是长")

11.（宋）陈经《尚书详解》卷二十二《周书·牧誓》

(归善斋按，见"王曰，古人有言曰，牝鸡无晨")

12.（宋）钱时《融堂书解》卷九《周书·牧誓》

(归善斋按，见"王曰，古人有言曰，牝鸡无晨")

13.（宋）魏了翁《尚书要义》卷十《泰誓》至《武成》

(归善斋按，未引)

14.（宋）陈大猷《书集传或问》卷上《牧誓》

(归善斋按，未解)

15.（宋）胡士行《尚书详解》卷六《周书·牧誓第四》

(归善斋按，见"时甲子昧爽")

16.（元）吴澄《书纂言》卷四上《周书·牧誓》

(归善斋按，见"王曰，古人有言曰，牝鸡无晨")

17.（元）陈栎《书集传纂疏》卷四上《朱子订定蔡氏集传周书·牧誓》

(归善斋按，见"今商王受，惟妇言是用")

18.（元）许谦《读书丛说》卷六《周书·牧誓》

(归善斋按，未解)

19.（元）董鼎《书传辑录纂注》卷三《周书·牧誓》

(归善斋按，见"今商王受，惟妇言是用")

20.（元）朱祖义《尚书句解》卷六《周书·牧誓第四》

是崇是长，是信是使（于是尊崇之，推长之，亲信之，任使之），是以为大夫、卿士（于是或以为大夫，为卿士）。

21.（明）王樵《尚书日记》卷九《周书·牧誓》

(归善斋按，见"王曰，古人有言曰，牝鸡无晨")

22.（清）库勒纳等撰《日讲书经解义》卷六《周书·牧誓》

(归善斋按，见"王曰，古人有言曰，牝鸡无晨")

俾暴虐于百姓，以奸宄于商邑

1.（汉）孔氏传、（唐）陆德明音义、孔颖达疏《尚书注疏》卷十《周书·牧誓》

俾暴虐于百姓，以奸宄于商邑。

传，使四方罪人，暴虐奸宄于都邑。

音义：

俾，必尔反，使也，徐南婢反，下同。宄，音轨。

疏：

传正义曰，暴虐谓杀害，杀害加于人，故言"于百姓"。奸宄，谓劫夺。劫夺有处，故言"于商邑"。百姓亦是商邑之人，故传总言"于都邑"也。

2.（宋）苏轼撰《书传》卷九《周书·牧誓第四》

（归善斋按，未解）

3.（宋）林之奇《尚书全解》卷二十三《周书·牧誓》

（归善斋按，见"王曰，嗟我友邦冢君"）

4.（宋）史浩《尚书讲义》卷十一《周书·牧誓》

（归善斋按，见"王曰，古人有言曰，牝鸡无晨"）

5.（宋）夏僎《尚书详解》卷十六《周书·牧誓》

（归善斋按，见"王曰，古人有言曰，牝鸡无晨"）

6.（宋）时澜《增修东莱书说》卷十六《周书·牧誓第四》

（归善斋按，见"乃惟四方之多罪逋逃，是崇是长"）

7.（宋）黄度《尚书说》卷四《周书·牧誓》

（归善斋按，见"昏弃厥肆祀弗答用"）

8.（宋）袁燮《絜斋家塾书钞》卷五《周书·牧誓》

（归善斋按，见"王曰，古人有言曰，牝鸡无晨"）

9.（宋）蔡沈《书经集传》卷四《周书·牧誓》

（归善斋按，见"今商王受，惟妇言是用"）

10.（宋）黄伦《尚书精义》卷二十六《周书·牧誓》

（归善斋按，见"乃惟四方之多罪逋逃，是崇是长"）

11.（宋）陈经《尚书详解》卷二十二《周书·牧誓》

（归善斋按，见"王曰，古人有言曰，牝鸡无晨"）

12.（宋）钱时《融堂书解》卷九《周书·牧誓》

（归善斋按，见"王曰，古人有言曰，牝鸡无晨"）

13.（宋）魏了翁《尚书要义》卷十《泰誓》至《武成》

（归善斋按，未引）

14.（宋）陈大猷《书集传或问》卷上《牧誓》

（归善斋按，未解）

15.（宋）胡士行《尚书详解》卷六《周书·牧誓第四》

（归善斋按，见"时甲子昧爽"）

16.（元）吴澄《书纂言》卷四上《周书·牧誓》

（归善斋按，见"王曰，古人有言曰，牝鸡无晨"）

17.（元）陈栎《书集传纂疏》卷四上《朱子订定蔡氏集传周书·牧誓》

（归善斋按，见"今商王受，惟妇言是用"）

18.（元）许谦《读书丛说》卷六《周书·牧誓》

（归善斋按，未解）

19.（元）董鼎《书传辑录纂注》卷三《周书·牧誓》

（归善斋按，见"今商王受，惟妇言是用"）

20.（元）朱祖义《尚书句解》卷六《周书·牧誓第四》

俾暴虐于百姓（使此等人肆暴虐于百姓），以奸宄于商邑（以为奸为宄于商之都邑）。

21.（明）王樵《尚书日记》卷九《周书·牧誓》

(归善斋按，见"王曰，古人有言曰，牝鸡无晨")

22.（清）库勒纳等撰《日讲书经解义》卷六《周书·牧誓》

(归善斋按，见"王曰，古人有言曰，牝鸡无晨")

今予发惟恭行天之罚，今日之事，不愆于六步、七步，乃止齐焉

1.（汉）孔氏传、（唐）陆德明音义、孔颖达疏《尚书注疏》卷十《周书·牧誓》

今予发惟恭行天之罚，今日之事，不愆于六步、七步，乃止齐焉。
传，今日战事，就敌不过六步、七步，乃止相齐，言当旅进一心。
音义：
愆，去干反。
疏：
传正义曰，战法布陈，然后相向，故设其就敌之限，不过六步、七步，乃止相齐焉，欲其相得力也。《乐记》称"进旅退旅"，是旅为众也，言当众进一心也。

2.（宋）苏轼撰《书传》卷九《周书·牧誓第四》

(归善斋按，见"乃惟四方之多罪逋逃，是崇是长")

3.（宋）林之奇《尚书全解》卷二十三《周书·牧誓》

(归善斋按，另见"王曰，嗟我友邦冢君")
今日之事，不愆于六步、七步乃止齐焉。夫子勖哉！不愆于四伐、五

伐、六伐、七伐乃止齐焉。勖哉夫子！尚桓桓，如虎，如貔，如熊，如罴于商郊，弗迓克奔，以役西土。勖哉夫子！尔所弗勖，其于尔躬有戮。

此盖肃其进退击刺之节也。在《易·师》之初六，"师出以律，否臧凶"，盖虽帝王之师其出也，不可以无纪律也。牧野之战，盖决于甲子之日，故肃之以纪律，使整齐其部伍击刺，不使之争利，以徼一时之幸也。故使其进战者，则不过于六步、七步乃止，而相齐焉。"夫子勖哉"者，言此事实汝将士之所当勉也。前曰"夫子勖哉"，后曰"勖哉夫子"，反复其文，以致其谆谆告戒之意。犹曰"邻哉臣哉"，"臣哉邻哉"。尔将士之所当勖者，宜奋其桓桓威武之志，如虎，如貔，如熊，如罴于商郊。虎、貔、熊、罴，皆猛兽，言其桓桓当如此兽之猛也。虽其猛如此，然纣之众士，有能来奔于我者，当勿迎击之，惟使降者，役属我西土而已。盖武王之战于牧野，志在为民除害，而不在于杀人以逞其志，故其誓众也，使之"不愆于六步、七步乃止齐焉"，"不愆于四伐、五伐、六伐、七伐乃止齐焉"，盖不欲其嗜利以轻进也。虽使"尚桓桓，如虎，如貔，如熊，如罴于商郊"，而又戒之"弗迓克奔，以役西土"，盖不欲其杀降以重伤也。惟其告戒之，素如此，故其战也，则罔有敌于我师，前徒倒戈，攻于后以北。盖周师之持重徐进，而如林之旅，自相攻击倒戈以攻纣，而周师实不血刃也。"勖哉夫子"，盖又勉之，以终其义也。尔苟不能勉之，如前之所云，则汝之身有戮矣。其曰"尔躬有戮"，非武王嗜于杀人，盖临战而誓师，其言不得不尔也。

详此篇武王数纣之罪，惟妇言是用，岂非武王意纣之必亡，无出于此也。《思齐》之诗论文王之所以圣曰"思齐大任，文王之母；思媚周姜，京室之妇，大姒嗣徽音，则百斯男，惠于宗公，神罔时怨，神罔时恫，刑于寡妻，至于兄弟，以御于家邦"。此为文王之所以圣，则纣之"昏弃肆祀弗答"，"昏弃厥遗王父母弟不迪"以至于暴虐、奸宄遍天下而亡其国者，岂不起于惟妇言是用乎？故妇言是用，纣之所以亡也。案《列女传》曰，纣之好酒淫乐，而不离，妲己之所喜者，赏之；所憎者，诛之。长夜之饮，妲己好之，百姓怨望，而诸侯有叛者。妲己曰，罚轻诛薄，威不立耳。纣乃重刑辟，为炮烙之刑。妲己乃笑。夫纣为暴虐之甚矣，而妲己尚且以为罚轻。炮烙之刑，使人遭枉刑，至痛于膏火之中，而才足以供其一

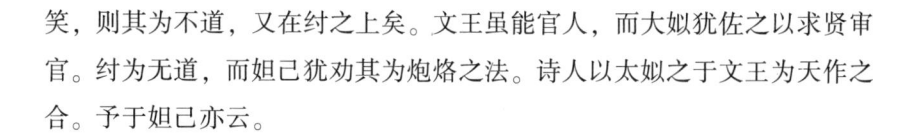

笑，则其为不道，又在纣之上矣。文王虽能官人，而大姒犹佐之以求贤审官。纣为无道，而妲己犹劝其为炮烙之法。诗人以太姒之于文王为天作之合。予于妲己亦云。

4.（宋）史浩《尚书讲义》卷十一《周书·牧誓》

（归善斋按，见"王曰，古人有言曰，牝鸡无晨"）

5.（宋）夏僎《尚书详解》卷十六《周书·牧誓》

（归善斋按，另见"王曰，古人有言曰，牝鸡无晨"）

今日之事，不愆于六步、七步，乃止齐焉。夫子勖哉！不愆于四伐、五伐、六伐、七伐乃止齐焉。勖哉夫子！尚桓桓，如虎，如貔，如熊，如罴于商郊，弗迓克奔，以役西土。勖哉夫子！尔所弗勖，其于尔躬有戮。

武王既誓众，谓我将敬行天罚，于是遂教之进退击刺之节也。《易·师》之初六曰，师出以律，否臧凶。盖深言出师不可无纪律也。盖武之意谓，今日之事，乃敬行天罚，正不可争利，以徼一时之幸。盖当肃其纪律，使进退击刺，皆有常节，故言"今日之事，不愆于六步、七步，乃止齐焉"者，盖欲其于坐作进退之法，不过六步、七步而止相齐，不欲其轻进也。既欲其不可轻进，故勉之曰"夫子勖哉"，谓坐作进退之法如此，凡在师之众，不可不勉也。既告以坐作进退之法，于是又言"不愆于四伐、五伐、六伐、七伐，乃止齐焉"者，此又欲其于攻杀击刺之余，少不过四五，多不过六七，即止而相齐，不欲其贪杀也。既告以攻杀击刺之法，故又勉之曰"勖哉夫子"，谓攻杀击刺之法如此，凡在师之众，不可不勉也。既告之使勉于进退击刺之法，于是又言曰，进退击刺，既不可不勉如此，故尔众士，尚庶几奋其桓桓威武之志，如虎、貔、熊、罴四兽之猛，而在于商郊。虽曰猛挚如此，然纣之众士，或有不敌我师，而能来奔于我，汝又不可迎击之，惟使来者自来，但取其能役属于我西土而已。盖武王之伐，非敌百姓也，诛纣之恶以吊斯民。民既克奔，何杀之有，但使之率俾于我而已，故曰"弗迓克奔，以役西土"。一说又谓，来奔不可迎击，击则劳我西土。此说亦通。

武王既欲众士"弗迓克奔",故又勉之曰"勖哉夫子",亦以此事甚大,凡在师者不可不勉也。三言"勖哉",欲其勉之又勉也。前言"夫子勖哉",后言"勖哉夫子",反复其文,以致其谆谆告戒之意,犹言"臣哉邻哉","邻哉臣哉"也。武王既欲众士不可不勉,故又敬言之曰,如前数事,尔苟不勉,则于尔身有戮矣。盖临阵誓师,其言不得不尔也。

6.（宋）时澜《增修东莱书说》卷十六《周书·牧誓第四》

今予发,惟恭行天之罚。

恭,非拳曲之恭也。圣人之恭,临事之际,义理密察,法制森严。武王之所谓"恭行天罚"者,军律之严整者是也。

今日之事,不愆于六步、七步乃止齐焉。

六步、七步,坐作进退也。四伐、五伐,攻刺击战也。六步、七步,乃止而齐。圣人之师坐作进退,纪律如此。后世之师,有追逐夜行三百里者,其纪律安在哉。

7.（宋）黄度《尚书说》卷四《周书·牧誓》

今予发,惟恭行天之罚。今日之事,不愆于六步、七步,乃止齐焉。夫子勖哉！不愆于四伐、五伐、六伐、七伐,乃止齐焉。

愆,过；伐,击刺。进不过七步,杀敌不过七伐,必止而齐一之。严重坚整,务为不可胜击刺,自四积至七,见其为不得已也。

8.（宋）袁燮《絜斋家塾书钞》卷五《周书·牧誓》

（归善斋按,另见"王曰,古人有言曰,牝鸡无晨"）

今日之事,不愆于六步、七步乃止齐焉。夫子勖哉！不愆于四伐、五伐、六伐、七伐乃止齐焉。

古者五尺为步,不过六步便止而齐焉。伐,刺击也。或四伐、或五伐、或六伐、或七伐,止而齐焉。所以如此者,欲其严整故也。盖行列部伍不可少乱。少乱便足以致败。古人用兵,只是不可败,才不可败,

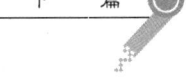

便是胜也。又队伍中，或一人被伤，必须一人补之，所以须用常常整齐。

9.（宋）蔡沈《书经集传》卷四《周书·牧誓》

今予发，惟恭行天之罚。今日之事，不愆于六步、七步，乃止齐焉。夫子勖哉。

愆，过，勖，勉也。步，进趋也。齐，齐整也。今日之战，不过六步、七步，乃止而齐，此告之以坐作进退之法，所以戒其轻进也。

10.（宋）黄伦《尚书精义》卷二十六《周书·牧誓》

（归善斋按，另见"乃惟四方之多罪逋逃，是崇是长"）

今日之事，不愆于六步、七步，乃止齐焉。夫子勖哉！不愆于四伐、五伐、六伐、七伐，乃止齐焉。勖哉夫子！尚桓桓，如虎，如貔，如熊，如罴于商郊。弗迓克奔，以役西土。勖哉夫子！尔所弗勖，其于尔躬有戮。

无垢曰，夫不过六步、七步，乃一休止而整齐焉，亦可谓深密矣。休止以养其力，整齐以警其慢。称夫子，以壮其志；称勖哉，以警其慢。击刺之法，小进则四、五，大进则六、七，又休止而整齐之。夫当其交战之时，而其法乃森密如此，况其平居乎。行阵之内，其法乃森密如此，况其大礼乎。谁得而乘其便，而伺其怠耶？

又曰，上先称"夫子"，后言"勖哉"，自此以后皆先称"勖哉"，后"夫子"，大抵兵事以警备为体也。桓桓，武貌也。如虎，如貔，如熊，如罴，此桓桓貌也。夫此四兽，搏物也，其作威，其猛厉，为如何哉？使将士之武，如此四兽，亦何可当也。

又曰，克奔归我，者弗迓击之，第使之听役于西土之众而已。夫西土之众，腹心之众也。彼奔归我者，安知非奸人刺客，乃遽处之腹心之内，兵事贵严如此，何也？此武王、太公所以处商人也。昔铜马降光武，光武遽入其营，铜马之众曰，萧王以赤心置人腹中，安得不投死乎。使纣之人为腹心之众，其安反侧也可知矣。武王之举，诛其君而吊其民，民之望武王，如大旱之望云霓也。上下之心如此，复何疑之有哉。

东坡曰，孙武言用兵，其势险，其节短，故不过六步、七步、四伐、五伐、六伐、七伐，必少休而整齐之。

张氏曰，用兵行师之道，其坐作进退，莫不有法。其攻杀击刺，莫不有制。"不愆于六步、七步乃止齐焉"者，告之以坐作进退之法，使之不敢过也。"不愆于四伐、五伐、六伐、七伐，乃止齐焉"者，告之以攻杀击刺之制，使不敢逾也。

萧氏曰，先王之使人也，始勉之以所慕，终肃之以所畏，然后人有所劝惩而功成焉。《泰誓》曰"立定厥功惟克永世"，始勉之者也；下篇曰"功多有厚赏，不迪有显戮"，自所勉而肃之也。至此惟曰"弗勖有戮"者，终于肃之而已。

吕氏曰，当舜之时，但只言"罚弗及嗣，赏延于世"。至启有扈，启自度不如禹，于法之外，又添"予则孥戮汝"。孥戮，却不是尽杀其妻孥，但言累及妻孥。至汤伐桀，与启未远，亦未能便变得此法，亦说"予则孥戮汝"。至武王伐纣，却说"其于尔躬有戮"，到此又看得圣人，虽到世变风移，又自能厚其已薄之俗，于数千百年之下，又不是汤不如武王。到武王之时，上承太王、王季、文王许多人积累之德，民心熏蒸之久，启既开此门，武王到此因而又与闭了此门。

11.（宋）陈经《尚书详解》卷二十二《周书·牧誓》

（归善斋按，另见"王曰，古人有言曰，牝鸡无晨"）

今日之事，不愆于六步七步，乃止齐焉。夫子勖哉！不愆于四伐、五伐、六伐、七伐，乃止齐焉。勖哉夫子！尚桓桓，如虎，如貔，如熊，如罴于商郊。弗迓克奔，以役西土。勖哉夫子！尔所弗勖，其于尔躬有戮。

此章可以见武王仁义之师，而坐作进退，莫不有法度。今日战阵之事，不过于六步，七步必止而齐整其众。此步伍之有法也。夫子，指将士也。勖，勉也。伐者，击刺也。少则四五伐，多至六七伐，亦必止而齐整其众。此击刺而有其法也。武王问兵法于太公，凡纤悉曲折处，无有不知。兵法，莫难于用众，善用众者，使三军为一军，千万人为一人，故不见其为多。武王以三百辆之兵车，兼八百国之诸侯，与蛮夷之众，可谓多矣。若无法度，则多适以为累，不见其益也。"勖哉夫子尚桓桓"者，勇壮之貌也。虎，貔，熊，罴四兽，皆勇猛也。于商郊，各致其勇力，如四兽然。"于"之一字，如《诗》所谓"我出我车于彼郊矣"之"于"同。其"于"字训"往"也。"乃若君子于役"亦是"于"也。"弗迓克奔，以役西土"，不杀已降也。其有能训以归我者，不可迎击之，当收用之，以为西土之役。勖哉夫子！尔其有不能致勉者，尔躬必有戮。观此一句，又见圣人仁心，能变夏商之俗。启誓于甘，则曰"孥戮"；汤之誓亦曰"孥戮"，此乃圣人立此重罚，以警众。至武王之誓，则曰"尔躬有戮"是以其世变风移，与夏、商又不同矣。

12. （宋）钱时《融堂书解》卷九《周书·牧誓》

今予发，惟恭行天之罚。今日之事，不愆于六步、七步，乃止齐焉。夫子勖哉！不愆于四伐、五伐、六伐、七伐，乃止齐焉。勖哉夫子！尚桓桓，如虎，如貔，如熊，如罴于商郊。弗迓克奔，以役西土。勖哉夫子！尔所弗勖，其于尔躬有戮。

上文既数纣罪，于是乃以进退击刺之节勉之。泰誓下篇誓西土有众止曰奉予一人恭行天罚此则曰今予发惟恭行天之罚。一"惟"字甚严，谓我此举，非有一毫私意利于其间也，惟只恭行天之罚耳。武王既示之以节制矣，然又恐绳于法度而沮其勇气，于是复申告之，汝等庶几奋桓桓之威，如虎、貔、熊、罴之在商郊，期于克敌。

13. （宋）魏了翁《尚书要义》卷十《泰誓》至《武成》

(归善斋按，未引)

14. （宋）陈大猷《书集传或问》卷上《牧誓》

(归善斋按，未解)

15. （宋）胡士行《尚书详解》卷六《周书·牧誓第四》

(归善斋按，见"时甲子昧爽")

16. （元）吴澄《书纂言》卷四上《周书·牧誓》

(归善斋按，另见"王曰，古人有言曰，牝鸡无晨")

今日之事，不愆于六步、七步，乃止齐焉，夫子勖哉。

愆，过也。步，进趋也。齐，犹"整"也，勖，勉也。今日之战，不过六步、七步，乃止而整齐其行列。此告之以坐作进退之法，以戒其轻进也。吴氏曰，乃止，句绝。"齐焉"者，陈法也。

17.（元）陈栎《书集传纂疏》卷四上《朱子订定蔡氏集传周书·牧誓》

今予发惟恭行天之罚，今日之事，不愆于六步、七步，乃止齐焉。夫子勖哉！

愆，过；勖，勉也。步，进趋也。齐，齐整也。今日之战，不过六步、七步，乃止而齐。此告之以坐作进退之法，所以戒其轻进也。

18.（元）许谦《读书丛说》卷六《周书·牧誓》

（归善斋按，未解）

19.（元）董鼎《书传辑录纂注》卷三《周书·牧誓》

今予发，惟恭行天之罚。今日之事，不愆于六步、七步乃止齐焉。夫子勖哉。

愆，过，勖，勉也。步，进趋也。齐，齐整也。今日之战，不过六步、七步，乃止而齐，此告之以坐作进退之法，所以戒其轻进也。

20.（元）朱祖义《尚书句解》卷六《周书·牧誓第四》

今予发（称名），惟恭行天之罚（以恭敬而行天之罚）。今日之事（征战之事），不愆于六步、七步（其坐作进退之法，不过六步、七步），乃止齐焉（乃止而整齐其众，不可轻进）。

21.（明）王樵《尚书日记》卷九《周书·牧誓》

"今予发惟恭行天之罚"至"其于尔躬有戮"。

步，进趋也。齐，整也。战法布陈，然后相向，故设其就敌之限，不过六步、七步，乃止而齐此，坐作进退之法也。伐，击刺也。少则四五，多则六七，而齐，此攻杀击刺之法也。桓桓，威武貌。貔，执夷也，虎属。罴如熊，黄白文。欲将士如四兽之猛于商郊。迓，迎也，能奔来降者，勿迎击之，以劳役我西土之人。此勉其武勇，而戒其杀降也。

此篇与《甘誓》备见古人用兵之节制，陈法，战法，数言而尽，其曲折，明如画图，真圣经之笔也。《大司马》之法，伍、两、卒、旅，各有其长，使止齐之者，使其部伍之长，各自止其止，各自齐其齐。故当战时，井然有序，不失纪律，三军如一人也。深玩"不愆于六步、七步"，"四伐、五伐、六伐、七伐，乃止齐焉"数语，分明动中有静。故曰战如守，行如战。手法、足法，瞬息相顾，此所以为节制之妙也。如是之兵，虽猝然冲之，岂可得而乱哉？六步、七步，不知此车法邪，步法邪？盖古者，步卒夹车而行，动止相为用，车不妄驰，步不妄动，步法即车法也。至春秋时，古法已乱，如所谓舆曳柴而驰，与视其辙乱，望其旗靡之类，则古法之乱，不在毁车崇卒之后矣。古之节制，能为不败之师，则岂有大崩之战。至七国时，史家每书某战，斩首几万，则又春秋时所无也。

王氏曰，功多厚赏，前誓已言，此不再言，而独言有戮者，军事以严终，亦"威克厥爱"之意。

22. （清）库勒纳等撰《日讲书经解义》卷六《周书·牧誓》

今予发，惟恭行天之罚。今日之事，不愆于六步、七步，乃止齐焉。夫子勖哉！不愆于四伐、五伐、六伐、七伐，乃止齐焉。勖哉夫子！尚桓桓，如虎，如貔，如，熊如罴于商郊。弗迓克奔，以役西土。勖哉夫子！尔所弗勖，其于尔躬有戮。

此四节书是，勉众以节制之法，临阵之勇，抚众之仁也。发，是武王名。愆，过也。步，进趋也。伐，击刺也。夫子，谓众将士。勖，勉也。桓桓，威武貌。虎、貔、熊、罴，四种猛兽也。迓，迎击也。奔，是奔来降者。武王曰，商王受听用妇言，肆行无道如此。今我小子发，兴兵伐商，惟以敬行天罚而已，非得已而用之也。故今日之事，当以节制为尚，不以多杀为功。其进而迎敌，不过于六步、七步，即便止驻，以整齐部伍，然后复从而伐之。尔将士，勉哉，无或乘胜而轻进也。其战而杀敌，少不过于四伐、五伐，多不过于六伐、七伐，即便止驻，以整齐部伍，然后复从而伐之。勉哉，尔将士，无或乘怒而贪杀也。尔将士，其振桓桓之威，如虎，如貔，如熊，如罴，以奋击于商郊之地，不可少有退怯也。然过勇则不免于滥杀，惟当于凶残者取之，抗拒者诛之。若有奔走来降者，勿迎而击之，以劳役我西土之人。勉哉，尔将士，其武勇是奋，而杀降是戒，可也。尔将士，若于我之命而有所不勉，或轻进或贪杀，或无勇而杀降，是违号令，而失纪律也，则军有常刑，必戮及尔身，罔有攸赦矣，可不戒哉？

按，《泰誓》之辞，曰"元后作民父母"，曰"惟天惠民。惟辟奉天"，曰"天其以予乂民"，乃知圣人不得已而动众兴师，除残去暴，凡以为生民计也，故征伐所及，必先以安民为首务。

（元）陈师凯《书蔡氏传旁通》卷四上《周书·牧誓》

告之以坐、作、进、退之法。

坐、作、进、退，《大司马》文也。车徒皆坐。车徒皆作。作，起也。进，车骤徒趋也。退，鸣铙且郤也。

（清）朱鹤龄《尚书埤传》卷九《周书·牧誓》

六步、七步，四伐、五伐、六伐、七伐。

吕祖谦曰，司马法，伍、两、卒、旅，各有其长。乃止齐焉，使其部伍之长，各自止其止，各自齐其齐。故当战时，井然有序，不失纪律，三军如一人。

王樵曰，六步、七步，不知此车法耶，步法耶？盖古者，步卒夹车而行，动止相为用，车不妄驰，步不妄动，步法即车法也。至春秋时，古法已乱，如所谓舆曳柴而驰，与视其辙乱，望其旗靡之类，则古法之乱，不在毁车崇卒之后矣。古之节制，能为不败之师，则岂有大败之战。至七国时，史家每书某战，斩首几万，则又春秋所无也。

夫子勖哉！不愆于四伐、五伐、六伐、七伐，乃止齐焉

1.（汉）孔氏传、（唐）陆德明音义、孔颖达疏《尚书注疏》卷十《周书·牧誓》

夫子勖哉！不愆于四伐五伐、六伐七伐，乃止齐焉。

传，夫子，谓将士，勉励之。伐，谓击刺。小则四五，多则六七，以为例。

音义：

勖，许六反，刺，七亦反。

疏：

传正义曰，此及下文三云"夫子"，此"勖哉"在下，下"勖哉"在上，此先呼其人，然后勉之。此既言然，下先令勉励，乃呼其人，各与下句为目也。上有"戈矛"，戈谓击兵，矛谓刺兵，故云"伐谓击刺"，此伐犹伐树然也。

2.（宋）苏轼撰《书传》卷九《周书·牧誓第四》

(归善斋按，见"乃惟四方之多罪逋逃，是崇是长")

3.（宋）林之奇《尚书全解》卷二十三《周书·牧誓》

(归善斋按，见"今予发惟恭行天之罚，今日之事，不愆于六步、七步，乃止齐焉")

4.（宋）史浩《尚书讲义》卷十一《周书·牧誓》

(归善斋按，见"王曰，古人有言曰，牝鸡无晨")

5.（宋）夏僎《尚书详解》卷十六《周书·牧誓》

（归善斋按，见"今予发惟恭行天之罚，今日之事，不愆于六步、七步，乃止齐焉"）

6.（宋）时澜《增修东莱书说》卷十六《周书·牧誓第四》

夫子勖哉。

勖者，勉也。

不愆于四伐、五伐、六伐、七伐乃止齐焉。

不过四伐、五伐、六伐、七伐、乃止而齐。所谓齐者，非谓刺击，至于四五、六、七又止而齐也，如此，则动有所碍矣。军阵之间形势高下，敌情艰险皆不可知。拘于止齐，亦岂圣人之法乎。《周礼·大司马》，伍、两、卒、旅，各有其长，使止齐者，使其步伍之长，各自止其止，自齐其齐，故当战，亦井然有序，不失纪律。三军一人，百将一指，足以见武王之恭行天罚，其不妄侵掠可知矣。

7.（宋）黄度《尚书说》卷四《周书·牧誓》

（归善斋按，见"今予发惟恭行天之罚，今日之事，不愆于六步、七步，乃止齐焉"）

8.（宋）袁燮《絜斋家塾书钞》卷五《周书·牧誓》

（归善斋按，见"今予发惟恭行天之罚，今日之事，不愆于六步、七步，乃止齐焉"）

9.（宋）蔡沈《书经集传》卷四《周书·牧誓》

（归善斋按，另见"今予发惟恭行天之罚，今日之事，不愆于六步、七步，乃止齐焉"）

不愆于四伐、五伐、六伐、七伐，乃止齐焉，勖哉夫子。

伐，击刺也。少不下四五，多不过六七而齐。此告之以攻杀击刺之法，所以戒其贪杀也。上言"夫子勖哉"，此言"勖哉夫子"者，反复成文，以致丁宁劝勉之意，下仿此。

10. （宋）黄伦《尚书精义》卷二十六《周书·牧誓》

（归善斋按，见"今予发惟恭行天之罚，今日之事，不愆于六步、七步，乃止齐焉"）

11. （宋）陈经《尚书详解》卷二十二《周书·牧誓》

（归善斋按，见"今予发惟恭行天之罚，今日之事，不愆于六步、七步，乃止齐焉"）

12. （宋）钱时《融堂书解》卷九《周书·牧誓》

（归善斋按，见"今予发惟恭行天之罚，今日之事，不愆于六步、七步，乃止齐焉"）

13. （宋）魏了翁《尚书要义》卷十《泰誓》至《武成》

（归善斋按，未引）

14. （宋）陈大猷《书集传或问》卷上《牧誓》

（归善斋按，未解）

15. （宋）胡士行《尚书详解》卷六《周书·牧誓第四》

（归善斋按，见"时甲子昧爽"）

16. （元）吴澄《书纂言》卷四上《周书·牧誓》

不愆于四伐、五伐、六伐、七伐，乃止齐焉。勖哉夫子！

伐，击刺也，少不下四五，多不过六七而止，又整齐其行列，此告之以攻杀击刺之法，以戒其贪杀也。上言"夫子勖哉"，此言"勖哉夫子"，反复成文，以致丁宁之意。

17. （元）陈栎《书集传纂疏》卷四上《朱子订定蔡氏集传周书·牧誓》

不愆于四伐、五伐、六伐、七伐，乃止齐焉。勖哉夫子！

伐，击刺也。少不下四五，多不过六七而齐。此告之以攻杀击刺之法，所以戒其贪杀也。上言"夫子勖哉"，此言"勖哉夫子"者，反复成文，以致其丁宁劝勉之意，下仿此。

纂疏：

王氏炎曰，步，足法也；伐，手法也。

吕氏曰，大司马之法，伍、两、卒、旅，各有长。止齐，使部伍之长，各自止齐之，故战时不失纪律，万众如一人。

18. （元）许谦《读书丛说》卷六《周书·牧誓》

(归善斋按，未解)

19. （元）董鼎《书传辑录纂注》卷三《周书·牧誓》

不愆于四伐、五伐、六伐、七伐，乃止齐焉。勖哉夫子。

伐，击刺也。少不下四五，多不过六七，而齐。此告之以攻杀击刺之法，所以戒其贪杀也。上言"夫子勖哉"，此言"勖哉夫子"者反复成文，以致其丁宁劝勉之意，下仿此。

纂注：

王氏炎曰，六步、七步足法也。六伐、七伐，手法也。

吕氏曰，大司马之法，伍、两、卒、旅，各有其长，使止齐之者，使其部伍之长，各自止其止，各自齐其齐，故当战时，井然有序，不失纪律，三军如一人。

20. （元）朱祖义《尚书句解》卷六《周书·牧誓第四》

夫子勖哉（凡尔将士勉哉），不愆于四伐、五伐、六伐、七伐（其攻击刺杀之际，少不得过四五，多不得过六七），乃止齐焉（整齐其众，不可令过杀）。

21.（明）王樵《尚书日记》卷九《周书·牧誓》

（归善斋按，见"今予发惟恭行天之罚，今日之事，不愆于六步、七步，乃止齐焉"）

22.（清）库勒纳等撰《日讲书经解义》卷六《周书·牧誓》

（归善斋按，见"今予发惟恭行天之罚，今日之事，不愆于六步、七步，乃止齐焉"）

（元）陈师凯《书蔡氏传旁通》卷四上《周书·牧誓》

告之以攻杀击刺之法。
如车三发，徒三刺之类。

（清）朱鹤龄《尚书埤传》卷九《周书·牧誓》

（归善斋按，见"今予发惟恭行天之罚，今日之事，不愆于六步、七步，乃止齐焉"）

勖哉夫子！尚桓桓

1.（汉）孔氏传、（唐）陆德明音义、孔颖达疏《尚书注疏》卷十《周书·牧誓》

勖哉夫子，尚桓桓。
传，桓桓，武貌。
疏：
传正义曰，《释训》云，桓桓，威也。《诗》序云，桓，武志也。

2.（宋）苏轼撰《书传》卷九《周书·牧誓第四》

勖哉夫子！尚桓桓。如虎、如貔、如熊、如罴于商郊。弗迓克奔，以役西土。

纣师能来奔者，勿复迎击，以劳役我西土之人。

3.（宋）林之奇《尚书全解》卷二十三《周书·牧誓》

（归善斋按，见"今予发惟恭行天之罚，今日之事，不愆于六步、七步，乃止齐焉"）

4.（宋）史浩《尚书讲义》卷十一《周书·牧誓》

（归善斋按，见"王曰，古人有言曰，牝鸡无晨"）

5.（宋）夏僎《尚书详解》卷十六《周书·牧誓》

（归善斋按，见"今予发惟恭行天之罚，今日之事，不愆于六步、七步，乃止齐焉"）

6.（宋）时澜《增修东莱书说》卷十六《周书·牧誓第四》

勖哉夫子！尚桓桓，如虎，如貔，如熊，如罴。

桓桓者，师直为壮之意。不直则馁，安能如虎，如貔，如熊，如罴哉？武王无一毫愧心，所谓对越在天也。

7.（宋）黄度《尚书说》卷四《周书·牧誓》

勖哉夫子！尚桓桓，如虎，如貔，如熊，如罴于商郊。
桓桓，威也。

8.（宋）袁燮《絜斋家塾书钞》卷五《周书·牧誓》

勖哉夫子！尚桓桓，如虎，如貔，如熊，如罴于商郊。弗迓克奔，以役西土。勖哉夫子！尔所弗勖，其于尔躬有戮。

迓，迎击也，言纣之众有来奔我者，勿迎击之，恐劳役我西土之人也。斯言一出，亦所以使敌人知其奔来者，吾善待之。"其于尔躬有戮"，观此一句便可以见周家损益二代处。《甘誓》言"予则孥戮汝"，《汤誓》亦言"孥戮"，至此乃只戮及其身。孥戮者，终失之太严。戮及其身者，方才是。固非武王胜于汤也，时节到此，方才区处得尽，故曰"周监于二代，郁郁乎文哉，吾从周"，只此一事亦可见。

今观《泰誓》三篇，《牧誓》一篇，以武王伐商而誓其师者，凡四焉。此处学者须当子细看，且以武王所，言观之纣之恶，可谓贯盈，天地之所不容，天下人心皆离商而归周，以武王伐之，不啻如秋风之扫枯叶，高屋之建瓴水，甚易为力也。而武王之誓，谆谆如此，且其言曰"尔其孜孜奉予一人恭行天罚"，又曰"勖哉夫子！罔或无畏，宁执非敌，百姓凛凛，若崩厥角"，又曰"不愆于六步、七步乃止齐焉"，"不愆于四伐、五伐、六伐、七伐，乃止齐焉"，其戒谨恐惧之心至于如此，武王岂私忧过计哉，于此可以见武王用兵之心。驱三军之众，冒矢石之下，此岂易事。若以为易而轻之，有简忽轻易之心，便非圣人之心。兢兢如临深履薄，此特见于用兵之间尔，有一毫简忽慢易之心，如何能致胜。纣之所以得罪于天，只缘不敬。武王恭行天罚，苟有不敬之心，则与纣一般，何以胜纣哉。故曰暴虎冯河，死而无悔者，吾不与也必也。临事而惧，好谋而成者也。子之所慎，斋、战、疾。观武王之誓，所谓临事而惧者欤。

9. (宋)蔡沈《书经集传》卷四《周书·牧誓》

（归善斋按，另见"夫子勖哉！不愆于四伐五伐、六伐七伐，乃止齐焉"）

尚桓桓，如虎，如貔，如熊，如罴于商郊。弗迓克奔，以役西土，勖哉夫子。

桓，胡官反。貔，频脂反。桓桓，威武貌。貔，执夷也，虎属。欲将士如四兽之猛，而奋击于商郊也。迓，迎也。能奔来降者，勿迎击之，以劳役我西土之人，此勉其武勇，而戒其杀降也。

10.（宋）黄伦《尚书精义》卷二十六《周书·牧誓》

（归善斋按，见"今予发惟恭行天之罚，今日之事，不愆于六步、七步，乃止齐焉"）

11.（宋）陈经《尚书详解》卷二十二《周书·牧誓》

（归善斋按，见"今予发惟恭行天之罚，今日之事，不愆于六步、七步，乃止齐焉"）

12.（宋）钱时《融堂书解》卷九《周书·牧誓》

（归善斋按，见"今予发惟恭行天之罚，今日之事，不愆于六步、七步，乃止齐焉"）

13.（宋）魏了翁《尚书要义》卷十《泰誓》至《武成》

（归善斋按，未引）

14.（宋）陈大猷《书集传或问》卷上《牧誓》

（归善斋按，未解）

15.（宋）胡士行《尚书详解》卷六《周书·牧誓第四》

（归善斋按，见"时甲子昧爽"）

16.（元）吴澄《书纂言》卷四上《周书·牧誓》

（归善斋按，另见"夫子勖哉！不愆于四伐五伐、六伐七伐，乃止齐焉"）

尚桓桓，如虎，如貔，如熊，如罴于商郊，弗迓克奔，以役西土，勖哉夫子！

桓桓，威武貌。貔，执夷也，虎属，欲将士如四兽之猛，而奋击于商郊也。迓，迎也。奔，谓来降也。以役西土，与《周官》"以役太师"，《左传》"以役诸侯"意同。纣之众，弗来迎战，而能来降者，则受之，而俾役使于我西土之人,盖勉其武勇,又令其受降也。

17.(元)陈栎《书集传纂疏》卷四上《朱子订定蔡氏集传周书·牧誓》

(归善斋按,另见"夫子勖哉!不愆于四伐五伐、六伐七伐,乃止齐焉")

尚桓桓,如虎,如貔,如熊,如罴于商郊。弗迓克奔,以役西土。勖哉夫子!

桓桓,威武貌。貔,执夷也,虎属。欲将士如四兽之猛,而奋击于商郊也。迓,迎也,能奔来降者,勿迎击之,以劳役我西土之人,此勉其武勇而戒其杀降也。

纂疏:

陈氏大猷曰,兵,以节制为尚,武勇为主,虑其或拘,故喻以四兽之勇;又戒其杀降,盖虑其过于勇也。

18.(元)许谦《读书丛说》卷六《周书·牧誓》

(归善斋按,未解)

19.(元)董鼎《书传辑录纂注》卷三《周书·牧誓》

(归善斋按,另见"夫子勖哉!不愆于四伐五伐、六伐七伐,乃止齐焉")

尚桓桓,如虎,如貔,如熊,如罴于商郊。弗迓克奔,以役西土,勖哉夫子。

桓桓,威武貌。貔,执夷也,虎属。欲将士如四兽之猛,而奋击于商郊也。迓,迎也,能奔来降者,勿迎击之,以劳役我西土之人。此勉其武勇,而戒其杀降也。

纂注:

陈氏大猷曰,用兵以节制为尚,以武勇为主。武王虑其或拘,故喻以虎、貔之勇,又虑过于勇而妄杀,故以杀降为戒。

夏氏曰,使其役属于我西土。

20.（元）朱祖义《尚书句解》卷六《周书·牧誓第四》

勖哉夫子（勉哉将士），尚桓桓（庶几奋桓桓之威武）。

21.（明）王樵《尚书日记》卷九《周书·牧誓》

（归善斋按，见"今予发惟恭行天之罚，今日之事，不愆于六步、七步，乃止齐焉"）

22.（清）库勒纳等撰《日讲书经解义》卷六《周书·牧誓》

（归善斋按，见"今予发惟恭行天之罚，今日之事，不愆于六步、七步，乃止齐焉"）

如虎、如貔、如熊、如罴于商郊

1.（汉）孔氏传、（唐）陆德明音义、孔颖达疏《尚书注疏》卷十《周书·牧誓》

如虎、如貔、如熊、如罴于商郊。
传，貔，执夷，虎属也。四兽皆猛健，欲使士众法之，奋击于牧野。
音义：
貔，音毗；罴，彼皮反，《尔雅》云，罴如熊，黄白文。
疏：
传正义曰，《释兽》云，貔白狐，其子豰。舍人曰，貔，名白狐，其子名豰。郭璞曰，一名执夷，虎豹属。

2.（宋）苏轼撰《书传》卷九《周书·牧誓第四》

（归善斋按，未解）

3. (宋)林之奇《尚书全解》卷二十三《周书·牧誓》

(归善斋按,见"今予发惟恭行天之罚,今日之事,不愆于六步、七步,乃止齐焉")

4. (宋)史浩《尚书讲义》卷十一《周书·牧誓》

(归善斋按,见"王曰,古人有言曰,牝鸡无晨")

5. (宋)夏僎《尚书详解》卷十六《周书·牧誓》

(归善斋按,见"今予发惟恭行天之罚,今日之事,不愆于六步、七步,乃止齐焉")

6. (宋)时澜《增修东莱书说》卷十六《周书·牧誓第四》

(归善斋按,见"勖哉夫子!尚桓桓")

7. (宋)黄度《尚书说》卷四《周书·牧誓》

(归善斋按,未解)

8. (宋)袁燮《絜斋家塾书钞》卷五《周书·牧誓》

(归善斋按,未解)

9. (宋)蔡沈《书经集传》卷四《周书·牧誓》

(归善斋按,见"勖哉夫子!尚桓桓")

10. (宋)黄伦《尚书精义》卷二十六《周书·牧誓》

(归善斋按,见"今予发惟恭行天之罚,今日之事,不愆于六步、七步,乃止齐焉")

11. (宋)陈经《尚书详解》卷二十二《周书·牧誓》

(归善斋按,见"今予发惟恭行天之罚,今日之事,不愆于六步、七步，乃止齐焉"）

12.（宋）钱时《融堂书解》卷九《周书·牧誓》

（归善斋按，见"今予发惟恭行天之罚，今日之事，不愆于六步、七步，乃止齐焉"）

13.（宋）魏了翁《尚书要义》卷十《泰誓》至《武成》

（归善斋按，未引）

14.（宋）陈大猷《书集传或问》卷上《牧誓》

（归善斋按，未解）

15.（宋）胡士行《尚书详解》卷六《周书·牧誓第四》

（归善斋按，见"时甲子昧爽"）

16.（元）吴澄《书纂言》卷四上《周书·牧誓》

（归善斋按，见"勖哉夫子！尚桓桓"）

17.（元）陈栎《书集传纂疏》卷四上《朱子订定蔡氏集传周书·牧誓》

（归善斋按，见"勖哉夫子！尚桓桓"）

18.（元）许谦《读书丛说》卷六《周书·牧誓》

（归善斋按，未解）

19.（元）董鼎《书传辑录纂注》卷三《周书·牧誓》

（归善斋按，见"勖哉夫子！尚桓桓"）

20.（元）朱祖义《尚书句解》卷六《周书·牧誓第四》

如虎，如貔，如熊，如罴（其勇猛如虎、貔、熊、罴）于商郊（在于商郊)。

21.（明）王樵《尚书日记》卷九《周书·牧誓》

(归善斋按，见"今予发惟恭行天之罚，今日之事，不愆于六步、七步，乃止齐焉")

22.（清）库勒纳等撰《日讲书经解义》卷六《周书·牧誓》

(归善斋按，见"今予发惟恭行天之罚，今日之事，不愆于六步、七步，乃止齐焉")

弗迓克奔，以役西土

1.（汉）孔氏传、（唐）陆德明音义、孔颖达疏《尚书注疏》卷十《周书·牧誓》

弗迓克奔，以役西土。
传，商众能奔来降者，不迎击之，如此，则所以役我西土之义。
音义：
迓，五嫁反，马作御禁也。役，马云，为也。为，子伪反。
疏：
传正义曰，迓，训"迎"也。不迎击商众能奔来降者，兵法不诛降也。役，谓使用也。如此，不杀降人，则所以使用我西土之义。用义于彼，令彼知我有义也。王肃读"御"为"御"，言不御能奔走者，如殷民，欲奔走来降者，无逆之；奔走去者，可不御止。役，为也，尽力以为我西土，与孔不同。

2.（宋）苏轼撰《书传》卷九《周书·牧誓第四》

(归善斋按，见"勖哉夫子！尚桓桓")

953

3.（宋）林之奇《尚书全解》卷二十三《周书·牧誓》

（归善斋按，见"今予发惟恭行天之罚，今日之事，不愆于六步、七步，乃止齐焉"）

4.（宋）史浩《尚书讲义》卷十一《周书·牧誓》

（归善斋按，见"王曰，古人有言曰，牝鸡无晨"）

5.（宋）夏僎《尚书详解》卷十六《周书·牧誓》

（归善斋按，见"今予发惟恭行天之罚，今日之事，不愆于六步、七步，乃止齐焉"）

6.（宋）时澜《增修东莱书说》卷十六《周书·牧誓第四》

于商郊，弗迓克奔，以役西土。勖哉夫子！尔所弗勖，其于尔躬有戮。

箪食壶浆，以迎王师，来奔于我者，不当杀之，以劳役西土之人，但取彼凶残而已。"勖哉夫子，尔所弗勖，其于尔躬有戮"者，前篇言，誓师繁简，见风气之变。此又见武王于风气变换之余，能还其厚于已薄也。当舜之时，言"罚弗及嗣"，启伐有扈，度德不如于法之外增一言，曰"予则孥戮汝"，戮固非尽杀，言累及妻孥耳。至汤伐桀，亦言"予则孥戮汝"。武王伐纣，《泰誓》止言"不迪有显戮"，此言"其于尔躬有戮"，忠厚之象，复还于古见圣人于世变风移，又能厚其已薄于数百年之下也。非汤之德，不如武王，武王上承太王、王季、文王积累之深、而民心熏蒸之久也。

7.（宋）黄度《尚书说》卷四《周书·牧誓》

弗迓克奔，以役西土。

能舍纣来奔，弗迎杀之，使听役于我西土。

8. (宋)袁燮《絜斋家塾书钞》卷五《周书·牧誓》

(归善斋按,见"勖哉夫子!尚桓桓")

9. (宋)蔡沈《书经集传》卷四《周书·牧誓》

(归善斋按,见"勖哉夫子!尚桓桓焉")

10. (宋)黄伦《尚书精义》卷二十六《周书·牧誓》

(归善斋按,见"今予发惟恭行天之罚,今日之事,不愆于六步、七步,乃止齐焉")

11. (宋)陈经《尚书详解》卷二十二《周书·牧誓》

(归善斋按,见"今予发惟恭行天之罚,今日之事,不愆于六步、七步,乃止齐焉")

12. (宋)钱时《融堂书解》卷九《周书·牧誓》

(归善斋按,见"今予发惟恭行天之罚,今日之事,不愆于六步、七步,乃止齐焉")

13. (宋)魏了翁《尚书要义》卷十《泰誓》至《武成》

(归善斋按,未引)

14. (宋)陈大猷《书集传或问》卷上《牧誓》

(归善斋按,未解)

15. (宋)胡士行《尚书详解》卷六《周书·牧誓第四》

(归善斋按,见"时甲子昧爽")

16. (元)吴澄《书纂言》卷四上《周书·牧誓》

(归善斋按,见"勖哉夫子!尚桓桓")

17.（元）陈栎《书集传纂疏》卷四上《朱子订定蔡氏集传周书·牧誓》

（归善斋按，见"勖哉夫子！尚桓桓"）

18.（元）许谦《读书丛说》卷六《周书·牧誓》

（归善斋按，未解）

19.（元）董鼎《书传辑录纂注》卷三《周书·牧誓》

（归善斋按，见"勖哉夫子！尚桓桓"）

20.（元）朱祖义《尚书句解》卷六《周书·牧誓第四》

弗迓克奔（纣之众士，或有不敌我师，能来奔于我，汝又不可迎击之），以役西土（当收用以役于西土）。

21.（明）王樵《尚书日记》卷九《周书·牧誓》

（归善斋按，见"今予发惟恭行天之罚，今日之事，不愆于六步、七步，乃止齐焉"）

22.（清）库勒纳等撰《日讲书经解义》卷六《周书·牧誓》

（归善斋按，见"今予发惟恭行天之罚，今日之事，不愆于六步、七步，乃止齐焉"）

（清）王夫之《尚书稗疏》卷四上《周书·牧誓》

以役西土。

四字孔传义既不谐，蔡注谓勿迎击之，以劳役我西土之人，则不恤彼之见杀，而以举刃为劳，其言亦甚不仁矣。役，服役也。以，以归也，言降者勿杀，当以之而归，使服役于西土也。经文本皎然可见，何必巧于立说，以为惨刻之言哉。

勖哉夫子！尔所弗勖，其于尔躬有戮

1.（汉）孔氏传、（唐）陆德明音义、孔颖达疏《尚书注疏》卷十《周书·牧誓》

勖哉夫子！尔所弗勖，其于尔躬有戮。
传，临敌所安，汝不勉，则于汝身有戮矣。

2.（宋）苏轼撰《书传》卷九《周书·牧誓第四》

勖哉夫子！尔所弗勖，其于尔躬有戮。

3.（宋）林之奇《尚书全解》卷二十三《周书·牧誓》

（归善斋按，见"今予发惟恭行天之罚，今日之事，不愆于六步、七步，乃止齐焉"）

4.（宋）史浩《尚书讲义》卷十一《周书·牧誓》

（归善斋按，见"王曰，古人有言曰，牝鸡无晨"）

5.（宋）夏僎《尚书详解》卷十六《周书·牧誓》

（归善斋按，见"今予发惟恭行天之罚，今日之事，不愆于六步、七步，乃止齐焉"）

6.（宋）时澜《增修东莱书说》卷十六《周书·牧誓第四》

（归善斋按，见"弗迓克奔，以役西土"）

7.（宋）黄度《尚书说》卷四《周书·牧誓》

勖哉夫子！尔所弗勖，其于尔躬有戮。

夏、商师誓，皆有孥戮之罪，盖古法也。此无之，文王罪人不孥，遂为周家法。

8. （宋）袁燮《絜斋家塾书钞》卷五《周书·牧誓》

（归善斋按，见"勖哉夫子！尚桓桓"）

9. （宋）蔡沈《书经集传》卷四《周书·牧誓》

（归善斋按，另见"勖哉夫子！尚桓桓焉"）

尔所弗勖，其于尔躬有戮。

弗勖，谓不勉于前三者。愚按，此篇严肃而温厚，与汤誓诰相表里，真圣人之言也。《泰誓》《武成》一篇之中，似非尽出于一人之口，岂独此为全书乎？读者其味之。

10. （宋）黄伦《尚书精义》卷二十六《周书·牧誓》

（归善斋按，见"今予发惟恭行天之罚，今日之事，不愆于六步、七步，乃止齐焉"）

11. （宋）陈经《尚书详解》卷二十二《周书·牧誓》

（归善斋按，见"今予发惟恭行天之罚，今日之事，不愆于六步、七步，乃止齐焉"）

12. （宋）钱时《融堂书解》卷九《周书·牧誓》

（归善斋按，见"今予发惟恭行天之罚，今日之事，不愆于六步、七步，乃止齐焉"）

13. （宋）魏了翁《尚书要义》卷十《泰誓》至《武成》

（归善斋按，未引）

14. （宋）陈大猷《书集传或问》卷上《牧誓》

（归善斋按，未解）

15.（宋）胡士行《尚书详解》卷六《周书·牧誓第四》

（归善斋按，见"时甲子昧爽"）

16.（元）吴澄《书纂言》卷四上《周书·牧誓》

尔所弗勖，其于尔躬有戮。

弗勖，谓不勉于前三者。

17.（元）陈栎《书集传纂疏》卷四上《朱子订定蔡氏集传周书·牧誓》

尔所弗勖，其于尔躬有戮。

弗勖，谓不勉于前三者。

愚谓，此篇严肃而温厚，与《汤誓》《诰》相表里，真圣人之言也。《泰誓》《武成》一篇之中，似非尽出于一人之口，岂独此为全书乎，读者其味之。

纂疏：

王氏曰，前誓言功多厚赏，此不再言，独言戮者，军事以严终，亦"威克厥爱"之意。

董氏鼎曰，此篇声罪致讨，激将士以义也。止齐，戒杀降，喻将士以仁也。

18.（元）许谦《读书丛说》卷六《周书·牧誓》

（归善斋按，未解）

19.（元）董鼎《书传辑录纂注》卷三《周书·牧誓》

尔所弗勖，其于尔躬有戮。

弗勖，谓不勉于前三者。

愚谓，此篇严肃而温厚，与《汤誓》义相表里，真圣人之言也。《泰誓》《武成》一篇之中，似非尽出于一人之口，岂独此为全书乎。读者其味之。

纂注：

王氏曰，功多厚赏，前誓已言。此不再言，而独言有戮者，军事以严终，亦"威克厥爱"之意。

愚谓，此临战誓师之辞。杖钺、秉旄，所以肃己之容。称干比戈立矛，所以肃人之容。军容既肃，然后发命，则人无哗，而听者审矣。自"古人有言"至"恭行天罚"，所以声罪致讨，而激士卒之义也。自"今日之事"至"乃止齐焉"，所以明审法令，而示行陈之礼也。自"勖哉"以下，又勉之以临战之勇，抚众之仁也。以至仁伐至不仁，而谨畏戒惧，尚如此，斯其为王者之师欤。

20.（元）朱祖义《尚书句解》卷六《周书·牧誓第四》

勖哉夫子（勉战将士，前后反复其文，所以致谆谆誓戒之意）！尔所弗勖（尔将士，其有不能致勉者），其于尔躬有戮（其于尔身有诛戮）。

21.（明）王樵《尚书日记》卷九《周书·牧誓》

（归善斋按，见"今予发惟恭行天之罚，今日之事，不愆于六步、七步，乃止齐焉"）

22.（清）库勒纳等撰《日讲书经解义》卷六《周书·牧誓》

（归善斋按，见"今予发惟恭行天之罚，今日之事，不愆于六步、七步，乃止齐焉"）